인적자원개발론

Human Resource Development

개정 5판

머리말

　이 책이 2004년 세상에 나온 후 4년 만인 2008년에 처음 개정을 했고, 다시 4년이 지난 2012년에 개정2판이 나왔다. 그 후 2014년 개정3판, 2018년 개정4판이 나왔으며, 다시 3년만인 2021년에 개정5판이 나오게 되었다. 부족한 점이 많은 채 첫 번째 책이 탄생한 후 어언 17년이라는 세월이 흘렀고, 초판을 발간할 때 3~4년 터울로 개정판을 내서 최신화시키고자 했던 이 책과의 약속을 지키고 있어서 다행으로 생각한다.

　개정판을 낼 때마다 최선을 다한다고 했으나 막상 책을 받아보면 아쉬움이 있었고, 그럴 때마다 수시로 내용을 보강하기 위해 다음 개정판을 준비했다. 그동안 많은 교수님들과 전문가님들께서 보내주신 격려와 때론 질책이 큰 원동력이 된 것은 부인할 수 없다. 이 책을 사랑해 주시는 독자와 전문가들에게 보답하는 길은 끊임없는 현재화작업이라는 것을 알고 스스로 게으름을 경계하고자 한다.

　이번 개정판의 특징은 PART2 인적자원개발의 전개 편에서 HRD 프로그램의 실행부분(제7장)을 기업의 HRD 지원제도까지 확대 서술한 것을 포함하여 HRD를 위한 '분석-설계-개발-실행-평가'의 구성체계 전반에서 실제로 실무현장에서 중요한 몫을 하는 핵심내용을 다수 보강 서술하였다. 이로써 교수체계설계(ISD모형) 5단계에서 실무에 필요한 사항들에 도움을 드리게 된 점이 뜻 깊다고 생각한다.

　PART3 인적자원개발활동 편에서 개인개발(제9장)을 위한 교육훈련의 종류와 방법을 재분류하고, 시대에 맞는 에듀테크 활용학습, 역량과 직업기초능력을 재정리하여 보완하였다. 또한 경력개발(제10장)의 내용을 간단명료하게 재서술하였고, 생애발달단계에 맞춘 변화무쌍한 경력개발관련 내용을 포함하여 평생직업시대를 대비하는데 도움을 주고자 하였다. 그리고 무엇보다도 큰 관심사항이었던 조직개발(제11장)의 서술체계를 이해하기 쉽게 개선하였고, 변화관리의 단계모델 및 개인, 집단, 프로세스, 조직 등 4영역별로 변화를 위한 프로그램과 개입전략을 제시하여 조직변혁에 대한 방안을 서술하였다.

마지막으로 PART4 인적자원개발의 촉진 편에서는 기업들의 HRD촉진을 위한 NCS, 일학습병행제도 등 정부지원제도에 대해 재서술하였고, 항상 아쉬움으로 남는 국가인적자원개발정책의 의미를 재서술하였으며, 그 정책의 골격을 그대로 남겨서 역사성을 부여하고자 했다.

여러모로 부족한 이 책을 꾸준히 사랑해주시는 교수님들과 전문가님들께 깊이 감사드리고, 앞으로도 많이 지도편달 해주시기를 부탁드리며, 또한 이 책이 많은 사랑을 받을 수 있도록 항상 관심을 기울이시는 한올출판사 임순재 사장님과 최혜숙 실장님에게도 감사드린다.

2021년 1월
저자 노남섭, 박양근 씀

초판
머리말

모든 학문과 주된 연구과제는 시대적 요청에 따라 새로이 등장하고 변화한다. 20세기의 신생학문인 경영학도 예외가 아니어서 시대의 변천에 따라 변화하고 발전되어 왔다. 즉, 새시대에는 새로운 사고방식과 행동양식이 요구되며, 세계적인 조류에 부합한 가치체계와 경영패러다임(management paradigm)의 전환이 중요한 연구과제가 된다.

경영학 연구의 시대적 흐름을 살펴보면, 1930년대까지는 생산성 향상과 작업의 합리화를 위한 생산중심의 사고(思考), 1950년까지는 조직구성원들의 인간화를 위한 인간중심의 사고 등 기업의 내적인 문제에 관한 연구가 주된 것이었다. 그러나 1960년대 중반부터 환경의 급격한 변화에 따라 기업의 외적인 문제로 바뀌면서 전략적 경영(strategic management)이 주된 연구과제가 되었고, 그 후 기업의 환경적응을 위한 변혁과 인적자원의 가치 등을 강조하고 재인식함에 따라 인적자원개발(human resource development : HRD)이 시대적인 요청으로 주요 연구과제가 된 것이다. 이러한 패러다임의 전환에 따라 HRD는 대부분의 조직에서 핵심적인 요소로 성장해 왔으며, 생산성, 효율성, 수익성을 제고시키기 위한 전략적 접근방법으로 인식하고 있다.

교육학자인 내들러(Nadler)가 1970년에 사람을 물적자원과 재무자원에 비유하여 인적자원으로 간주하였으며, 교육, 훈련, 개발을 묶어서 인적자원개발(HRD)이란 신조어를 사용한 이후부터 교육학계에서 이 분야를 다루고 있고, 경영학계에서도 인사관리란 용어를 인적자원관리로 바꾸었다. 내들러에 의하면 HRD란 교육, 훈련, 개발을 포함한 학습활동이다. 교육, 훈련, 개발을 직업과 관련하여 학습자의 입장에서 구분한다면, 교육이란 가까운 미래에 일을 수행하기 위한 학습이고, 훈련이란 현재의 일을 더 잘하기 위한 학습이며, 개발이란 먼 미래를 준비하는 학습을 말한다.

1980년대 이후 존스(J. E. Johnes), 내들러 등을 비롯한 많은 학자들이 HRD에 관한 연구를 하였으며, 1987~1989년에 미국의 맥라건 인터내쇼날(McLagan International)과 훈련개발협회(American Society Training and Development : ASTD)가 전문가들을 대상으로한 조사결과를 바탕으로 "인적자원개발이란 개인, 집단, 조직의 효율향상을 위한 훈련 및 개발, 경력개발, 조직개발을 통합한 조직적인 학습활동이다"라고 다시 정의했다. 이러한 광의적 개념이 지금의 여러 수준으로 보아 타당성이 있어 보이므로 이 책에서도 인적자원개발의 모형원리에 적용하게 된 것이다.

1970년대 초에 미국에서 새로운 패러다임으로 사용된 HRD란 용어가 한국에 소개된 것은

1990년대 초였으며 기업연수원의 명칭을 인력개발원으로 바꾸기도 하였다. 1990년대 이후 현재까지 우리나라는 기업수준에서 교육과 훈련을 인적자원개발활동으로 그 패러다임을 바꾸어 가고 있으며, 그 대상도 종업원에서 협력업체의 직원, 가족, 지역사회 주민, 교직원과 학생, 공무원들로 확대되었다. 우리나라의 경우 산업교육 또는 기업교육이 아직도 인적자원개발과 혼용되고 있으며, 정부가 국가차원에서 인적자원개발을 통한 경쟁력 강화를 강조하고 나선 것이 2000년부터이고 그때 교육부를 교육인적자원부로 개편했던 것이다.

필자들은 인적자원개발사업을 실행하는 기관에서 일하면서 대학에서도 인적자원개발론 강의를 해왔다. 그러나 적절한 교재가 없어 새로운 교재 저술의 필요성을 느끼고 있었고, 또한 실무경험이 많은 전문가집단에서 중지를 모아 이론체계를 정립하는 것이 후진양성과 학문연구에 도움이 될 것으로 판단되어 공저로 추진하게 된 것이다. 물론 최근에 교육학자들이 저술한 인적자원개발론이 발간되었으나 교육학적인 접근에 치우친 감이 있다. 그래서 이 책은 HRD가 교육학과 경영학이 결합된 종합학문성(interdisciplinary approach)이란 점을 고려하여 구성하였으며, 이론과 실제를 함께 다루어 학문연구나 실무에서도 활용할 수 있도록 사례연구나 촉진전략, 정부정책 등도 포함했다.

원고를 쓸때 선배 교수님과 전문가들의 연구를 인용하면서 존경심이 더 커졌으며 많이 배우게 되어 진심으로 감사드린다. 이 책의 부족한 부분은 출판 후에도 계속 보완하고자 한다.

이 책이 세상에 나올 수 있도록 도와 주었던 한국산업인력공단의 전화익 국장, 김병천 팀장, 노정진 교수의 노고를 치하하고 진심으로 고맙게 생각한다. 또한 편집과 출판을 맡아 주신 한올출판사 임순재 사장님, 최혜숙 실장님, 정지혜 양께 깊이 감사드린다.

끝으로 이 책을 읽는 분들이 직업능력개발과 삶의 질을 향상시키고, 또한 평생학습자로서 배우는 즐거움으로 행복한 삶을 누리기를 바라마지 않는다.

2004년 8월

인적자원개발전략연구실에서

저자 노남섭, 박양근 씀

차 례

PART 02 | 인적자원개발의 전개

 Chapter 11 조직개발 · 360

PART **04** | 인적자원개발의 촉진

Chapter 12 인적자원개발 트렌드와 전문가 · 424

Chapter 13 한국기업의 실태와 촉진정책 · 462

Chapter 14 국가인적자원개발 정책과 과제 · 486

PART 01

인적자원개발의 기초

CHAPTER

01

인적자원개발의 기본원리

학습목표

1. 조직에서 무형자산으로서의 인적자원의 가치를 설명할 수 있다.
2. 인적자원관리(HRM)와 인적자원개발(HRD)의 기능과 영역을 구분할 수 있고, 그 관계성을 기술할 수 있다.
3. 인적자원개발활동의 전개과정을 설명할 수 있다.

조직의 성과를 좌우하는 자원 중에는 물적자원, 재무적자원, 인적자원이 있다. 인적자원은 조직의 무형자산으로서 잘 훈련되고 개발되면 생산성을 더욱 높일 수 있다. 이처럼 조직의 성과를 좌우하는 HRD의 기본원리에 대해 알아본다.

　먼저, HRM(인적자원관리)이라는 큰 영역안에서 HRD가 차지하는 위치를 파악한 후 HRM과 HRD의 관계를 이해한다. 또 HRM과 HRD 각각의 개념을 파악하고, 핵심기능과 부수적 기능들을 분석해 본다.

　그리고 HRD활동의 구성요소와 전개과정을 살펴봄으로써 사람중심의 경영과 사람의 가치를 향상시키는 인적자원개발의 기본원리를 이해한다.

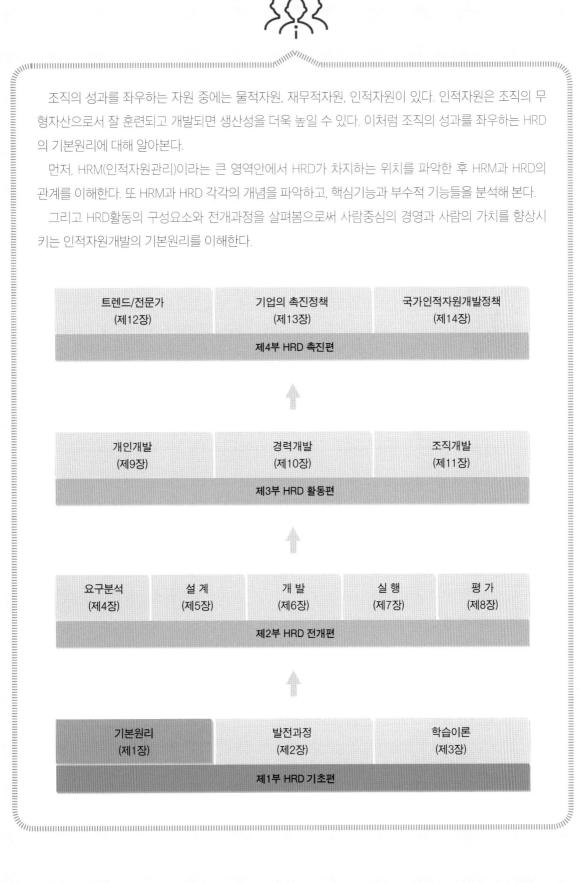

인적자원개발의 개념

1 인적자원개발의 중요성과 의의

기업경영에 있어서 상품 및 서비스의 산출을 위해 투입되는 대표적인 자원에는 물적자원, 재무적자원, 그리고 인적자원이 있다. 물적자원(physical resource)은 기계, 시설, 설비, 원료 등으로 고정자산이라 부르고, 재무적자원(financial resource)은 현금, 채권, 주식, 운영자본 등으로 유동자산이라 부른다. 두 가지 자원은 모두가 조직의 안정성과 건실함을 제공함으로써 조직의 발전에 중요하다.

인적자원(human resource)은 조직에 고용된 사람을 말하는데, 물적자원이나 재무적자원 이상으로 중요하다. 인적자원은 고정자산이나 유동자산처럼 정형화된 측정기준과 방법이 충분하지 않아서 인적자원의 가치를 측정하기는 매우 어렵다. 그렇지만 인적자원은 무형자산으로서 잘 훈련되고 기술력이 있는 지식근로자는 그렇지 않은 사람에 비해 생산성과 효율성 면에서 분명하게 차이가 나고 조직에 더 많은 가치를 창출한다.

인적자원이 조직의 가치창출의 핵심요소이지만, 조직의 자산목록에서 제외되어 있으므로 조직의 리더나 관리자가 인적자원개발(Human Resource Development : HRD)의 중요성을 간과하기도 하고, 또 지식·능력·기술·태도가 조직의 전반적인 효율성과 효과성을 제고하는데 필수적이란 사실을 깨닫지 못하기도 한다.

이처럼 중요한 인적자원을 개발한다는 의미는, 개인의 입장에서 볼 때는 조직 내에서의 성과(performance)를 높이기 위한 목적으로 지식·기술·능력을 증진시키는 것이고, 조직의 입장에서 볼 때는 조직 환경과 동기부여 체제를 업무성과 향상과 조직개발활동을 지원할 수 있도록 재구성하는 것을 말한다. 이러한 조직적 노력이 성과개선과 조직변화로 이어져 조직의 효율성과 경쟁력을 제고시키게 되는 것이다(Gilley, Eggland & Gilley, 2002).[1]

이렇게 중요한 인적자원개발을 한 마디로 정의한 것을 찾아보기는 어렵지만 대체적으로 구성원 개인들의 지식과 기술 습득을 위한 「교육훈련」, 평생직업능력 고양을 위한 「경력개발」, 조직의 변화와 혁신을 위한 「조직개발」 등 세 가지를 포함하고 있는 것이 일반적이다. 한편, 1969년 내들러(Nadler) 등에 의해 미국훈련개발협회(American Society for Training and Development : ASTD) 전국연례대회에서 처음 소개된 인적자원개발이란 용어는, 당초에 '직무나 과업을 처음 수행하거나 또는 현재의 직무나 과업의 성과를 향상시키는데 필요한 기술, 지식, 태도를 학습하는데 초점을 맞춘 기법'이라고 정의했었으나, 그때부터 20여년이 지난 후 인적자원개발을 둘러싼 외부환경이 변화하고, 또 인적자원개발 관행에 영향을 주는 지식기반사회로 이행됨에 따라 다시 그 개념을 확장하여 '주어진 시간 범위에서 행동변화의 가능성을 가져오는 조직화된 학습경험'이라고 다시 정의하였다(Nadler & Nadler, 1994).[2]

한편 길리 등(Gilley & Eggland, 1989)은 '직무, 개인 및 조직의 개선을 목적으로 직무성과와 개인적 성장을 향상시키기 위한 조직 내에 마련된 조직화된 학습활동'이라고 정의하고 있다.[3] 또한 맥라건 인터내셔널(McLagan International)과 ASTD는 1989년 세계적 수준의 전문가들이 참여한 특별위원회에서 실제조사를 실시하고 그 결과를 바탕으로 인적자원개발의 개념을 '개인, 집단, 조직의 효과성을 높이기 위한 구성원 개인들의 훈련 및 개발, 조직개발, 경력개발의 통합적인 활용'이라고 정의함으로써 인적자원관리(Human Resource Management : HRM)의 개념과 구별시켜 정립했다.

이와 같이, 인적자원개발에 대한 정의는 다양하게 내려지고 있어서, 하나의 통일된 정의가 정말로 필요한가에 대한 의구심을 제기하는 사람도 많다. 이런 논란의 배경에는 인적자원개발이라는 학문의 역사가 그렇게 길지 않으며, 교육학, 사회학, 경영학, 경제학, 심리학 등의 다학문적 근원지에서 출발하였다는 점이다. 또한 인적자원개발의 영역이 현재 개인의 성장을 지원하기 위한 '훈련 및 개발', 조직 내에서 직업적으로 성장하도록 지원하는 '경력개발' 그리고 조직의 효율성과 수익성을 증진시키고 조직의 변화를 목적으로 하는 '조직개발'의 범주까지 영역이 확대되고 있는 것도 중요한 이유 중 하나이다.

더불어 인적자원개발이란 자연물과 달리 사회적 구성개념이기 때문에 언어 자체의 한계에 따라 정의하기가 어렵고 모호하여 때로는 사람마다 바라보는 시각에 따라서 다르게 인식되기도 한다. 또한 기존의 교육과는 어떤 관련성이 있는가에 대해서도 논란이 많다. 대체로 인적자원개발은 교육에 포함되는 일부라는 시각이 지배적인 반면에 기존의 교육이나 훈련과는 다르게 개인뿐만 아니라 조직의 학습과 개발에도 초점을 맞춘다는 견해도 있다. 맥린 등(McLean & McLean, 2001)은 '글로벌 차원에서 개인, 집단, 조직, 지역사회, 국가, 궁극적으로 인간 전체에게 이익을 주기 위하여 성인을 대상으로 일과 관련된 지식, 전문성, 생산성, 만족을 개발하는 장·단기적 과정이나 활동'이라고 넓게 정의하고 있다.[4]

이와 같이 인적자원개발의 정의와 관련하여 여러 논란이 있으나 인적자원개발의 개념적 고찰은 인적자원개발의 초점이 개인 및 집단의 학습과 같은 미시적인 수준에서 개인, 집단 뿐만 아니라 조직 차원의 성과향상과 같은 거시적 수준으로 발전해 왔음을 보여 준다. 이러한 개념적 확장은 외부환경이 변화함으로 인해 조직 경쟁력의 핵심이 사람이며 점차 인적자원개발에 의존하게 됨에 따라 보다 많은 분야의 학자들이 인적자원개발의 연구에 참여하여 상호작용하면서 발전되어 갈 것으로 기대된다.

❷ 인적자원개발 개념의 확대

(1) 인적자원 개념의 변화

인적자원은 과거에 물적자원과 대칭되는 개념으로 쓰여 왔다. 그러나 최근에는 자본을 포함한 재무자원 외에도 정보자원(information resource)의 중요성이 높아지면서 자원의 종류와 우선순위도 달라지고 있다. 인적자원은 경제적 측면을 강조하는 인력(manpower)이라는 개념보다도 넓은 개념이다. 단순한 노동력(labor force) 수준의 생산요소가 아니라 지식과 기술은 물론, 정보와 도덕성 등 가치관 차원을 포함한 종합적인 자질을 의미한다. 결국 인적자원은 개개인들이 가진 여러 가지 능력과 품성을 총괄한 개념으로 보아야 할 것이다.

21세기로 접어들면서 우리가 사는 사회는 과거의 산업사회로부터 정보사회(information society)로 옮겨왔고, 최근에는 지식기반사회(knowledge-based society)의 특징이 나타나고 있다. 지식기반사회에서는 지식과 정보가 가장 중요한 생산요소로 등장하고 지식의 창조·공유·활용이 사회전반에서 일반화되는 특징을 보인다. 이에 따라 인적자원에 내재되거나 체화된 지식(knowledge)과 기술(skill) 및 태도(attitude) 등 구성요소들도 그 중점이 달라지고 있다.

과거에는 일반적인 정보나 특정 사실을 갖고 있는 사실적 지식(know-what)이 중요시되었다. 그러나 최근에는 어떤 현상이나 변화의 원리와 법칙에 관한 논리적 지식(know-why), 어떤 일을 할 수 있는 방법적 지식(know-how), 누가 무엇을 어떻게 알고 있으며 하고 있는가에 관한 정보적 지식(know-who)이 중요하게 평가되고 있다(Foray & Lundvall, 1996).[5] 또 문자나 정보통신매체를 통해 쉽게 전달될 수 있는 명시적 지식(codified knowledge) 보다는 언어, 경험을 통한 지혜, 심미성, 정보를 다루는 방법 등 암묵적 지식(tacit knowledge)이 중요시되고 있다. 이처럼 지식의 범주가 확대되고 강조점이 달라지면서 과거에는 간과되었던 '경험'이나 '지혜' 등도 인적자원의 구성요소로 포함시키고 있다.

과거의 인적자원은 특정한 직무에 필요한 지식이나 기술 등 전문성을 중요시하였다. 그러나 지식·기술의 변화속도가 빨라지고 조직이 고도화되면서 새로운 환경변화에 적응할 수 있는 능력뿐만 아니라 대인관계적인 능력이 중요시되고 있고, 또 현재 수행하고 있는 일의 생산성을 높이는 것 못지않게 미래에 새로운 일을 수행할 수 있는 역량은 물론 세계화·정보화 사회에 능동적으로 대응할 수 있는 외국어 구사 능력과 정보통신 활용기술도 중요하다. 그리고 문제를 해결하는데 타인과 협력하는 태도와 설득력 등 네트워킹 능력의 중요성도 높아지고 있다.

(2) 인적자원개발의 광의적 개념

인적자원개발은 인적자원의 형성(또는 양성)이라는 좁은 의미로 사용하기도 하지만 형성된 자원을 적재적소에 배치하여 최대한 활용하는 넓은 의미의 총체적 개념으로 많이 사용되고 있다. 이러한 광의의 개념을 보다 분명히 하기 위해서 '인적자원의 개발관리'라는 표현을 쓰기도 한다. 인적자원관리(HRM)는 양성보다는 채용단계부터 퇴직에 이르기까지의 인사관리 전반을 포괄하며, 배치는 물론 재교육과 자기개발, 퇴직관리 등을 통한 지속적인 능력개발도 포함하는 종합적인 개념으로 확대된다.

페이스 등(Pace, Smith & Millls, 1991)은 인적자원개발을 광의로 해석하여 개인 및 단체나 조직의 활동과 관련한 효과성을 증진하기 위한 제반활동으로서 개인개발, 직업생애개발, 조직개발을 통합적으로 적용하여 체제개선을 이룩하는 총체적인 접근방법으로 규정하기도 했다.[6]

보다 자세한 사항은 이 책 제3부에서 다루게 되지만, 여기서 개인개발(individual development)은 개인의 장단점을 파악하여 능력을 발전시키는 교육훈련 활동이며, 경력개발(career development)은 조직구성원의 개인역량을 파악하고 적재적소 배치와 경력관리를 통해 잠재능력을 최대한 개발하고 조직에 기여할 수 있도록 하는 과정이다. 그리고 조직개발(organizational development)은 구성원들의 능력과 자발적 참여확대를 통해 조직시스템 전체의 운영효율성을 증진시키는 노력을 말한다.

과거에는 인적자원개발에 있어서 양성과 활용이 별도의 주체들에 의해 분리된 채 이루어져 비효율적인 측면이 많았으나 이를 인식하여 최근에는 통합된 과정으로서의 성격을 강조하고 있다. 따라서 인적자원개발은 개개인의 잠재능력과 자질을 개발하여 기업과 사회 및 국가 전체의 효율성과 경쟁력을 증진시키기 위한 교육훈련활동과 형성된 인적자원의 활용을 극대화하기 위한 관리체제를 총괄하여 가리키는 개념으로 보고 있다.

이와 관련하여 한국의 「인적자원개발기본법」에서는 인적자원개발을 '국가·지방자치단체·교육기관·연구기관·기업 등이 인적자원을 양성-배분-활용-유지하고, 이와 관련되는 사회적 규범과 네트워크를 형성하기 위하여 행하는 제반활동을 말한다'라고 규정하고 있다.

❸ 인적자원의 구성요소와 특성

(1) 인적자원의 자질과 구성요소

경제적 가치창출을 위한 생산요소로서 인간 개개인에게 내재되어 있는 능력과 품성은 어느 정도 구체적으로 추출할 수 있겠지만, 인적자원으로서 가져야 할 자질은 훨씬 포괄적이어서 그 구성요소를 규정하기는 매우 어렵다.

현대사회의 시민으로서 개인이 갖추어야 할 기초소양으로는 읽기, 쓰기, 셈하기가 강조되어 왔으며, 이러한 기초적 능력은 21세기 지식·정보화 사회에서도 과거와 마찬가지로 중요시 될 것으로 전망하고 있다.

사회적 측면의 기초소양으로는 조직의 일원으로서 갖추어야 할 대인관계 측면에서의 능력이 중요하다. 가장 핵심이 되는 것은 의사소통(communication)능력으로서 개인적 능력 중 읽기, 쓰기 이외에 말하기와 듣기가 기본이 된다. 이를 바탕으로 상대방을 정확하게 이해하고 설득력 있게 의사를 전달할 수 있는 능력을 가져야 하며, 업무와 관련하여 효율적으로 협상할 수 있는 비즈니스 협상 능력도 요망된다. 그리고 지식·정보화사회로 접어들면서 문제를 정확하게 분석하고 해결방안을 강구하는 능력과 새로운 것을 창출하는 창의력이 가장 중요시되고 있다.

생산활동에 종사하는 근로자들의 경우에는 급격한 과학기술의 변화에 부응하여 신기술을 연마하고 지속적으로 자기개발을 할 수 있는 자세가 필요하다. 특히 컴퓨터를 활용할 수 있는 능력과 함께 정보통신기술의 발달에 능동적으로 적응할 수 있는 자질을 갖추어야 한다. 또한 생산 및 서비스를 제공하는 조직에 근무하는 사람들은 자기 조직의 업무수행과정을 익히고 개선하기 위해 노력하는 자세와 새로운 지식과 기술을 습득하는 능력을 필요로 한다.(표 1-1 참조)

⊙ 표 1-1 · 21세기 근로자에게 요구되는 능력 및 특성

직 능	특 성
기초적 능력 (basic skills)	• 이해능력 : 정보취득을 위해 중요 • 연산능력 : 문제 해결 및 분석을 위해 필요 • 정보능력 : 정보저장 및 활용을 위해 필수적으로 필요
기술적 능력 (technological skills)	• 컴퓨터능력은 많은 직종에 있어 필수요건이 되고 있음. • 생산성과 효율성을 높이기 위해 신기술을 도입해 감에 따라 근로자들의 기술연마 필요성이 더욱 확대됨. • 정보통신기술의 급격한 발전은 끊임없는 향상훈련의 필요성을 부여하고 있음.
조직화 능력 (organizational skills)	• 새로운 형태의 경영, 기업조직 및 소비자 관계는 학문적, 기술적 지식뿐만 아니라 의사소통능력, 분석능력, 문제해결능력, 창의력, 협상능력, 자기관리능력 등을 요구
기업 특유 능력 (company specific skills)	• 신기술, 시장변화 및 경쟁은 기업들로 하여금 제품과 서비스는 물론 업무과정을 끊임없이 개선하도록 촉진 • 따라서 종업원들은 기업의 제품, 서비스, 제조과정 등에 대한 신지식과 능력을 계속해서 습득해야 함.

자료: 미국 상무부·교육부·노동부·NIL 및 중소기업청 공동 보고서, "21s Century Skills for 21st Century Jobs", 1999, 한국직업능력개발원(역).

(2) 인적자원의 체증특성

　다른 자원들과 마찬가지로 인적자원도 생산요소로 투입될 경우 재화와 용역의 가치창출에 기여한 만큼 그 산출의 가치분배에 참여할 수 있다. 인적자원이 가치창출에 기여한 정도는 노동력과 같은 양적인 측면뿐만 아니라 그들이 소유하거나 개개인에게 내재화된 지식·기술·태도 등의 질적인 수준에 의해서 크게 달라진다. 인적자원이 가치창출에 기여한 대가는 생산참여자 개개인의 임금형태로 분배된다.

　인적자원은 생산요소로서 투입될 경우 물적자원처럼 산술적인 값만큼 소멸되거나 감가상각되지 않는다. 물론 근로자 개개인도 체력이 떨어지거나 장애가 생기는 등 일종의 감가상각이 될 수 있고 보유한 지식과 기술도 시대가 변함에 따라 가치가 떨어질 수 있다. 그러나 축적된 지식과 기술, 태도 등은 생산과정에 투입된 후에도 그 실체가 없어지는 것이 아니라 오히려 숙련되거나 고도화되는 체증효과가 나타나기도 한다.

(3) 인적자원의 세 가지 차원

인적자원은 개인적, 사회적, 문화적 차원에서 각각 필요로 하는 자질과 능력 및 품성이 달라진다. 우선 개인적 차원에서의 인적자원은 개인에게 체득된 지식, 기술, 정보 및 건강 등을 의미하며, 이는 개인의 직업 및 취업능력, 조직의 생산성, 국가의 경쟁력 제고에 필수적 요인으로 기능한다.

사회적 차원에서의 인적자원은 개인과 개인, 개인과 조직, 조직과 조직, 정부와 민간부문 간의 생산적 연계를 촉진하는 규범, 신뢰, 협력방식 등을 의미한다. 이러한 사회구성 부문 간에 형성된 건설적 유대·협력관계는 다른 인적자원 구성 요인 또는 이들 간에 이루어지는 조합의 생산성을 크게 증대시키는 시너지 효과를 가져온다.

문화적 차원에서의 인적자원은 사회의 제반 문화를 이해·향유하고 새롭게 발전시킬 수 있는 문화적·윤리적·정신적 성숙도를 의미한다. 이는 개인적 삶의 여유를 확보하고 조직의 생산적인 문화풍토를 만들며 국가의 문화적 경쟁력을 향상시키는 데 기여하게 된다.

인적자원관리와
인적자원개발과의 관계

1 기본 개념

어떤 조직에서는 교육훈련이 독립된 기능 또는 부서로 존재한다. 그러나 대부분의 조직에서 교육훈련 또는 인적자원개발(HRD)은 인적자원관리(HRM)라는 더 큰 집단의 한 부분에 속하기도 한다. 인적자원관리는 조직구성원들의 목표와 욕구는 물론 조직의 목표와 전략을 달성하기 위해 효과적으로 선택하고 이용할 수 있도록 해야 한다. 이때 중요한 점은 HRM의 부담을 인적자원전문가와 일선관리자들이 함께 나누어 분담해야 한다는 점이다. 어떤 조직은 고도의 전문화된 직원들로 구성된 HRM 부서를 중심에 두는 반면, 어떤 조직은 HRM의 기능을 조직 내 여러 부서에 분산시켜 관리하기도 한다.

가장 넓은 범위의 HRM 기능은 [그림 1-1]에서 보여주는 것과 같이, HRM 담당 부사장이 이끄는 HRM 부서가 타 부서에서 제시한 활동들을 검토하는 기능을 담당하는 것이다. HRM은 주된 기능과 부수적인 기능으로 나눌 수 있다. 중심 기능은 직원들을 확보(procurement)하고, 활용(utilization)하고, 개발(development)하는 직접적인 기능이다. 부수적인 기능은 일반적인 경영활동들을 지원하거나 또는 조직의 구조를 결정하거나 바꾸는 것과 관련된 활동이다.

한편, 영국의 교육훈련연구소는 모든 기업들이 전략적인 변화를 수행하도록 도움을 주는 HRD와 HRM에 관한 광범위한 연구를 수행한 결과 직업교육훈련을 HRD의 하위영역으로 분류하고, HRD는 평가, 직무순환, 직무확대, 학습활동 등을 포괄하는 것으로 규정하면서 HRM의 하위영역으로 분류하며, HRM은 고용, 선발, 잉여인력의 재배치, 업무의 재분류, 보상제도 및 조정 등의 업무가 포함된다고 제시하고 있다.[7]

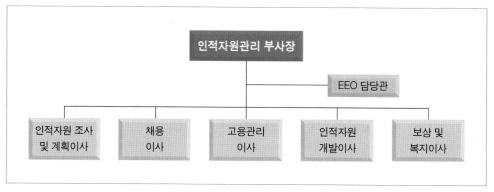

※ EEO: Equal Employment Opportunity, 고용평등을 뜻함.

그림 1-1 · 대기업의 인적자원관리 조직도(예시)

2 인적자원관리의 기능

(1) 인적자원관리의 주요기능

인적자원관리의 주된 기능들은 상호 간에 밀접한 연결관계에서 조직성과에 많은 영향을 미친다. 아무리 우수한 인적자원을 선발했다 하더라도 직무체계와 보상제도가 그들의 능력발휘를 뒷받침하도록 설계되지 않으면 높은 성과를 기대할 수 없다. 반면에 우수한 인력이 아니더라도 교육훈련과 현장지도가 잘 이루어지면 그들의 능력개발과 더불어 높은 성과를 기대할 수 있다. 이와 같은 인적자원관리 기능 간의 연계와 조화 그리고 상호보완관계는 조직의 높은 성과를 달성하는데 크게 기여한다. 다음과 같은 기능들은 외부시장 수요가 빠르게 변화함에 따라 점점 더 중요해지고 있다.

① 인적자원계획(HR planning) 활동은 경영전략의 변화가 미래의 인적자원 요구에 어떤 영향을 미칠지를 예측하게 한다.

② 고용평등(equal employment opportunity : EEO) 활동은 차별적인 관행(정책수립, 집행 및 활용)을 예방하여 조직의 법적 책임 및 도덕적 책임을 다하려는 의도를 가진다. 여기에는 종업원 채용, 훈련, 평가, 보상에 영향을 미치는 결정이 포함된다.

③ 고용관리(staffing) 활동은 현재 또는 미래의 결원에 대비하여 잠재력 있는 지원자들을 판단하고 시기적절하게 종업원 선발과 배치를 결정짓기 위해 평가한다.

④ 보상과 복지(rewards and benefit) 활동은 공정한 임금구조, 경쟁력 있는 종업원 복지, 그리고 개인, 집단 또는 조직의 성과에 따른 인센티브제도를 구축하는 일을 담당한다.

⑤ 노사관계(labor-management relation) 활동에는 종업원들이 직장에서의 문제와 불만을 해결할 수 있는 커뮤니케이션 시스템을 개발한다. 노동조합이 있는 조직에서는 노사관계협상 및 관리뿐만 아니라 노동조합과의 업무관계 유지활동을 담당한다.

⑥ 안전과 보건(safety and health) 활동은 안전하고 쾌적한 근무환경이 조성되도록 모색한다. 안전교육 및 지원 프로그램, 건강 및 복지 프로그램 등이 해당된다.

⑦ 인적자원개발(HRD) 활동은 조직구성원으로 하여금 현재 및 미래의 직무가 요구하는 기술과 능력을 확보하는 데에 목표가 있다.

(2) 인적자원관리의 부수적 기능

인적자원관리의 주된 기능과 더불어 조직의 성과와 관련되어 추진할 부수적인 기능들은 다음과 같다.

① 조직 및 직무설계(organization and job design) 활동들은 부서 내부적 관계와 조직 및 직무의 내용 등에 관한 조정활동과 관련된다.

② 성과관리와 성과평가시스템(performance management and evaluation system)은 조직 내의 성과를 제시하고 유지하는데 활용된다.

③ 조사 및 정보시스템(research and information system)은 올바른 인적자원에 대한 의사결정을 내리기 위해 필요하다.

3 인적자원개발의 주요기능

인적자원개발은 독립된 기능으로 존재할 수도 있고, HRM 부서 안에서 핵심 기능으로 존재할 수도 있다. HRD 기능의 구조와 영역은 조직이 직면한 방향에 따라 설정되어 진다. ASTD가 후원한 맥라건(McLagan, 1989)의 연구에서는 효과적인 HRD 기능을 위한 HRD의 역할과 필요한 권한을 정의하였다.[8]

ASTD연구(1987-1989)는 전통적인 훈련활동과 인력개발에 관한 주제들이 경력개발과 조직개발 문제를 포함하는 기능으로 방향이 바뀐 것을 제시했다. 인적자원 구조도(human resource wheel)는 인적자원관리(HRM)와 인적자원개발(HRD) 기능 사이의 관계를 잘 설명해 주고 있다(그림 1-2 참조).[9)

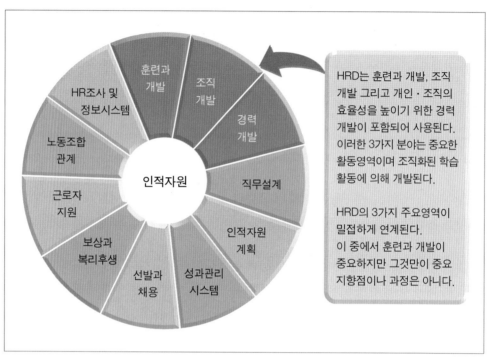

자료: P. A. McLagan(1989), Model for HRD Practice, Training and Development Journal, p. 19.

🔅 그림 1-2 · 인적자원 구조도

① 훈련 및 개발 : 계획된 학습을 통해 구성원이 현재 및 미래의 직무를 수행하는데 도움을 주는 핵심능력을 판단하고 유지하고 지원해 준다.
② 경력개발 : 종업원과 조직의 욕구가 이상적으로 달성될 수 있도록 종업원의 경력계획과 조직의 경력관리 과정을 유지시킨다.
③ 조직개발 : 바람직한 내외적 관계를 유지하고 변화를 관리하고 주도하는 것을 도와준다.

최근의 HRD와 관계되는 중요한 4가지 경향은 다음과 같이 정리된다.

① 매우 다양해진 근로자
② 판단력, 유연성 그리고 절차에 종속되지 않는 개인적인 노력이 필요한 지식근로자
③ 의미 있는 일자리와 종업원들의 참여에 대한 큰 기대
④ 고용계약 성격의 변화

(1) HRD 기능의 조직구조

HRM과 마찬가지로 HRD 기능도 조직의 전략을 뒷받침하기 위해 설계된다. [그림 1-1], [그림 1-2]에서는 HRD 기능이 HRM 부서 안에서 어떻게 조직되어지는지에 대해 설명하고 있다. [그림 1-3]은 HRD 기능이 여러 지역의 영업조직에서 어떻게 구성되어야 하는지에 대한 대안을 설명하고 있다. 이 예시에서 HRD활동은 경영자개발(육성)을 제외하고는 분산되고, 다른 HRD활동들은 중앙으로 집중될 수 있음을 보여준다.

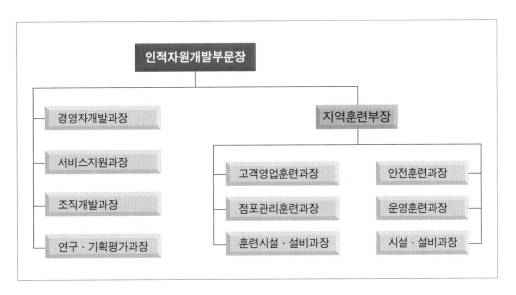

🏵 그림 1-3 · 다기능 영업조직 내의 HRD부서의 조직도(예시)

(2) 우리나라 기업의 인적자원개발 조직(사례)

우리나라의 인적자원 개발 조직은 기업 특성에 따라 다양하게 구성, 운영하고 있으므로 여기에서는 인적자원개발을 비교적 잘하고 있는 기업의 사례를 통해 조직형태와 역

할들을 살펴보기로 한다. 1999년 D조선의 주요 조직형태는 본부조직형태이다. 교육연수팀은 관리본부라는 조직 내에 속해 있는데, 관리본부는 크게 총무담당, 인력담당, 안전·복지담당이라는 세 개의 담당조직으로 이루어져 있다. 이 중 교육연수팀은 인력개발팀, 인력지원팀, 인력운용팀과 함께 인력담당 내에 속해 있어 조직구조상으로 볼 때 교육훈련부서와 인사조직부서 간에는 밀접한 관련성을 가지게 되어 있다(유장수, 2000).[10]

이처럼 교육훈련부서와 인사조직부서 간에 밀접한 관련이 있다는 것은 교육훈련과 경력경로를 통합할 수 있는 조직적 기초가 마련되어 있음을 의미한다. 교육연수팀은 기업의 인사조직을 담당하는 인력개발팀과 인력지원팀 그리고 인력운용팀과 함께 관리본부에 속해 있고 더구나 인력담당이라는 동일한 하부조직 속에 속해 있기 때문에 D조선은 교육훈련을 직급, 직위 등과 밀접히 연계시킬 수 있는 조직적 기초를 가지고 있다. 또한 총무팀 역시 교육훈련팀과 함께 관리본부에 속해 있기 때문에 교육훈련과 임금 간의 연계도 가능한 조직적 형태를 보이고 있다.

교육훈련 총괄조직의 중요성

D조선은 교육연수팀이라는 D조선 전체의 교육훈련업무를 담당하는 조직을 가지고 있다. 교육연수팀은 팀장을 포함해서 전체 17명의 인원으로 구성되어 있는데, 기업 전체의 교육훈련 수요조사, 실행, 평가를 포함하여 공식적 교육훈련 전체를 담당하는 조직이다. 그리고 D조선은 공식적 교육훈련에서 매우 중요한 2개의 자체연수원을 보유하고 있어 교육훈련을 중요시하는 D조선의 인식수준을 확인할 수 있다.

D조선의 교육훈련 조직은 상당히 선도적인 면을 보이고 있는데, 이는 월간 「산업교육」의 조사결과를 이용하면 쉽게 알 수 있다. 이론적, 실증적으로 매출액이 교육훈련투자규모와 정(+)의 관계를 가지고 있다는 전제 하에서 「산업교육」은 1996년의 매출액 상위 100대기업들을 대상으로 교육훈련과 관련된 주요 지표들을 조사, 발표하였다.

이들 기업들은 한국에서 교육훈련에 투자를 많이 하고 있는 기업들이라고 할 수 있는데, 이들 기업과 비교해도 D조선은 교육훈련 담당부서의 조직형태나 교육훈련 담당 인원수 그리고 자체연수원 보유 여부에서 상대적으로 우위에 있음을 알 수 있다. 즉, D조선은 교육훈련 조직면에서 한국에서 선도적 위치에 있다고 볼 수 있다(유장수, 국내기업의 교육훈련 투자실태와 과제, 한국직업능력개발원 정책포럼, 2000, p.33).

PARAGRAPH 03

인적자원개발의 구성요소

1 인적자원개발의 활동영역

인적자원개발의 사명(mission)에 대해 길리 등(Gilley, Eggland & Gilley, 2002)은 ① 현재업무 수행 (혹은 성과)개선에 초점을 둔 개인개발, ② 미래의 업무 수행개선에 초점을 둔 경력개발, ③ 조직의 수행역량과 능력강화에 활용되는 수행관리체제개발, ④ 조직의 문화와 효과성을 강화시킴으로써 인간의 잠재력을 최대한 활용하고 수행하는 조직개발이며, 여기서 조직의 효과성은 경쟁력, 수익성, 변화능력으로 측정된다고 주장했다.[11]

내들러 등(Nadler & Wiggs, 1986)은 HRD의 근본적인 목적은 조직과 수행관리에 있어서 변화를 일으키는 것이며, 이를 통해 조직을 성장발전시킬 수 있는 것이라고 주장했다.[12] 다시 말하면, 조직의 학습활동, 경력개발제도, 수행개선활동, 변화촉진활동은 업무성과를 개선하고 비용을 절감하며 품질을 향상시키고 조직의 경쟁력을 강화시키는 것이다.

한편, 내들러(Nadler, 1984)는 학습활동결과의 적용시점을 기준으로 현재의 직무와 관련된 학습을 훈련(training), 확정된 미래의 다른 직무에 대한 준비학습을 교육(education), 그리고 현재나 미래의 특정업무와는 무관하지만 조직 및 개인의 성장을 위한 학습을 개발 (development)로 구분했다.[13]

이학종(2001)은 HRD에 관한 연구영역을 전통적인 교육훈련(개인개발)에서 현대적인 조직개발과 경력계획으로 확장해야 하며, HRD의 효과는 궁극적으로 조직의 성과향상에 반영되어야 함을 강조했다.[14]

ASTD연구(1987~1989)에서는 HRD의 활동영역을 훈련 및 개발(T&D), 경력개발(career development : CD) 그리고 조직개발(organization development : OD)로 구분했다.[15] 여기서 훈련 및 개발이란 새로운 지식, 기능, 행동을 개발하여 개인이 현재 수행하고 있는 직무의 개선이나 증진을 가져오는 것을 말한다. 따라서 훈련 및 개발의 대상이 개인이라는 점에서 개인개발(individual development : ID)이라고 표현해도 큰 차이는 없다.

인적자원개발의 기본원리 Chapter 01

29

길리 등(Gilley, Eggland & Gilley, 2002)은 HRD활동의 네 가지 기본요소로 개인개발, 경력개발, 수행관리, 조직개발을 제시했다(그림 1-4 참조). 그들은 HRD모형의 원리를 결과(results)와 초점(focus)이라는 두 가지 기준에 따라 설명하고 있다.[16] HRD결과는 1년 이내의 단기적인 것과 1년 이상의 장기적인 것으로 구분하고, HRD의 초점은 개인과 조직으로 나누어진다. 이것을 조합하면 네 가지 HRD 구성요소(component of HRD)의 위치와 상호관계가 만들어진다. 개인개발과 수행관리는 둘 다 즉각적인 결과를 산출하도록 계획되기 때문에 단기적인 접근이고, 경력개발과 조직개발은 개인의 경력개발 또는 조직의 체제변화를 위해 필요한 활동을 통해서 개인과 조직에 영향을 미치므로 장기적인 접근이다.

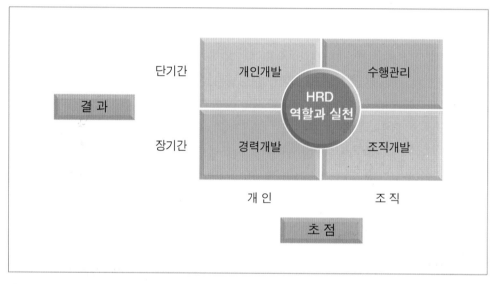

자료: Gilley, Eggland & Gilley(2002), Principles of Human Resource Development; 장원섭 역(2003), 「인적자원개발론」, 학지사, p. 22.

🔅 그림 1-4 · HRD모형의 원리

한편, 개인개발과 경력개발은 개인의 성장과 발전에 초점을 두는 반면, 수행관리와 조직개발은 조직의 효과성에 초점을 둔 조직 전체적인 접근법을 취한다.

이 책에서는 길리 등이 제시한 네 가지 기본요소와 장·단기접근법이 개인차원이나 조직차원에서도 뚜렷한 구분이 어렵고, 활동내용이 연속적으로 이루어질 뿐만 아니라 상호보완관계에 있으므로, ASTD연구(1987~1989)에서 규정한대로 훈련 및 개발(또는 개인개발), 경력개발, 조직개발로 구분하여 저술하였음을 참고하기 바란다.

(1) 개인개발

개인개발(ID : individual development)활동은 새로운 지식, 기술과 개인의 행동양상을 변화시키거나 향상시키는 것에 중점을 둔다. 훈련은 구성원들에게 특정 업무 및 직무에 필요한 지식과 기술을 제공하는 것과 행동변화(예를 들면, 성희롱 예방교육 등)를 유도하는 것이 포함된다. 이와는 반대로, 개발은 근로자가 현재의 직무를 수행하는 능력을 키우면서 동시에 미래 직무를 준비하는 장기적인 것에 초점을 맞춘다.

개인개발활동은 새 근로자가 조직에 입사하면서부터 흔히 신입직원 오리엔테이션(orientation)이라는 것으로부터 시작된다. 신입직원 오리엔테이션이란 새 근로자가 조직의 중요한 가치와 규범을 배우고, 업무관계를 형성하고, 그들의 직무가 어떻게 기능하는지에 대해 배우게 되는 과정이다. HRD담당자들과 채용담당자는 오리엔테이션 과정을 설계하고, 오리엔테이션 과정을 운영하며, 기초 기술훈련을 담당한다. 기술훈련 프로그램은 좁은 의미에서 신입직원들에게 특정 직무기술과 지식을 가르치는 것이다(제8장 참조).

신입직원이 직무에 능숙하게 되면, HRD는 각 개인의 개발활동, 특히 지도(guide)와 상담(counseling)에 중점을 두게 된다. 지도활동은 각 개인이 그들의 결정에 대한 책임을 받아들이고, 일과 관련한 문제들을 검토하고, 뛰어난 성과를 달성하고 유지하도록 도와준다. 지도는 구성원을 파트너의 개념으로 대하고 개인의 목표와 조직의 목표를 동시에 달성하도록 한다. 상담기법은 직원들의 개인적인 문제들을 도와 그것이 조직의 목표달성을 방해하지 않도록 한다. 상담 프로그램은 음주나 약물남용, 스트레스관리, 금연, 건강, 체력관리 등과 같은 문제들도 다룬다.

HRD전문가들은 또한 관리자훈련 및 개발 프로그램을 통해 중견간부들이 직책에 맞는 필요한 지식과 기술을 갖도록 유인하는 역할을 한다. 이러한 프로그램들로는 관리자훈련, 직무순환, 세미나, 대학 등 외부 위탁과정 학습 등이 해당된다.

(2) 경력개발

경력개발(CD : career development)은 '개개인이 갖는 특별한 관심과 주제와 직무들이 관련 있는 일련의 단계들을 거쳐 성장하는 지속적인 과정'이라고 할 수 있다. 경력개발은 경력계획과 경력관리라는 차이가 분명한 두 가지의 과정으로 실시된다. 경력계획은 각자의 기술과 능력을 바탕으로 현실적인 경력계획을 세우는 각자가 수행하는 활동이고, 경력관리는 각 개인이 그 계획을 달성하는데 필요한 단계들을 채택해 가는 것이며, 한편 조직측면에서는 구성원들의 경력개발을 촉진시키기 위해 무엇을 할 수 있을지에 초점을 두는 것이다. 경력개발을 위한 훈련 및 개발 활동은 깊은 관련이 있다(제9장 참조).

(3) 조직개발

조직개발(OD : organization development)이란 행동과학을 적용시킨 변화계획을 통해 조직의 효율성과 조직원들의 능력을 높이기 위한 과정이다. OD는 거시적 및 미시적 조직의 변화를 강조한다. 거시적 변화는 궁극적으로 조직의 효율성을 증대시키는 것이고, 미시적 변화는 개인, 소규모 단체, 팀의 직접적인 변화에 관한 것이다. 예를 들면, 많은 조직들이 조직의 효율성을 높이기 위해 직원 참여 프로그램, 직무기대에 대한 근본적인 변화관리들을 도입하고 있다(제11장 참조).

조직개발을 위한 HRD전문가의 역할은 변화관리전문가로서의 기능을 가지는 OD활동에 개입(intervention)하는 것이다. 변화를 촉진하기 위해서는 수시로 일선 관리자들과 상의하고 조언도 필요한데, 이는 원하는 변화에 영향을 미칠 수 있는 전략을 위해서이다. HRD전문가는 또한 조정전략을 직접 수행하기도 하는데, 그 방법으로는 실제 변화 과정들을 계획하고 적용하는 구성원들의 역할을 촉진하는 모임을 갖는 것이다.

이상에서 논의한 바를 정리해 보면 HRD를 담당하고 있는 전문가들에게 있어, 이 세 가지 활동영역은 별개의 독립분야로 존재하거나 서로 배타적인 것은 결코 아니며, 오히려 실질적으로 또 기능적으로 상호 관련되어 있는 것이다.

2 인적자원개발 담당자

조직의 모든 경영과정에서와 마찬가지로 HRD분야에서도 세 가지 주요자원인 인적자원, 물적자원, 재무자원이 투입되어야 사업이 추진된다. 그러나 이 책에서는 인적자원을 중심으로 HRD담당자의 역할과 필수적인 자질에 대해 살펴볼 것이며, 물적자원과 재무자원에 관해서는 전체조직의 경영차원에서 별도로 다루어야 할 것이므로 생략하기로 한다.

HRD담당자의 역할에 관해 내들러(Nadler, 1984)는 학습전문가, HRD관리자, 컨설턴트로 구분하여 다음과 같이 제시했다.[17)]

① 학습전문가(learning specialist) : 학습지도, 학습프로그램 설계, 교수전략개발

② 인적자원개발관리자(HRD administrator) : HRD정책개발, 학습프로그램 감독, HRD부서와 개인, 집단, 조직 간 관계유지, HRD전문요원 양성, 시설 및 예산확보, 관리, 조정

③ 컨설턴트(consultant) : 조직의 문제해결, 문제예측 및 예방

그 후 ASTD가 1990년에 발표한 HRD담당자의 역할은 내들러 모델에 연구조사, 요구분석(needs analysis), 개인의 경력개발 조언(advise)을 추가시켰다. 또한 맥라건(McLgan)은 기존의 ASTD 모델을 보완하여 1996년도 HRD담당자의 역할을 HRD전략 조언자, HRD시스템 설계 및 개발자, 조직변화 추진자, 조직설계 컨설턴트 등 9가지로 확대하였다.

한편, 길리 등(2002)은 HRD분야에서 전문가들이 수행해야 할 역할을 관리자와 리더, 학습촉진자, 교수설계자, 수행공학자, HRD컨설턴트 등 다섯 가지 범주로 분류하면서, 이러한 역할들은 HRD의 구성요소에서 각각 활용되며 HRD의 사명과 목적을 달성하는데 기여한다고 주장했다.[18]

① 관리자와 리더(managers and leader) : 조직학습과 수행관리, HRD부서의 계획 · 조직 · 충원 · 통제 · 조정에 관한 책임, HRD활동의 장기계획과 전략수립, 전략적 리더십 제공

② 학습촉진자(learning facilitator) : 학습프로그램과 활동에 관한 정보제공, 학습자 요구에 적절한 활동과 프로그램의 개발과 효과성 평가

③ 교수설계자(instructional designer) : 학습활동의 설계, 개발, 평가

④ 수행공학자(performance engineer) : 현재의 수행과 바람직한 수행의 파악, 수행분석, 인과관계분석, 근본원인분석

⑤ HRD컨설턴트(consultant) : HRD문제의 해결, 조언, 문제의 발생예측과 예방활동

HRD담당자의 역할에 관한 여러 학자들의 주장을 종합해 보면, 크게 학습전문가, HRD 관리자, HRD컨설턴트로 대별할 수 있으며, 이들의 역할은 조직 내에서 요구(needs)를 확인하고, 그 요구를 충족시킬 프로그램을 개발하며, 그 프로그램을 실행(implement)하는 것으로 정리할 수 있다.

❸ 인적자원개발활동의 전개과정

HRD활동은 앞에서 제시한 기본원리와 각종 자원을 투입, 활용하여 전개된다. HRD활동의 실질적인 전개과정은 방대하고 복잡하나, 학습프로그램의 주요과정은 유사하거나 동일하게 적용되므로 학습전문가의 영역에 속하는 프로그램 설계자의 역할을 중심으로 살펴보기로 한다. 이러한 전개과정은 조직전체의 활동에 적용될 수도 있지만, 단일 프로그램의 설계에도 적용할 수 있다. 이 책에서는 기존의 연구를 먼저 검토하고 보다 더 실질적이고 효과적인 모형을 제시하고자 한다.

이학종(2001)은 인력개발과정을 ① 인력개발의 필요성 감지, ② 인력개발의 구체적 분석, ③ 인력개발의 계획수립, ④ 교육훈련 실시, ⑤ 효과분석이라는 5단계로 제시했는데, 필요점 충족을 위한 HRD활동이란 면에서는 바람직하다.[19]

내들러(Nadler, 1984)는 HRD핸드북에서, 학습프로그램 설계과정을 ① 조직의 필요성 확인, ② 특정 직무행동 확정, ③ 필요점 확정, ④ 목표설정, ⑤ 교과편성, ⑥ 방법 및 자료선택, ⑦ 교수자료 확보, ⑧ 실행, ⑨ 평가 및 피드백으로 분류하여 구체적인 반복 및 순환과정을 도식화 했다(그림 1-5 참조).[20] 이러한 전개과정은 학습자의 직무를 명확히 하고,

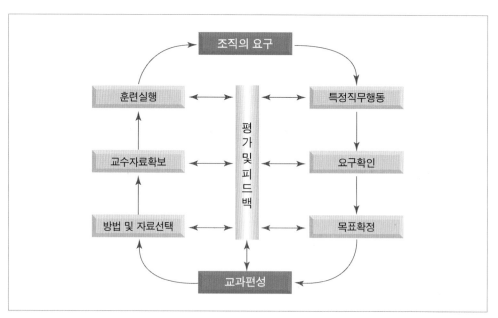

자료: 황병수(1996), 「HRD전략」, HRD컨설팅, p. 219.

🌐 **그림 1-5 ·** 학습프로그램의 설계모형

그 직무를 수행하는 개인의 요구확인부터 출발하여 궁극적으로 조직과 개인의 성장을 가능케하는 것이라면 더욱 바람직하다고 본다.

한편 너빅(Nervig, 1990)등 여러 학자들은 교수체제개발(instructional system development : ISD) 모형을 제시했는데, 이 모형은 제2차 세계대전에서 군사훈련 프로그램개발에 활용되면서 발전되었으며, 그 과정은 ① 분석, ② 설계, ③ 개발, ④ 실행, ⑤ 평가 또는 통제의 5단계로 이루어진다. 이 모형에서 나타나는 특징은 여러 가지 정보를 수집하고 분석하여, 이에 기반한 체계적인 교수프로그램을 만든다는 점에서 널리 인정받고 있다.[21]

이상 두 학자의 모형을 근거로 이 책에서는 HRD활동의 전개과정 모형을 ① 요구분석, ② 프로그램 설계, ③ 프로그램 개발, ④ 프로그램 실행, ⑤ 프로그램 평가 및 피드백의 5단계로 제시한다(그림 1-6 참조).

- 요구분석(needs analysis) : 다양한 분석활동을 통해 종업원, 사업, 그리고 조직의 요구를 규명한다(제4장 참조).
- 프로그램 설계(program design) : 학습활동과 경력개발 프로그램을 설계하고 개발하며 평가한다(제5장 참조).
- 프로그램 개발(program development) : 개인과 조직의 목적을 충족한 설계명세서에 따라 학습자용 교재개발, 교보재개발, 교수매뉴얼개발, 강사선정지침 등을 개발한다(제6장 참조).
- 프로그램 실행(program implementation) : 구성원들의 지식, 기술, 능력을 향상시키기 위한 목적으로 설계된 학습의 전달과 촉진, 학습전이를 확인한다(제7장 참조).
- 프로그램 평가 및 피드백(evaluation and feedback) : 행동의 변화와 학습, 수행, 변화촉진활동 등에 대한 검토와 평가결과를 다음 계획수립에 반영(피드백)한다(제8장 참조).

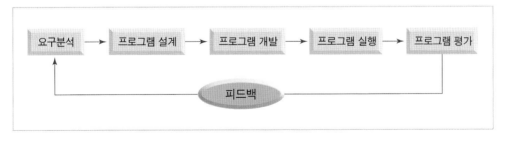

🌼 그림 1-6 · HRD활동의 전개과정

위에서 제시한 HRD활동의 전개과정은 전체적인 시스템을 도표화한 것이고, 구체적인 하위시스템과 활동내용은 제2부에서 전개과정별로 세분화하여 구체적으로 살펴보기로 한다.

4. 인적자원개발 전략

인적자원은 조직의 여러 가지 자원 중에서 가장 핵심적인 자원이다. 오늘날 기술과 시장의 변화가 급속하게 이루어지는 지식정보화사회에서는 하이테크와 창의력을 지닌 지식근로자가 더 중요시되고 있다. 인적자원개발은 조직의 구성원이라는 개인차원에서나 조직차원에서도 생존과 성장을 위해 지속적인 학습과정이 이루어져야 하고, 조직이 추구하는 변화과정을 촉진하는 역할도 수행해야 된다. 이러한 관점에서 HRD활동은 단기적이고 대응적인(reactive) 접근으로서가 아니라 장기적이고 선제적인(proactive) 접근을 취할 필요가 있다.

이와 같이 HRD전략은 HRD의 제반문제들이 HRD활동을 둘러싼 폭 넓은 환경과 연계되어 면밀히 조사 분석되고, 어떤 방향으로 나가야 하는지에 대한 종합적 판단(collec tive judgment)을 내리는 것이다. 여기서 종합적 판단이란 조직이 여러 계층과 부서의 의견을 수렴하여 이를 반영해 판단하는 것을 의미한다.

HRD전략수립의 과정은 ① 시스템분석, ② HRD사명정립, ③ HRD목표설정, ④ HRD전략수립, ⑤ HRD전략실행이라는 5단계로 이루어진다. 한편, 로리(Lawrie, 1986)는 조직의 내외적 환경변화와 경제위기에도 살아남을 수 있는 효과적이고 훌륭한 HRD부서를 만들기 위한 여덟 가지 전략을 ① HRD철학의 문서화, ② HRD정책의 수립, ③ CEO의 지원, ④ 조직의 장기계획에 HRD활동의 통합, ⑤ 광범위한 분석활동 실시, ⑥ HRD리더의 협력강화, ⑦ HRD참여기준 설정, ⑧ HRD부서의 결과지향성으로 제시하기도 한다.[22]

5 이 책의 구성체계와 접근방법

오늘날 대부분의 조직들은 HRD부서를 두고 있으나 아직도 개인개발에 초점을 맞추고 있다. 그러나 다행스럽게 생각하는 것은 HRD의 중요성을 인식하고 있는 기업이나 기관들이 점점 더 늘어나고 있으며, 그들은 개인개발뿐만 아니라 경력개발, 조직개발을 핵심 영역으로 여기고 있는 것이다.

이 책에서는 제1부에서 HRD의 기초이론에 해당하는 기본원리(제1장), 발전과정(제2장), 학습이론에 관한 이해(제3장)를 돕도록 구성했다. 제2부에서는 HRD활동의 전개과정을 요구분석(제4장), 프로그램 설계(제5장), 프로그램 개발(제6장), 프로그램 실행(제7장), 프로그램 평가 및 피드백(제8장) 순으로 나누어 고찰한다. 제3부에서는 HRD활동의 세 가지 구성요소에 대해 개인개발(제9장), 경력개발(제10장), 조직개발(제11장)을 종합적으로 다룬다. 마지막으로 제4부는 HRD전문가들에게 필요한 트렌드 수용과 역할(제12장), 기업의 인적자원개발 촉진방안(제13장) 그리고 국가차원의 인적자원개발정책(제14장)을 공부한다.

이 책은 교육학과 행동과학의 기본원리를 바탕으로 하여 인적자원개발 프로세스 단계별로 접근하면서 산업현장의 실제 교육연수 및 훈련활동에서 다루는 산업교육의 입장을 많이 강조하였다. 또한 교육훈련을 통한 조직성과의 극대화와 종업원의 만족이라는 경영학의 기본 명제에 충실한 전개를 도모하고자 노력하였다.

특히 우리나라 기업의 인적자원개발의 성과와 촉진을 위해 현실태의 분석과 지원방안 모색은 물론 국가경쟁력 강화에 필요한 국가인적자원개발전략을 다룸으로써 미시적 및 거시적 인적자원개발을 모두 포괄하여 학습의 시야를 넓히도록 구성하였다.

1) J. W., Gilley, S. A., Eggland & A. M. Gilley(2002), Principles of Human Resource Development(2nd ed.), Cambridge, Mass:Preseus Books: 장원섭 역(2003), 「인적자원개발이론」, 학지사, pp. 14-17.

2) L. Nadler & Z. Nadler(1994), Designing Training Programs : The Critical Events Model. Houston: Gulf

3) J. W. Gilley & S. A. Eggland(1989), Principles of Human Resource Development. Cambridge, Mass. : Preseus Books.

4) G. N. McLean & L. D. McLean(2001), "If you can't define HRD in one country, how can we define it in and international context?"

5) B. A. Lundvall & D. Foray(1996), "The knowledge-based economy: from the economics of knowledge to the learning economy." Employment and Growth in the Knowledge-Based Economy (1996): 14.

6) R. W. Pace, D. C. Smith & G. E. Mills(1991), "HRD: The field." (1991).

7) 한국산업인력공단(1998), 「직업훈련교사와 담당자 제도」(번역서). 재인용.

8) P. A. McLagan(1989), The Models, American Society for Training and Development.

9) P. A. McLagan(1989), "Models for HRD Practice." Training and Development Journal, 41(9), pp. 49-59.

10) 유장수(2000), 국내기업의 교육훈련투자실태와 과제, 한국직업능력개발원 정책포럼

11) J. W. Gilley, S. A. Eggland & A. M. Gilley(2002), Principles of Human Resource Development, Perseus Publishing, 장원섭(2003)역, 학지사, 재인용.

12) L. Nadler & D. G. Wiggs(1986), Managing Human Resource Development, Jossey-Bass, San Francisco, CA.

13) L. Nadler(1984), The handbook of human resource development. John Wiley & Sons.

14) 이학종(2001), 「전략적 인적자원개발」, 세경사. p. 644.

15) P. A. MacLagan(1989), "Models for HRD Practice." Training Development Journal, 41(9), pp.49-59.

16) J. W. Gilley, S. A. Eggland & A. M. Gilley(2002), 위의 책, 장원섭(2003)역, 위의 책, p.22. 재인용.

17) L. Nadler(1984), The handbook of human resource development. John Wiley & Sons.

18) J. W. Gilley, S. A. Eggland & A. M. Gilley(2002), 위의 책, 장원섭(2003)역, 위의 책, pp.175-236. 재인용.

19) 이학종(2001), 위의 책

20) L. Nadler(1984), The handbook of human resource development. John Wiley & Sons.

21) N. N. Nervig(1990), Instructional systems development: A reconstructed ISD model. Educational Technology, 30(11), 40-46.

22) J. Lawrie(1986), Revitalizing the HRD Function. Personnel, 63(6), 20-25.

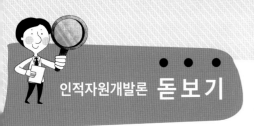

인적자본과 인적자원개발

보스턴 컨설팅 그룹(BCG)의 뷔르크너(Bürkner) 회장은 최근 저성장 시대에 봉착한 한국이 이를 극복하기 위해서는 연구개발(R&D), 기업가 정신, 이민자 수용 등 필요한 10가지 변화를 이야기 하였고, 이 중 교육투자를 최우선적으로 제시하였다(한국경제신문, 2013.11.11). 인적자본과 인적자원 개발의 중요성에 대해서는 과거부터 많은 학자들이 제시하여왔다. 인적자본(human capital)이라 는 개념은 1960년대에 등장하였다. 미국경제학자인 슐츠(Schultz)는 1919년에서 1957년 사이의 미국의 총생산 증가를 기존의 경제모델로 분석하였다. 이 과정에서 전통적 생산의 요소인 노 동과 자본만으로 설명되지 않은 부분이 확인되었다. 즉, 이 기간 동안 연 3%의 총생산 증가 가 있었으나, 노동과 자본으로 설명되는 부분은 1%에 지나지 않았다(Polachek, 2007). 기존의 경 제모형에서 설명되지 않는 생산의 증가가 인간의 경험, 지식, 교육과 연관되어 있음을 밝히고 이를 인적자본이라고 하였다. 이후 인적자본에 대한 많은 연구가 학자들에 의해 국가적 차원 부터 기업, 개인 단위로 확대되었다.

기업적 차원에서는 1970년 무렵부터 상품시장이 생산자 중심에서 소비자 중심으로 점진적 으로 전환되면서 기업 간 경쟁이 격화되었다. 인적자본을 경쟁력 우위의 요소로 인식하고 기 업 간의 경쟁차원에서는 근로자의 인적자본의 증가가 기업의 성과에 영향을 미친다고 하는 연구가 이루어졌다(Roos & Roos, 1977). 이를 계기로 기업에서의 인적자본에 대한 중요성에 대한 여러 가지 연구가 실시되었다. 미국의 한 연구에 따르면, 평균 교육수준보다 10% 높은 인력 을 확보하고 있는 기업은 평균적 기업에 비해 생산성에 있어 8.6% 더 높은 성과를 보인다고 하였다. 반면, 자본투자를 10% 더 높게 한 기업은 이윤에 있어 3.4% 더 높은 수준을 보이는 것으로 조사되었다(한국직업능력개발원, 1999). 이는 기업에서 인적자본에 대한 투자가 자본에 대한 투자 보다 더 높은 수익을 가져온다는 것을 의미한다.

한편, 인적자본과 관련한 개인적 차원의 연구는 민서(Mincer)가 선구적 역할을 수행하였다. 개인의 교육에 대한 투자가 생애소득에 어떠한 영향을 미치는가를 공식으로 정리하였다. 이 를 토대로 다양한 연구가 이루어져 왔다. 최근의 한 연구에 따르면 개인의 교육기간이 1년 증 가함에 따라 기대할 수 있는 개인이 얻을 수 있는 매년 수익률이 5~8%에 달한다고 한다. 특 히 일부 국가에서는 20%에 달하는 경우도 있다고 한다(Patron, 2016).

앞서 살펴본 바와 같이 여러 연구를 통하여 국가적, 기업적, 개인적 차원 모두에서 인적자본의 증가가 각 주체별 발전에 있어 매우 중요하다는 것이 밝혀졌다. 현실에 있어 인적자본의 증가는 조직과 개인의 인적자원개발을 통하여 이루어진다. 그럼에도 불구하고 우리는 신문지상을 통하여 경제가 불황기에 직면하면, 기업에서는 경비절감을 위해서 R&D와 더불어 근로자에 대한 교육훈련투자, 즉 인적자원개발을 가장 우선적으로 축소한다는 소식을 접한다. 왜 이런 현상이 발생하는 것일까? 그 이유는 기업 내에서 인적자원개발 투자의 효과가 단기간에 보다는 장기간에 걸쳐서 발생하기 때문이다. 또한 인적자원개발 투자에 따른 기업 성과를 가시적으로 측정하는 것이 어렵기 때문이다. 기업의 성과는 경기변동, R&D투자 등 여러 요소에 의하여 결정된다. 이 가운데 인적자본의 투자에 따른 기업의 성과를 구분하는 것은 용이하지 않다.

불황기가 오면 많은 기업에서는 측정하기 어렵고, 효과가 장기간에 걸쳐 발생하는 인적자원개발에 대한 투자를 우선적으로 삭감하는 것이다. 그러나 최근 일부 기업에서는 불황기에 기업 내 교육훈련에 대한 투자를 확대하는 사례가 나타나고 있다. 최근 GS그룹의 허창수 회장은 "4차 산업혁명이 열어갈 미래 시장에서 경쟁력을 갖추기 위해서는 개방과 융합을 통한 혁신이 필요하다."고 하였다. 이와 더불어 "기업은 결국 사람이다."라고 하면서 인재를 통한 혁신적인 조직문화 조성을 강조하였다(동아일보, 2016.7.20). 이는 인적자원 투자에 대한 인식이 개선되고 있다는 신호로 볼 수 있다. 특히 지식기반경제로 전환함으로써 과거의 토지, 노동, 자본 등의 유형적 자본에서 인간의 지식, 창의력, 노하우가 경쟁력의 원천으로 바뀌고 있다. 이러한 무형적 자원을 확보할 수 있는 것은 사람에 대한 교육훈련 투자이다. 선진적 기업에서는 이러한 원리를 잘 파악하고 있기 때문이라고 본다.

[참고자료]
- 한국경제신문, 2013.11.11., [월요인터뷰] 뷔르크너 회장 "한국 저성장이 걱정?…전세계 시장서 돈버는 글로벌기업 돼라."
- S. Polachek(2007), Earning over the Lifecycle, IZA Discussion Paper No. 3181.
- G. Roos, & J. Roos(1997). Measuring Your Company's Intellectual Performance, Long Range Planning, vol.30. no.3. pp. 413-426.
- 직업능력개발원(1999), 21세기 직업능력
- H. Patron(2016), Estimating the return to schooling using the Mincer equation, IZA world of labor
- 동아일보, 2016. 7.20., 허창수 GS회장 "4차 산업혁명 시장서 개방·융합 통한 혁신 필요"

핵심용어

- 인적자원
- 인적자원개발
- 경력개발
- 정보사회
- 인적자원관리기능
- HRD모형의 원리
- HRD활동

- 인적자원관리
- 개인개발
- 조직개발
- 지식기반사회
- 인적자원개발기능
- HRD담당자
- HRD전략

연구문제

❶ 인적자원개발 개념의 확장에 따른 문제점과 발전방향에 대해 설명하라.

❷ ASTD가 규정한 HRD개념과 길리 등이 제시한 HRD모형의 차이점을 비교분석하라.

❸ 최근의 HRD 환경분석을 실시하고, 조직의 변화과정을 촉진할 수 있는 HRD전략을 수립하여 제시하라.

CHAPTER
02

인적자원개발의 발전과정

학습목표

1. 도제제도, 길드제도 등 산업사회 이전의 사회배경과 HRD제도의 관계성을 설명할 수 있다.

2. 산업사회 변화와 산업조직 형태에 맞추어 발전되어 온 HRD제도를 기술할 수 있다.

3. 우리나라 인적자원개발제도의 변천과 발전과정을 설명할 수 있다.

　어떤 나라를 알기 위해서는 그 나라의 역사와 문화를 이해해야 빠르듯이, 인적자원개발을 쉽게 이해하기 위해서는 당시의 시대적 상황과 교육훈련제도의 태동배경 등 역사를 이해하는 것이 효과적일 것이다.

　이 장에서는 HRD의 범위를 보다 광의적 측면에서 산업교육, 직업교육, 직업훈련제도 등 HRD제도의 발전과정을 알아본다. 산업사회 이전부터 유럽에서 존재해 온 교육훈련의 역사와 제도를 먼저 살펴본다. 이어서 산업사회를 맞아 그 현실에 맞게 발전해 온 미국 HRD제도를 공부한 후, 우리나라 HRD제도의 발전과정을 분석해 봄으로써 사회적, 경제적, 기술적 환경에 부응해 온 HRD 변화를 이해한다.

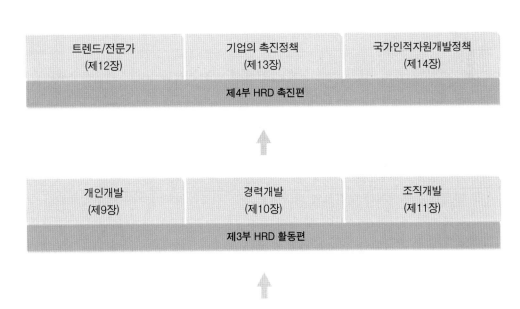

트렌드/전문가 (제12장)	기업의 촉진정책 (제13장)	국가인적자원개발정책 (제14장)
제4부 HRD 촉진편		

개인개발 (제9장)	경력개발 (제10장)	조직개발 (제11장)
제3부 HRD 활동편		

요구분석 (제4장)	설 계 (제5장)	개 발 (제6장)	실 행 (제7장)	평 가 (제8장)
제2부 HRD 전개편				

기본원리 (제1장)	발전과정 (제2장)	학습이론 (제3장)
제1부 HRD 기초편		

유럽의 인적자원개발제도 발전과정

1 시범제도

　고고학자들의 연구분석에 의하면 6,000년 이전부터 훈련이나 학습을 통하여 승계되어 온 기능·기술과 지식이 문명의 비약적인 발달에 큰 역할을 해왔다[1]고 한다. 일례로 당시의 토기나 벽돌을 주조하는 기술을 보면 훈련이나 학습지도의 흔적이 나타나 있으며, 훈련이나 학습지도가 없어서 기능·기술이 계승되지 못한 지역의 문명은 큰 발전이 없었음을 볼 수 있다. 또한 메소포타미아의 키시(Kish)에 건축된 사메리안 궁전이나, 성서에 지적된 바벨탑이나 이집트의 피라미드 등은 건축학상 석공기술의 위업들로서 당시의 훈련과 학습지도가 효과적인 것이 아니었다면 고대 석공기술이나, 연와공 및 대중예술 등은 그렇게 발전될 수 없었을 것으로 본다. 그러나 기원전 100년 이전의 훈련이나 학습지도는 처음부터 조직적으로 실시된 것이 아니고 계승적 직업지식이 강한 목적의식 하에서 발전된 것이다. 즉, 신규 입직자는 현장에서 직장·장인(foreman or master worker)이나 선임자로부터 단계적으로 제시된 규격에 합격할 수 있도록 엄격한 검사와 교시를 받으며 훈련되는 시범제도(demonstration system)를 뜻한다.

2 도제제도

　시범제도는 문명의 발달과 더불어 점차 도제제도(apprenticeship)로 발달되었으며, 이러한 도제제도가 처음으로 실행된 기록은 기원전 2100년에 제정된 함무라비법전(Code of

Hammurabi)에서 찾아 볼 수 있다.[2] 고대 그리스-로마시대(B.C.100년~A.D. 300년)에 잘 발달된 이 제도는 숙련된 기능인이 자기의 지식과 기능을 신인에게 가르쳐 주는 제도로서 일정 기간이 지난 후에야 신인은 비로소 직장(職長, foreman)이나 자작농이 될 수 있었다. 즉, 도제훈련은 작업현장에서 감독자의 지도를 받거나, 숙련공 또는 선임공원의 작업을 직접 보조하면서 필요한 기능과 지식을 습득하는 것이다. 특히 수공업적인 정교한 기능을 오랜 일에 걸쳐서 체득하여야 할 작업에 있어서 이와 같은 훈련방식은 의의가 있다. 현재에도 기업과 노동조합의 협력 하에 도제훈련이 실시되는 경우도 있다.[3] 저자들도 유럽지역 출장시에 대학생이나 직업교육훈련생들이 기업에서 도제훈련을 받고 있는 것을 많이 볼 수 있었다.

❸ 길드제도

길드(guild)란 이해관계와 직종이 유사한 사람들끼리 형성한 조직체로서 차츰 상호 간의 기본적 목적을 침해하지 않고 상호협조하며 이익을 도모하고자 하는 조직적 제도로 발전되었다. 중세시대(A.D.300년~A.D.1300년)에 잘 발전된 길드는 실질적으로 시민 간에 이권을 창출함과 동시에 제품의 질적 향상을 확립시키는 제도였다. 그리고 조합원들은 ① 원료와 도구를 소유하고 작업을 감독하는 기능장(master worker), ② 겨우 생활비 정도의 보수를 받거나, 때로는 무급으로 통상 기능장과 침식을 같이 하면서 훈련을 받는 도제공(apprentice), ③ 도제공과정을 마치고 아직 정식 기능장이 되지 못한 초기의 직장(foreman) 등으로 분류되어 형성되었다. 따라서 도제공들은 결국 기능장이 되기 위하여 기능·기술을 훈련받는 사람들이었다.

그러나 점차 시장이 확장되고 새로운 기계와 도구 사용이 급증하자, 도제제도나 길드제도에서 배출되는 직장이나 기능장의 사회진출 기회가 좁아지고, 거액의 자금투자자가 속출하게 되어 여러 세기동안 이어온 수 많은 직장이나 기능장들이 자기의 권리를 계속 유지하기 위한 자영제 길드제는 현대 노동조합의 선구가 되었고, 지역별로 직능별 조합(trade union)을 형성시켰으며, 작업의 질과 양에 따라 보수의 기본제도를 설정하게 되었다. 그러나 급속히 발전되는 기계문명으로 인하여 많은 기능직종과 직장 및 기능인들이 빛을 잃게 되어 최전성기였던 14~15세기를 고비로 길드제도(guilds system)는 고개를 숙이기 시작하였다.

4 후견인제도

길드제도 하의 생산이 가내수공업단계로부터 발달하여 공장수공업단계로 발전을 본 것이라면, 후견인제도(sponsor system)는 공장수공업단계로부터 대규모 제조공업(manufacture)을 거쳐 근대적 공장제도(factory system)로 옮아가는 과정에서 발전된 기능 및 기술 훈련제도이다. 이 제도는 동력기계의 발명과 산업혁명으로 농업경제가 공업경제로 이행되어 제조공업의 양상이 기계의 전문화 및 분권화로 변화함에 따라 입직노동자가 현장에서 작업을 협조함과 동시에 어느 정도 전문적 기능·기술을 습득한 직장(foreman)의 지도를 받으며 기능·기술을 습득해가는 훈련제도인 바, 이러한 훈련제도는 18~19세기에 지배적이었다.

이 제도는 종래의 도제제도나 길드제도보다 훈련방식이 발달된 제도로서 종업원으로 하여금 현장에서 작업의 보조활동을 하도록 하면서 전문적으로 지도를 담당하는 직장에 의하여 수행되는 일종의 사내교육훈련방식인데, 아직도 많은 개발도상국가나 선진국가의 후진지역에서 이 제도를 찾아볼 수 있다.

5 직업교육제도

학교교육은 원래 18세기 중엽 성직자교육을 위해서 설립되었는데, 성직자교육이 점차 발전되어 도제제도에서의 교육방법만으로 충분치 못할 정도로 고도의 기술이 요망됨에 따라 수명의 신입 학생집단으로 특수학교교육이 분야별로 발전되었다.[4]

이와 같은 성직자학교의 기원은 확실하지 않으나 상당히 오래전부터 시작된 듯하며, 중세기에 들어와서 정규학교교육으로 부기와 대수가 교육되기 시작하였으며, 1900년을 전후하여 모든 전문직의 교육이 실시되었고, 현재에는 학교교육이 거의 모든 기능직, 기술직 및 전문직을 교육하는 최상의 교육기관으로 발전하였다. 따라서 학교교육의 목적은 직업교육뿐만이 아니라 모든 사람에게 필요한 지식을 제공하는 기관으로 발전하였고, 한 때에는 귀족을 위한 교육기관으로까지 변모하였다.

그러나 직업교육(vocational education)이 만인의 인간교육으로 새로이 인식되면서부터 학교

교육은 직업과 불가분의 관계로 재인식되었으며, 이로 인해 사립학교와 기업체가 실시하는 학교교육은 물론 직접적인 기능 및 기술자양성을 위한 국공립실업학교의 교육을 위해 다방면의 인력수급과 직업전환 및 전문화에 부응하는 인력개발을 위한 최상의 교육기관으로 발전하였다.

또한 교육사적 견지에서도 일반교육과 직업은 초기부터 밀접한 것이었으며, 초기 도제계약에 따라 고용주는 필요한 직업뿐만이 아니라, 기본적인 독해력을 갖춘 도덕적 시민의 의무를 가르쳐야 했다. 이러한 비직업적인 교육을 시키기 위하여 18세기 중엽에 들어와서 고용주가 도제들을 야간학교에 보내어 읽기, 쓰기 및 셈하기 등을 배우게 하였고, 19세기 초에는 직업교육을 오직 관리직에만 국한시켜 부유층의 자녀들만이 이용하게 하였다. 19세기 후반에는 경제적 특성과 사정으로 일반공구의 사용법과 실습공의 제도가 개발되어 대학의 수준에 이르는 기술자(engineer)양성을 위한 직업기술교육이 실시되었다. 이에 따라 수공업훈련프로그램을 기초로 하는 중등학교 직업교육이 시작되어 오늘날과 같이 직업교육제도(vocational education system)로 발전하게 되었다.

⑥ 직업훈련제도

산업의 고도화에 따라 실업교육 및 일반교육과 함께 직업훈련(vocational training)의 필요성이 개별적 지도측면에서 재인식되었다. 따라서 개개인의 적성에 맞는 직종을 감독책임 하에 직장(foreman)이나 지도자 밑에서 전문적 직종에 관한 기능 및 기술, 지식과 함께 현장보조활동을 습득하는 제도로 19세기 초엽부터 직업훈련의 실시가 다시 광범위하게 이루어졌다.

이에 따라 직업훈련제도(vocational training system)는 노동조합의 강력한 지지를 받아 법률적으로 입법화되었으나, 19세기 중엽까지는 초보적 수공업훈련소가 대부분이었다. 그러나 20세기를 전후로 하여 경영규모가 급격히 확대되고 직능분화가 급속히 실시됨에 따라 종래의 단순한 지도체제에서 전문적이고 조직적으로 본격적인 현대적 직업훈련제도로 발전하게 되었다.

즉, 생산방식이 대규모 제조공업(manufacture)을 거쳐 근대적 공장제도로 변함에 따라 각종 생산 공학적 지식과 기술이 경험에 의한 습득이 아니라 이론을 통한 습득의 필요성을 인식하게 되었고, 현장에서 직접 기계를 조립하면서 기능 및 기술을 배우는 것 외에 훈련을 이론과 실습으로 구분하여 개별적 양성소나 특수실습 장비와 기계설비를 갖춘 곳에서 이를 습득함으로써 전문적 직업훈련제도로 발전하게 되었다.[5] 이리하여 기업 내외에 제반 양성시설이 갖추어지게 되었으며, 기타 공공단체나 각종 직업학교 및 기능인력 양성기관이 설립되었고, 특히 영국에서는 노동조합에서 취업보도 및 고임금 수입을 위한 기능공 양성시설을 마련함으로써 차차 직업훈련이 전세계적으로 조직화되어 갔다.

이와 같이 초기에는 직업훈련이 입직자에 대한 기능훈련으로 출발하였으나, 직장(foreman)의 재훈련문제가 대두되면서 관리층에 대한 직업교육훈련이 없으면 직무가 합리적으로 수행될 수 없음이 발견되어 경영능률과 근로자의 질적향상을 위한 전계층에 대한 종합적인 직업훈련이 조직화되고 합리화되었다.

미국의 인적자원개발제도
발전과정

1 초기 견습생 제도

HRD의 근원은 18세기 견습생 연수제도로 거슬러 올라간다. 이 시대에는 실력 있는 기능공들이 운영하는 작은 가게에서 가구, 의복, 신발 등과 같은 모든 가정용품이 실제로 생산되었다. 점차 증가하는 생산품에 대한 수요를 맞추기 위해 가게 주인들은 직원들을 고용했다. 직업학교나 기술학교가 없었으므로, 가게 주인들은 직원들을 직접 가르쳐야 했다. 아주 적은 임금이나 무임금으로 일하는 견습생 혹은 수습생은 그 분야에 능숙해질 때까지 몇 년 동안 주인으로부터 기술을 배웠다. 견습생 제도는 수공예 분야에 국한되지 않고 의사, 교사, 변호사를 연수하는 데에도 이어졌다. 심지어 1920년대 후반에도 정부시험에 통과한 법조인도 실습을 위해 견습생이 되었다.[6]

모든 필요한 기술을 익힌 견습생들은 '자영업자(yeoman)이며, 주인을 떠나 자신들의 가게를 세울 수 있다'고 볼 수 있었다. 그러나 많은 견습생이 주인에게 남아 있었는데 이것은 그들이 가게를 여는데 필요한 연장과 기구를 살 돈이 없었기 때문이었다. 늘어나는 자영업자들의 수를 다스리기 위해 주인들은 네트워크 형태로 개인 '프랜차이즈'를 만들어 생산 품질, 임금, 시간, 그리고 견습생을 시험하는 과정으로 관리하였다. 이러한 수공업 길드는 정치적으로나 사회적으로 세력이 강화되어 기술을 다 익힌 견습생이 독립된 가게를 설립하는 것을 더 어렵게 하였다. 강력한 수공업 길드를 견제하기 위해 여만리스(yeomanries)라고 하는 독립된 형태의 길드를 형성하여 더 나은 임금과 근무 환경을 주장하는 단체권을 창출하였다. 여만리스(yeomanries)는 현대 노동조합의 시조가 되었다.

❷ 초기 직업교육 프로그램

클린턴(DeWitt Clinton)은 1809년 뉴욕에 최초의 개인재단 직업학교(수공업학교로 더 잘 알려진)를 설립하였다. 이 수공업학교(manual school)는 실업자나 전과 기록이 있는 사람들 중 기술이 없는 젊은이들에게 직업 교육을 제공한다는 데에 목적이 있었다. 수공업학교의 학생수는, 특히 중서부지역에서 점점 증가했는데, '잘못된 길로 들어선(misdirected)' 젊은이들과 같은 사회적 문제들을 해결하는 공공 부문의 해결책이 되었기 때문이다. 의도가 어찌되었건 초기의 이러한 직업교육은 오늘날 직업교육의 원조가 되었다.

1917년 연방의회는 스미스-휴즈법(Smith-Hughes Act)을 통과시켰는데, 이것은 직업교육의 가치를 인정하여 연간 7백만 달러의 국가 보조금을 농업, 가정관리교육, 산업교육, 교사연수를 목표로 하는 주정부 프로그램에 지급하는 것이었다.[7] 오늘날 직업교육은 주정부 공교육제도의 중요한 일부이다. 현재에도 '기술적 능력의 격차'가 문제시됨에 따라 직업교육은 더욱 중요하게 되었다.

❸ 초기 공장학교

1800년대 후반 산업혁명의 도래로 인해, 기능공들의 연장은 기계로 대체되었다. '과학적 관리'이론은 더 효율적이고 더 나은 생산시스템을 위한 기계의 중요성을 인식하였다. 특히, 반숙련공들이 기계를 이용하면 숙련공이 작은 수공예점에서 일할 때보다 더 많이 생산할 수 있었다. 이것이 오늘날 우리가 알고 있는 공장의 시초이다. 공장들은 기계와 반숙련공들로 인해 생산을 늘릴 수 있었다. 그러나 또한 기계들을 설계하고, 제작하고, 수리할 수 있는 엔지니어, 기계수리공, 숙련된 정비사와 같은 중요한 수요가 생겨났다. 급속하게 성장하는 많은 공장들의 숙련공의 수요가 직업학교의 공급을 초과하게 되었다. 이러한 수요를 충족시키기 위해 공장들은 수리공과 정비사 훈련프로그램을 만들었는데, 그것이 바로 '공장학교(factory school)'이다.[8]

기록에 남은 첫 번째 공장학교는 1872년 Hoe & Company지역에 위치한 뉴욕인쇄기제조회사였다. 곧이어 1888년에 West House, 1901년 제너럴 일렉트릭과 볼드윈 로코모티브,

1907년 인터네셔널 하비스트, 그리고 포드, 웨스턴 일렉트릭, 군이어 타이어, 내셔널 캐쉬 레지스터가 뒤를 이었다.[9] 공장학교 프로그램은 초기 견습생 프로그램과 비교해 볼 때, 과정이 짧은 편이었고, 특정직무에 필요한 기술에 초점을 맞췄다는 것이 다른 점이었다.

4. 숙련훈련 및 직무훈련

반숙련(semiskilled) 및 비숙련(unskilled) 근로자를 위한 초기 훈련 프로그램, 견습생 프로그램과 공장학교들이 숙련공들을 위한 훈련을 제공하는 것에 비해, 아주 소수의 회사만이 비숙련 또는 반숙련 근로자를 위한 프로그램을 제공하였다. 이것은 중요한 두 역사적 사건으로 변화되었다. 하나는 1913년 포드사에서 만든 T모델(Model T)의 등장이었다. T모델은 조립라인에서 대량 생산된 첫 번째 자동차였는데, 생산을 위해 필요한 것이라고는 반숙련 근로자들이 몇 가지 동작을 수행하는데 필요한 훈련만 받으면 되는 것이었다. 새로운 조립라인은 생산비용을 눈에 띄게 감소시켰다. 포드사는 자동차의 가격을 낮춰 많은 대중들이 T모델을 살 수 있게 하였다. T모델의 수요가 많아지자, 포드사는 더 많은 조립라인을 설계했고, 이것은 더 많은 훈련의 기회를 제공하게 했다. 다른 자동차 제조회사들도 조립라인방식을 도입했기 때문에, 반숙련공들을 위한 훈련 프로그램은 급격히 증가하게 되었다.

또 다른 중요한 역사적 사건은 제1차 세계대전이었다. 군사용품의 수요를 충족시키기 위해 비군사용품을 제조했던 많은 공장들이 기계설비를 재정비하고, 반숙련공들을 포함하여 근로자들을 위해 재훈련을 실시했다. 예를 들면, U.S.선박협회는 조선기사들이 전투함대를 제조하도록 하는 훈련 프로그램을 담당했다. 훈련 프로세스를 촉진시키기 위해 찰스 앨런 훈련지휘관은 U.S.선박협회로부터 제의를 받아 모든 훈련 프로그램에 4단계로 된 학습방법, 즉 '시범(show), 설명(tell), 실습(do), 확인(check)'을 실시하였다. 이 기술은 후에 직무훈련(job instruction training)으로 불리며 오늘날까지도 직원들의 직무훈련에 사용되고 있다.

5 인간관계운동

공장체계의 부작용 중 하나는 빈번하게 발생하는 비숙련 노동자들의 혹사였다. 이러한 부작용에는 비위생적인 작업환경과 긴 노동시간, 그리고 낮은 임금을 받는 어린이들이 있었다. 이 끔찍한 작업환경은 전국적으로 공장반대운동을 확산시켰다. 폴렛(Mary Parker Follett)과 길브렛(Lillian Gilbreth)이 이끌었던 이 캠페인은 '인간관계 운동'을 확산시키며 더 나은 인간적인 근무환경을 주장하였다. 다른 캠페인 중에서도 이 인간관계운동은 노동자들에게 그들이 단순히 공장기계의 톱니바퀴가 아니라 사람이라는 더 복잡하고 현실적인 이해를 갖게 했다.

인간관계운동은 직무에 있어서 인간행동의 중요성을 강조했다. 이것은 또한 뉴저지주 벨 전화사의 사장인 버나드(Chester Barnard)가 1938년에 쓴 「경영자의 기능」이라는 유명한 책에서도 제시되었다.[10] 버나드는 조직을 전통적인 관리와 행동과학을 적용시킨 통합된 사회적 구조라고 설명했다. 이 운동은 제2차 세계대전을 배경으로 하는 1940년대까지 계속되었다.

매슬로우(Abraham Maslow)는 인간의 욕구단계에 대한 그의 이론에서 사람은 비경제적인 격려에도 동기부여를 할 수 있다고 주장했다.[11] 인간의 욕구는 강도가 낮은 것에서부터 높은 것으로, 하위단계(기본적 생존욕구)와 상위단계(정신적 욕구) 사이에 배열되어 있다고 제안하였다. 매슬로우의 이론과 같은 이러한 인간관계 이론들은 근로자들의 다양한 욕구와 열정이 직장에서 동기부여의 중요한 근원이 될 수 있다는 개념을 강화시켰다.

6 훈련전문직의 등장

제2차 세계대전의 발발로 산업분야는 또 다시 전쟁을 지원하기 위해 공장기계를 재설비하였다. 제1차 세계대전에서도 그랬던 것처럼, 이것은 규모가 큰 조직과 조합들이 새로운 훈련 프로그램의 도입을 이끄는 발단이 되었다. 연방정부는 산업훈련(training within industry : TWI)[12] 과정을 도입하여 전국의 군수품 관련 산업훈련 프로그램을 구성하였고, 또한 회사의 강사들에게 각각의 기계에 대해 가르치는 프로그램을 훈련시켰다. 전쟁이 끝날 무렵, TWI는 23,000명이 넘는 강사들과 16,000개 공장, 조합, 서비스 업체 관리자들에게 2백만개 이상의 수료증을 수여했다.

많은 군수품 제조회사들은 TWI에서 훈련받은 강사들로 구성된 독립적인 훈련부서를 설립했다. 이 부서는 그 조직 안의 훈련을 설계하고 구성하며 조정하였다. 이러한 '훈련 전문직(training profession)'이라는 신흥직업에서 일정한 기준을 세우기 위해 1942년 미국훈련담당자협회(American Society for Training Directors : ASTD)가 형성되었다. ASTD의 정회원이 되기 위해서는 학사 이상의 학위에 2년간의 훈련분야 직무경력이 있거나, 5년 이상의 훈련경력이 있어야만 했다. 훈련기능이 있는 직무를 하고 있거나 대학에 재학중인 사람은 준회원의 자격이 되었다.

7 인적자원개발의 출현

1960년대와 1970년대에 사이에 전문 트레이너들은 자신들의 역할이 훈련원 밖 기업현장으로 확대된다는 것을 깨달았다. 직원들의 참여가 높은 많은 조직들에서는 전문트레이너의 지도와 상담을 필요로 했다. 따라서 훈련 및 개발(training & development : T&D)의 범위는 대인관계기법(지도, 그룹 프로세스의 단축, 문제해결 등)으로 확대되었다. 이와 같은 중요성이 종업원 개발에 덧붙여져 미국훈련개발협회(American Society for Training Directors : ASTD)는 그 명칭을 미국훈련개발협회(American Society for Training and Development : ASTD)로 개명하였다.

1980년대는 T&D분야에 더 큰 변화를 가져왔다. 1970년대 후반부터 1980년대 초반의 몇몇 국제 T&D 협의회에서는 기업교육 전문직의 이러한 빠른 역할 확대가 주된 논점이 되었다. 그 결과로써, ASTD는 이러한 성장과 변화를 모두 포함하는 용어로 인적자원개발(HRD)을 채택하였다. 1990년대에는 HRD의 전략적 역할이 강화되는 시도가 이루어졌는데, 그것은 조직의 목표와 목적을 지원하기 위해 HRD가 어떻게 해야 하는지에 관한 것이었다. 또한 훈련과 HRD의 노력으로 특정한 목표의 실적향상과 고성과 작업체제(high performance work system)의 조직을 조망하는 것도 ASTD의 중점이 되었다.[13]

ASTD의 명칭변경

2014년에 ASTD는 글로벌추세와 변화하는 교육환경을 반영하여 인재개발협회(ATD : Association for Talent Development)로 명칭을 바꾸었다. ATD는 현재 100여개 국가, 20,000여개 기업, 7,000여명의 개인회원으로 구성되어 있다.

PARAGRAPH

03

한국의 인적자원개발제도
발전과정

1 개 요

우리나라의 직업교육의 역사는 대단히 오랜 전통을 지니고 있다. 고려 명종시대의 과거제도를 위시하여 철도, 체신 등 특수한 전문기술을 기반으로 하고 있던 관청에서는 1900년대 초부터 직업을 위한 교육훈련이 실시되었다. 특히 1905년에 제물포에는 철도원양성소가 세워져 철도원양성을 위한 최초의 교육기관이 되기도 했다.[14]

민간기업에서 종업원에 대한 교육훈련은 구한말, 즉 1890년대와 1900년대에 걸쳐 전기회사, 방직회사, 철강회사 등 대기업 또는 민족기업이 탄생되면서 부터라고 볼 수 있으며, 더구나 대한민국의 정부수립과 더불어 교습소, 직공양성소 등의 명칭으로 직업훈련기관이 많이 설치되기에 이르렀다.

이러한 교육훈련은 주로 기술이나 전문기술을 대상으로 한 것이어서 사무분야나 관리분야에 대한 교육훈련은 보잘 것이 없었다. 그러나 제2차대전 후에 정부수립과 더불어 「국가공무원법」이 제정되고, 공무원의 훈련이 형식적으로나마 시작된 것은 1949년 3월에 국립공무원훈련원 직제가 제정되어 중앙에 처음으로 국립공무원훈련원이 설치된 때부터라고 할 수 있다.

이와 같은 법률이 제정되는 당시, 군대교육의 중요성과 성과를 일차적으로 행정부에 이식시켰고, 다음에는 민간기업으로 도입시켜 감독자교육기법으로서 TWI(training within industry), MTP((management training program)[15]를 전개시키기에 이르렀다. 이것은 과거의 기술적·전문적인 교육훈련과는 그 내용과 대상을 달리하였던 것이다. 사무분야의 교육훈련에서는 교양과목의 교수를 주로 하고 있었던 것에 반하여, 이 교육훈련에서는 직무와 직결된 훈련을 중시하였던 것이다.

우리나라의 인적자원개발의 체계를 대별해 보면 산업인력양성을 목표로 한 직업훈련과 재직근로자에 대한 재교육 및 향상훈련을 목표로 한 일반교육훈련으로 구분해 볼 수 있다. 그러나 1990년대 후반 고용보험법 제정에 따른 직업능력개발사업의 실시와 「근로자직업훈련촉진법」 시행으로 제도적인 측면에서는 일원화되고 있다.

(1) 직업훈련

우리나라에서는 옛날부터 상인의 자제에게 교육훈련을 실시하는 방법으로서 도제제도를 활용하고 있었다. 소위 머슴살이로 주인과 침식을 같이하며 오랫동안의 봉사를 통하여 주인이 가지고 있는 기술을 보고, 듣고, 어깨넘어로 배워 일가견을 갖게 되는 방식으로서 특히 대장간의 도제는 불의 온도를 조절하고 익히는 데도 일생이 걸렸다는 사실 등 이와 유사한 사례가 많았던 것이다.

우리나라에 직업훈련제도가 본격적으로 도입된 것은 1960년대부터 시작된 경제개발5개년계획과 더불어 공업화가 가속화되면서 이에 부족한 산업인력의 양성을 추진하면서부터이다. 부존자원이 부족한 반면 인적자원이 풍부한 현실여건 하에서 경제개발5개년계획이 성공적으로 수행되기 위해서는 질 높은 인적자원을 개발하여 활용하는 것이 최선의 대책으로 부각하였다.

경제개발이 급격하게 진전됨에 따라 양질의 산업인력을 육성하기 위한 새로운 인력양성제도의 필요성이 제기되었으며, 경제개발 초창기에 외국의 인력전문가들은 한국의 경제부흥을 위해 인력개발사업을 적극적으로 추진할 것을 조언하였다. 이에 따라, 기술인력중심의 산업인력부족에 대처하기 위하여 단기간에 적은 비용으로 많은 인력을 집중적으로 양성할 수 있는 수단으로서 직업훈련제도를 도입하였다. 선진국들의 직업훈련제도를 근간으로 우리나라 실정에 적합하도록 1967년 「직업훈련법」을 제정·공포하면서부터 직업훈련이 체계적인 제도로 기반을 마련하였다. 당초 직업훈련은 사업주가 행하는 사업내직업훈련을 주축으로 하고 공공직업훈련은 사업내직업훈련에서 실시하기 어려운 과정을 실시하여 보완적인 역할을 분담토록 되어 있었다. 그러나 대다수 기업체가 사업내직업훈련을 기피하여 자체인력양성보다는 다른 사업체에서 양성한 기술인력을 부당스카웃하는 등 경제발전의 급성장에 따른 기술인력수급에 차질이 발생하였으며, 사업주의 인식부족에 따른 사업내직업훈련이 부진함에 따라 국가주도의 직업훈련투자를 확대하여 증가하는 구직희망 청소년의 진로문제해결과 산업체의 부족인력을 공급하기 위해 공공직업훈련기관의 설립을 추진하였다. 한편, 1982년 초 제2차 오일쇼크 이후 침체된 경제를 회복하고 산업인력양성의 체계화를 위하여 한국산업인력공단을 설립하여 공공훈련기관의 운영과 국가기술자격검정을 전문화하였다. 제도도입의 초기에는 기초기술인력공급을 위한 양성훈련중심으로 운영되었던 직업훈련제도는 1970~80년대 산업화과정에서 우리경제발전에 큰 기여를 하였고, 이후 산업구조의 고도화 등에 따라 숙련공 및 다능공 양성으로 그 수준을 높였으며, 지식·정보화사회의 도래와 고용환경변화 등에 따른 평생직업능력개발 수요확대에 따라 재직근로자에 대한 향상훈련으로 그 영역을 확대하였다. 1996년부터 이러한 기능을 주로 담당하고 있는 기관이 한국폴리텍대학이다.

(2) 일반교육훈련

한편 직업훈련과는 별도로, 해방 후 미군이 우리나라에 진주하게 되었고, 미군에 종사하는 한국인 고용인이나 군속들에게 미군의 손으로 기능공훈련을 체계적·조직적으로 실시하게 되었으며, 또한 관리·감독자층의 교육훈련도 빛을 보게 되었다.

또한 우리나라의 교육훈련을 발전시키는 데 군대에서의 교육훈련을 무시할 수 없었다. 풍부하고 방대한 국고나 군대의 교육훈련비를 사용해가며 군복무중인 청년들에게 기술훈련과 경영관리훈련을 체계적으로 실시하였던 것이다. 1960년대 초기에 군사혁명으로 군사정권이 들어선 후 인력개발과 교육훈련의 중요성을 여러 사람들이 인식하게 되었으며 경제개발계획을 추진하기 위해서는 개발된 인력이 절대로 필요하게 되었다. 이와 때를 맞추어 전문훈련기관(1957년 한국생산성본부, 1962년 한국능률협회)의 설립을 보게 되었으며, 처음에는 교육훈련에 대한 무지로 전문훈련 또는 과제별 훈련만을 실시하였으나, 1970년대의 수출증대와 월남파병을 정점으로 하여 기술혁신과 국제경쟁력의 강화가 요망되어 기업내 교육훈련의 필요성이 더욱 고조되었던 것이다.

교육훈련에서도 기술인력의 중동진출 등 국제경쟁력의 강화와 더불어 질적 전환이 요청되었고, 과거의 가부장적 경영 하에서의 신입사원이나 기능공양성형 교육훈련으로부터 탈피하여 장기적 전략적 안목에서의 인재육성, 즉 참된 산업인 또는 생활인양성형으로 지향하지 않으면 안되게 되었다. 미국이나 일본에서 세계적으로 정평이 있는 TWI, MTP 등 일련의 정형훈련코스를 도입함으로써 우선 관리·감독자층의 교육훈련이 실시되고 이것이 비로소 대규모의 기업내훈련으로 조직적으로 실시되게 되었다. 따라서 유수기업체 중에는 하나, 둘 독립적 교육훈련조직인 교육훈련과, 교육훈련부, 연수원 등을 갖추게 되었고, 그 범위도 신입사원교육, 중견사원교육, 관리감독자훈련 등의 계층별훈련, 직능별훈련, 전문훈련, 안전, 위생 등의 훈련, 목표관리, 감수성훈련 등과 같이 특정한 목적을 가진 과제별 또는 프로젝트별 훈련에 이르는 폭 넓은 기업내훈련으로 자리 잡게 되었다.

❷ 인적자원개발 관련 법·제도의 변천

(1) 직업훈련기본법하의 제도 변천

1967년 1월 16일 「직업훈련법」의 제정으로 「근로기준법」 및 「산업교육진흥법」 등에 의해 분산적으로 실시되어 오던 직업훈련은 일원화되어 국가적인 정식제도로 출발하게 되었다. 그 후 한 차례의 개정을 거쳐 1974년 12월, 일정규모 이상 사업주에 대해 매년 일정비율의 인원을 의무적으로 기술인력으로 양성토록 하는 사업내 직업훈련의무제를 규정하는 「직업훈련에 관한 특별조치법」이 제정되고, 1976년 12월 31일에는 「직업훈련법」과 「직업훈련에 관한 특별조치법」을 통·폐합한 「직업훈련기본법」의 제정을 보게 되었다. 이 법은 직업훈련 분담금제를 설정하여 사업주로 하여금 훈련을 실시하거나 분담금을 납부하도록 강제 규정하고 있다. 1979년 12월 28일 직업안정촉진을 위해 사업내직업훈련을 양성훈련 이외에 전직훈련도 의무훈련에 포함하도록 1차 개정되었다. 이 법은 그 후 몇 차례의 제도 보완을 통하여 운영되어 오던 중 1995년 7월 「고용보험법」에 의한 직업능력개발사업의 도입과 1997년 「근로자직업훈련촉진법」제정으로 같은 해 12월 24일 폐지하게 되었다.

(2) 고용보험법의 제정

급격한 산업사회의 변화로 인하여 양성훈련 뿐만 아니라 재직자 향상훈련, 재훈련 등의 중요성이 부각되고, 1995년 7월 「고용보험법」에 의한 직업능력개발사업의 도입으로 직업훈련의 중심이 기능인력양성에서 근로자의 평생직업능력개발로 확대·발전되었다.
이때의 「고용보험법」상의 직업능력개발사업은 상시근로자 70인 이상 전 사업체에 적용하였으나, 제조업·건설업 등 6개 산업의 1,000인 이상 사업체는 「직업훈련기본법」에 의한 훈련의무제를 그대로 존속하게 하여, 그 동안 양성훈련을 중심으로 사업내 직업훈련원이 감당하여 왔던 인력양성의 급속한 감소를 방지하고자 하였다. 이와 같은 이원적인 직업훈련제도는 법규 적용상의 혼란, 각종 행정규제의 완화에 따른 훈련비용지원의 남용, 그리고 훈련기관의 난립으로 인한 훈련부실의 우려 등 운영상 비효율성의 문제점이 나타남에 따라 양 제도의 통합이 요청되었다. 특히, 정보화·국제화에 따른 산업구조의 변화 등으로 말미암아 직업능력의 개발·향상에 관한 새로운 직업훈련제도의 틀이 필요하게 되었다. 이와같은 직업훈련의 환경변화에 적극적으로 대처하기 위하여 정부는 1997년 정기국회에서 「직업훈련기본법」을 폐지하고, 이를 대체하는 「근로자직업훈련촉진법」을 제정하게 되었다.

(3) 근로자직업훈련촉진법의 도입과 근로자직업능력개발법으로의 개정

「근로자직업훈련촉진법」의 제정에 따라 1999년 1월부터 「직업훈련기본법」에 의한 직업훈련의무제는 폐지되고, 전 사업장이 고용보험 직업능력개발사업의 적용을 받게 되었다. 이와 함께 1999년 2월 8일에는 「직업훈련촉진기금법」이 폐지되었고, 이에 따라 직업훈련촉진기금이 보유하고 있는 자산과 부채는 「고용보험법」에 의해 고용보험기금이 승계하게 되었다.

1996년 12월 30일에 이루어진 개정에서 직업능력개발사업은 근로자수가 대통령령이 정하는 기준에 해당하는 중소기업을 우선적으로 고려하도록 하고, 1998년의 3차 개정과 1999년의 4차 개정에서는 대통령령이 정하는 직업능력개발훈련을 실시하는 사업주에 대하여 필요한 비용의 지원과 직업능력개발훈련 시설의 설치 및 장비 구입에 필요한 비용의 대부와 기타 노동부장관이 정하는 직업능력개발훈련 시설의 설치 및 운영비용을 지원하도록 하였다. 또한 직업능력의 개발·향상과 원활한 인력수급을 위하여 필요하다고 인정하는 경우에는 직업능력개발훈련사업을 위탁 실시할 수 있도록 개정하였다. 이후 2004년에는 법명을 「근로자직업능력개발법」으로 변경하였다.

(4) 직업교육훈련촉진법과 평생교육법의 제정

1997년 3월 26일 제정된 「직업교육훈련촉진법」은 직업교육 및 직업훈련 영역 중 정부부처 간, 정부·지방 간, 직업교육훈련기관 간, 산학 간의 연계 및 시장경쟁을 촉진하기 위하여 특별히 제정된 법으로 장려법의 성격을 가진다. 이 법의 목적은 21세기의 세계화·정보화 시대에 대비한 신 직업교육훈련체제를 구축함으로써 모든 국민에게 소질과 적성에 맞는 다양한 직업교육훈련의 기회를 제공하여 국민생활수준의 향상과 경제발전에 이바지함을 목적으로 한다.

또한 정부는 1999년 8월 31일 평생교육의 진흥을 국가의 의무로 규정하고 있는「헌법」
및「교육기본법」의 규정에 따라 종전의「사회교육법」을 전면 개정하여「평생교육법」을
공포하였다. 2000년 3월 1일부터 발효된 이 법은 학교외 교육, 즉 근로자를 포함하는 성
인에 대한 조직적인 교육활동의 기본법의 성격을 가진다. 이와 같이 일반법의 성격을 가
지고 있는「평생교육법」에서는 직장인들의 계속교육 및 재교육의 기회확대를 위한 유·
무급 휴가와 학습비를 지원하고, 고용주의 경비부담을 원칙으로 종업원을 대상으로 한
사내대학의 양성화와 학력과 학위를 인정해 주도록 하고 있다.

(5) 인적자원개발기본법의 제정

지식정보화 사회의 진전과 글로벌화는 세계를 국경없는 무한경쟁의 시대로 전환시키
고 있다. 과거 경쟁력의 원천이 토지, 노동, 자본 등 유형적 요소에서 지식, 정보, 창의력
등 무형적 요소로 전환되고 있으며, 이의 토대가 되는 인적자원에 대한 국가적 관심은
국가 간 차이 없이 중요해 지고 있다. 이에따라 OECD에서는 경제·제도적 체제, 정보통
신기술, 국가혁신체계 등과 더불어 인적자원개발을 지식기반경제의 4대 요소로 간주하
였다(대한민국정부, 2006).

우리나라에서도 국가적 차원에서 체계적인 인적자원개발의 추진을 위하여 2002년
「인적자원개발기본법」을 제정하였다. 이법을 통하여 국가적 차원에서 인적자원개발정
책에 대한 수립과 총괄, 조정 등 종합적인 역할을 하도록 하였다.

3 인적자원개발 관련 용어의 이해

(1) 직업능력개발훈련

직업능력개발훈련은 근로자에게 직업에 필요한 직무수행능력을 습득·향상하게 하기
위하여 실시하는 훈련으로 사실상 직업훈련과 동일한 개념으로 사용된다.「근로자직업
능력개발법」에 따른 직업능력개발훈련의 종류는 그 내용에 따라 근로자에게 직업에 필

요한 기초적 직무수행능력을 습득시키기 위하여 실시하는 양성훈련, 직무수행능력의 향상과 기술발전에 대응하여 필요한 지식·기능을 보충하기 위하여 실시하는 향상훈련, 근로자에게 종전과는 다른 새로운 직업에 필요한 직무수행능력을 습득시키는 전직훈련으로 대별된다.

(2) 직업교육

직업교육을 광의로 정의할 경우에는 어떤 직업에 취업하기 위하여 준비하거나 현재의 직무를 유지, 개선하기 위한 공식(formal) 또는 비공식적인(informal) 교육을 의미한다. 이런 경우 교사, 의사, 변호사, 사회사업가, 컴퓨터프로그래머 등을 양성하는 교육이 모두 직업교육에 해당된다. 그러나 직업교육을 협의로 정의할 경우에는 학사학위 미만의 학력을 요구하는 직업에 종사할 수 있도록 청소년 및 성인들을 교육하는 형식적 또는 비형식적 교육의 일부라고 정의한다.[16]

(3) 실업교육

직업교육 중 특히 농업·상업·수산업·해양·가정·보건·간호 등의 직업분야에 취업하기 위하여 필요한 지식과 기술 및 태도를 습득시킬 목적으로 고등학교나 전문대학 수준에서 실시되는 교육을 실업교육이라고 한다. 그러나 이는 우리나라에서만 사용되고 있는 용어로서 '실업교육'을 '직업교육'으로 또 최근에는 '전문계교육'이라는 용어로 대체되는 경향도 보인다.

(4) 기술교육

기술교육은 교양교육으로서의 기술교육(technology education)과 직업교육으로서의 기술교육으로 구분하여 정의할 수 있다. 교양교육으로서의 기술교육에 관한 정의는 기술이란 무엇이며 기술교육이란 무엇인가에 대하여 너무 많은 이론이 논의되고 있어 단일화를 하기 어렵다.[17] 그러나 교양교육으로서의 기술교육에 대한 정의들을 종합해보면 '기술교육이란 모든 사람들이 일상생활을 하는 데 필요한 기술을 이용하고 관리하며 이해할 수 있는 능력을 함양하는 교육'이라고 정의할 수 있다. 우리나라의 경우는 초등학교 실과의 일부 그리고 중고등학교의 기술교과가 이에 해당된다. 또 최근에는 대학 이상에서 기술관리와 전략 기업경영의 성패를 좌우할 수 있으므로 '기술경영'이라는 과목개설과 학습이 진행 및 강조되고 있다.

(5) 산업교육

「산업교육진흥법」에 의하면 산업교육이라 함은 '고등기술학교, 실업고등학교, 실업계 학과 또는 과정을 설치한 일반계 고등학교, 전문대학, 산업대학, 또는 대학이 학생에 대하여 농업, 수산업, 해운업, 공업, 상업 기타의 산업에 종사하는 데 필요한 지식·기술 및 태도를 습득시키기 위한 교육'을 말한다.

이 산업교육의 정의에 의하면 이제까지 논의된 실업교육·직업교육·기술교육의 개념이 전부 산업교육에 포함될 뿐만 아니라 4년제 대학에서의 직업교육까지도 포함하는 포괄적인 개념이라고 할 수 있다. 그런데 산업교육은 현실적으로 산업체에서 고용주가 근로자에게 제공하는 제반 교육을 지칭하는 경우로 사용되고 있기도 하다(교학사, 교육법전 1997).

(6) 생애교육

생애교육이란 '개인이 자기의 적성·흥미·능력에 알맞은 일을 자각·탐색·선택·준비·유지·개선할 수 있도록 취학전 교육부터 시작하여 평생동안 학교와 지역사회의 공동적인 노력에 의하여 학습하는 경험의 총체'라고 정의할 수 있다.

직업교육과 생애교육은 사회의 인력수요를 충족시키고, 일의 세계에서 개인의 선택 기회를 증대시키며, 교육을 통해 획득한 교양관련 지식을 일을 통하여 활용한다는 점에서 공통점을 지니고 있다. 두 교육체제 간의 차이점은 직업교육(vocational education)은 일반적으로 고등학교나 전문대학의 학생들에게 일정기간 동안(고등학교 3년 또는 대학의 2~3년) 직업 교사가 책임을 지고 조작적 기능을 강조하는 학습을 경험케하는 반면에, 생애교육(career education)은 유치원에서부터 사회의 성인에게 평생동안 조작적 기능뿐만 아니라 광범한 일의 세계에 관한 자각·탐색·선택·유지개선에 관한 경험을 제공한다.

(7) 평생교육

우리나라에서는 생애교육과 비슷한 개념으로 평생교육(life-long integreated education)이 강조되고 있다. 평생교육이란 삶(life)의 철학적·생물학적·시간적·공간적·역사적인 의미와 공동체로서의 생의 뜻을 이해하고 또 평생(life-long)·통합(integraion)의 의미를 올바로 이해하였을 때 개념이 정립될 수 있다. 간단히 정의한다면 '평생교육이란 개인과 집단 모두의 생활의 질을 향상시키기 위하여 개인의 전 생애를 통한 인간적·사회적·직업적 발전을 성취시키는 과정'이다. 이와 같은 평생교육의 개념에 관하여 평생교육과 생애교육은 근본적으로 같은 개념인데, 생애교육은 미국을 바탕으로, 평생교육은 유럽에서 주로 실시되었다고 한다.

1) R. L. Craig & L. R. Bittel(1967), Training and Development Handbook, New York, McGraw-Hill.

2) 위의 책.

3) P. Pigors & C. A Myers(1969), Personnel Administration, 6th ed., McGraw-Hill.

4) 김귀현(1982), 「산업훈련론」, 서문출판사, p. 16.

5) W. R Spriegel and R. H. Lansburgh(1955), Industrial Management, 5th ed., John Wiley & Sons.

6) C. S. Steinmetz(1976), The history of training. In R. L. Graig(ed.). Training and Development handbook. New York: McGraw-Hill.

7) 위의 책.

8) R. W. Pace, P. C. Smith, & G. E. Mills(1991), Human resource development. Englewood Cliffs, NJ: Prentice-Hall.

9) 위의 책.

10) C. Barnard(1938), The functions of the executive. Cambridge, MA: Harvard University.

11) A. H. Maslow(1943), "A theory of human behavior." Psychological Review, p. 50.

12) 산업내훈련의 약칭이다. 민간기업에서뿐만 아니라, 육·해군 및 정부 각 부처의 훈련계획에도 채용되었으며, 감독직·관리직·작업자의 훈련에도 적용되었다. 내용은 ① 부하에게 작업을 가르치는 방법(job instruction), ② 작업의 개선방법(job method), ③ 작업에서의 대인관계(job relation) 등 세 과정으로 되며, 실연이나 실례를 중심으로 일정한 순서를 되풀이함으로써 훈련을 심화하는 데 역점을 둔다.

13) S. B. Parry(2000), Training for results : Key tools and techniques to sharpen trainers skills.

14) 김귀현, 앞의 책, p. 27.

15) 2차 세계대전 후 미국 극동군의 공군부대에서 관리자 교육을 위하여 보급시킨 제도이다. 주로 과장·부장급의 중간관리자를 12~15명 단위로 편성하여 구체적인 문제를 토론방식으로 검토하는 방법인데, 보통 1회 평균 2시간, 합계 20회의 강습을 계통적으로 행한다. TWI(training within industry: 반장급의 훈련 방식)와 마찬가지로 작업지도의 기능, 작업개선의 기능, 현장에서의 인간관계 조정에 관한 기능 등 3가지를 포함하는 외에, 관리원칙의 이해와 관리기능의 습득과 같은 관리자로서의 직책을 수행하는 데 필요한 항목들이 추가되어 있다.

16) American Vocational Association(1971), Vocational Technical Terminology.

17) Council on Technology Teacher Education(1995), Foundation of technology education. Glance. McGraw-Hill.

인적자원개발 경험의 세계적 공유

과학적 관리의 창시자인 테일러는 동작연구(motion study) 등 기업의 경영에 기여한 것으로 널리 알려져 있다. 그러나 그의 최대 공헌은 교육훈련에 있었다. 1840년 독일에서 아우구스트 보르지히(August Borsig)에 의해 현재 이원화제도로 널리 알려진 도제제도가 창안되면서 숙련공 양성에 3년에서 5년이 소요되었다. 이전에 아담 스미스는 고도의 제조업에 필요한 기술을 획득하려면 50년에서 100년이 소요된다고 하였다. 그러나 테일러가 작업분석에 따른 체계화되고 세분화된 교육훈련으로 수개월 내에 숙련된 기술인력을 양성할 수 있었다. 1차 대전 당시 무기산업이 낙후되었던 미국이 무기산업 선진국인 독일에 승리할 수 있었던 것이 바로 테일러에 의한 체계적인 교육훈련 방법을 산업에 적용한 덕분이었다(Drucker, 2005). 수년간 도제방식에 의해 이루어지던 생산현장의 기술전수가 교육훈련기관을 활용하여 단기간에 그 기술을 전수했기 때문이다. 2차 대전 후 일본이 이룬 산업발전도 이에 토대한 것이다. 또한 1960년 세계 최빈국 중의 하나이며 부존자원이 없는 우리나라가 경제발전을 이룬 것도 교육훈련에 대한 투자에서 비롯되었다.

우리나라의 인적자원개발을 통한 경제발전을 이룬 사례는 세계적으로 널리 알려져 있다. 최근 많은 개발도상국에서 이러한 인력정책을 배우기 위하여 우리나라를 찾고 있다. 우리나라는 1960년대 경제개발계획과 더불어 이에 필요한 인력개발계획도 함께 마련하였다. 이에 따라 1967~1971년 추진된 과학기술진흥 5개년계획은 교육예산을 실업교육분야에 집중 투자하도록 하였다. 이는 2차 경제개발5개년계획에서 추진된 중공업 육성을 위해서 필요한 인력을 확보하기 위함이었다(장철교, 2007). 과거의 산업인력육성과 관련된 특징적인 인력정책을 살펴보면, 먼저 직업교육훈련에 대한 투자를 강화하였다. 특히 과거 실업계 고등학교로 불리던 직업교육기관을 대폭 확대하였다. 당시 정부의 재정여건으로 볼 때, 어려움이 있음에도 불구하고 전국에 기계공고를 설립하는 등 타 분야에 우선하여 적극적으로 투자하였다. 이는 중학교를 졸업한 정규교육과정 이수자들을 위한 것이었다. 이와 더불어 비진학청소년을 위한 직업훈련기관을 설립하였다. 1967년 중앙직업훈련원을 효시로 1970~80년대까지 아시아개발기금(ADB), 세계부흥은행(IBRD)의 자금 등을 활용하여, 전국적으로 직업훈련기관을 확대하였다.

또한, 1970년대 급속한 산업화에 따른 부족한 인력을 확보하기 위하여 일정규모 이상의 기업에 인력육성의 의무를 부과하고 이를 이행하지 못하는 기업에 대해서는 부담금을 부과하였다. 더불어 유교문화의 영향으로 전통적으로 천시되어 왔던 기능과 기술에 대한 인식을 제고하기 위하여 기능경기대회를 일찍이 도입하였다. 1966년 최초의 전국기능경기대회를 개최하였고, 1967년도에는 스페인 마드리드에서 개최된 국제기능올림픽에 처음으로 참여하였다. 당시 기능올림픽 회원국 수가 25개국에 불과하였고 회원국이 스페인, 독일, 영국 등 유럽의 선진국 위주였으며, 아시아에서는 일본에 이어 두 번째로 참여하였다는 점은 당시 정부에서 기능경기대회를 인력육성에서 선도적으로 활용하였음을 알 수 있다. 그리고 1970년대 국가기술자격제도의 도입을 들 수 있다. 국가적 차원에서 산업현장에서 필요한 전체 분야에 대해서 자격제도를 두고 시험을 통해서 이를 인정해 주었던 나라는 많지 않았다. 이를 통해서 낙후되었던 기술교육 수준을 한 단계 높였고, 또한 비정규교육을 통해서 육성된 기술, 기능인력에게 정규교육 졸업자와 동등한 자격을 부여함으로써 이들의 사회적 지위를 제고하는 데 기여하였다.

한국은 경제개발협력기구(OECD) 중에서 과거 원조 받았던 국가에서 원조하는 국가로 전환한 최초의 국가이다. 농업, 의료 등 다양한 분야에서 원조를 하고 있으며, 이 가운데서 중요한 원조 분야의 하나가 한국의 인적자원개발 정책이다(서울신문, 2016.10.6). 이에 따라 베트남, 이집트, 카메룬 등 다수의 국가에서 우리나라의 직업교육훈련기관을 방문하여 우수 사례를 도입하고자 노력하고 있으며, 우리나라에서도 이들 나라에 직업교육훈련기관의 설립, 국가자격제도 시행 지원 등을 추진하고 있다. 또한 최근에는 코스타리카, 나미비아, UAE 등과 기능경기대회와 관련하여 많은 협력이 이루어지고 있다. 특히 나미비아는 최초의 기능경기대회 개최를 지원하였다.(연합뉴스, 2016.9.19)

[참고자료]
- P. Drucker(2005). The Essential Drucker on Technology, 남상진 옮김, 테크놀로지스트의 조건, 청림출판(주).
- 장철교, (2007). 한국 실업교육의 발달과정과 개선방안에 관한 연구. 관동대학교 박사학위논문.
- 서울신문, 2016.10.6, 4차 산업혁명의 일자리 만들기
- 연합뉴스, 2016. 9.19. 한국 직업교육 지원받은 나미비아서 첫 전국기능경기대회 열려

핵심용어

- 도제제도
- 훈견인제도
- 직업훈련
- 여만리스
- 숙련훈련
- 인간관계운동
- 훈련전문직
- 직업훈련기본법
- 근로자직업훈련촉진법

- 길드제도
- 직업교육
- 견습생
- 공장학교
- 직무훈련
- 산업훈련
- 인적자원개발
- 고용보험법
- 평생교육법

연구문제

❶ 선진국의 직업훈련제도를 벤치마킹하여 HRD제도를 발전시킨 한국기업의 사례를 분석하여 시사점을 제시하라.

❷ 제 1, 2차 세계대전이 미국의 HRD제도 발전에 미친 영향을 분석하라.

❸ 우리나라 HRD제도 발전을 지원하기 위한 관련법규의 변천과정을 설명하라.

CHAPTER

03

학습이론과
인적자원개발

학습목표

1. 교육훈련의 목적을 여러 차원에서 설명할 수 있다.

2. 학습, 교육훈련, 성인학습의 의의와 개념을 기술할 수 있다.

3. 학습극대화를 위한 조건을 제시할 수 있다.

4. 학습이론과 교수체제개발을 설명할 수 있다.

'기업은 곧 사람이다'라고 할 정도로 조직구성원의 능력을 중시하고 강조한다. 이러한 능력개발의 일환으로 기업에서 실시하는 교육훈련의 의의와 목적은 무엇인지 공부한다.

평생학습과 성인학습이 강조되는 현대사회 환경에서 적합한 현대적 학습이론과 학습원리를 살펴본다. 그리고 성인학습의 의의와 특성을 이해하고 학습효과를 극대화 하기 위한 전제조건, 즉 학습자의 특성, 훈련설계, 훈련전이 등에 대한 이론을 섭렵함으로써 이론무장을 튼튼히 할 수 있다.

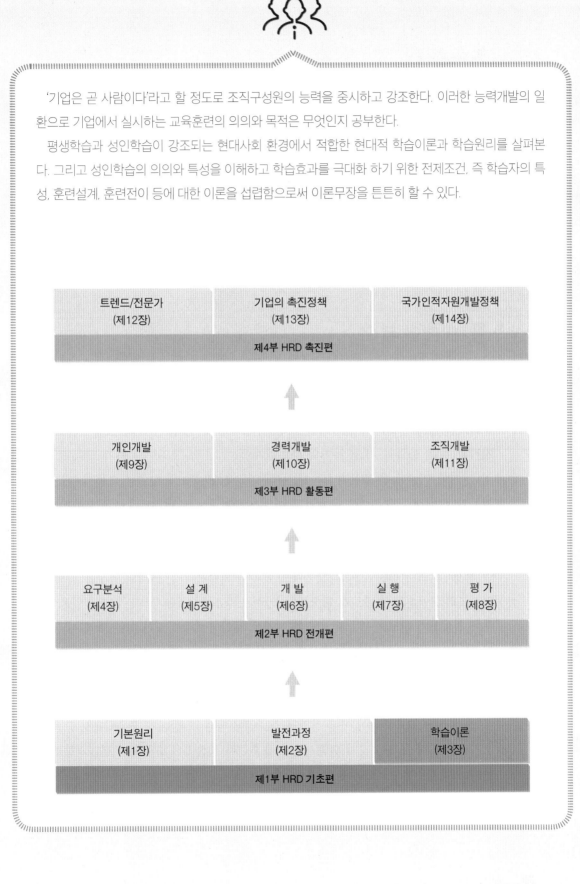

트렌드/전문가 (제12장)	기업의 촉진정책 (제13장)	국가인적자원개발정책 (제14장)
제4부 HRD 촉진편		

↑

개인개발 (제9장)	경력개발 (제10장)	조직개발 (제11장)
제3부 HRD 활동편		

↑

요구분석 (제4장)	설 계 (제5장)	개 발 (제6장)	실 행 (제7장)	평 가 (제8장)
제2부 HRD 전개편				

↑

기본원리 (제1장)	발전과정 (제2장)	학습이론 (제3장)
제1부 HRD 기초편		

교육훈련의 목적

1 의의와 목적

교육훈련은 특정목적을 달성하기 위하여 지식과 기술을 습득할 수 있도록 체계적이고 조직화된 절차에 의하여 단기적인 교육훈련을 시키는 것을 말한다. 교육훈련의 주제는 지식과 개념, 능력과 기술, 동기와 대인관계 등이다. 즉, 조직이 주체가 되어 조직의 가치관, 지식, 기술 등을 교육자(trainer)를 통해 피교육자(trainee)로 하여금 습득케 하는 조직의 활동이다. 원래 교육훈련은 교육과 훈련의 합성어로서, 일반적으로는 구분하지 않고 사용하는 복합적 개념이다.

급속한 기술혁신과 무한경쟁 및 다품종 소량생산시대라는 환경의 변화 속에서 지속적인 경쟁우위의 원천인 고숙련, 다기능의 우수한 기술을 가진 인력의 양성을 위해서는 기업주도의 교육훈련이 반드시 필요하다. 카시오 등(Cascio & Awad, 1981)은 교육훈련을 '직무요구에 일치하기 위해서 필요한 기술과 지식을 개인이 습득하도록 하는 과정'이라고 하였고, 비치(Beach, 1980)는 '정해진 목적을 위해서 지식 혹은 기술을 학습하는 조직화된 절차'[1]라고 제시하였다. 따라서 교육훈련은 경영관리 활동의 하나로서 기업목적을 달성하기 위해 고용한 종업원의 업무처리 능력을 개발하는데 주도적인 역할을 한다고 할 수 있다.

교육훈련은 교육훈련이 어떤 결과를 갖느냐에 따라 그 성패가 좌우되므로 교육훈련이 소기의 목적과 효과를 갖기 위해서는 교육훈련이 생산적이어야 하며 결과지향적이어야 한다. 교육훈련은 조직구성원의 지식, 기술, 태도를 향상 발전시켜 직무만족과 직무수행 능력 향상을 통해 더 중요한 직무를 수행하게 함을 목적으로 한다.

최근 '기업은 곧 사람이다'라고 할 정도로 인간의 능력을 중시하는 경향이 과거 어느 때 보다도 강조되고 있다. 이러한 능력개발의 일환으로 기업에서 교육훈련을 실시하는 목적을 보면

첫째, 급변하는 기술혁신에 따라 기업환경도 변화하기 때문에 기업이 계속적으로 생존하기 위해서는 환경변화에 적응하고 이에 대처할 능력을 배양해야 하며

둘째, 종업원 개인의 의식속에는 자아실현에 대한 욕망이 있고 능력을 최대한 신장하며 발휘하고 싶은 욕구충족이 가능할 때 기업활동에 대한 참여동기가 강화되므로 교육훈련이 그 기능을 수행하여야 한다.

셋째, 무한경쟁을 이기고 선두기업이 되기 위해서는 우수한 일부 경영층의 인력확보가 아닌 기업에 종사하는 전 종업원의 능력을 배양하고 전사적 역량을 강화하기 위해 교육훈련을 실시해야 한다.

또한 시쿠라(Sikula, 1979)는 교육훈련의 목적을 다음과 같이 구분하기도 한다.[2] 즉, 구체적인 목적과 전반적인 목적으로 구분하고 구체적 목적으로는 생산성향상, 품질개선, 인적자원계획의 개선, 사기증진, 간접보상의 향상, 안전보건의 강화, 진부화의 방지 및 개인적 성장지원과 같은 요소를 목적으로 하고 이를 통해 조직의 유효성을 향상시키려는 전반적 목적으로 설명한다(그림 3-1).

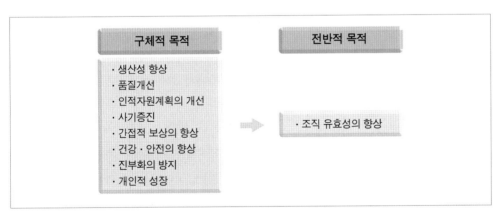

그림 3-1 · 시쿠라의 교육훈련 목적

교육훈련은 기업과 조직구성원의 목적이 합치되어야 하므로 각각의 목적을 우선 이해하여야 한다. 여기서 기업의 목적은 인재육성을 통한 기술축적, 커뮤니케이션 활성화를 통한 조직협력 강화 등이며, 구성원의 목적은 자기발전의 욕구충족을 통한 성취동기 유발과 자아실현이라고 할 수 있다(표 3-1).

71

교육훈련을 통한 경제적 효율성의 제고로 생산성 향상, 인력배치의 유연성, 비용절감의 효과를 얻을 수 있으며, 사회적 효율성 측면에서 승진기회의 증가, 노동시장에서의 경쟁력 강화, 성장욕구 충족 등의 효과를 얻을 수 있다.[3]

페퍼(Pfeffer, 1998)가 '인적자원은 경쟁우위를 창출하는 원천'이라고 주장하였듯이 구성원의 조직화(organizing), 구성원들의 노하우(know-how), 의사결정능력, 정보능력, 업무수행방식 등 인적자원은 조직에 생명력을 불어 넣어주는 중요한 요소라고 할 수 있다.[4]

표 3-1 · 교육훈련의 목적

직접목적(1차 목적)	직접목적(2차 목적)	간접목적(궁극적 목적)
• 지식향상 • 기술기능향상 • 태도개선	• 능률향상 • 인재육성 • 인간완성 • 생활향상	• 기업의 유지발전 • 조직의 목적과 개인의 목적 통합

2 학습활동의 촉진

그렇다면 이렇게 중요한 인적자원을 과연 어떻게 관리할 것인가가 중요한 문제이다. 오늘날 인적자원의 중요성이 강조되면서 여러 분야에서 효율적이고 성공적인 목표달성을 위한 인적자원개발에 대한 연구가 고조되고 있다.

인적자원관리(HRM)는 고용관계, 즉 고용주와 종업원 간의 관계를 형성하는 일련의 통합적인 의사결정으로서 이러한 의사결정의 질은 조직과 조직구성원들의 목표달성을 위한 능력에 직접적으로 기여한다.[5] 인적자원관리 개념도는 [그림 3-2]와 같다.

인적자원관리 프로그램은 독립적으로 존재할 수 없기 때문에 전반적인 조직의 목표를 달성하기 위해서는 인적자원관리 프로그램들이 서로 통합되어야 하며 일관성을 유지하여야만 한다.

인적자원관리 가운데에서도 조직의 성과를 극대화하고 유연하고 창의적인 조직으로 유지·발전하기 위해서는 인적자원개발에 대한 지속적인 투자 노력이 있어야 한다. 이렇게 중요한 인적자원을 개발한다는 것은 무엇을 의미하는가? 또한 인적자원개발을 위해서는 무엇을 어떻게 해야 할 것인가에 대해 생각해야 한다.

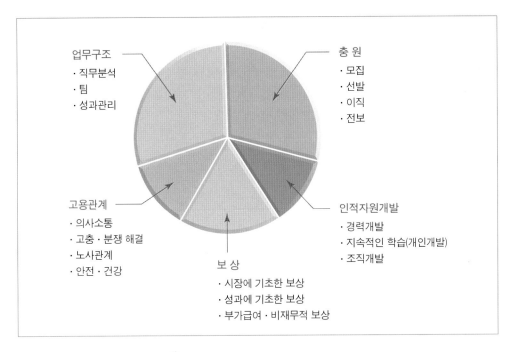

그림 3-2 · 인적자원관리 개념도

이미 제1장에서 살펴본 바와 같이 인적자원개발이란 '조직을 구성하고 있는 인적자원관리요소들의 총체적인 개선을 목적으로 조직구성원들의 직무성과나 개인 및 조직의 발전을 위한 계획된 일련의 학습활동(learning activity)'이라고 할 수 있다. 그렇기 때문에 인적자원개발은 조직구성원 측면에서 직무성과를 향상시키는데 관심을 두고 있으며, 또한 조직구성원의 성장과 발전이 조직의 생존과 번영에 연결되어 있다고 보고 있으므로, 이를 위해 조직구성원들의 학습(learning)을 촉진시키는데 역점을 두고 있음도 알 수 있다.

그렇다면 학습을 촉진시키기 위하여 조직 내의 문화적, 물리적 환경을 어떻게 조성하는가 하는 것이 또 하나의 과제이다.

조직은 그 자체가 유기체로서 생존과 발전을 계속해야 한다. 조직은 나름대로 신규사업에 진출하거나 타 회사와 제휴해서 상품을 생산한다든지, 해외시장에서 영업력을 강화하는 과정에서 지식과 노하우, 문화를 창출하게 되고 이를 활용 및 전수하게 된다. 따라서 인적자원개발의 주요 과제 중의 하나는 조직구성원이나 조직 자체가 학습 프로세스를 계속할 수 있도록 장려하는 일인 것이다.

조직구성원이나 조직 자체가 학습을 계속하는 것은 조직의 문제를 규명하고 해결하려는 변화의 과정이라고 볼 수 있다. 이는 문제를 사전에 예방하거나 혹은 이미 발생된 문

제를 치유하려는 시도일 수도 있다. 인적자원개발은 이러한 변화과정을 촉진하는 역할도 수행해야 한다.[6]

인적자원개발이 조직구성원이나 조직의 발전을 위해 행해지는 일련의 학습활동이라고 볼 때, 앞으로 다루게 될 인적자원개발의 프로세스를 논하기에 앞서 교수·학습에 대해 살펴볼 필요가 있다.

학습의 개념과 원리

PARAGRAPH
02

1 교수학습의 의의

교수활동(instruction activity)은 교재와 환경조건을 매개로 하여 가르치는 사람과 배우는 사람간의 상호작용에 의하여 인격을 형성해 가는 과정을 말하며, 학교에서의 수업은 교수과정의 기본활동이 된다. 교수활동이 지식의 주입과 암기적이고 수동적인 학습을 연상시키는데 반하여, 학습자의 주도적 학습을 중시하는 새로운 교육의 입장에서는 교육의 주체를 피교육자로 보고, 교육자는 자발적인 학습환경을 조성해 주는 역할이 되어야 한다는 입장에서 교수활동을 학습지도라고 부른다.

그러나 신교육 사상의 발전과 반성에 따라 교수과정을 교수·학습과정으로 파악하려는 생각이 일어나게 되었는데, 이는 수업을 가르치는 사람의 교수활동과 배우는 사람의 학습활동을 통일적인 과정으로 보기 때문이다. 교육자는 어떤 교과를 가르치는 활동을 하고 학습자는 배우는 활동을 할 때 우리는 이것을 수업이라고 한다. 즉, 수업활동이란 가르치는 활동과 배우는 활동을 말하는 것으로 교수·학습활동이 곧 수업이며, 효과적인 수업, 효율적인 교육은 지도활동과 학습활동이 상호작용하여 이루어진 것을 의미한다.

일반적으로 학습은 후천적으로 일정한 지식이나 기술 또는 인식이나 행동능력을 획득하는 것을 말한다. 예컨대, 지금까지 모르던 산수를 배워서 알게 되고 외국어를 습득하고, 음악을 배워서 아는 것, 느끼지 못했던 것을 느낄 수 있게 되는 과정으로서, 학습자가 무엇인가 얻으려는 욕구와 그 욕구를 만족시키려는 구체적 활동 사이에서 학습자의 행동양식이 변해가는 모습, 이것이 바로 학습인 것이다.

또한 학습은 '인간이 환경과의 상호작용의 결과로 일어나는 행동, 인지 또는 감정에서의 지속적·비교적인 변화'라고 설명할 수 있으며, 이렇게 규정하는 데에는 몇 가지 이유가 있다.

첫째, 학습의 초점은 변화, 즉 새로운 어떤 것을 요구하는(모임을 이끄는 기법과 같은), 또는 이미 내재하고 있는 어떤 것을 수정하는(사격을 하는데 있어 정확도가 향상된 군인) 데 있다.

둘째, 변화는 지속적일 수 있어야 한다.

셋째, 학습은 행동, 감정, 인지 또는 이 세 가지를 조화시킨다.

넷째, 학습은 개인과 환경의 상호작용에 의해 일어난다. 학습은 육체적인 성숙에 기인하는 행동변화나 일시적인 조건(피로나 술취함)을 포함하지 않는다.

❷ 학습의 기본원리

학습(learning)에 있어 최대의 성과를 거두려면 교육자는 항상 교육방법의 기준이 될 만한 제반 원리를 염두에 두고 학습자의 학습활동을 조성, 지도하지 않으면 안된다. 교육방법의 제반 기본원리는 다음과 같다.[7]

(1) 자발성의 원리

교육자의 책임은 자발성에 의해서 자라나며 발달해가는 학습자를 옆에서 도와주는 학습의 보조자가 되어야 한다. 학습이 학습자의 중심에 서게 될 때 학습자 그 자체가 갖고 있는 본래 특성을 발견하여 그 특성을 최대한으로 발달할 수 있도록 지도해 나가지 않으면 안된다. 자발성이란 인간 내부에서부터 모든 방면으로 자라나려는 능력, 행동, 또는 가능성을 말하며, 교육자는 이 자발성을 이해하고 최대한으로 발전할 수 있도록 항상 노력해야 한다. 인간의 성장발달은 인간 내부에서부터 모든 방면으로 자라나려고 하는 자발성에 의해 성장하는 것이며, 이것이 외부적인 환경의 영향을 받아서 인격이 완성되어지는 것이다.

(2) 흥미의 원리

학습내용, 즉 학습목적에 흥미를 가지느냐 갖지 못하느냐에 따라서 학습지도의 효과가 좌우된다. 흥미는 활동의 근저가 되며 행동을 효과적으로 이끄는 원동력이 된다.

그렇기 때문에 학습지도 과정에 있어서나 모든 교육과정에 있어서의 첫 단계는 학습하려고 하는 대상이나 교육내용에 대해서 흥미를 가지게 하는 것으로 이것을 동기유발이라고 하는 것이다. 교육자는 학습자의 흥미를 존중하고 모든 학습목표에 흥미를 갖게 하여 학습을 효과적으로 이끌 수 있도록 항상 노력해야 한다.

(3) 개성화의 원리

학습은 인간이 제 각기 지니고 있는 개성의 차이를 인정하고 이 개성을 존중해서 이것을 최대한으로 발전시킬 수 있도록 해야 한다. 학습지도계획을 수립하거나 또는 학습방법을 선택할 때 토의방법의 운영, 학습과제의 부과, 연습방법, 학습관리나 특별활동 등에서 항상 개성화의 원리를 고려하지 않으면 안 될 것이다. 인간은 이질적·개성적인 면이 있는 동시에 또한 공통적·동질적인 면이 있어서 이 양자 중 어느 일방에만 치우칠수 없는 것이므로 이 양자를 모두 최대한으로 발전할 수 있도록 하지 않으면 안된다.

(4) 사회화의 원리

학습은 인간의 개성뿐만 아니라 사회적 동물로서의 인간을 사회화 하는 데에도 목적을 두어야 한다. 문화가 고도로 향상 발전함에 따라서 복잡다양한 사회에서 생활을 잘할 수 있는 인간을 육성하기 위해서는 개성의 발달과 아울러 사회성을 길러주어야만 한다. 인간의 사회화를 신장시키기 위한 학습지도방법으로는 토의식 학습, 그룹학습, 프로젝트학습 등이 있다.

(5) 경험의 원리

인간이 실생활에서 겪은 다양한 경험들은 학습을 촉진시킨다. 특히 인간은 어릴수록 직접 경험에 의한 구체적인 학습이 더욱 효과적인데 이것은 아직 추상적으로 개념화하는 힘이 성인보다 미숙하기 때문이다. 그러므로 학습지도방법에서 현장학습이 널리 활용되고 있다.

(6) 활동의 원리

전통적인 교육이 주로 듣는 학습으로 주지적이고 주입적이며 소극적이고 수동적인 교육방법이었던 것에 반해, 일부 학자들(Pestalozzi, Gaudig, Dewey 등)은 학습자의 자기활동을 존중하는 교육을 강조하였다.

그러나 전통적인 교육방법과 현대적인 교육방법이 모두 강조되고 있는 오늘날, 모든 학습은 육체적인 활동뿐만 아니라 정신적인 활동을 포함하는 활동성의 원리에 입각해서 이루어져야 한다.

(7) 시청각적 방법의 원리

도구를 통해서 정보의 전달 또는 지식이나 모든 문화내용을 쉽게 학습하는 새로운 교육방법의 출현으로 현장경험이나 교재를 이용한 방법만이 아니라 도표, 사진, 실물모형, 슬라이드, TV, 비디오, 컴퓨터 등의 다양한 시청각적 훈련도구들을 활용한 학습지도방법은 학습의 효과를 더욱 증진시키게 된다. 집단교육이나 개별교육에서 시청각교육방법은 학습의 효과를 증진시키므로 교육자는 시청각의 원리와 방법을 항상 연구하여 실제교육에 활용하도록 노력해야 한다.

(8) 목적의 원리

학습목적은 교육을 구체적으로 실현하기 위하여 목표로 세분하고 다시금 세분된 목표를 교육대상의 각 발달단계에 적합하게 반영시켜 그것이 각 단원의 목표로 구체화되는 것이다. 학습자의 각 발달단계에 따라 적합하게 목적이 표현되어야 하며 모든 교육내용을 학습할 때는 뚜렷한 목적감을 갖도록 교육자는 자극을 주고 학습의욕을 일으키고 흥미를 가질 수 있도록 해야 하므로 동기유발의 중요성이 큰 것이다.

(9) 통합의 원리

학습지도는 학습자를 전반적인 생활환경에 적응시키고 학습자가 본래부터 갖고 있는 모든 방면으로 발전할 수 있는 능력을 조화있게 발달하도록 도와주어야 한다. 학습지도에 있어서 통합의 요구는 교재의 통합과 인격의 통합 두 가지로 나누어 생각할 수 있다.

교재의 통합은 학습에 필요한 모든 교재를 중심으로 통합시키는 것이며, 특히 내용교재에 중점을 두는 생활학습과 기술교재에 중점을 두는 기초학습과의 관계를 충분히 고려하지 않으면 안된다. 교육자는 항상 신체적, 정신적, 사회적 발달이 조화와 균형을 이루도록 하여야 한다.

(10) 평가의 원리

교육목적이 정해지고 이 목적에 적합한 교육계획과 교육내용이 선정되어, 이 목적을 달성하기 위한 온갖 교육방법을 통해서 학습이 이루어지면, 다음 단계에서는 교육이 당초 교육목적과 계획에 의거 이루어졌는지, 그리고 교육내용이 학습자의 능력, 정도 등에 따라 선정되었는지, 또한 교육목적에 따라 학습자의 학습수준이 도달되었는지에 대한 평가가 이루어져야 하며, 이러한 평가는 피드백되어 다음 단계의 교육목표, 학습내용, 지도방법 등을 결정하는데 이용되어져야 한다. 평가방법에는 주관적 방법과 객관적 방법, 학력검사, 성격검사, 적성검사 등이 있으며, 학습지도 시에는 사전, 중간, 사후 평가를 실시할 수 있다.

PARAGRAPH
03

성인학습자와 인적자원개발

1 성인학습의 의의

주로 학교 안에서 청소년을 대상으로 이루어지고 있는 것을 교육(pedagogy)이라고 할 때, 기업에서 조직구성원의 인적자원개발을 위한 교육훈련은 성인을 대상으로 하는 성인학습(andragogy)의 관점에서 접근해야 할 것이다.

린드만(Lindeman, 1978)은 그의 저서 「성인교육」의 의의(The Meaning of Adult Education)에서 '성인교육은 비권위적인 입장에서 협동적인 모험과 형식적인 학습이며, 또한 학습의 주 목적은 경험의 의미를 발견하는 것과 우리의 행위를 형성하는 선입견의 뿌리들을 파내는 탐구심이며, 그리고 삶과 접하는 교육으로 이루어가는 성인들을 위한 하나의 학습기법이므로 삶 그 자체를 모험적인 실험의 수준으로 끌어올리는 것'이라고 하였다.[8]

성인교육학은 성인과 아동 간의 차이에 대해 네 가지의 가정에서 접근하고 있다.

첫째, 성인은 자기주도적이다. 성인들은 자기주도적인 방법으로 그들 자신들의 삶을 위하여 책임을 감수하는 하나의 심오한 심리적 필요성을 갖고 있다. 성인의 심리학적 정의는 '한 사람이 자기의 생활을 책임지고 또한 자기자신의 결정과 조치에 대해 자기개념에 도달할 수 있는 사람'이라고 하므로 성인으로서의 자아개념이 개발되는 과정이 문화적인 조건들에 의하여 뒷받침되어야 한다. 자기주도적인 학습은 그 책임이 학습자에게 있다. 학습자들이 학습과정에 있어서 어떤 책임성을 담당할 때 그들은 더욱 많이 배우고 그들이 배운 것을 더욱 오랫동안 기억하며, 학습을 더욱 능동적으로 할 수 있는 것이다.

둘째, 성인은 학습의 자원이 되는 풍부한 지식과 경험을 갖고 있다. 성인은 아동이나 청소년보다 비교적 오랫동안 생활하였기에 보다 많은 양과 이질적인 질의 경험을 축적한다. 성인집단은 이질성이 높은 집단이므로 성인학습에 있어서 강조점은 학습지도의 개별화에 주안점을 둔다. 성인들은 많은 경험을 가지고 학습상황에 들어오기 때문에 그들 자신과 다른 사람들 상호 간에 학습을 위한 하나의 풍부한 자원이 된다. 그러므로 교육자는 경험적이고 전이적인 학습기법에 초점을 두어 교육을 실시할 때 교육적 효과를 거둘 수 있을 것이다. 또한 성인들은 경험으로부터 자기정체성을 주로 도출하는 것이기 때문에 그들 자체들이 바로 경험인 것이다.

셋째, 성인은 그들의 과제를 학습하는 데 있어 더 준비되어 있다. 청소년들은 지시받은 대로 학습에 대해 준비하는 조건이 있는 반면에, 성인들은 더욱 많은 만족 혹은 성공을 가져올 수 있게 지각되는 것들을 학습하는 데 준비하게 된다.

넷째, 성인은 문제를 해결하거나 욕구를 다루기 위해 학습동기화되어 있으며, 이들 문제와 욕구에 대해 배운 것을 즉시적으로 적용하기를 기대한다. 성숙도가 높은 개인은 자발적으로 움직이고 행동하며, 성인은 자신을 경험의 산물로 여겨 자신의 경험을 중시하기 때문에 그것이 장애가 되어 새로운 것을 받아들이지 않는 경향이 있다.

❷ 성인학습의 특성과 인적자원개발

성인학습자는 이미 축적된 경험과 지식으로 인해 나름대로의 인지적 지도(cognitive map)를 그려왔기 때문에 이를 폐기학습(unlearning)하는 것이 더 어려울 수 있다. 습관이나 가치관, 사고방식 등을 바꾸기가 어려운 이유도 여기에 있다. 성인들이 이미 정립된 인지적 지도를 갖고 있는 것은 조직 내의 교육훈련에 여러 가지 시사하는 바가 있다. 학습자 개개인의 학습스타일이 다를 수 있다. 이는 구성주의가 주창하는 개인적 학습방식의 다양성과 일맥상통한다.

그렇다면 어떻게 각자의 고유한 학습스타일을 고려해서 이를 촉진시킬 수 있는 교육훈련 프로그램을 제공할 수 있느냐는 것이 중요하게 된다. 개개인의 여러 경험과 지식은 학습자원으로 활용될 수 있다. 따라서 성인학습자를 대상으로 한 교육훈련 프로그램은 자기 고유의 경험을 교육훈련 프로그램과 연결시켜 의미를 형성할 기회를 제공해주고 학습자들 간에 그들의 경험을 공유하는 기회를 마련해주는 것이 중요하다.

아동이나 청소년 학습자가 미래를 위한 준비과정으로 학습을 추구하는데 비해 성인들은 보다 가까운 현실에 활용될 수 있는 학습을 선호하는 경향이 있다. 다시 말해 실생활의 업무와 문제를 해결하는 데 필요한 것을 학습하려 한다. 성인학습자들은 직무와 관련된 문제를 해결하거나 직업을 위해 준비하거나, 가정이나 지역사회에서 의무를 다하기위해 또는 여가선용이나 취미생활을 위해서도 학습을 계속한다. 성인학습자들은 자신이 학습에 대해서 자기 주도적인 접근방법을 취하기를 원한다. 이는 성인학습자들이 자기 자신의 속도를 가지고, 자기 자신의 학습구조를 설정하고 학습전략을 결정하는 선택권을 가지기를 원한다는 것이다.

노울즈(Knowles, 1978)는 성인학습 프로그램이 성공하는 데는 두 가지 측면이 고려되어야 한다고 주장한다. 하나는 '알아야 할 필요'인데 이는 지식이 학습자에게 갖게 하는 가치를 의미한다. 다시 말해 유용하다고 느끼는 가치이다. 다른 측면은 '학습할 준비도'인데 학습자가 가지고 있는 사전지식의 양과 학습자가 자료를 학습할 능력에 대한 그의 주관적 견해를 의미한다.[9] 이는 학습자가 학습할 수 있다고 느끼는 것을 말한다.

이 두 가지 측면은 어느 한 쪽만이 아닌 양 측면 모두가 연계되어 충족될 필요가 있다. 결론적으로 성인학습자 스스로가 알아야 할 필요성을 느껴 학습할 준비를 갖도록 도와주는 것이 필요하다.

또한 조직 내에서의 학습에의 참여는 자발적이지 않을 경우가 많다. 따라서 학습에 대한 동기를 부여해주고 이를 고취시킬 정신적·물리적 환경을 조성해 주는 것도 중요하다. 성인학습자가 처한 여러 가지 상황에서 학습이 일어날 수 있으며, 이를 연결시켜 의사결정을 하는데 적용할 수 있는 능력을 배양하기 위해서는 끊임없이 스스로의 학습과정에 대한 성찰을 계속해야 한다.

▲ OECD국제성인역량조사(PIAAC) 결과 발표

2013년 10월 15일 서울대 호암교수회관에서 한국직업능력개발원 주관 OECD 국제성인역량조사(PIAAC) 결과 발표와 함께 워크숍이 개최되었다.

OECD국제성인역량조사(PIAAC) 발표에 따르면 한국의 역량 수준은 연령에 따른 격차가 크고, 고학력 위주의 노동시장 미스매치가 심각하며, 대학생 이하 젊은층의 역량이 높지만 나이가 들수록 비교 국가에 비해 큰 폭으로 감소하고 있어, 대학 졸업 이후 직장 생활에서의 직업능력개발과 평생학습의 필요성이 드러났다. 또한 문제해결력 등 개인 능력이 높지만 협동 능력이 매우 낮은 것으로 조사되었다(한국HRD협회, 월간HRD, 2013년 11월호, 재인용).

학습극대화의 조건

　사람은 자신에게 내재되어 있는 힘과 환경 사이의 상호작용의 결과로 기술과 지식을 얻어서 발달시키고 행동을 변화시킨다. 여기에서는 학습을 극대화시키는 방법으로서의 세 가지 주요 부분, 즉 학습자의 특성, 훈련설계, 훈련의 전이에 대해 살펴보고자 한다.

1 학습자 특성

　학습자 개인의 특성, 즉 훈련능력, 성격과 태도 등은 학습효과를 높이는 요인으로서 새로운 과제와 정보를 습득하는데 영향을 미친다(표 3-2 참조).

표 3-2 · 학습극대화에 영향을 미치는 요인

영 역	세부내용		
학습자 특성	• 훈련능력 - 동기유발 • 성격과 태도	- 학습능력수준	- 작업환경 인식
훈련설계	• 학습여건 - 실제적 실행 - 연장학습 • 학습기억 - 유의미한 자료	- 양적·공간적 주기 - 결과에 대한 지식 - 학습수준	- 전체학습·부분학습 - 과제순서 - 간섭현상
훈련전이	• 요소의 동일성 • 일반적 원리 • 자극의 다양성 • 작업환경 내에서의 지원 - 실행 기회	 - 훈련전이 상태	

(1) 훈련능력

훈련능력(trainability)은 훈련생의 학습준비도에 초점을 두고 훈련생의 능력수준과 동기유발을 작업환경에 대한 인지와 결합시키는 개념이다. 다음과 같은 공식으로 설명할 수 있다.

> 훈련능력 = f(동기유발 × 학습능력 × 작업환경 인지)

이 공식은 훈련생은 동기유발과 학습능력 모두를 지니고 있어야만 한다는 것이다. 아주 드물게 사용되는 훈련능력검사(trainability testing)는 훈련생들이 동기부여와 학습능력 모두를 가지고 있는지를 확인하기 위해 사용되는 방법이다. 이 접근법은 동기부여와 또는 충분한 훈련능력을 보여주는 훈련 희망자의 관련 능력들을 측정하는데 초점을 둔다. 예를 들어, 군사전문가들은 전투훈련에서 성공할 것으로 기대되는 동기부여와 성격요인들을 측정하는 질문지를 개발하는 것이 하나의 사례이다.

(2) 퍼스낼러티와 태도

노우(Noe, 2002)는 경력개발과 직무참여에 대한 종업원의 태도(attitude)는 학습과 직무와 관계된 응용부문에 영향을 미친다고 설명하였다.[10) 여러 연구들에서도 직무참여, 훈련프로그램에 대한 기대, 그리고 훈련생의 자신감은 훈련을 성공적으로 이끈다고 제시하고 있다. 퍼스낼러티(personality)는 일관된 행동패턴을 유발하는 개인의 특성들이다. 종업원의 학습에 관련된 특징으로는 성취욕구, 활동성, 독립성 그리고 사회성 등이다.

2 훈련설계

훈련설계는 학습을 극대화하기 위하여 학습환경을 조성하는 것이다. 훈련설계에는 학습에 영향을 미치는 실제조건과 학습을 유지시키는데 영향을 미치는 요인들을 반영시킨다.

(1) 학습여건

실행과 학습에 관계된 여섯 가지 사항은 실제적 실행, 양적·공간적 실행주기(기간), 전체학습·부분학습, 연장학습, 결과의 인지 그리고 과제순서이다.

① 실제적 실행(active practice)은 학습자에게 과제를 되풀이하여 수행하도록 또는 학습된 지식을 활용하도록 기회를 주는 것을 의미한다.

② 양적·공간적 주기(massed versus spaced practice sessions)는 한 회차에 훈련을 할 것인지 아니면 일정 시간동안 여러 개로 나누어 훈련을 할 것인지에 관한 것이다. 예를 들어, 며칠에 걸쳐 시험공부를 하는 것이 좋은지, 아니면 벼락치기로(massed practice) 시험공부를 하는 것이 좋은지 하는 것이다.

③ 전체학습·부분학습(whole versus part training)은 학습할 단위(단원)에 관한 것이다. 즉, 훈련생들에게 전 과제를 연습시킬 것인지, 아니면 과제 또는 재료를 나누어 학습하도록 할 것인지이다. 교육학자 가네(Gagne, 1965)는 절차적 자료(일련의 단계적으로 조직화된 자료)는 하위단위들로 분석되고 분리되어 있으므로, 훈련생들은 전 과정을 수행하기 전에 각각의 하위단위를 학습해야 한다고 주장하였다.[11]

④ 연장학습(overlearning)은 자료 또는 과제가 도달된 시점을 넘어서 연습을 계속하는 것을 의미한다. 예를 들어, 응급처치과정에서의 심폐회복을 가르치는 교수는 훈련생들이 성공적으로 훈련인체모형을 소생시켰을지라도 계속해서 심폐회복 절차를 연습하기 위해 계속학습이 필요하다는 것이다.

연장학습 원리에는 3가지 요소가 있다. 첫째, 연장학습은 여러 다양한 상황에서의 직무수행력을 향상시킨다. 둘째, 연장학습은 직무현장에서 직접 직무를 담당하여 수행할 기회가 적을 때 기술과 지식을 활용토록 추가적인 연습을 가능하게 한다. 예를 들어, 엔진구조를 조정하는 절차에 대한 연장학습은 비행 기회가 주어지지 않을 때 비행기조종훈련에 유용하다. 셋째, 연장학습은 '자동적으로' 학습되도록 함으로써 긴박한 상황에서 직무수행을 향상시킬수 있도록 하는것이다.

⑤ 학습결과에 대한 지식 또는 피드백(knowledge of the results, or feedback)은 직무수행의 타당성에 관한 객관적인 정보를 제공해주며 이것은 관찰자, 직무수행자 및 과제 자체로부터 나올 수 있다. 피드백은 학습과 기억을 향상시킨다.

⑥ 과제순서(task sequencing)는 배우려고 하는 것이 적절한 순서에 의해 배열되어 학습되는 하위단위들로 나누어진다면 더욱 효과적으로 학습되어질 수 있다.

(2) 학습기억

훈련의 목표는 훈련생들에게 제시된 과제나 자료를 학습하는 것을 확인하는 것이다. 새로운 학습자료는 기억하는데 유용하며, 기억하는데 영향을 미치는 세 가지로는 자료의 유의미성, 학습 수준 및 간섭을 들 수 있다.

① 자료의 유의미성(meaningfulness of material)은 학습자의 연상(associations)에서 중요한 부분이 된다. 자료가 더욱 의미있고 실제적일수록 학습과 기억에 더욱 용이하다.
② 학습수준(degree of original learning)은 학습기억에도 영향을 준다. 정보가 초기에 더욱 효과적으로 학습되면 될수록 더욱 오래 기억한다.
③ 간섭(interference) 현상은 학습이나 기억에서의 경쟁적인 연상(聯想)들의 갈등이라고 하는데 이러한 간섭은 학습이 기억되는 데에 영향을 준다. 두 가지 형태의 간섭이 있는데, 첫째는 훈련을 받기 전에 이미 습득된 자료 또는 기법은 새로이 학습된 자료를 기억하는데 방해가 될 수있고, 둘째는 훈련을 받고 난 후에 습득된 정보 또한 기억에 방해가 될 수있는 것이다.

3 훈련전이

훈련전이(training transfer)는 인적자원개발에서 키워드가 되고 있다. HRD의 주요목표는 종업원들이 새로운 자료에 대한 학습과 기억 뿐 아니라 그들의 직무를 효과적으로 수행하고, 직무성과를 개선시키는데 이용된다. 직무상황에로의 훈련전이는 HRD효과 달성에 중요하다.[12]

발드윈 등(Baldwin & Ford, 1994)은 훈련전이과정의 모델을 개발했는데, 이 모델은 학습자 특성, 훈련설계 및 작업환경 등의 훈련투입요소는 학습과 기억에 영향을 줄 뿐만 아니라 그 학습과 기억은 전이에도 영향을 주며, 학습자 특성과 작업환경 역시 직접적으로 전이에 영향을 준다는 것을 설명해 주고 있다.[13]

(1) 요소의 동일성

1901년 처음으로 손다이크 등(Thorndike & Woodworth, 1901)에 의해 제안된 동일요소(identical elements)들의 원리는 훈련과 작업수행이 자극과 요구된 반응 동안에 유사하면 할수록 훈련의 전이는 더욱 잘 일어난다는 것이다.[14] 예를 들어, 소비자보호 업무담당자가 불만고객으로부터 불평을 조정하기를 기대한다면, 그런 소비자들을 대상으로 하는 실습은 훈련의 전이를 향상시킬 수 있다.

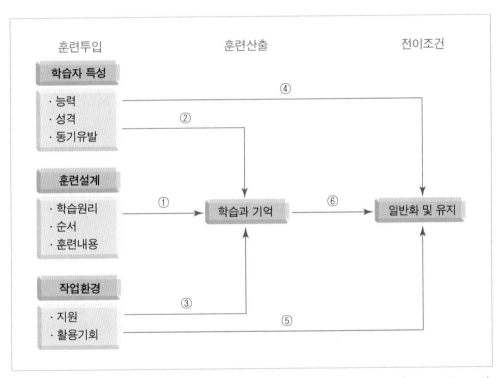

자료: T. T. Baldwin and J. K. Ford(1998), Tranfer of Training; A Review and Direction for Future. Research by personnel psychology, 41, p. 65.

 그림 3-3 • Baldwin과 Ford의 훈련전이 모델

(2) 일반적 원리

일반적 원리(general principles)이론은 과제의 기본적인 원리나 요소를 학습하는 것은 훈련의 전이를 확실하게 가져온다는 것이다.

(3) 자극의 다양성

전이는 훈련이 다양한 자극(다양한 개념의 예를 이용하거나 몇 가지 다양한 실제상황에 훈련생들을 참여시키는 것 등)을 포함할 때 향상될수 있다는 것이다. 예를 들어, 자극의 다양성은 의류제조훈련생들이 오로지 한 가지나 두 가지 형태의 직물보다는 여러 종류의 직물에 단추구멍을 만드는 작업을 훈련할 때 증가된다는 것이다.

(4) 작업환경내 지원

훈련생이 새로이 학습된 행동이나 지식을 직무에 활용하기 위해 적용방법 등을 파악하고 적용해 보는 것은 훈련의 전이에 좋은 영향을 미친다.

학습이론과 교수체제개발

1 학습이론의 이해

학습의 개념은 세상을 어떻게 바라볼 것인가?하는 인식과 심리학적 이론적 배경에 따라 달라지고 있다. 인간의 행동을 객관화할 수 있다는 행동주의와 인지주의가 있으며, 주관적 인식에 따라 인간의 행동이 주관적으로 해석할 수 있다는 구성주의로 크게 구분된다. 아래에서 각 이론별로 세부적인 내용을 살펴본다.

(1) 행동주의

행동주의에서는 학습은 조건에 대한 반응으로 상정하고 있다. 이것은 고전적 심리학을 토대로 한다. 스키너(Skinner), 손다이크(Thorndike) 등은 인간을 수동적인 존재로 보며 학습을 조건적인 자극에 대한 기계적인 반응을 하는 것으로 보고 있다. 행동주의자들은 유명한 파블로프 개의 실험에서처럼 종소리라는 자극을 개에게 주면 침을 흘리는 반응처럼 프로그램화된 학습(programmed instruction)을 주장한다. 학습자에게 바람직한 행동이 필요로 할 때 이에 필요한 자극을 주고 바라는 반응이 나타났을 때는 보상을 통해서 강화하거나 반대일 경우는 부적절한 행동을 소거하는 조치를 취한다.

(2) 인지주의

인지주의에서는 학습은 행동에 반영되거나 반영되지 않을 수도 있는 인간의 내적인 인지과정의 변화라고 제시한다. 인지주의는 실증적 상대주의 틀 안에 있다고 볼 수 있으며, 즉 지식은 객관적으로 관찰과 감각을 통해 관찰되나 상대적 관계에서 파악된다는 시각을 가지고 있다. 다시 말해 인지주의는 지식을 획득하는데 있어 정신의 역할에 관심을 갖는다. 인지주의는 조건이 주어지면 이에 대한 학습자의 내적인 인지구조의 변화가 발생하고 결과적으로 반응으로 나타나는 것을 학습으로 본다. 행동주의가 조건에 반응하는 수동적인 인간상을 전제로 한다면 인지주의는 조건을 자기 스스로 해석하고 반응하는 능동적인 인간상을 전제로 한다. 학습자의 정보처리와 적용이 그의 생각과 내적 정신구조를 변화시키는 방식에 초점을 두고 있다. 인지주의를 대표하는 예로 정보처리이론(information processing theory)을 들 수 있다.

(3) 구성주의

구성주의에서는 학습은 단순한 지식의 습득보다는 외부의 환경, 자극 등을 학습자의 개인적, 사회적 경험에 비추어 해석해 나아가는 구성적 과정(constructive process)으로 본다. 구성주의 이론은 경험하는 실제 세상은 존재하나 그 의미는 인간에 의해 부여된다는 후기 실증주의 사상을 토대로 하고 있다. 따라서 학습에 따른 지식은 학습자 개인의 경험과 해석에 따라 동일한 환경이나 자극이라도 달라질 수 있다. 과거 전통적인 학습이론에 따른 학습방법은 단편적 지식과 암기중심적, 지식전달 위주이어서 학습자들의 능동적인 참여와 학습한 내용을 새로운 환경하에 적용하기 어렵다는 문제점을 가지고 있었다. 이에 따라 구성주의에서는 학습자들이 유의미한 학습을 가능하게하고 전이를 극대화하기 위하여 학습자들이 사물에 대한 의미를 스스로 구성할 수 있는 학습환경을 제공하는 것이 중요한 과제로 등장하였다. 이를 위해서 첫째 학습자에게 유의미하고 적절한 과제를 제시하여야 한다. 둘째 교사의 역할은 지식의 전달에서 학습자의 학습을 돕는 조언자, 함께 배우는 동등한 학습자, 인도자로 전환하여야 한다. 셋째 맥락적(context) 지식의 제공이다. 특정한 환경이나 구체적 상황을 전제로 한 지식의 전달을 필요로 한다. 넷째 구성주의는 협동학습환경을 중시한다. 구성주의에서는 지식은 개인이 속한 사회, 문화적 배경과의 상호작용을 전제로 하고 있다.

표 3-3 · 행동주의, 인지주의, 구성주의 비교

구 분	행동주의	인지주의	구성주의
철학적 배경	객관주의	객관주의(실증적 상대주의)*	주관주의(후기실증주의)**
지식	객관적인 절대적 지식	인간의 정신과 독립되어 있으나 상대적 관계에서 파악됨	주관적인 상대적 지식
학습	외현적 행동의 변화	학습자의 인지구조 변화	개인의 경험을 토대로 세계에 대한 의미 부여
학습자	수동적 인간관	능동적 인간관	능동적 인간관
교사의 역할	지식 전달	인지과정의 변화 유도	학습자 스스로 세계의 의미를 발견할 수 있도록 지원
교수방법	강의식	추론, 문제해결, 정보처리	문제중심, 토의식, 발견학습
수업의 중심	교수자 주도	교수자-학습자 주도	학습자 주도

* 실증주의는 19세기 철학자 콩트에 의해 대표되는 사상으로 종전의 관념론적인 신학과 형이상학에 비해 사회현상에 대해서도 과학적으로 증명되는 사실만을 인정하는 사조
** 후기실증주의는 사회현상을 과학적으로 증명되는 사실만을 기반으로 이해할 것이 아니라, 사회현상을 인식하는 주체의 상황적, 역사적, 철학적 등 배경을 토대로 해석하고 이해해야 한다는 사조

❷ 교수체제개발

(1) 교수체제개발(Instructional System Development)의 개념

교수체제개발은 교육훈련프로그램 설계 및 개발을 하나의 유기적 통합체로 보고 접근하는 방식을 말한다. 교육훈련프로그램 설계 및 개발과정을 투입, 과정, 산출로 이어지는 순환과정으로 파악한다. 각 단계별 결과물이 다음단계의 투입 요소가 되는 과정으로 상호간 긴밀히 연계되어 보완되는 과정으로 진행된다. 제2차 세계대전 당시 미국에서 군인들을 위한 체계적인 훈련프로그램 개발을 위해서 훈련프로그램의 요구분석부터 실행까지 개발 단계를 구분하여 체계적으로 진행하였다. 교육훈련프로그램 개발의 유용성으로 이후 많은 학자들에 의해 이론적 토대가 보완되어 1950년대와 1960년대 초부터 교수체제개발로 정립되었다. ISD는 교육훈련프로그램을 개발하기 위한 기본 절차로서 분석, 설계, 개발, 실행, 평가 단계로 구성된다. 교수체제개발은 특정한 프로그램 개발 모

델을 의미하는 것은 아니며 ISD에는 다양한 모델이 존재한다. 글래스고우와 실즈(Glasgow & Seels)는 요구분석 및 교수설계관리, 실행, 평가관리 등 3단계 모델을 제시하였고 딕과 캐리(Dick & Carey)는 모델을 보다 세분화하여 10단계로 구분된 모델을 제시하기도 한다.[15]

(2) 교수체제개발의 특성

교육훈련프로그램에 있어 요구분석, 설계, 개발, 실행, 평가의 5단계를 거치는 ISD모형은 기존의 방식에 비해 학습활동의 사전계획성 등 여러 가지 장점을 제공한다. 반면 교육프로그램 개발에 있어 주어진 5단계 절차를 준수해야 하는 점으로 인하여 현장요구의 즉각적인 반영이 어렵고 비용이 많이 드는 단점이 있다. 교수체제개발 모델의 장점과 단점을 구체적으로 살펴보면 다음과 같다.

ISD 모형의 특성은 첫째 학습활동의 사전계획성이 가능하다. ISD를 통해서 무엇을, 왜, 어떻게 가르칠 것이며, 이에 부응하여 학습자의 학습활동을 사전에 체계적으로 계획할 수 있다. 둘째 학습효과를 극대화할 수 있다. 전통적 교육과정에서는 교육목표설정의 근거가 희박하고 교육목표, 교육내용, 방법 및 매체와 평가관이 유기적으로 통합되지 못하여 학습효과에 한계가 있었다. 그러나 ISD는 이러한 한계를 극복할 수 있다. 셋째 경영목표에 부응하는 현장 맞춤형 교육을 실시할 수 있다. 기업교육에서 교육의 효과성 제고를 위해서는 기업의 니즈에 맞는 교육프로그램의 개발이 무엇보다도 중요하다. ISD는 전통적인 교육프로그램 개발 기법에 비해, 경영상의 요구를 교육적 요구로 전환시켜 이를 충족시킬 수 있는 다양한 해결방안의 제시가 가능하다.

하지만 ISD는 모든 단계를 거쳐야 함으로 개발기간이 장기간 소요되며 교육과정 개발의 전 단계가 끝나기 전까지는 그 결과물을 알 수 없으며, 교육프로그램 개발 의뢰인과 개발자가 구분된다. 또한 주어진 절차를 지켜야 함으로 현장의 변화된 사항을 적시에 반영하기 어려우며 프로그램 개발에 소요비용이 많이 든다는 단점을 가지고 있다. 최근에는 이러한 문제점을 보완하기 위해서 분석, 설계 등 5단계를 동시에 진행하고 상호 피드백하는 신속 ISD(Rapid ISD) 모델 등이 제시되고 있다.

(3) ADDIE 모형

다양한 ISD 모델이 존재하지만 이들 모델을 활용한 교육프로그램 개발에 있어 가장 중요하게 공유하고 있는 필수적인 요소가 있다. 교육훈련프로그램 개발 과정이 분석

(analysis), 설계(design), 개발(development), 실행(implement), 평가(evaluation)의 5단계로 이루어진다는 점이다. 이들 절차적 요소의 머리글자를 활용하여 ADDIE 모형이라고 한다. ADDIE 모형에 있어 교육프로그램 개발을 위한 분석, 설계, 개발, 실행, 평가는 반드시 선행과정의 결과를 토대로 후행과정이 이루어지고 그 결과물의 피드백을 통하여 상호 보완된다.

① 분석(analysis)

분석은 교수설계에 있어 가장 먼저 실시된다. 기업에 대한 요구분석의 경우는 먼저 경영상에서 바람직 한 상태와 현재 상태의 차이를 파악하여 경영상의 요구와 문제점을 분석하고 이중 경영적 조치가 필요한 사항을 제외하고 교육적 대안이 될 수 있는 내용이 무엇인가를 분석한다. 분석 된 요구사항에 대해 무슨 내용을 어떻게 가르칠 것인가를 결정한다. 이 단계에서는 요구평가(need assesment), 수행분석(performance analysis), 학습자분석(learner analysis), 직무 및 과제분석(job task analysis)이 이루어진다.

② 설계(design)

설계는 전 단계인 분석의 결과를 토대로 교육프로그램을 실제로 개발하기에 앞서 전반적인 교육프로그램의 구조를 결정하는 과정이다. 학습 목표, 교육 내용, 수업전략과 이와 관련된 매체와 수업방업이 결정된다. 아울러 학습목표 달성을 확인하는 평가도구와 기준이 설계단계를 통하여 마련되며 적정 수업시간도 추정한다.

③ 개발(development)

개발은 설계단계의 상세한 설계도를 기초로 교수에 실제로 활용되는 교재 및 시청각 매체, 교수 매뉴얼, 교수평가 도구 및 형성평가 도구를 개발하고 이를 실제로 시험(형성)평가를 실시하고 보완된 교재, 강사메뉴얼, 평가도구 등을 산출하는 단계이다. 형성평가는 초안 프로그램의 효과성과 효율성을 파악하기 위한 것으로 초안 프로그램의 문제점을 보안하기 위하여 실시된다.

④ 실행(implementation)

실행은 실제 개발된 교육프로그램을 학습대상자에게 교육내용을 학습하게 하는 단계이다. 또한 이 단계에서는 개발된 프로그램의 과정운영 및 총괄평가 등을 통해 제시된 요구 사항을 반영하여 개선하고 유지 관리한다.

⑤ 평가(evaluation)

평가는 프로그램과 매체 등의 적합성, 효과성에 대한 평가를 실시하고 향후 지속적 운영여부와 개선사항 등 프로그램 운영과 관련된 모든 결과를 평가하며 이를 형성평가와 구분하여 총괄평가라고 한다. 특히 프로그램의 효과성 평가를 위해서 학습대상자에게 교육내용의 전달이 제대로 이루어졌는지를 확인한다. 평가방법으로는 반응도 평가, 학습목표달성도, 현업적용도, 경영성과 기여도 등의 평가도구를 활용하여 측정한다.

ADDIE 모형의 모든 단계는 피드백을 통해서 상호 수정·보완된다. 분석, 설계, 개발, 실행, 평가의 각 단계별로 평가를 실시하여 문제점과 개선방안을 도출하며, 개선방안은 분석, 설계, 개발, 실행, 평가 각 단계별로 필요한 사항을 적용하여 보완한다.

ADDIE 모형의 실제적인 세부 내용과 관련하여 요구분석은 4장, 설계는 5장, 개발은 6장, 실행은 7장, 평가는 8장에서 각각 살펴본다.

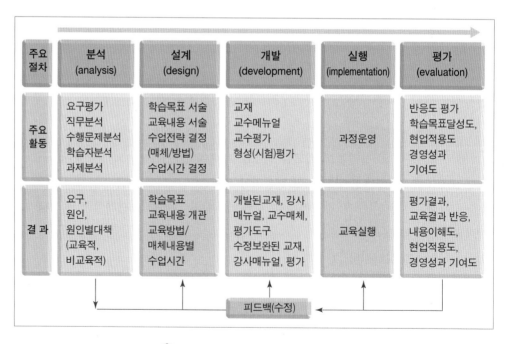

그림 3-4 · 일반적인 ADDIE 모델

1) 민경호(2003), 「현대인사관리」, 무역경영사, pp. 129-132.

2) A. F. Sikula(1979), Personnel Management, Training and Development Joural, p. 11.

3) 박혜남(2000), 「인적자원관리론」, 청목출판사, p. 90.

4) J. Pfeffer(1998), The human equation: Building profits by putting people first. Harvard Business Press.

5) 이재훈·이종준(2001), 「신 인적자원관리」, 경문사, p. 3.

6) 황안숙(1999), 「인적자원개발」, 양서원, p. 19.

7) 박혜남(2000), 「인적자원관리론」 청목출판사, pp. 92-94.

8) E. C. Lindeman(1989), The Meaning of Adult Education. A Classic North American Statement on Adult Education. Oklahoma Research Center for Continuing Professional and Higher Education, University of Oklahoma, Norman, OK 73037-0003.

9) M. S. Knowles(1978), Andragogy: Adult Learning Theory in Perspective. Community College Review.

10) R. A. Noe(2002), Employee training and development. Boston, MA: McGraw-Hill/Irwin.

11) R. M. Gagne(1965). Conditions of learning.

12) R. L. DeSimone(2002), Human Resource Development(3ed.) Harcourt, College Pub. pp. 88-92.

13) T. T. Baldwin & J. K. Ford(1994), Transfer of training: A review and directions for future research. The training and development sourcebook, 180.

14) E. L. Thorndike & R. S. Woodworth(1901), The influence of improvement in one mental function upon the efficiency of other functions. II. The estimation of magnitudes. Psychological Review, 8(4), 384.

15) 박성익, 임철일, 이재경, 최정임, 2011, 교육방법의 교육공학적 이해, 4판, 교육과학사, p. 120.

학습(learning)과 폐기학습(unlearning)

인간은 태어나면서부터 학습을 한다. 아니 어쩌면 태아일 때부터 외부의 환경에 적응하는 방법을 학습하고 있는지도 모른다. 피터 드러커는 학습은 지속적인 생물학적 프로세스이며, 학습은 태어나면서 시작되고 죽으면서 끝난다고 하였다(피터 드러커, 2010). 인간은 나면서부터 숨이 다하는 순간까지 외부와의 교류를 통하여 생존에 필요한 지식을 습득하고 반응하는 과정을 겪는다. 오늘날 뇌과학이 발달하면서 관념적 차원에서 뿐만 아니라 생물학적 차원에서도 이러한 사실들을 확인할 수 있다. 인간의 뇌에 대한 최근의 연구에 따르면, 학습의 효과로 뇌의 특정한 신경조직(neuron)이 활성화되고 연결망이 확대되는 것을 과학적으로 관찰할 수 있다고 한다.

과거 서구의 학문적 전통에서는 지식은 현실에 적용하는 것이 아니라 지식 그 자체가 목적이었으며, 소크라테스는 지식을 행동에 적용하는 것은 지식의 오용이라고 하였다. 그러나 이것은 오류이다(피터 드러커, 2005). 이러한 관점에서 지식을 배우고 익힌다는 의미의 학습은 지식을 단지 관념적 차원에서 습득하는 것이 아니라 자신의 몸에 체득한다는 의미의 학습은 매우 중요하다고 볼 수 있다.

서구의 Learning에 대응하는 학습의 유래는 논어의 학이편에 나오는 학이시습지불역열호(學而時習之不亦悅乎)의 학(學)과 습(習)에서 유래되었다고 한다. 학습의 글자적 의미는 말그대로 배우고 익히는 것을 말한다.

현대의 교육학 사전적인 의미로, 학습이란 ① 행동의 변화이며, ② 이러한 변화는 연습·훈련, 또는 경험에 의한 변화로서 성숙에 의한 변화 학습으로 간주되지 않으며, ③ 이러한 변화는 비교적 영속적이어야 한다로 정의하고 있다(서울대학교 교육연구소, 1995). 즉, 지식의 습득 연습이나 경험의 결과로서 행동의 변화 또는 변화과정을 의미한다.

학습은 개인에게서 뿐만 아니라 조직에서도 중요하다. 끊임없는 환경변화에 대응하여 새로운 지식의 습득 등을 통해서 대응방법을 마련하여야만 개인도 생존이 가능하고 조직도 또한 마찬가지다. 환경변화의 속도가 느린 과거에는 일생동안 학교에서 배운 내용을 가지고 살아갈 수 있었다. 이에 따라 학습도 주로 정규교육기관에서 이루어지는 것으로 인식되어왔다.

그러나 정보기술의 발달 등으로 지식의 증가속도가 엄청나게 빨라지고 있다. OECD자료에 따르면 과거 지식이 2배 증가하는 속도는 시대별로 큰 차이를 보이고 있으며 서기 1년부터 1750년까지 지식이 두 배 증가된 반면, 이후 150년, 50년 단위로 지식이 두 배로 증가하다가 2020년에는 73일을 주기로 지식이 두 배로 증가할 것으로 예측하였다(이무근, 2004). 이와 같은 변화속에서 대학 등 정규학교를 졸업한 후에도 지속적인 학습이 필요로 하게 되었다. 또한 개인이 일생동안 가지는 직업의 수도 지금 현재의 성인은 4~5개인 반면 미래에는 19개의 직업을 갖는다고 예측되고 있다(Richard Watson

& Oliver Freeman, 2014). 지식의 반감기가 단축되고 개인의 일생직업의 수가 증가됨에 따라 이에 맞춘 지속적인 평생학습이 지속적으로 요구되고 있다.

언론지상을 통해 쉽게 접할 수 있는 직장인들의 외국어, 정보기술 등의 학습열풍은 이를 대변하고 있으며, 직장인을 뜻하는 샐러리맨(salaryman)과 학생(student)의 합성인 샐러던드(Saladent)라는 신조어도 등장하고 있는 실정이다.

한편, 새로운 지식을 습득하는 학습과 더불어 최근에는 폐기학습(unlearning)의 중요성도 부각되고 있다. 학습이란 단순한 지식의 습득을 넘어 지속적인 행동의 변화를 의미하고 있다. 새로운 지식을 습득하는 과정에서 과거의 지식에 기반한 행동양식이 유지되고 있을 경우에는 새로운 지식에 기반한 행동의 변화를 가져오기 어렵다. 특히 개인의 경우 유년기와 청소년기의 교육보다는 성인교육에 있어 더욱 중요하다. 성인의 경우 청소년기에 학습하였던 내용과 경험으로 체득한 내용이 있을 경우 이와 다른 내용을 학습하는 데 많은 어려움을 겪게 된다. 건축에 있어 빈터에 집을 건설하는 것이 건물이 있는 곳에 재건축하는 것보다 쉬운 것과 같은 이치라 볼 수 있다. 조직 내 개인의 경우 폐기학습이 필요한 경우를 살펴보면, 담당자에서 관리자로 승진할 경우를 들 수 있다. 관리자는 담당자와는 다른 리더십을 필요로 한다. 그러나 때때로 승진 이후에도 담당자로서의 성공요소에 집착하여 관리자로서의 리더십을 제대로 발휘하지 못하는 경우가 있다. 이 경우 반드시 필요로 하는 것이 과거의 역할에 대한 폐기학습이다. 기업 내에서 이루어지는 리더십이나 코칭교육이 대표적인 프로그램이다.

이러한 폐기학습은 개인적 차원보다는 조직수준에서 더욱 쉽게 관찰할 수 있다. 많은 조직체에서 외부 사업환경 변화에 따라 변화와 혁신을 추진하지만 많은 경우에 실패하고 만다. 실패의 중요한 원인 중의 하나가 조직 내에서 변화에 대한 저항에서 비롯된다. 즉, 구성원들이 기존 지식을 토대로 한 기존의 행동양식을 버리기를 싫어하기 때문이다. 혁신이 성공하기 위해서는 새로운 혁신시스템의 도입 이전에 기존의 지식과 행동양식을 버리는 폐기학습을 필요로 한다. 조직에서의 폐기학습의 예로는 워크아웃(work out)이나 액션러닝(action learning) 등을 들 수 있다. 기존의 업무 프로세스를 버리고 새로운 업무 방식의 도입을 목적으로 워크아웃(work out)이나 액션러닝(action learning)을 통해서 조직의 폐기학습이 이루어진다.

[참고자료]
• P. Drucker(2010), Lectures, 이재규 옮김, 피트 드러커 강의, 랜덤하우스코리아(주)
• P. Drucker(2005). The Essential Drucker on Technology, 남상진 옮김, 테크놀로지스트의 조건, 청림출판(주).
• 서울대학교 교육연구소, (1995). 교육학 용어사전
• 이무근, (2004), 미래사회적응능력 함양을 위한 학교진로 교육방안, 한국진로교육학회, 한국진로교육학회 학술발표논문집, 2004권1호, pp. 5-19.
• R. Watson & O. Freeman(2014), Future Vision, 고영태 옮김, 미래를 위한 선택, 청림출판(주)

핵심용어

- 교육훈련
- 교수활동
- 학습의 기본원리
- 성인교육학
- 훈련능력
- 태도
- 학습기억

- 학습활동
- 교수·학습과정
- 성인학습
- 인지적 지도
- 퍼스낼러티
- 학습여건
- 훈련전이

연구문제

❶ 조직의 성과 증진을 위한 학습활동의 촉진방안에 대해 설명하라.

❷ 학습성과의 극대화를 위한 기본원리에 대해 설명하라.

❸ 성인학습의 특성과 성인학습자의 학습극대화 방안에 대해 설명하라.

PART

02 인적자원개발의 전개

CHAPTER

04

HRD의 요구분석

학습목표

1. 요구분석의 개념과 필요성에 대해 설명할 수 있다.

2. 해당 조직이 원하는 적정한 요구분석의 모형을 개념화 할 수 있다.

3. 요구파악(needs)을 위한 전략적 조직분석, 직무분석, 개인분석을 실행할 수 있다.

인적자원개발(HRD)의 목적은 조직의 성과를 증진시키기 위한 것이다. 그렇다면 교육훈련이나 인적자원개발 프로그램에는 조직이 요구하는 것을 충분히 담고 있어야 한다. 따라서 HRD의 요구분석 필요성을 인식해야 하며, HRD전개의 첫 번째 단계는 교육훈련의 필요점이나 요구를 알아내는 것이다.

이러한 요구를 분석하고 실행시키기 위해 개발된 요구분석모형을 고찰하고 요구분석의 과정, 요구분석의 실행을 위한 방법들을 공부함으로써 HRD프로세스의 첫 번째 주춧돌을 튼튼하게 쌓을 수 있다.

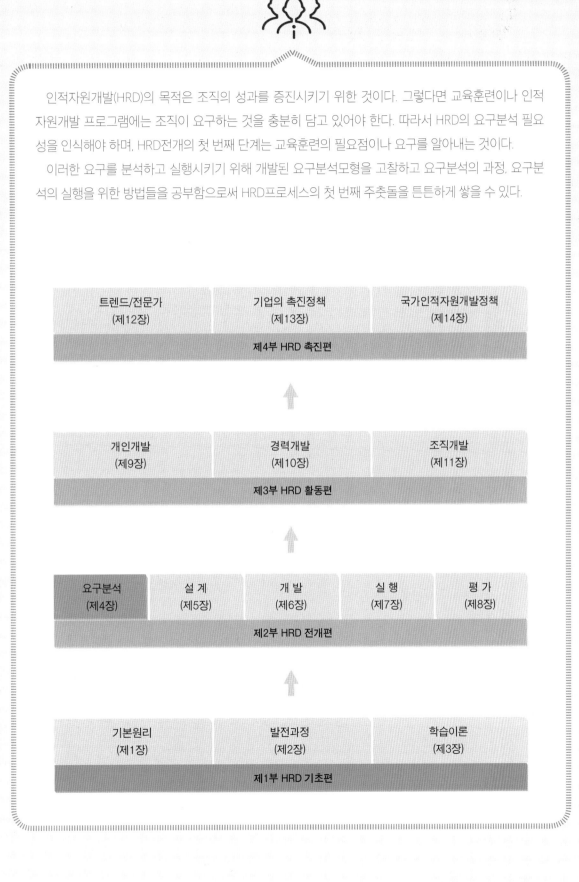

PARAGRAPH
01

요구분석의 개념

궁극적으로 인적자원개발의 목적은 조직의 효과를 증진시키기 위하여 ① 현재의 문제(고객의 불만 증가 등)를 해결하고, ② 숙련된 기술자의 부족과 같은 예상된 문제를 예방하며, ③ 가장 도움이 될 수 있는 사람들을 참여시키는 것이다. 간단히 말해서 인적자원개발은 조직의 요구조건(케세이 퍼시픽의 사례처럼)을 성공적으로 반영한다면 효과적이다. 이러한 요구조건을 과연 어떻게 발견할 것인가에 대해 이번 장에서 다루게 된다. 인적자원개발 프로그램은 조직이 스스로 활성화되고 조직문화를 변화시키고자 할 때 핵심요소가 될 수 있다. 인적자원개발의 첫 번째 단계인 요구분석(needs analysis)을 쉽게 이해하기 위해, 다음의 예를 살펴보기로 한다.

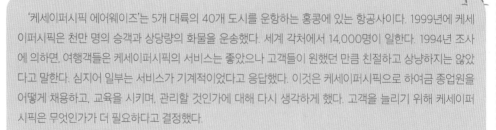

케세이퍼시픽 에어웨이즈의 요구분석

'케세이퍼시픽 에어웨이즈'는 5개 대륙의 40개 도시를 운항하는 홍콩에 있는 항공사이다. 1999년에 케세이퍼시픽은 천만 명의 승객과 상당량의 화물을 운송했다. 세계 각처에서 14,000명이 일한다. 1994년 조사에 의하면, 여행객들은 케세이퍼시픽의 서비스는 좋았으나 고객들이 원했던 만큼 친절하고 상냥하지는 않았다고 말한다. 심지어 일부는 서비스가 기계적이었다고 응답했다. 이것은 케세이퍼시픽으로 하여금 종업원을 어떻게 채용하고, 교육을 시키며, 관리할 것인가에 대해 다시 생각하게 했다. 고객을 늘리기 위해 케세이퍼시픽은 무엇인가가 더 필요하다고 결정했다.

■ 시사점: 여러분이 이 항공사의 교육책임자라고 가정해보자. 첫 번째로, 이 항공사에 대한 서비스평가를 어떻게 수용하고 설계하겠는가? 그리고 최고의 고객 서비스를 강조하는 교육훈련을 설계하기 위해 어떤 방법을 사용하겠는가? 두 번째로, 새로운 목표가 최고의 고객 서비스를 제공하는 것이라면 여러분은 항공승무원들에게 어떤 식의 교육훈련을 추천하겠는가? 또 항공승무원들 뿐만 아니라 교육생들의 혁신과 화합을 도모하기 위해서는 교육훈련 프로그램이 어떻게 바뀌어야 하는가?

요구(needs)란 일반적으로 현재상태(what it is)와 바람직한 상태(what should be) 간의 격차를 말한다.(Rossett, 1987)[1]

> 요구 = 바람직한 상태 - 현재상태

요구(needs)의 개념은 여러 가지 의미로 쓰이고 있는데, 어챔블(Archambault, 1957)은 동기로서의 요구와 기능적 개념으로서의 요구를 구별하고 있고,[2] 코미사(Komisar, 1961)도 동기개념으로서의 요구와 규정적인 개념으로서의 요구를 구별하였다.[3]

동기로서의 의미를 지닌 요구란 사람들에게 동기를 유발하는 불충분한 상태를 말한다. 이러한 불충분한 상태는 사람들로 하여금 무엇인가를 하도록 하는 긴장상태를 유발하게 된다는 것이다. 규정적 의미의 요구란 결핍뿐만 아니라 필요와 의무에 기초하여 숙고한 뒤 목적을 충족시키는 것을 말한다.

앳우드 등(Atwood & Ellis, 1971)은 요구를 '개인, 집단, 조직 또는 지역사회의 환경과 관련된 객관적인 결핍'이라고 정의하였는데[4], 이는 어챔블이 주장한 '개인의 환경에 대한 객관적 결핍'이라고 한 것과 다를 바 없다. 또한 그들은 교육적 요구는 학습경험을 통하여 충족되어야 하며 교육적 관점에서 보면 계획을 이끌어가는 결핍 또는 부족상태, 즉 동기로서의 관점에서 파악하고 있다. 이에 비해 노울즈(Knowles, 1980)는 교육적 요구란 '사람들이 자신이나 조직, 사회를 위해 배워야 하는 것들'이라고 정의함으로써 규정적 의미에서 보고 있는 것이다.[5]

한편, 분석은 크게 요구분석과 비용분석으로 구분되어지고, 요구분석은 다시 일반적 요구분석과 훈련요구 분석으로 나누어지는데, 과업수행상의 불일치가 있을 때 그 원인

교육훈련의 목표 명확화

우리나라에서 1980년대에 극심한 노사분규를 빚었던 D조선에서는 당시의 교육훈련의 주된 목적을 생산현장에서 요구되는 기술적, 기능적 교육훈련을 통한 숙련향상이 아니라 노사관계 안정, 근로정신 함양 등과 같은 정신교육을 통한 기업의 안정성에 둠으로써 내외부적으로 적지 않은 비판을 받기도 했다.

그러나 1990년대에 들어와 교육훈련을 통한 문제해결이라는 D조선의 의지는 교육훈련분야의 발전에서 중요한 기여를 하였다. 즉, 교육훈련제도와 경력경로의 통합, 교육훈련의 활성화 및 체계화 그리고 교육훈련의 역동성 및 현대화라는 세 가지 기본요인에 맞춰 국내기업의 교육훈련측면에서 선도적 위치에 있는 것으로 평가받고 있다.

을 탐색하여 해결책을 제안하기 위하여 실시하는 것이 일반적 요구분석이고, 이를 바탕으로 작업과정의 주요 요소 및 필요한 자질을 파악하고 훈련에 포함될 기술이나 지식을 찾는 것이 훈련요구분석의 주 목적이다.

교육훈련 프로그램 개발은 체계적이며 조직적인 계획을 요구하는 과정이다. 체계적이고 조직적으로 잘 설계된 교육훈련과정과 교육훈련 프로그램을 통해서만이 원하는 교육훈련 목적을 달성할 수 있다. 그렇다면 효과적인 교육훈련과정 개발을 위해 어디서부터 출발해야 하는가? 그 시발점이 바로 요구분석이다. 요구분석은 훈련전문가로 하여금 인적자원개발의 사전계획을 준비하도록 한다. 요구분석은 직무수행에서 요구되는 개인의 자격조건, 즉 기대목표수준과 개인이 현재 보유하고 있는 능력을 의미하는데, 정확한 요구분석은 종합적인 인적자원개발의 계획은 물론, 각각의 교육훈련과정별 프로그램의 설계에 있어서도 그 효과성을 결정하게 되는 중요한 준거의 틀이 된다.

기업교육에서의 요구분석은 교육훈련이 요청되는 상황에 대한 분석에서부터 출발하여, 교육훈련이 정말로 문제에 대한 해결 방법인지를 확인하는 체계적인 절차이다. 따라서 요구분석은 교육훈련을 계획하기에 앞서 교육훈련의 타당성을 검증하기 위해 반드시 시행되어야 하는 절차인 것이다. 앞의 사례를 참고하기 바란다.

교육훈련 대상 명확화

D조선의 교육훈련 내용은 D조선이 개설하고 있는 교육훈련과정 명칭을 통해 확인가능하다. 1998년도에 전체 과정 수는 78개이며, 계층별 교육훈련(22개 과정)과 직능별 교육훈련(22)이 과반수를 차지하며, 기타 10개 미만의 과정을 개설하고 있다.

사실상 의무교육훈련으로서 D조선의 대표적 교육훈련유형인 계층별 교육훈련과 직능별 교육훈련은 각 직급의 3년차를 제외한 관리직, 생산직 모두에게 실시하였다. 또한 계층별, 직능별 교육훈련의 각 교육훈련과정은 직급, 직위와 정확히 일치시키면서 교육훈련 대상자를 선정하고 있다. 즉, 특정과정에 대해 복수의 직급이나 직위의 근로자들이 함께 참여하는 형식이 아니라 특정과정에는 특정의 직급, 직위의 근로자들만이 참여하도록 되어 있다.

이러한 점은 특정직급이나 직위의 근로자들 일반에 대해 요구되는 내용을 담을 수는 있지만, 각 직무의 특성에 초점을 맞춘 교육훈련 실시는 기본적으로 어려울 수밖에 없는 단점을 가져올 수 있다. 특히 조선산업은 산업특성상 매우 많은 직무가 존재하고 각 직무들은 고유의 특성을 가지고 있기 때문에 직무 고유의 특성에 초점을 맞춘 교육훈련이 아니라 어느 직무를 담당하더라도 적용될 수 있는 교육훈련인 경우 그 효과는 제한적으로 될 것이다.[6]

다시 정리하면 문제의 발생시점이 언제이든 간에 불확실한 문제의 본질을 규명하며, 그 문제를 해결할 수 있는 가장 적절한 방안을 모색하고자 하는 활동이 바로 요구분석이고, 이러한 문제해결의 방안을 모색하기 위해 현재상태와 바람직한 상태 간의 차이점에 대해 상세하게 체계적으로 조사하는 과정이 필요한 바, 이러한 체계적인 조사 과정을 요구분석이라고 한다.[7]

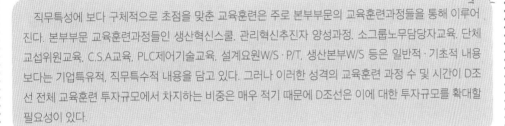

직무특성에 초점을 맞춘 교육훈련

직무특성에 보다 구체적으로 초점을 맞춘 교육훈련은 주로 본부부문의 교육훈련과정들을 통해 이루어진다. 본부부문 교육훈련과정들인 생산혁신스쿨, 관리혁신추진자 양성과정, 소그룹노무담당자교육, 단체교섭위원교육, C.S.A교육, PLC제어기술교육, 설계요원W/S · P/T, 생산본부W/S 등은 일반적 · 기초적 내용보다는 기업특유적, 직무특수적 내용을 담고 있다. 그러나 이러한 성격의 교육훈련 과정 수 및 시간이 D조선 전체 교육훈련 투자규모에서 차지하는 비중은 매우 적기 때문에 D조선은 이에 대한 투자규모를 확대할 필요성이 있다.

PARAGRAPH
02

요구분석의 모형

여러 조직들은 목적에 따라 요구분석을 실시한다. 예를 들면, 정부기관, 사회서비스 기관, 기업, 도시, 병원, 대학, 시민운동단체 등이 의사결정 과정에서 요구분석을 활용할 수 있다. 하지만 여기에서 초점을 맞추려고 하는 것은 교육훈련의 요구를 확인하기 위한 교육적 요구분석을 말하는 것이다. 로젯(Rossett, 1987)은 이를 교육훈련요구분석(training needs assessment)이라고 하였다.[8]

교육훈련요구분석은 교육적인 요구가 있는 어느 곳에서나 발생할 수 있다. 학교교육은 교육과정이 고정되어 있어 요구분석이 적용될 수 있는 여지가 제한되는 반면, 기업이나 평생교육기관의 경우에는 교육과정이나 교수·학습 내용의 선정이 매우 자유로우므로 요구분석이 중요한 수단이 되며, 적극적으로 활용될 수 있고 또한 활용되어야 하는 환경이라고 할 수 있다. 이러한 교육훈련요구분석이 필요한 가장 중요한 이유는 교육훈련의 타당성을 미리 검증할 필요가 있기 때문이다.

교육훈련은 목표달성의 수단이지 교육훈련 자체가 목표는 아니다. 성과문제의 원인은 여러 가지가 있을 수 있다. 교육훈련을 해결책으로 제시했을 때는 보다 구체적인 문제와 문제의 원인에 대한 분석이 필요하다. 따라서 요구분석을 통해서 문제의 원인이 무엇인지를 정확히 밝혀내고, 그것을 해결할 수 있는 방안을 모색해야 한다. 현재상태와 바람직한 상태 간의 격차를 확인하는 것이 중요하다.

마이클락 등(Michalak & Yager, 1979)은 요구분석이 훈련프로그램이 개발되기 전에 수행되어져야만 하는 네가지 이유를 다음과 같이 설명하였다.[9]

첫째, 조직에서 특별히 문제가 되는 영역의 규명

둘째, 효율적 운영 책임

셋째, 평가를 위한 자료의 획득

넷째, 훈련비용과 훈련효과의 결정

요구분석은 그것이 활용되는 상황에 따라 또 학자에 따라 다양한 요구분석 모형이 존

재한다. 여기에서는 교육훈련 영역에서 가장 널리 사용되는 세 가지 모형을 간략히 소개하고자 한다.[10]

1 Ulschak의 모형

울색(Ulschak, 1983)의 모형은 요구분석의 단계를 감지된 요구, 의사결정권자, 예비분석단계, 분석단계, 실행단계, 평가단계, 피드백단계로 구분하고 있다.[11] 이 모형의 특징은 교육훈련의 요구를 분석하는 데 초점을 두고 있기 때문에 실행단계와 평가단계를 포함시키고 있는 것이 특징이며, 또 의사결정과정을 포함시킴으로써 의사결정의 영향력과 판단의 중요성을 부각시키고 있다. 예비분석단계에서는 상황의 인지, 계획의 수립, 준거의 선택 및 방법을 선택한 후, 분석단계에서는 자료의 수집, 분석 및 피드백의 과정으로 실시된다.

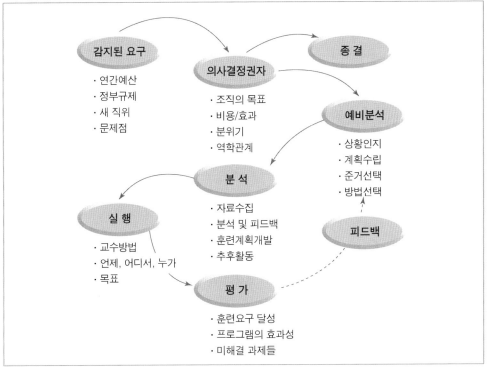

자료: 최정임(2002), 「요구분석 실천 가이드」, 학지사, p. 43.

그림 4-1 • Ulschak의 교육훈련 요구분석 모형

이 모형은 처음 요구분석을 실시하게 되는 의사결정 단계를 강조한다는 장점은 있지만, 요구분석의 결과를 교육훈련문제에만 한정시킨다는 점에서 성과의 문제와 관련된 해결책을 찾기 위한 수단으로서 요구분석을 적용하는 데는 한계가 있다. 하지만 요구분석 결과와 교육훈련 프로그램 개발과의 연계를 강조함으로써 요구분석 결과가 교육훈련 프로그램 개발에 어떻게 활용될 수 있는지를 잘 보여주고 있다.

❷ Rossett의 모형

로젯(Rossett, 1991)의 모형은 기업에서 널리 활용되고 있는 대표적인 모형의 하나이다. 이 모형은 요구분석 시작에서부터 문제해결을 위한 의사결정까지의 과정을 단계별로 나타내고 있다.[12] 이 모형에 의하면 요구분석의 단계는 목적 결정, 출처(sources) 확인, 도구선택, 단계별 요구분석 실행, 결과에 따른 의사결정의 단계로 진행이 된다.

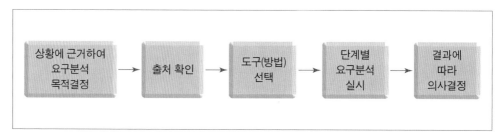

자료: 최정임, 앞의 책, p. 44.

🌐 그림 4-2 · Rossett의 요구분석 모형

이 모형은 울색(Ulschak)의 모형과는 달리 교육훈련의 문제와 관련된 요구분석 상황에서 출발하지만 요구분석 결과를 교육프로그램 개발에만 한정시키지 않음으로써 요구분석 결과의 활용범위를 보다 개방하고 있다. 또한 요구분석의 실행과정에 초점을 둠으로써 실제 요구분석 실행자들이 적용하기 쉽도록 하고 있다. 하지만 분석 실행자의 입장에서 취해야 할 행동이나 결과물에 대한 구체적인 지침을 제공하지 못한다는 한계점을 가지고 있다.

❸ Witkin과 Altschuld의 모형

위킨 등(Witkin & Altschuld, 1995)의 모형은 요구분석이 실행되는 기관이나 집단의 체제적 복합성과 상호의존성을 고려한 체계적인 모형을 제시하고 있다. 이들은 요구분석의 단계를 사전분석 단계, 분석 단계, 사후분석 단계의 세 단계로 나누고 각 단계에서 시행해야 하는 행동과 결과물을 구체적으로 제시하고 있다.[13] 이 모형은 단순히 교육훈련의 문제뿐만 아니라 다양한 집단의 요구를 분석하기 위한 포괄적인 요구분석 모형을 제공하고 있다.

이 모형은 요구분석의 단계를 분석실행자가 따라야 할 행동요목으로 나누고 각 단계에서 만들어내야 하는 결과물을 제시함으로서 분석수행에 실제적인 지침을 제공하고 있다. 이 모형에서 가장 특징적인 것은 요구분석의 대상을 세 가지 수준으로 나누고, 각 수준에 따른 요구와 관련된 원인을 분석하는 것이다. 수준 1은 요구분석의 기초적인 대상으로 학생이나 고객과 같이 서비스를 제공받는 집단을 포함한다. 수준 2는 2차적인 요구분석 대상으로 교사나 학부모, 소속 종업원과 같이 서비스 공급자나 의사결정자를 포함한다. 수준 3은 건물, 시설, 기술과 같은 환경이나 자원을 일컫는다.

이러한 수준을 고려한 요구분석은 체제의 복잡한 상호작용을 고려하고 보다 광범위한 문제해결방법을 모색하고자 하는 노력을 반영하고 있다.

표 4-1 · Witkin과 Altschuld의 3단계 모형

1단계 사전분석(탐색)	2단계 분석(정보수집)	3단계 사후분석(활용)
• 요구분석을 위한 관리계획 수립 • 요구분석의 일반적 목적 확인 • 주요 요구영역과 문제 확인 • 요구영역과 관련된 기존의 정보 확인 • 결정 　- 수집할 자료 　- 출처 　- 방법 　- 자료의 잠재적 용도	• 요구분석의 상황, 범위, 한계결정 • 요구에 대한 자료수집 • 요구에 대한 예비적 우선순위 • 결정 　- 수준 1, 2, 3에서 원인 분석실시 　- 모든 자료 분석 및 종합	• 모든 적용가능한 수준에서 요구에 대한 우선순위 결정 • 대안적 해결방법 모색 • 실행방법을 위한 행동계획 개발 • 요구분석 평가 • 결과보고
• 결과물: 　단계 2와 3을 위한 준비계획, 요구분석 평가를 위한 계획	• 결과물: 　높은 우선순위의 요구에 기초한 행동을 위한 준거	• 결과물: 　행동계획, 문서와 구두를 통한 보고, 보고서

자료: 최정임, 앞의 책, p. 45.

4. 요구분석의 과정

요구분석의 과정에 대해 전문가들에 따라 약간씩 다른 견해가 있으나, 여기서는 앞에서 확인된 요구분석 모형들의 공통적인 요소들을 고려하여 요구분석의 절차를 상황분석, 목적결정, 정보출처의 확인, 도구선정, 계획, 실행, 결과분석 및 결과정리의 단계로 나누고, 이에 대해 세부적으로 정리한 최정임의 견해[14]를 빌어 요구분석 활동을 알아보기로 한다.

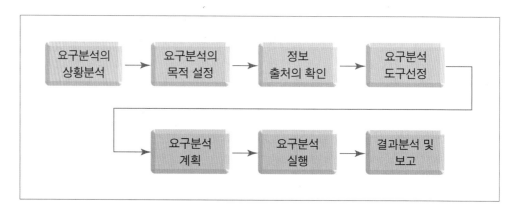

그림 4-3 · 요구분석의 과정

① 1단계 : 요구분석의 상황분석

요구분석의 첫 번째 단계는 요구분석이 필요한 상황을 이해하고, 요구분석에서 필요한 정보를 분석해 내는 일이다. 왜 요구분석을 실시해야 하고, 그것을 통해 어떤 결과를 얻고자 하며, 요구분석 시 고려할 사항들은 어떤 것들인지와 같은 요구분석을 통해 얻고자 하는 목적 달성과 어떤 정보를 얻을 것인지를 결정하기 위한 상황에 대한 이해가 있어야 한다.

이에 대해 로젯(Rossett)은 요구분석 상황을 다음 세 가지를 들고 있다.

- 업무수행상의 문제
- 새로운 체제나 기술의 도입
- 자동적, 습관적인 교육관행

업무수행상의 문제는 업무수행 시 나타나는 문제점을 해결하기 위한 방안으로서 교육훈련이 필요할 때 실시하게 되며, 새로운 체제나 기술의 도입은 이전에는 없었던 새로운 기술이나 장비가 도입될 때 그리고 새로운 정보와 관련된 교육훈련이 필요할 때 해당되며, 관례적인 교육훈련관행은 매년 반복되는 교육훈련과 같은 상황이다.

② 2단계 : 요구분석의 목적 설정

요구분석이 필요한 상황분석이 이루어지면, 요구분석을 통해 어떠한 정보를 파악할 것인지 분석의 목적을 결정해야 한다. 요구분석의 목적은 불확실한 문제의 본질을 규명하면서 그 문제를 해결하는 가장 적절한 방안을 제안하는 것이다. 따라서 요구분석의 목적을 결정한다는 것은 요구분석을 통해 찾아내고자 하는 정보가 무엇인가를 결정하는 것이다. 다음과 같은 다섯 가지의 목적을 요구분석을 통해 파악할 수 있다.

- **최적화**(업무수행에 있어 바람직한 상태와 현재 상태의 격차 분석)
- **실제화**(현재 직무의 수행상태 또는 직무담당자가 알고 있는 것과 할 수 있는 것에 대한 정보)
- **느낌**(문제나 업무 또는 이와 관련된 능력에 관한 관련자들의 의견 탐색)
- **원인**(무엇이 문제를 야기하는가에 대한 정보)
- **해결방안**(파악된 문제의 원인과 그것을 해결할 수 있는 방안 제시)

③ 3단계 : 정보의 출처 확인

요구분석의 상황과 목적이 결정되면 누가 필요한 정보를 가지고 있는지 정보의 출처를 확인해야 한다. 즉, 어디에 그 정보가 있는가, 누구에게서 필요한 정보를 얻을 수 있는가? 요구분석의 과정을 누가 알 필요가 있는지 등에 관한 사항을 결정할 필요가 있다. 정보의 출처는 요구분석 상황에 따라 달라질 수 있으며, 정보를 얻을 수 있는 사람을 요구분석 과정에 포함시킬 수 있다.

④ 4단계 : 요구분석의 도구선정

요구분석의 목적이 결정되면 그 목적을 달성하기 위해서 어떤 방법을 사용할 것인지를 결정해야 한다. 따라서 이 단계에서는 요구분석에 사용할 여러 가지 분석도구를 선택해야 하며, 이때 주로 사용되는 도구는 현존자료분석, 면담, 관찰, 그룹회의 설문조사, 결정적 이슈분석 등이다.

⑤ 5단계 : 요구분석의 계획수립

요구분석 상황파악과 분석목적 및 방법이 결정되었을 경우 실행에 앞서 실시계획을 세울 필요가 있다. 요구분석계획을 수립 할 경우에는 다음과 같은 사항들이 고려되어야 한다. 즉, 문제상황, 요구분석의 목적, 요구분석의 절차, 요구분석팀 소개와 역할분담, 요구분석 실행일정 등이다.

⑥ 6단계 : 요구분석의 실행

요구분석계획서에 의해 수립된 단계와 일정에 따라 자료수집 등을 실시하게 된다. 이 때 얻게 되는 자료는 면담, 관찰, 그룹회의 등을 통해 얻게 되는 질적인 자료와 설문조사를 통해 얻게 되는 양적인 자료가 있을 수 있다.

⑦ 7단계 : 결과분석 및 정리

일련의 절차가 끝나면 자료를 분석하고, 최적화, 실제화, 느낌, 원인, 해결방안에 대해 정리를 한다. 해결방안과 우선순위를 제시함으로서 의사결정에 도움이 될 지침을 제공한다. 결과보고서는 명시화하여 보고하는 것이 좋다.

요구분석의 실행

요구분석을 기업교육과 좀더 접근시킬 경우, 과업수행상 불일치의 본질이 무엇인가를 기술하고 그 원인을 규명하며 해결방안을 제시하기 위해 가장 먼저 고려해야 할 절차라고 할 수 있다. 요구분석은 인적자원개발 실행에 앞서 선행되어야 하며, 인적자원개발활동의 필요성 여부를 결정하고 필요한 경우 그 활동의 정당성의 근거일 뿐만 아니라 시금석과 같은 역할을 하게 된다.

무어 등(Moore & Dutton)은 교육훈련 요구분석에는 조직(organization)분석, 직무 또는 과업(job on task)분석, 개인(individual)분석의 세 가지 분석이 수행되어야 한다고 제안하였고, 효과적인 인적자원개발 성과를 확인하기 위해 3단계의 분석, 즉 조직분석, 직무분석, 개인분석으로 수행된다고 하였다.[15]

조직분석은 훈련이 요구되는 장소와 훈련이 생성되는 상황을 제안하는 것이고, 직무분석은 과업을 성공적으로 수행하기 위해 필요한 것을 설명하며, 개인분석(학습자특성)은 누가 훈련을 요구하는지, 어떤 종류의 훈련을 요구하는지를 보여준다.

다음에서 각각의 분석에 대해 보다 상세히 살펴보기로 한다.

표 4-2 · 기업의 요구분석 단계

직 능	특 성
조 직	훈련요구 장소와 상황이 어떠해야 훈련이 실시될 수 있는가?
직 무	효과적으로 직무를 수행하기 위해서는 어떠한 일을 해야 하는가?
개 인	누가 훈련을 받는가 어떤 종류의 훈련을 요구하는가?

자료: R. L. DeSimone et al., 앞의 책, p. 131.

HRD의 요구분석 Chapter 04

115

1. 전략적 조직분석

(1) 전략적 조직분석의 개념

전략적·조직적 수준에서의 요구분석은 조직분석을 통해 수행된다. 조직분석은 훈련과 인적자원개발 성과가 일어나는 장소와 훈련이 실시되는 상황을 결정할 수 있는 조직의 특성을 더욱더 잘 이해하기 위해 이용되는 과정이다. 다음 사례를 통해 이해를 도와보자.

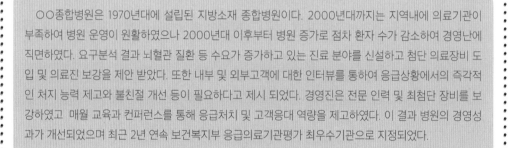

OO병원의 전략적 조직분석사례

OO종합병원은 1970년대에 설립된 지방소재 종합병원이다. 2000년대까지는 지역내에 의료기관이 부족하여 병원 운영이 원활하였으나 2000년대 이후부터 병원 증가로 점차 환자 수가 감소하여 경영난에 직면하였다. 요구분석 결과 뇌혈관 질환 등 수요가 증가하고 있는 진료 분야를 신설하고 첨단 의료장비 도입 및 의료진 보강을 제안 받았다. 또한 내부 및 외부고객에 대한 인터뷰를 통하여 응급상황에서의 즉각적인 처지 능력 제고와 불친절 개선 등이 필요하다고 제시 되었다. 경영진은 전문 인력 및 최첨단 장비를 보강하였고 매월 교육과 컨퍼런스를 통해 응급처치 및 고객응대 역량을 제고하였다. 이 결과 병원의 경영성과가 개선되었으며 최근 2년 연속 보건복지부 응급의료기관평가 최우수기관으로 지정되었다.

전략적 조직수준에서의 요구분석은 '전체시스템'의 관점(목표, 보상시스템, 계획시스템, 위임과 조정시스템, 커뮤니케이션시스템 등)에서 조직의 업무를 수행할 것을 강조한다. 또한 조직분석에서는 조직의 목표, 조직의 자원, 조직의 풍토, 환경적 제약 등을 확인해야 한다.

각 요소들은 인적자원개발 프로그램을 계획하고 개발하는 중요한 정보를 제공하게 된다.

① 조직의 목표

조직의 목표와 전략을 이해하는 것은 조직의 효과성을 확인하는 관점에서 시작한다. 조직은 훈련성과를 요구하는 것이 아니라 잠재적 문제가 확인되고 개선되는 기회가 되기를 원한다. 즉, 교육훈련 초점을 어디에 두는 것인지에 관한 것이다. 효율적인 분야는 다른 분야에서 수행되는 방법의 모델로 이용될 수 있다. 목표가 충족되지 않는 분야는 또 다른 적절한 인적자원개발 목표나 성과에 목표를 맞추어 조사되어야 한다.

② 조직의 자원

조직의 자원을 인식하는 것은 인적자원개발 요구설계에 특별히 유용하다. 예산규모가 인적자원개발 성과결정에 중요하며 또 강사, 교육 도구, 전문가 등 지식자원은 인적자원개발 수행방식에 영향을 끼친다. 자원의 유용성은 인적자원개발 프로그램의 설계와 수행 시 큰 영향을 미칠 수 있다. 예를 들면, 회사 안에 교실이나 회의실이 없다면, 인적자원개발 프로그램의 계획과 실시 비용이 많이 들며 어렵게 수행될 것이다. 이러한 경우에는 업무시간 이후에 직무현장을 떠난 장소, 회의장이나 호텔, 회사식당 등에서의 훈련프로그램 계획이 필요하다.

③ 조직의 풍토

조직의 풍토는 인적자원개발 성공에 있어 중요한 요인이다. 만약 조직의 풍토가 인적자원개발에 도움이 되지 않는다면, 프로그램 설계와 수행은 어려울 것이다. 예를 들면, 경영자와 종업원이 서로를 신뢰하지 않는 풍토라면 종업원은 훈련프로그램에 전적으로 자유롭게 참가하지 않을 것이다. 또 조직축소나 재조직화 과정에서 상사와 중간관리자 사이에 문제가 있다면, 중간관리자는 저항하거나 훈련성과에 전적으로 협조하지 않게 되어 훈련의 효과성이 감소할 것이다. 주요 분석항목은 종업원 불만, 이직, 결근, 제안, 생산성, 사고율, 병가, 고객반응 등이 된다.

④ 환경적 제약

환경적 제약은 조직의 법적, 사회적, 정치적, 경제적 문제들과 관련되며 인적자원개발 프로그램의 요구는 이러한 제약들에 의해 영향을 받는다. HRD와 관계되는 법률적 지식은 인적자원개발 성과에 도움을 주고 또 문제를 일으킬 요인들을 만들지 않게 된다. 예를 들면, 동등한 고용기회 보장문제는 특정 직무에 들어가기에 앞서 사전습득이 필요한 훈련 프로그램에 직원들을 어떻게 배치할 것인가를 결정할 때 고려된다. 또 만약 조직이 비용절감을 위해 직원을 줄일 경우 교육 훈련은 남아있는 종업원들이 해고된 근로자들의 업무도 수행할 수 있는 지를 확인하는데 필요할 것이다.

표 4-3 · 기업의 인재상 사례

기업명	개인역량	Global Capability	조직역량	태도 및 가치관	기 타
삼성	전문지식, 끊임없는 학습, 폭넓은 교양	국제감각, 능력	협력, 에티켓	유연한 사고, 창의력, 도덕성, 자기표현 능력 등	시장경제에 긍정적인 시각
LG	기본에 충실	넓은 시야, 외국어 실력	협조, 양보	창의력, 개성, 올바른 가치관 등	-
SK	경영지식, 기획력, 과학적 지식	국제감각	사교성	적극성, 진취성, 도전정신 등	가정 중시 및 건강관리
현대자동차	학습하는 전문인	국제감각	더불어 사는 사회 구성원	창의력, 인간미, 유연한 사고 등	정직, 근면

자료: 이병욱, 기업이 원하는 인재상 세미나 자료, 전국경제인연합회, 2008.

(2) 전략적 조직분석의 이점

앞에서 살펴본 대로 전략적 조직분석은 인적자원개발이 요구되는 장소와 인적자원개발 성과에 영향을 미치는 조직과 환경조건을 파악한다. 그러한 분석결과는 프로그램들이 조직의 전략과 사명을 연계하는 것은 훈련의 성공에 결정적일 수 있다. 인적자원개발 활동과 조직의 전략적 계획 사이의 긴밀한 협조는 관리자와 종업원들이 인적자원개발 프로그램의 중요성을 이해하고 인적자원개발 성과를 위한 지원을 가능하게 하며 훈련 동기를 증가시킨다.[16]

예를 들면 보험회사가 신사업 전략으로 고객에게 연금관리서비스를 새로이 제공한다면 그 계획을 성공적으로 수행하기 위해 새로운 서비스 분야의 훈련을 요구하게 될 것이다.

이러한 연계방법의 하나는 조직 분석을 전략적 계획과정에 연결시키는 것이다. 왜냐하면, 양쪽 모두 진행과정에서 특별히 같은 정보를 획득할 수 있기 때문이다. 전략적 계획은 조직분석의 정보원천으로서 가치가 있다. 반면에 인적자원개발 성과는 전략적 계획을 수행하는 주요 요소가 될 수 있다.

(3) 전략적 조직분석방법

전략적 조직분석방법은 매우 중요하다. 요구분석에 필요한 문헌 및 자료를 사전에 검토하는 것은 훈련과 인적자원개발 요구를 결정할 수 있는 유용한 자료로서 다음과 같은 것 들이 있다.[17] 즉, 인력(manpower)목록, 기술목록, 조직풍토 측정, 유효성 지표 등이다.

골드스타인(Goldstein, 1993)은 조직분석 시 사용할 수 있는 고려항목을 다음과 같이 제시하고 있다.[18]

① 훈련목적이나 내용에 포함한 상세화 되지 않은 조직목표가 있는가?
② 훈련목적에 반영할 다양한 단계가 있는가?
③ 다양한 단계가 개발 프로그램과 관계가 있는가? 바람직한 훈련의 최종결과 평가를 시도하는가?
④ 조직의 핵심인력들이 훈련을 받아들일 준비가 되어 있는가 또는 적절한 행동으로 반응하는가?
⑤ 이미 훈련받은 직원들이 실무에서 적절한 보상을 받는가?
⑥ 조직의 어려운 문제를 극복하는 방법에 유용한 훈련이나 실제로 해결해야 할 갈등 요소가 있는가?
⑦ 최고경영층은 훈련받은 종업원들의 업무 이동성을 기꺼이 받아들이는가?

조직분석은 효과적인 인적자원개발 성과에 있어 결정적 요소가 될 수 있는 반면에, 원만한 조직분석을 가능케 하는 자원과 시간 제약은 이 일을 어렵게 한다. 최소한 인적자원개발 담당 경영층과 전문가들은 조직에 의해 수집된 정보를 이용하여 조직의 환경, 목표, 효과성을 계속적으로 확인해야 한다.

❷ 직무분석

(1) 직무분석의 개념

직무기술서와 직무명세서를 활용해 수행업무에 대한 요구분석을 할 수 있다. 또한 작업단위의 직무성과를 관찰하고 그 결과에 대한 효과성과 효율성 분석으로부터 인적자원개발의 필요성을 결정할 수도 있다.

직무분석(job analysis)은 직무의 내용과 직무를 효율적으로 수행하기 위해 필요한 요건을 분석하게 된다. 현재의 직무수준과 미래에 요구되는 직무수준을 명확히 파악해야 하며, 이는 선발, 성과평가, 보상, 경력관리에 활용될 수 있다. 모든 직무는 여러 가지 과업으로 구성되어 있는데, 이러한 다양한 과정을 완수하기 위한 지식, 기능, 능력을 결정하는 과정이 필요하다.

직무분석이란 근로자들이 작업현장에서 실제로 어떤 일을 하고 있으며 어떤 일을 수행해야만 하는가를 규명하는 작업이다. 다시 말해서, 직무분석이란 직무를 구성하고 있는 일의 구성과 그 직무를 수행하기 위해 타 직무와는 다르게 요구되는 경험, 지식, 기능, 능력, 책임 등을 명확하게 밝혀 기술하는 방법이다. 따라서 직무분석은 직무수행에 필요한 기능, 지식, 조건, 그리고 규범 등을 구체적으로 기술할 수 있어야 비로소 그 의미를 갖는다.[19]

어떤 직무든지 직무수행상 필요한 과제의 우선순위와 주과제 및 종속과제로 구성되어 있다. 따라서 직무분석을 효과적으로 수행하기 위해서는 해당 직무에 관한 정확한 자료수집, 자료분석, 검증, 기록이 필요하다. 자료수집을 위해서는 문서수집, 면담, 관찰, 기록 등 다양한 방법을 동원해야 한다.

여기에서의 직무분석(또는 과업분석)은 종업원들이 최적의 과업수행을 위해 배우기를 원하는 전문적인 직무나 직무군에 관한 체계적인 자료의 집합이다. 직무분석의 결과는 일반적으로 적절한 직무수행표준(standards of performance)을 포함하며, 과업이 이러한 직무수행표준을 충족시키기 위해 수행되어야 하는 방법과, 종업원들이 이러한 직무수행표준을 충족하기 위해서 요구되는 지식(knowledge), 능력(abilities), 기술(skills)과 기타 특성(other characteristics) (KASOs)들이 포함된다.[20]

직무분석이 수행되는 방법은 다음의 다섯 가지 과정이 일반적이다.[21]

① 전체적인 직무기술서를 개발한다.

② 과업을 확인한다.

   - 각 과업에서 해야 될 일을 기술한다.

   - 각 과업에서 실제로 수행되는 일을 기술한다.

③ 직무실행에 요구되는 KASOs를 기술한다.

④ 훈련으로 얻을 것(benefit)이 가능한 분야를 확인한다.

⑤ 훈련효과가 가능한 것(benefit)의 우선순위를 결정한다.

표 4-4 · 훈련을 위한 직무분석 접근법

구 분	단 계
Wexely & Latham(1991)	• 직무기술서(job description) • 과업확인(task identification) • 과정목표(course o bjectives)
Cambell(1988)	• 효과적인 직무수행 요소의 확인 • 훈련에 의해 개선되어야 할 요소의 확인 • 종업원이 해야 할 것의 확인 • 종업원이 실제로 수행하는 것의 확인
McGehee & Thayer(1961)	• 직무수행표준확인(identify standards of performance) • 각 과업에서 수행되어야 할 방법의 확인 • 각 과업을 수행하기 위한 지식, 기술, 태도의 확인
Goldstein, Macey & Prien(1981)	• 직무의 검토 • 직무 전문가를 인터뷰하고 과업수행에서 요구되는 과업내용과 KASOs 결정 • 과업비율과 KASOs결정
Goldstein(1993)	• 훈련되어야 하고 강조할 과업 결정 • 과업기술서 • 과업내역서(task statement) 개발 • 상대적 과업수준 개발 • KASOs 내역서 개발 • KASOs와 과업과의 연계

자료: R. L. DeSimone, et al., 앞의 책, p. 139.

HRD의 요구분석 Chapter 04

(2) 직무분석 과정

직무분석의 과정을 살펴보면 다음과 같다.

① 1단계 : 전체적 직무기술서 개발

첫 번째 과정은 직무 또는 분석된 직무들에 대한 전체 직무기술서를 개발하는 것이다. 직무기술서는 직무내용과 이러한 활동이 수행되는 상황에 관한 주요활동을 기술한다. 대다수 조직들은 직무를 정확히 반영하기 위해 직무기술서를 정기적으로 업데이트 시킨다. 따라서 인적자원개발전문가들은 이것을 얻어 검토해야 한다.

직무분석은 주요 요소를 확인하기 위한 체계적인 연구이고, 직무분석 과정은 일반적으로 수행되는 직무를 관찰하며, 현재 직무에 관해 질문하고, 감독자들에게 직무·작업·업무 환경·KASOs 등에 관해 질문하며, 직무의 성과에 관해 검토하고, 직무에 관련된 문헌을 검토한다. 대체로 직무 자체에 관한 내용은 직무기술서에 기술되는 반면, KASOs 등 직무수행자의 인적요건은 직무명세서에 기술된다.

현재의 직무기술서는 유용하며, 수행되는 직무를 관찰하는데 가치가 있는 것이다. 인적자원개발전문가에게 여기에서 주어지는 임무는 과업과 종업원이 직면한 상황을 명확히 파악하는 것이다.

② 2단계 : 주요 과업 확인

과업확인(task identification)은 직무가 수행되는 행동에 초점을 맞추며 직무에 관한 아래의 정보가 확인된 후 기술된다.

- 주요 과업(the major tasks within the job)
- 과업이 수행되는 방법(예, 직무수행표준)
- 직무수행의 다양성(매일 매일 실제로 과업이 수행되는 방법)

직무수행표준과 직무수행의 다양성은 효과적인 요구분석에 결정적인 역할을 한다. 직무수행표준은 수행되어야 할 것(what should be done)을 기술하지만, 직무수행의 다양성에 관한 정보는 실행되고 있는 것을 보여준다. 이것은 인적자원개발전문가들이 수정이 필요한 불일치 사항들을 확인하고 훈련생들이 훈련의 결과로 얻을 수 있어야 하는 것을 알게 한다. 이러한 것들은 훈련목표의 개발에 매우 중요하다. [표 4-5]는 인적자원개발 담당 직원에 대한 직무분석의 사례이다.

표 4-5 · 인적자원개발전문가 직무의 직무분석방법 적용

직무명 : 인적자원개발전문가		임 무
과 업	하위과업(sub tasks)	요구되는 지식과 기술
1. 과업 리스트	• 행동 관찰 • 동사 선택 • 행동 기록	• 행동 특성리스트를 분류한다. • 행동을 동사로 나타내는 문법적 기술 • 다른 기록에 의해 확인되는 것을 기술
2. 하위과업 리스트	• 행동 관찰 • 동사 선택 • 행동 기록	• 기타의 모든 활동 기록과 행동을 분류 • 문법적 기술을 올바르게 언급 • 다른 사람이 깔끔하게 이해할 수 있게 한다.
3. 지식 리스트	• 알아야 하는 것을 언급 • 기술의 복잡함을 결정	• 모든 정보를 분류한다. • 능력이 일련의 활동으로 나타나면 후속적으로 배워야 할 것을 결정한다.

자료: R. L. DeSimone et al., 앞의 책, p. 141.

다음은 직무를 구성하고 있는 주요 과업을 확인하고 기술하기 위한 다섯 가지 방법이다.

① 자극 · 반응 피드백법(stimulus - response feedback)
② 소요시간 표본법(time sampling)
③ 주요사건기술법(critical incident technique)
④ 직무목록 질문법(job inventory)
⑤ 직무 - 책무 - 과업 확인법(job - duty - task)

자극 · 반응 피드백 방법은 각 과업에서 3가지 요소로 나누어진다. 첫 번째 요소는 종업원들이 결정적 행동을 실행하는 시기를 알고 있다는 반응이나 혹은 근거이고, 두 번째 요소는 종업원들이 실행하기 위한 반응이나 행동이며, 세 번째 요소는 종업원들이 그러한 행동을 얼마나 잘 하는지를 인지하는 것에 대한 피드백이다.

과업의 자극과 반응에 초점을 맞춘 과업분석을 위해 비슷한 접근법을 개발할 수 있다.

예를 들어, 교사가 학생들의 진로지도에 이러한 접근법을 적용한다면, 자극 요소는 '학생들이 학습목표에 반응할 것을 요구하는 것'이고 그에 대한 반응은 '학생들에게 진로목록을 제공할 수 있는 것'이다. 이러한 행동목록을 확인하는 방법은 각 직무와 과업을 연계시켜 구성하며, 이러한 것은 감독자들에 의해 이루어지고, 현재의 직무나 훈련분석가들이 직접적으로 관찰할 수 있는 상대적으로 단순한 직무에 적합하다.

소요시간 표본법에 의해 과업 확인이 가능하다. 훈련관찰자가 종업원들의 행동 특성과 빈번성을 관찰하여 기록한다. 임의의 기간동안 관찰하며 직무가 이해될 수 있어야 하고 또 기록되어야 한다.

프라간(Flanagan, 1954)에 의해 개발된 주요사건기술법(the critical incident technique : CIT)은 직무수행에서 특별히 효과적이거나 비효과적인 행동의 직무를 개인이나 그룹별로 기록한다. 관찰자는 각자의 행동이나 사건 환경을 기술하고 특별한 행동과 연계한다. 그리고 그러한 행동이 효과적인지 아닌지의 이유를 제시한다. CIT결과는 잘되거나 잘못된 직무의 실행을 이해하는 것이다.[22]

직무목록 질문법은 과업을 확인하는 것과 유사하게 사람들에게 질문을 함으로써 개발된다. 이 목록은 감독자들에게 주어지고 각 과업의 중요성과 직무수행에 소요되는 시간을 평가하기 위해 현재의 과업목록이 주어진다. 이 방법은 많은 사람들을 대상으로 목록 산정에 이용될 수 있고 통계적으로 분석될 수 있어 많은 정보를 얻을 수 있다.

'직무 - 책무 - 과업확인' 방법은 직무를 하위 단계로 나누며(요구되는 과업과 하위 과업), 직무 타이틀을 확인하는 목록을 제공한다. 그런 후 각 하위 과업 실행에서 요구되는 지식, 능력, 기술, 기타 특성(KASOs)이 파악된다.

직무전문가(재직자 또는 감독자)들이 사용하는 다섯 가지 과업확인 방법은 직무정보를 평가하고 제시해 줄 수 있는 훈련전문가들을 포함시키는 것이 좋으며, 직무에 관한 완벽한 관점을 얻기 위해 한 가지 방법 외에 다른 방법을 병용하는 것이 바람직하다.

과업내역서(task statements)는 직무수행의 중요성을 평가하는 데 결정적이며, 과업이 수행되는 빈번성, 과업이 능숙해지기까지 얼마나 어려운지 등과 같은 정보가 강화된다.

③ 3단계 : 직무실행에서 요구되는 KASOs를 확인하는 것

성공적인 과업수행은 종업원들이 과업실행에 필요한 KASOs를 체득할 것을 요구한다. 인적자원개발전문가들은 [표 4-6]에 나타난 대로 종업원들이 훈련프로그램을 통해서 개발되고 습득되어야 할 직무능력인 KASOs를 세분화해야 한다.

표 4-6 · KASOs 정의

지 식	• 학습과 직무 정보체계의 이해와, 직무수행을 성공적으로 하기 위한 과정 특성을 이해
능 력	• 작업수행 과정에서 보다 일반적이고 지속적인 특성, 개인이 지니고 있어야 할 자질 (직무를 수행하는 육체적·정신적 능력)
기 술	• 개인차원의 숙련 또는 특수한 작업수행 역량, 역량수준은 다양한 항목으로 표현
기타 특성	• 개성, 관심, 태도 등

자료: R. D. Gatewood and H. S. Field(2001), Human Resource Selection(5th ed.), Fort Worth, TX: Harcourt College Publishers.

앞에서 언급한대로 직무분석을 통해 직무명세서 분야(인적요건)에 관한 정보를 얻을 수 있다. 이러한 정보가 유용하지 않거나 현재 생성되지 않았다면, 인적자원개발전문가들은 감독자, 직무수행자를 통해서 또는 관련 문헌을 검토하여 다른 전문가들에게 질문을 한 후 이러한 요인들을 결정한다. KASOs 내역서는 명확히 기록해야 하며 직무수행의 중요성, 학습의 어려움, 직무 습득의 기회를 평가해야 한다.[23]

KASOs 정보는 HRD 프로그램의 초점을 결정하는데 가치가 있다는 것이 확인된다. 구두 및 문서상으로 전달하는 커뮤니케이션 기술이나 기본적 지식같은 KASOs는 대다수의 직무 분야에서 효과적인 과업실행에 필요하다.

④ 4단계 : 훈련과 인적자원개발로부터 얻을 수 있는 분야를 확인하는 것

이 단계에서는 인적자원개발 프로그램에서 필요한 과업과 능력을 결정하는 것에 초점을 맞춘다. 과업평가와 KASOs 평가는 같이 확인해야 한다. 작업량은 소요되는 시간, 역량습득의 용이성과 관련하여 검토된다. 만일, 직무성과의 중요성에도 불구하고 훈련요구조건이 낮게 평가된다면 훈련에 투여한 시간이나 노력이 가치를 잃게 된다.

⑤ 5단계 : 훈련효과가 가능한 우선순위 결정

작업요소와 KASOs는 훈련에 이익을 가져오는 것을 명확히 제시해야 한다. 훈련효과가 가능한 작업과 KASOs는 최우선적으로 명시해 주어야 한다.

❸ 개인분석(학습자분석)

(1) 개인분석의 개념

개인분석은 종업원 개개인의 요구를 분석하는 것을 말한다. 현재의 성과기준 또는 기대되는 성과기준을 충족하지 못한 종업원을 구분해내거나 그 원인을 파악하여 교육훈련이 필요한 지를 파악하기 위하여 실시된다. 또한 신입사원의 경우에는 직무능력 향상 요인을 파악하는 데에도 활용된다. 개인 분석이 필요한 시점은 고객의 불만이 접수되거나, 낮은 성과평가, 업무 중 사고, 위험한 행동 등 성과평가가 낮아지거나 직무가 변화, 신기술 도입 등의 직무 환경이 변화할 때이다. 개인분석 방법으로는 개인의 업무수행시 발생하는 목표수준과의 불일치를 종합적으로 분석하는 수행평가 모형과 개인특성, 투입 요소, 산출 요소, 보상 요소, 피드백 요소 등의 분석을 통해서 훈련 가능여부와 훈련 준비성을 평가하는 노에(Noe)의 모형이 있다.

(2) 수행평가 모형

수행평가는 종업원의 수행능력을 평가한 후 종업원의 행동 및 특성을 다른 종업원들과의 비교를 통해서 불일치 원인과 근원을 규명하는 것이다. 수행평가는 개인분석 자료를 수집하는 도구(tool)로서 가치가 있다. 그러나 개인에 대한 수행평가만으로 모든 문제점을 파악할 수 없다. 조직분석, 직무분석 등 불일치 원인은 다양한 측면에서 접근하여 파악되어야 한다. 실제로 수행평가 요구분석은 경영자들이 '정보의 다른 관점과 다양성에 접근하기 위해 복잡한 결정단계를 만들기'를 요구한다. 개인분석과정에서 수행평가 모형은 다음의 단계로 이루어진다(그림 4-5).

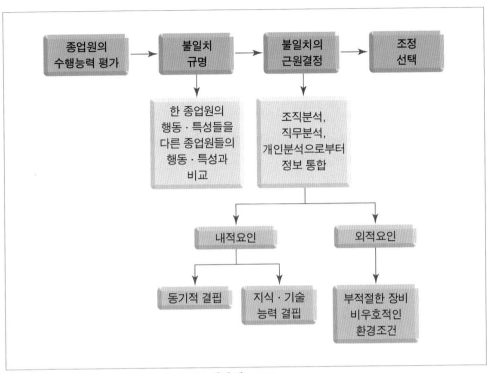

자료: G. R. Herbert and D. Doverspike(1990), 앞의 책, p. 254.

그림 4-5 · 개인분석과정에서의 수행평가모형

① 수행능력 또는 접근형태를 정확하게 평가한다.

② 종업원의 행동·특성 및 효과적인 직무수행에서 요구되는 행동·특성들 간의 불일치를 규명한다.

③ 불일치의 원천을 확인한다.

④ 불일치를 해결하는데 있어 적절한 조정방법을 선택한다.

이 과정에서 두 가지 사항을 고려할 필요가 있다. 첫 번째는 수행평가 정보는 반드시 완전하거나 정확하게 추정할 수 없다. 많은 수행평가는 평가과정에서 부실한 평가과정이나 실수에 의해 영향을 받는다. 이를 피드백하기 위한 조직의 평가과정과 실행에 대한 심사는 평가의 질을 평가하는데 도움을 준다.[24] 두 번째는 불일치의 원인이 내적인지 외적인지 내적요인일 경우 동기적 결핍 인지 기술의 불일치 등인지 파악할 필요가 있다. 종업원의 행동은 종업원의 동기나 태도, 환경(자원의 부족, 최신 장비, 방해적인 과정규칙)이 원인이 된다.

그러므로, 불일치 원천의 확인은 조직분석, 직무분석, 개인적 능력과 종업원을 대상으로 실시한 직무능력 테스트 정보를 통합하여 이루어진다.[25]

(3) 노에(Noe)의 모형

수행평가 모델을 통한 개인분석은 수행의 불일치 원인이 조직 및 직무에서 비롯된 것인지, 개인에서 비롯된 것인지를 밝혀준다. 그러나 세부적인 원인을 분석하는 것에는 다소 부족한 점이 있으며 아울러 개인의 부족한 점을 보완하기 위하여 훈련을 실시할 경우에 이에 대한 개인의 준비성을 밝히는 데에는 다소 미흡하다. 이를 보완하기 위하여 노에(Noe, 2010)는 개인분석을 보다 체계적으로 실시하기 위하여 개인의 수행에 영향을 미치는 개인특성, 투입, 산출, 보상, 피드백 등의 5개 요소별 분석방법을 제시하였다. 이를 통해서 수행에서의 문제점이 훈련을 통해서 보완하는 것이 가능한지와 학습자가 훈련의 참여에 얼마나 준비되어 있는가를 밝힌다.[26]

먼저 개인특성 요소는 지식, 기술, 능력과 태도, 자기효능감이 직무수행에 필요한 기준을 충족하고 있는가를 평가한다. 지식, 기술 등 개인특성이 부족할 경우 직무성과가 낮거나 훈련성과가 낮다. 훈련실시에 있어 자기효능감은 종업원에게 훈련의 목적이 개인의 부족한 점을 보완하기 보다는 성과를 높이기 위해서 이루어진다고 알려주거나 실제 교육훈련이 이루어지기 전에 충분한 정보를 제공할 때에 높아진다.

투입 요소는 종업원이 수행하는 직무가 무엇인지, 언제, 어떻게 수행하는가?, 제약요인이 무엇인지, 수행할 기회가 있는지를 분석한다. 종업원이 훈련을 통해 충분한 역량을 가지고 있으면서도 이를 충분히 활용하지 못한다면 이는 투입요소의 문제이다. 산출 요소는 예상되는 학습과 성과에 대한 기대가 있는가를 분석한다. 성과에 대한 기대가 낮다면 훈련에 대한 동기가 낮아 진다. 결과 요소는 성과에 따른 평가기준, 성과급, 수당 등 보상의 적정여부를 진단한다. 평가기준과 보상체계가 낮다면 개인의 성과가 낮게 되고 훈련의 결과도 만족스럽지 않게 된다. 성과 피드백 요소는 피드백의 주기, 세부내용, 구체성의 적정성을 분석한다. 피드백이 적절하게 이루어지 못하면 업무실적과 학습성과가 낮게 나타난다.

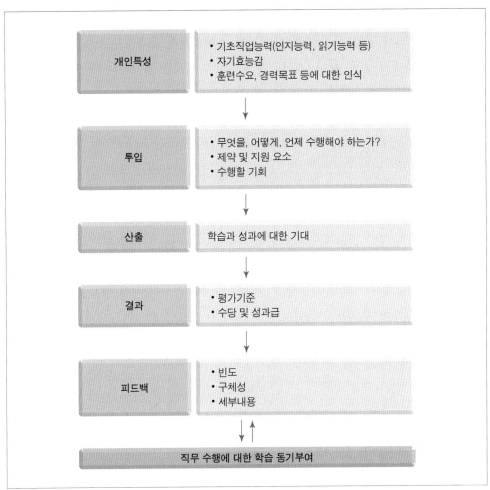

자료: R. A. Noe(2010), Employee Training & Development, p. 114.

    그림 4-6 • 개인의 수행과 학습에 영향을 미치는 요소분석 절차

(4) 평가방법

　수행평가와 요소분석 모델 모두 개인에 대한 평가를 위한 데이터의 수집이 필요하다. 평가를 위한 데이터를 확보하기 위한 방법으로는 수행평가, 인지력 평가, 행동 평가, 태도 평가와 평가센터를 활용하는 방법이 있다. 평가센터는 표준화된 기준을 토대로 하며, 다양한 방법을 활용한다. 또한 여러 명의 참가자를 함께 평가하며, 직무와 관련된 시뮬레이션, 인터뷰 등을 활용한다.

　종업원의 수행평가는 감독자와 종업원이 함께 평가의 준거 틀을 조사하는 것이 좋으

나 그렇게 하지 못하고 상의하달식(top-down)의 직무수행 평가를 할 경우 시스템에 강한 불만족을 표시하게 된다. 오히려 동료, 부하와 소비자들이 효과적으로 관찰하는 위치에 있다. 수행평가에서 동료, 부하, 소비자를 참여시키는 것은 종업원의 다른 관점을 관찰할 수 있다. 예를 들면, 동료는 종업원들과 매일 접촉을 하기 때문에 감독자보다 종업원의 동료의식과 팀워크를 더욱 잘 평가할 수 있기 때문이다.[27]

개인 평가의 관점이 종종 관리목적을 위해 실시되기도 한다. 최근 한 조사에 따르면 평가가 관리목적(administrative purpose)보다 개발목적(development purpose)으로 이루어질 때 종업원들은 동료에게 긍정적이며 수준 높은 평가를 한다. 예를 들면, 임금 지불이나 해고(layoff) 결정에 이용되는 동료평가는 마지못해 하지만 평가가 개발목적에 사용될 때에는 기꺼이 임하게 된다.[28] 전반적으로, 다면적 직무수행 평가는 요구수행 평가의 잠재적 역할을 할 수 있으며, 개인의 직무성과를 높이는 도구로 이용된다. 인적자원개발전문가는 개인분석의 요소로서 다면적 수행평가 정보를 사용하지만, 앞에서 언급한 수행평가 자료에 대한 관심들에 주의를 기울여야 한다. 수집된 정보를 확인하는 것이 중요하며, 얻어진 정보의 질이 인적자원개발 요구들을 정확히 규정하는데 충분하다고 확신되는 다면적 직무수행 자료의 특성을 중요하게 여겨야 한다.

4 요구분석의 우선순위 결정

요구분석이 다방면에서 필요성(multiple needs)을 가지므로, 경영자와 인적자원개발전문가는 이러한 요청에서 우선순위를 결정해야 한다. 조직의 기능상 한정된 자원을 인적자원개발 성과에 유용하게 이용할 수 있어야 하기 때문에, 이러한 결정은 인적자원개발 프로그램을 운영할 강사 및 장비, 기자재, 숙련된 직원, 비용 등과 같은 자원에 바탕을 두고 검토하여야 한다. 이 과정에서 중요한 질문은 HRD에 투자를 하는 것이 잠재적으로 얻을 수 있는 것이 무엇인가를 염두에 두어야 한다.

인적자원개발 요구 과업의 우선순위를 결정하는 과정은 종업원들이 조직과 철저하게 연관성을 맺게 될 때 최상으로 이루어진다. 인적자원개발부서는 향후 프로그램의 요구를 평가하고 정기 및 수시로 확보된 아이디어와 정보를 기존의 프로그램을 검토하고 개선하는데 이용해야 한다.[29]

1) A. Rossett(1987), Training needs assessment. Educational Technology.

2) R. D. Archambault(1957), The concept of need and its relation to certain aspects of educational theory. Harvard Educational Review, 27(1), pp. 38-62.

3) B. P. Komisar(1961), 'Need'and the Needs-Curriculum. Language and concepts in education, pp. 24-42.

4) H. M. Atwood and Ellis, Joe(1971), The Concept of Need:An Analysis for Adult Education" in Adult Leadership, Jan. 1971,

5) M. S. Knowles(1980), THE MODERN PRACTICE OF ADULT EDUCATION. REV. ED. Chicago:Association Press/ Follett.

6) 유장수(2000), "국내기업의 교육훈련 투자실태와 과제", 한국직업능력개발원 정책포럼, p. 33.

7) 최정임(2002), 「인적자원개발을 위한 요구분석 실천가이드」, 학지사, pp. 18-20.

8) A. Rossett(1987), Training needs assessment. Educational Technology.

9) D. Michalak & E. Yager(1979), Making the training process work. New York: Harper and Row.

10) 최정임(2002), 앞의 책, pp. 42-45.

11) F. L. Ulschak(1983), Human resource development: The theory and practice of need assessment. Reston Pub. Co..

12) A. Rossett(1991), Job aids in a performance technology world. Performance+ Instruction, 30(5), pp. 1-6.

13) B. R. Witkin & J. W. Altschuld(1995), Conducting and Planning Needs Assessments. A Practical Guide.

14) 최정임(2002), 앞의 책, pp. 47-54.

15) R. L. DeSimone et al., 위의 책, p. 131.

16) D. G. Robinson and J. C. Robinson(1998), Moving from Training to Performance, San Francisco: Berrett-Koehler.

17) R. L. DeSimone, et al., 위의 책, pp. 135-137.

18) I. L. Goldstein(1993), Training in organizations: Needs assessment, development, and evaluation . Thomson Brooks/Cole Publishing Co.

19) 한준상(1995), 「산업인력자원개발」, 양서원, p. 181.

20) M. L. Moore and P. Dutton(1978), "Training needs analysis: Review and critipue." Academy of Management Review, 3. p. 18.

21) J. P. Campbell(1998), Training design for performance improvement. In J. P. Campbell and R. J. Campbell(eds.), Productivity in organizations. San Francisco: Jossey-Bass;I.L.Goldstein(1993), Training organizations: Needs assessment, development, andevaluation(3rd ed.).

22) J. C. Flanagan(1954), "The critical incident method." Psychological Bulletin, 51, pp. 327-358.

23) I. L. Goldstein, W. H. Macey and E. P. Prien(1981), Needs assessment approaching training development. p. 25.

24) J. M. Werner(1994), "Dimensions that make a difference: Examining the impact of in-role and extrarole behaviors on supervisory ratings." Journal of Applied Psychology, 79, pp. 98-107.

25) G. R. Herbert and D. Doverspike(1990), Performance appraisal in the training needs analysis process: A review and critique. Public Personnel Management,19(3), p. 41.

26) R. A. Noe(2010), Employee Training & Development, McGrow-Hill Irwin. pp. 113~122.

27) J. M. Wener(2000), "Implications of OCB and contextual performance for human resource management." Human Resource Management Review, 10. pp. 3-24.

28) R. L. DeSimone, et al., 앞의 책, p. 152.

29) D. G. Robinson and J. C. Robinson(1998), 위의 자료.

기타 참고자료
 - 이병욱, 기업이 원하는 인재상 세미나 자료, 전국경제인연합회, 2008.

직무분석과 NCS(국가직무능력표준)

기업에서 새로운 교육과정을 기획하기 위해서는 이 과정에 필요한 교육내용이 무엇인가를 결정해야 한다. 이를 위해서 교육과정에 대한 요구분석(need analysis)이 선행되어야 한다. 요구분석은 교육내용이 활용될 조직, 직무, 개인에 대한 분석을 필요로 한다. 이 가운데 가장 중요한 것이 직무분석이다. 교육과정 개발을 위한 직무분석이란 한 직무를 대상으로 그 직무를 수행하는데 필요한 지식, 기술, 태도를 분석하고 그 내용에 관하여 무엇을 알아야 하는 것보다는 무엇을 할 수 있어야 하는가를 분석하는 것을 말한다. 직무의 개념을 위계적으로 설명하면, 직업군(occupational clusters), 직업(occupation), 직무(job), 책무(duty), 과업(task), 요소(element), 단계(step) 등으로 위계화 된다. 보통 하나의 직무를 분석해 보면 8~12개의 책무와 50~200개의 과업 그리고 수백개의 요소가 추출된다.(김진화, 2001)

국가적 차원에서 1022개 직무에 대하여 국가직무능력표준(National Comptency Standard)을 개발하여 교육훈련기관과 기업체에 제공하고 있다(한국산업인력공단, 2016). NCS가 개발되기 이전에는 산업현장에 대한 체계적인 직무분석이 이루어지지 않음에 따라 교육훈련기관에서는 산업현장의 직무보다는 학문적 이론 중심으로 교과과정이 편성되어 운영하는 경우가 많았다. 또한 기업에서는 직무분석을 실시할 수 있는 역량을 지닌 대기업 이외에는 교육훈련내용을 체계적으로 운영하기 어려워 교육내용을 외부 교육기관에서 제시하는 내용에 의존하여 운영하여 왔다.

국가직무능력표준 활용범위

기업체 Corporation	교육훈련기관 Education and training	자격시험기관 Qualification
▪현장 수요 기반의 인력채용 및 인사관리 기준 ▪근로자 경력개발 ▪직무기술서	▪직업교육 훈련과정 개발 ▪교수계획 및 매체, 교재 개발 ▪훈련기준 개발	▪자격종목의 신설·통합·폐지 ▪출제기준 개발 및 개정 ▪시험문항 및 평가방법

자료: www.ncs.go.kr

HRD의 요구분석 Chapter 04

133

이외에도 기업에서는 채용, 인사관리 및 경력관리에 활용하고 있다. 아울러 자격시험기관에서는 자격종목의 신설, 통합, 폐지와 출제기준 제시, 시험문항 개발 등에 이를 활용할 수 있다.

국가직무능력표준은 직무분석을 토대로 하고 있다. 직무분석의 결과로 제시되는 내용은 ① 직무내용과 수행활동 상황에 관한 주요 활동을 기술한 직무기술서, ② 주요 과업, 과업이 수행되는 방법, ③직무실행에서 요구되는 지식, 능력, 기술 및 기타 특성으로 구성되어 있다. 한편, 국가직무능력표준은 ① 능력단위요소의 수행준거 및 지식, 기술, 태도, ② 적용범위 및 작업상황, ③ 평가지침, ④ 직업기초능력으로 구성되어 있다.

이를 서로 비교해 보면, 가장 큰 차이는 직무분석에서는 현재 어떤 일을 하고 있는가를 중심으로 기술하는 반면, NCS에서는 수행준거로서 무엇을 해야만 하는가를 중심으로 기술되어 있다. 또한, 평가지침을 제시하여 직무능력 보유여부를 평가할 수 있도록 하였다.

국가직무능력표준의 구성

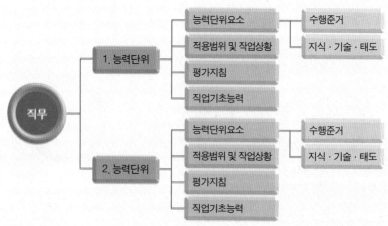

자료: www.ncs.go.kr

이는 직무분석은 산업현장의 직무를 현상 그대로 분석하여 기술하는 것에 목적이 있다면, NCS는 보다 더 나아가 이를 토대로 기업에서 채용, 인력육성, 경력관리 등에 활용하고 교육훈련기관과 자격시험기관에서는 교육과정 개발과 자격시험에 활용할 수 있는 것을 목적으로 하고 있기 때문이다.

✸ 직무분석과 국가직무능력표준의 비교

구 분	직무분석	국가직무능력표준
개 요	직무기술서	• 능력단위 정의 • 능력단위요소의 적용범위 및 작업상황
내 용	주요과업 및 과정이 수행되는 방법	능력단위요소 및 수행준거
직무역량	지식, 능력, 기술 및 기타 특성(KASOs)	• 능력단위요소의 지식, 기술, 태도 • 직업기초능력
평 가	-	평가지침

[참고자료]
- 김진화, 2001, 평생교육프로그램개발론, 교육과학사.
- www.ncs.go.kr

핵심용어

- 요구분석
- 울색의 교육훈련 요구분석 모형
- 위킨 등의 3단계 모형
- 전략적 조직분석
- 직무분석과정
- KASOs

- 교수체계 설계
- 로젯의 요구분석 모형
- 요구분석과정
- 직무분석
- 직무분석방법
- 개인분석

연구문제

❶ 요구분석의 개념과 HRD 프로세스와의 관계를 설명하라.

❷ 교육훈련 분야에서 가장 널리 사용되는 세 가지 모형의 장단점을 분석하고, 공통적인 요구분석 과정을 설명하라.

❸ 전략적 조직분석과 조직의 전략적 계획에 연계시키는 구체적인 방법을 제시해 보라.

❹ HRD 프로그램의 초점을 결정하는데 영향을 미치는 KASOS 정보에 대해 설명하라.

❺ 개인분석과정에서 수행평가단계를 통해 개인의 직무성과 제고방안에 대해 설명하라.

CHAPTER

05

HRD 프로그램의 설계

제1절 프로그램 설계의 필요성
제2절 프로그램의 설계과정

학습목표

1. 요구분석의 내용을 프로그램 설계에 반영할 수 있다.
2. 프로그램 목표 설정시 고려해야할 요건을 설명할 수 있다.
3. 교육훈련 프로그램을 설계할 수 있는 과정과 방법을 설명할 수 있다.

HRD전개의 두 번째 단계인 교육훈련 프로그램의 설계는 조직목적을 달성하는데 도움을 주고 동시에 교육훈련 참여자의 개인적 목적에도 만족스럽게 기여할 수 있게 설계되어야 한다.

교육훈련 프로그램의 설계는 요구분석 단계에서 도출된 정보를 토대로 '맞춤형'프로그램을 개발함으로써 실용성과 유효성을 증대해야 한다. 따라서 요구분석의 내용을 반영할 수 있는 교육훈련 프로그램 설계 과정과 방법을 체득할 수 있다.

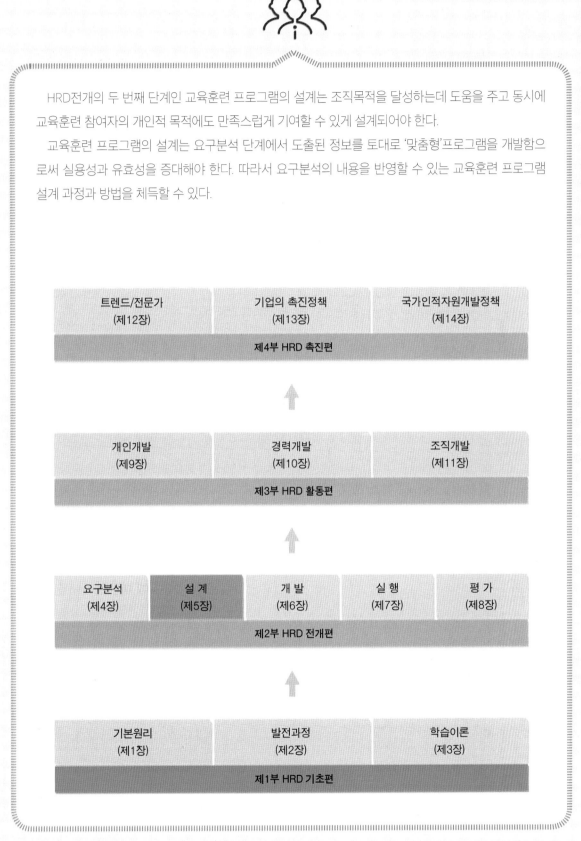

PARAGRAPH 01

프로그램 설계의 필요성

요구분석을 통하여 조직구성원들이 필요로 하는 요구 및 조건과 업무수행상에서 반영할 사항이 확인되면 프로그램 설계자들은 업무도 개선할 수 있고 구성원들의 요구조건들도 반영할 수 있는 프로그램 계획에 착수한다. 설계단계에서는 요구분석 단계에서 발견했던 정보에 토대를 둔다(아래 표 참조). 즉, 훈련을 받을 사람들의 특징, 프로그램의 요구사항, 지식, 기술, 조직 내 행동양식, 업무수행상의 문제점, 업무분석 내용 등을 반영한다.[1]

교육훈련 프로그램의 설계는 조직 구성원의 학습활동을 위해 조직에 의해 추진되는 절차라고 할 수 있다. 교육훈련 프로그램의 일차적인 목적은 전체적인 조직목표를 달성하는데 도움을 주고 동시에 교육훈련생의 개인적 목적에도 만족스럽게 기여할 수 있어야 한다. 즉, 효과적인 성과달성을 위해 요구되는 지식과 기능을 만족스러운 수준으로 끌어올리고 또, 계속적인 직무성과를 위해 새로운 지식과 기능을 획득할 기회를 교육훈련이 제공하여야 한다. 그 결과 조직구성원은 보다 효과적이고 높은 수준의 직무를 수행할 수 있

요구분석에 대한 평가내용

- 요구분석 평가내용을 교육훈련 또는 HRD에 반영시켜 다룰 수 있는가?
- 요구분석 평가 결과를 어떤 방법으로 특정훈련과정 또는 HRD에 반영할 수 있는가?
- 만일 교육훈련이 필요하다면, 프로그램을 자체 개발할지 아니면 구입할지에 대한 의사결정을 어떻게 할 것인가?
- 과연 이런 특정한 교육훈련 또는 개발프로젝트를 담당할 수 있는 트레이너는 누구인가?
- 프로그램과 내용을 조직화하는 가장 좋은 방법은 무엇인가?
- 교육훈련 방법과 매체들은 어떻게 선택하고 준비해야 하는가?
- 교육훈련 준비를 고려할 때 특별한 일정에 따른 이슈가 있는가?
- 교육훈련을 준비하는데 있어 고려되어야 하는 특별히 계획된 이슈가 있는가?

는 자질을 구비하게 된다. 무엇보다도 교육훈련 프로그램은 특정 과업을 수행하는데 필요한 자질과 능력을 갖추게 하는데 있다. 따라서 교육훈련생들을 특정한 기술을 소유하지 않았고 또 가르침을 받지 않고는 직무를 수행할 수 없다는 가정에서 출발하는 것이 좋다.

만일 직무에 관한 교육훈련을 받지 않고 작업수행에 임한다면 자신의 노력에도 불구하고 요구된 기준에 도달할 수 없게 된다. 이와 같이 교육훈련은 태도의 변화뿐만 아니라 행동의 변화에도 역점을 두고 설계되어야 한다. 교육훈련 프로그램의 설계에서는 가장 적절한 유형의 교육훈련 프로그램과 대상교육생 선발기준이나 교육훈련 프로그램 평가방법도 결정되어야 한다. 또 이러한 교육훈련 프로그램의 설계는 교육훈련의 목표에 근거하여 설정해야 한다.

교육훈련 프로그램의 설계는 궁극적으로 교육훈련의 실용성과 유효성 증대를 기대할 수 있어야 하는데, 이를 위해 교육훈련기능에 대한 경영자의 강력한 지원이 필수적이다. 또 교육훈련 프로그램을 설계할 때에는 교육훈련의 성과를 고려하여야 한다. 교육훈련의 성과는 교육훈련이 효과적이고 능률적인 학습방법에 의해 실시되었느냐에 따라 좌우될 수 있다.

교육훈련 프로그램을 설계할 때 담당 강사의 역할 또한 중요하게 다루어야 한다. 왜냐하면 강사의 교수활동은 계획활동과 학습활동을 연결하는 촉매역할을 하여 계획된 내용을 반영하고 전달하는 수단으로서 교육내용 수용을 위한 동기부여 기능을 하기 때문이다.[2]

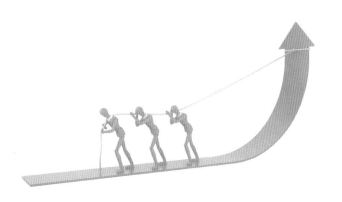

PARAGRAPH 02 프로그램의 설계과정

요구분석평가 결과가 마련되면, 다음으로는 효과적인 HRD 프로그램을 설계하는데 초점을 맞추어야 한다. 설계에 포함되는 주요 사항은 다음과 같다.

① 목표설정
② 목표의 계열화
③ 훈련전문가 또는 외부전문가 선정
④ 학습계획(lesson plan) 개발
⑤ 프로그램 운영방법과 기법의 선정
⑥ 교육훈련자료(매체 및 기자재) 준비
⑦ 프로그램 운영일정

HRD전문가는 프로그램 설계 전반에 걸쳐서 중요한 사항들을 동시에 고려해야 한다. 훈련에 대한 중요한 요구가 확인되면, 경영자나 HRD전문가는 요구가 목표에 반영되어 착수될 수 있도록 해야 하며, 목표는 참가자들이 HRD 프로그램이 의도하는 학습에 참여할 때 기대되는 것을 설정할 수 있다. 지금부터는 설계에 필요한 일곱 가지에 대해 상세하게 살펴보기로 한다.

1 목표설정

목표란 의도된 결과는 무엇이고, 그 결과를 성취하기 위하여 충족되어야 할 필요조건은 무엇이며, 그 성공여부를 측정할 수 있는 기준은 무엇인지에 대해 서술한 것이다. 즉,

목표는 특정한 직무를 원활히 수행할 것이 기대되고, 직무가 수행되는 상황과 프로그램이 의도하는 성취목표 범주와 결과를 기록해야 한다. 프로그램의 목표가 의도하는 공통적인 특성은 상세하고, 측정 가능하며, 다른 사람이 관찰 가능한 결과를 묘사하고 있어야 한다는 것이다.

예를 들면, 어떤 학습자에게 "모든 목표의 세 가지 특성을 열거하기"를 목표로 제시했다면, 이것이 목표의 세 가지 특성에 부합되는지 생각해보자.

첫째, '자세한가'라는 점에서 보면, "세 가지 특성을 열거하기"라고 학습자에게 요구한 점에서 이 조건을 충족한다. 둘째, '측정 가능한가'라는 점에서 보면, 열거된 특성들의 수를 셀 수 있고, 평가자가 이미 설정된 기준과 비교할 수 있으므로 두 번째 조건에도 만족한다. 셋째, '관찰 가능한가'라는 점에서 보면, 열거된 목록을 볼 수 있다는 점에서 마지막 조건도 충족한다.

의도된 결과를 얻도록 힘을 집중하고 그 결과를 성취하기 위해 필요한 행동은 무엇인가를 기술하는 것이 목표설정의 주 목적이다. 목표에는 여러 가지 유형이 있으나 대표적인 네 가지 유형은 경영목표(managerial objective), 전략적 계획목표(strategic planning objective), 평가목표(evaluation objective), 교수목표(instructional objective)가 있다.

① 경영목표는 조직, 특히 기업이 측정가능한 성취형태를 나타내는 제시문이다. 이들은 흔히 시기와 재정적 강제성을 띠는데 이것들이 목표성취를 측정하는 준거로 활용되기도 한다. 경영목표는 세 단계의 수준, 즉 부서·집단·개인 수준으로 기술될 수 있다.

② 전략적 계획목표는 정책이나 기타 장기적 노력에 관하여 중·장기계획의 형태로 기술한 목표이다. 그런 목표들은 개선된 조건이나 환경을 예측하되 수치, 시간, 비용에 관해 기술한다.

③ 평가목표는 훈련에 관하여 필요한 결정을 내리는데 도움이 되는 분명하고 측정 가능한 준거의 제시문이다.

④ 교수목표는 학습자가 무엇을 할 수 있게 되는지 또는 교수 - 학습 활동을 경험함으로써 학습자가 보여줄 수 있는 기능, 지식, 신념, 선호하는 것이 무엇이 될것인지에 대한 측정 가능한 제시문을 말한다.[3]

교수목표는 또한 세 차원으로 구분되는데, 이수목표(terminal objective), 구성목표(enabling objective), 단위학습목표(lesson objective)가 그것들이다. 문학작품을 감상하기 위해서는 글을 읽고 이해하는 능력이 있어야 하며, 곱셈이나 나눗셈을 하기 위해서는 덧셈이나 뺄셈을 할 수 있어야 하는 것처럼, 어떤 기능이나 지식은 다른 기능이나 지식이 선행되어야 하는 것들이 있다. 목표에도 그 복잡성에 따라 위계가 있음을 알 수 있다.

① 단위학습목표는 간단한 수준으로 매 시간별로 또는 한 부분으로 묶어 가르치는 단위 학습점을 완료했을 때 의도하는 결과를 말한다.
② 구성목표는 프로그램의 일부분, 즉 장(chapter)이나 과(lesson)를 마쳤을 때 기대되는 학습결과를 의미하며,
③ 이수목표는 가장 복잡한 것으로서 어떤 프로그램이 종료되었을 때 기대되는 학습결과에 대한 서술이다.

따라서 단위학습목표는 구성목표를 달성하기 위한 전제가 되며, 구성목표는 이수목표를 달성하는데 필요한 선행요건과 같은 것이다.

⊛ 표 5-2 · 유용한 목표의 조건

직무성과	목표는 학습자가 요구를 충분히 충족시킬 수 있도록 고려하여 제시 또는 수행될 수 있도록 기대하는 것을 말한다. 목표는 성과결과 또는 산출물을 표현한다. 예를 들면, '제안된 새로운 제품의 제품도를 작성한다'와 같은 것이다.
조건, 상황	목표는 행동이 발생되는 어떤 상황에서의 조건을 표현한다. 예를 들면, 제안된 제품을 반영한 이용 가능한 기술적 데이터가 주어졌을 때, 훈련생은 제품도를 작성할 수 있다.
성취준거	가능한한 목표는 학습자의 수용도를 고려하여 학습자가 어떻게 잘 수행해야만 하는가에 대한 표현을 함으로서 수용할 수 있는 행동기준을 정의한다. 예를 들면, 제품도는 적어도 사용 가능한 3개의 제품설명서를 포함하고 시장에 진입하기에 적절한 제품의 상업적 특성 모두를 표현해야만 한다.

자료: R. L. DeSimone et al., 앞의 책. p. 168.

HRD전문가들이 요구분석 후 첫 번째 할 일은 교육훈련과 HRD 프로그램의 목표를 정의하는 것이다. 머저(Mager, 1984)는 목표를 '적합한 능력을 고려하기 전에 학습 참가자에게 학습하기를 원하는 직무성과에 대한 설명'이라고 정의하고 있다.[4] HRD나 교육훈련 프로그램의 목표는 HRD 프로그램의 계획과 기대하는 결과를 기술한다. 결과는 여러 가지 방법(강의, 역할연기, 코칭 등)으로 성취할 수 있게 된다.

이미 언급한대로, 목표는 성공적인 훈련과 HRD 프로그램에 필수적이다. 또한 목표는

프로그램의 내용과 방법을 선택하기 위한 기본이 되고, 프로그램의 성공 여부를 평가하기 위해 이용되고 있으며, 또한 프로그램이 운영되는 동안 학습 참가자 자신의 관심과 노력에 초점을 맞출 것을 제시해준다.

또한 머저는 유용한 목표는 학습자가 이루어야 하는 직무성과, 해야만 하는 상황, 성공 여부를 판단하는데 사용되는 기준을 기술한다고 하였다(표 5-2).

프로그램의 목표는 직무성과, 상황, 기준이 종종 애매하여 목표를 다르게 해석할 수 있으며, 좌절감을 느끼기도 하고, 서로 충돌하기도 한다. 목표를 명확히 하는 두 가지 방법은 단어를 주의 깊게 선택하며, 목표를 다른 사람들(경영자나 교육참가예정자들)로부터 검토 받아야 한다. 만약 검토자가 혼란을 느낀다면 목표는 수정되어야 한다.

직접 관찰된 행동목표를 기술하는 것은, 관찰되지 않은 행동을 기술하는 것보다 쉽다.

머저는 학습 또는 직무성과를 위해 교육참가자들에게 명료한 목표를 제시하는 것은 바람직한 행동을 이끌어내는데 충분하다고 하였다. 즉, 기대가 무엇인지 정확히 제시되어 있지 않으면 어떻게 그 기대를 충족시킬 수 있는지 알 수 없기 때문에 직무성과 기대를 충족시키지 못한다. 명백한 목표는 종업원에게 핵심역할을 할 수 있도록 조직이 기대하는 바를 나타내거나 정보를 제공하는 것이다.

표 5-3 · 유용한 목표개발을 위한 가이드라인

- 목표란 학습자들에게 성취하도록 개발자가 의도하는 것을 단어, 기호, 그림 또는 표 등으로 기술한 집합체이다.
- 목표는 학습자가 성취판단 기준과 중요한 수행조건 하에서 그 목표의 완성과 성취를 증명하기 위해 개발자가 기술하려는 것과 개발자가 의도하는 것을 나타내는 것과 같다.
- 유용한 목표를 설계하기 위해서는 다음과 같은 질문이 나올 때까지 초안을 지속적으로 수정해야 한다.
  - 학습자가 할 수 있기를 기대하는 그것은 무엇인가?
  - 기대하는 것(직무성과)을 학습자들이 실천 가능하게 할 수 있는 상황과 제약조건은 무엇인가?
  - 훈련으로 인해 만족할 수 있는 직무성과는 어떠해야 하는가?
- 중요한 결과와 계획(의도)을 각각 따로따로 작성한다 : 기대하고 의도하는 것을 전달할 수 있도록 가능한 많이 기술한다.
- 훈련을 위한 기술된 목표가 제시되면, 종업원들도 학습에서 요구되는 일을 할 수 있으며 능력을 나타낼 수 있다. 즉, 학습자들 자신도 기대하는 것을 알게 된다.

자료: R. L. DeSimone et al., 앞의 책. p. 169.

목표를 기술하는 것은 어렵지만 효과적인 HRD형성에 필수적이다. [표 5-3]은 유용한 프로그램 목표를 기술할 때 필수적인 주요 목록을 제시해주고 있다. 교육훈련 과정에서 의미가 거의 없는 문구나 목표를 기술하는 것과 애매하게 서술하는 것은 학습목표의 실제 가치를 명확히 나타낼 수 없다는 것을 강조하고 싶다.

다음에 나타난 두 가지 사례는 목표설정에 있어서 어떤 목표를 더 선호하는지에 대한 서로 다른 예를 보여주고 있다.

① 최소한 두 가지의 컴퓨터 언어를 사용할 수 있고 수치 계산 프로그램을 테스트할 수 있다.

② 컴퓨터 프로그래밍의 원칙과 기법을 토론하고 설명한다.

- ①번은 의도하는 성과를 기술한 것이다. 즉, 학습자들이 할 수 있는 것을 기대하는 목표 제시이다.

- ②번은 훈련 프로그램과 코스 설명서와 같다. 즉, 학습자들이 이 분야에서 직무능력을 시연하는 것을 명확히 제시하지 못하고 있다.

❷ 목표의 계열화

각각의 목표를 어떤 순서로 어떻게 구성하여 제시하느냐에 따라 학습효과를 극대화할 수도 있고 그렇지 못할 수도 있다. 최종 수행목표나 구성목표를 어떤 순서로 제시할 것인가가 결정되면 학습자들에게 내용이 어떤 순서로 제시될 것인지도 결정된 셈이다. 그러나 모든 상황에서 일정하게 적용할 수 있는 한 가지 방법만 있는 것은 아니다. 어떤 내용이며, 학습자에게 어떤 특성이 있는가에 따라 달라질 수밖에 없기 때문이다. 순서를 결정하는 몇 가지 방법을 소개하면 다음과 같다.

(1) 주제간 위계에 의한 구성

위계에 의한 구성은 일련의 정보를 위계에 따라 제시하는 것을 말하는데, 짜임새 있는 수업은 최종 수행목표에 해당하는 주제들이 서로 밀접한 관련성을 갖고 연결되며, 구성목표에 해당되는 소주제들과 연결되어 있는 것을 볼 수 있다. 인지심리학의 연구에 따르면 글을 읽고 이해한다는 것은 이미 읽은 부분에 대하여는 계속적으로 초록을 작성하면서 새로 들어오는 정보를 여기에 통합시키는 것이라고 한다. 이것이 의미하는 바는 처음에 학습자들에게 어떤 자료를 제공할 때 이미 학습자들에게 친숙한 내용으로 초록을 제공하는 것이 학습에 결정적인 영향을 미친다는 것이다.

(2) 계열화에 따른 구성

계열화에 따른 구성은 특정한 결론(최종수행목표)에 도달하기 위해 고정되고 구체적인 순서에 따라 단계별로 구성목표들이 제시되는 것을 말한다. 계열에 따른 접근에는 목표들이 특별한 순서에 따라 제시되어야 하는 것이 중요한데, 어떤 단계에서 목표를 달성할 수 있는가의 여부는 바로 그 앞에 있는 목표(구성목표)를 완전하게 성취했는가에 달려 있기 때문이다. 현재 과정의 중점은 직전계열의 마지막 단계를 숙지했는가에 달려 있다.

(3) 직무순차성 전략

직무순차성 전략은 실제로 직무가 수행되는 순서에 따라 목표들을 구성하는 전략이다. 이러한 전략은 실제에서도 직무가 수행되는 순서가 고정된 것이라는 전제를 가지고 있다. 그러나 현실에서 어떤 순서로 직무가 수행되는가는 반드시 선행단계에 의존적인 것은 아닌데, 이 점이 앞에서 기술한 계열에 따른 구성과 다른 점이다.

(4) 우선순위 전략

우선순위 전략은 내용이 우선순위에 따라 배열되어 있고 다른 과업을 수행하는데 필수적인 기능이나 지식을 먼저 제시하는 전략이다. 계열에 따른 구성과 비슷하지만, 같은 계열의 내용이 아니더라도 어떤 내용이 먼저 학습된 후에 다른 과업을 수행할 수 있을 경우 그 내용을 우선적으로 제시하는 것이다.

> 예를 들면, 고장난 스위치를 고치는 일을 하기 전에 전기안전수칙을 먼저 가르치는 것이나, 초보정비공에게 차를 수리하는 법을 가르치기 전에 연장사용법을 가르쳐야 하는 것과 같은 일들이 그러한 예에 속한다.

(5) 논제에 따른 순서화

논제에 따른 순서화는 수업이 기능중심이 아니라 정보나 개념중심의 내용을 다룰 때 유용한 전략이다. 많은 화제나 개념들이 다루어져야 하는데 관점들이 반드시 계열성이 있거나 순서가 중요시 되어야 할 필요가 없을 경우에 사용하는 전략이다. 예를 들면, 성인학습자의 특징을 설명할 때 성인의 신체적, 심리적, 사회적 특징을 순서나 계열에 상관없이 제시하는 것이다.[5]

❸ 훈련전문가 또는 외부전문가 선정

프로그램의 목표를 결정한 후에는, 결정된 목표들을 반영한 프로그램의 개발방법과 실행방법에 대해 검토해야 한다. 내부적으로 프로그램을 설계할 것인지 아니면, 외부에 의뢰할 것인지, 아니면 두 가지를 결합하여 사용할 것인지에 대해 결정을 해야 한다. 이때 외부 컨설턴트로부터 다음과 같은 도움을 받을 수 있다.

① 요구분석 평가를 자문하는 것
② 내부직원들이 프로그램을 설계하고 실행하도록 컨설팅하는 것
③ 조직 특성을 반영한 특정 프로그램을 상세하게 설계하는 것
④ 훈련매체(업무편람, 컴퓨터 소프트웨어, 비디오)를 제공하는 것
⑤ 기존 프로그램을 제공해 주는 것
⑥ 내부 내용전문가의 교육적 기법을 형성하기 위해 train - the - trainer program(뒤쪽참조)을 지원하고 자문해 주는 것

전문가, 시간, 훈련생수, 주요이슈, 비용, HRD규모 등과 같은 요인들은 프로그램 개발을 외부에 의뢰할 때 고려해야 할 요소이다. 예를 들면, 소규모 생산공장이 광고업무를 전산화한다고 가정해보자. 교육훈련의 특성이 파악되면 경영자는 외부 전문가에게 의뢰하게 된다. 왜냐하면 첫째, 회사는 내부 프로그램을 설계하기 위한 전문가가 없기 때문이고, 둘째, 경영자는 교육훈련 프로그램을 설계할 시간이 없기 때문이며, 셋째, 회사에는 HRD부서가 없을 수 있기 때문이다.

외부로부터 프로그램을 조달키로 결정하면 적정대상을 선택을 해야 한다. 합리적인 선택방법은 조직의 요구에 적합한 상대방의 예상 결과물, 능력 및 목표와의 조화 등을 고려해야 한다.

이러한 결정의 기준은 다양하나 다음과 같은 것이 일반적이다.[6]

① 비용 : 프로그램의 내용과 질의 상대적인 가격
② 전문가 능력 : 자격증명서, 학위, 전문가의 경력 기록
③ 배경 : 사업 연수와 특별한 내용 분야에서의 경험
④ 경험 : 중요한 고객회사, 프로그램의 성공여부, 위탁실적
⑤ 철학 : 경영이념 등
⑥ 전달방법 : 교육 훈련방법과 기법
⑦ 내용 : 프로그램 및 매체 등을 포함하는 토픽
⑧ 실제 제품 : 샘플 혹은 소개 프로그램이 유용한지의 여부
⑨ 결과 : 기대되는 성과
⑩ 사후지원 : 특수사항이나 사후 점검의 관점
⑪ 제안서 : 제안요구에 의해 제출된 제안내용

외부에 의뢰 시에는 공급자는 교육훈련과 HRD프로그램을 설계하고 개발하는데 있어 위탁기업에 많은 정보를 제시해주고 선택의 기회를 제공해야 한다.

이러한 프로그램은 훈련전문가가 선정되고, 교육훈련 프로그램의 설계가 결정되고 프로그램이 확보되면, 강사를 선발해야 한다. 유능한 강사는 지식을 잘 전달할 수 있으며, 다양한 교수기법을 사용하며, 훌륭한 대인관계 기법을 지니고 있으며, 학습을 위해 다른 사람을 동기화시킬 수 있는 능력을 가지고 있어야 한다.

내용전문가는 교육훈련 내용의 목표성취를 담당한다. 만일 교육훈련 프로그램을 효과적으로 설계하고 실행하는 능력이 부족한 전문가는 부적절한 내용과 교수방법에 과도하게 의존하게 된다. 또한 참가자와 효과적으로 접촉하거나 동기화시키는 대인관계 기법이 부족하다. 트레이너는 더욱 효과적인 교육훈련을 위해 보다 향상된 전문적인 기법을 보유할 필요성이 크다. 내용전문성이 부족한 트레이너는 교재나 다른 훈련자료에 과도하게 의존하고, 중요한 개념과 해당 직무가 적용되는 방식을 설명할 수 없다. 능력이 부족한 트레이너는 외부전문가에게 다음과 같은 도움을 받을 수 있다.

① 내부 내용전문가와 교수법을 보유한 훈련팀을 묶어 팀을 형성한다.
② 트레이너를 필요로 하지 않는 교육훈련기법을 사용한다.(프로그램화된 교육이나 컴퓨터 보조교육 프로그램과 같은)
③ train-the-trainer program을 통해 교육훈련기법을 습득하도록 한다.

train-the-trainer program

이 프로그램의 목적은 내용전문가에게 교육훈련 프로그램을 설계하게 하고 실행시키기 위한 지식과 기법을 제공하는 것이다. train-the-trainer program은 지역 전문가 협의회, 대학, 컨설턴트에게 유용하다. 이러한 프로그램은 교육훈련기법 중에서 교육훈련 프로그램을 설계하기 위한 방법을 이해하기 위한 것이다.

기업은 훈련전문가의 요구가 있거나 종업원들이 원하는 훈련기법을 강조할 때 회사 자체의 train-the-trainer program을 설계하는 것이 바람직하다. train-the-trainer program 설계가 불가능 할 때 조직은 이러한 다양한 요소 설계와 프로세스 수행을 위한 교육훈련 매뉴얼을 개발한다.

전반적으로, 트레이너의 선택은 HRD성과여부 결정에 중요하다. 적절하게 잘 설계된 프로그램은 조직의 중요한 요구를 반영하는데 반해, 만약 불충분하거나 동기화시키지 못하거나 훈련 전달에 흥미가 없다면 트레이너의 선택이 실패한 것이다. 이상적인 트레이너는 트레이너로서의 필수능력을 지니고 있으며, 내용전문가가 없더라도 프로그램 설계단계에서 내용을 충족시키고 전달될 수 있도록 내용전문가의 역할도 담당해주어야 한다(R. L. DeSimone et al, 2002).

4 학습계획의 개발

프로그램 목표는 교육훈련이나 HRD 프로그램의 바람직한 결과에 초점을 맞추어야 한다. 하지만 이것은 훈련방법, 기법, 매체와 같은 교육훈련 프로그램의 내용결정에는 불충분하다. 프로그램이 지향하는 목표를 실행할 수 있는 실행 영역으로 바꾸기 위해서는 학습계획(lesson plan)의 개발이 필요하다. 학습계획은 트레이너들의 교육훈련 내용을 실제적으로 전달할 수 있도록 안내하는 것이다. 학습계획은 각 단원에 소요되는 시간등을 결정한다. 학습계획에는 다음과 같은 것이 반영되어야 한다.

① 학습(단원) 순서
② 교육훈련 매체의 선정과 설계
③ 경험(체험) 학습의 선택 또는 개발
④ 각 단원의 시간배분과 계획
⑤ 교수법의 선택
⑥ 평가항목수와 유형

조직 내에는 훈련목표를 정의하고 학습계획 개발을 담당할 설계자가 있어야 한다. 프로그램 설계자가 지원해줄 일은 특히 교육훈련기법이 미흡한 내용전문가를 도와주는 것이다.

5 프로그램 운영방법과 기법의 선정

교육훈련 프로그램의 설계와 실행방법이 결정된 후에는 적절한 교육훈련방법을 선택해야 한다. 교육훈련방법을 구분하는 한 가지 방법은 교육훈련을 받는 사람들에게 기대되는 활동이나 요구되는 활동정도를 분류하는 것이다. 강의 또는 비디오테입을 활용하는 것은 가장 소극적인 교육훈련 형태이다. 야외훈련, 역할연기, 게임, 모의훈련과 같은 경험적인 방법은 교육훈련을 받는 사람들에게 많은 행동과 활동을 요구하게 된다.

교육훈련방법은 크게 두 가지로 분류할 수 있는데, 전형적으로 종업원의 일상적 업무에서 일어날 수 있는 작업장 내에서의 직무현장훈련(OJT)방법과 강의실에서 실시하는 집합교육이다. 교육훈련설계에서부터 교육훈련방법, 결과 및 사용매체 등이 명확히 제시되어야 한다. 이때 중요하게 다루어야 할 사항들은 다음과 같다.

첫째, 프로그램의 목적이다. 각각의 교육훈련방법들은 특정 목적을 성취하는데 바람직하다. 예를 들면, 목적이 대인관계기법을 개선하기 위한 것이라면, 비디오 테이핑, 역할연기, 행동모델링과 같은 활동적인 방법이 강의, 컴퓨터 훈련방법보다 더 좋은 선택이 될 수 있다.

둘째, 시간과 예산의 유용성이다. 적절한 시간과 비용지원은 교육 목적을 달성하는데 필요하다. 일반적으로 경영자들은 가능한 적은 돈을 들이면서 설계하고 프로그램을 빨리 수행하도록 HRD부서에 암시하면, HRD전문가들은 저비용의 방법을 선택해야 하는 상황에 직면하게 된다.

예를 들면, 훈련방법과 프로그램 설계시 복잡한 매커니즘 시스템을 삭제하거나 쌍방향적인 훈련을 생략하거나 컴퓨터 활용프로그램 등을 포기하고 전통적인 수업방법(강의, 토론, 참고도서 활용 등)과 현장직무훈련(OJT)의 조합 등으로 소홀하게 구성할 수도 있다.

셋째, 자원의 유용성이다. 훈련을 실시하게 되면 효과적인 전달을 위해 고도의 훈련을 받은 훈련전문가와 전문화된 장비와 시설을 필요로 한다. 다시 말해 요구되는 자원을 최소화하는 대안을 선택하는 것이 필요하다.

넷째, 교육훈련생의 특징과 선호이다. 교육훈련을 받는 사람들의 준비성과 목표집단의 다양성에 초점을 맞춘다. 컴퓨터활용 훈련방법은 상당한 지식을 요구하듯이 사람마다 학습 스타일이 다르기 때문에 몇 가지 교육훈련방법 중 적당한 것을 선택하는 것이 필요하다.

결국, 교육훈련방법을 선택하거나 프로그램을 설계하는 사람들에게는 여러 가지의 HRD기법과 지식을 갖추어야 한다. 따라서 HRD전문가들은 유용한 많은 훈련방법을 습득하는데 투자해야 한다.

6 교육훈련자료의 준비

교육훈련방법이 선택된 후 다음 단계는 프로그램이 외부에서 위탁 개발되거나 자체 설계되는가에 따라 교육훈련자료들을 준비하거나 확보하는 것이다. 교육훈련 프로그램을 외부에서 들여온다면 책, 핸드아웃, 비디오 등과 같은 교보재들은 패키지의 일부가 된다. 기업 내부적으로 설계될 경우는 교육훈련도구들을 준비해야 한다. 만일 교육훈련 프로그램이 과거 프로그램과 유사하다면 기자재들은 현재의 프로그램에 적합하게 보완되어야 한다.

여러 종류의 교육훈련 매체들이 사용되는데 여기서는 프로그램 소개, 강의요목(프로그램 개요), 교육훈련 매뉴얼, 교재에 대해 알아보자.

첫째, 프로그램 소개는 교육훈련 프로그램의 정보를 교육훈련 참가자들에게 제공하는 것이다. 프로그램 소개에는 프로그램의 목적, 즉 언제, 어디서 사용될 것인지, 그리고 프로그램에 참여할 종업원들의 자격 등을 명시해야 한다. 일반적으로, 프로그램 소개는 감독 계통, 노동조합, 사보, 인트라넷, 개별적인 메일을 통해 종업원에게 전달한다.

둘째, 강의요목은 프로그램의 초기에 내용, 목적, 그리고 프로그램에 대한 기대 사항을 전달하는 것이다. 여기에는 교육 과정의 목표, 주제, 매체 또는 도구, 교육생 장비, 그리고 스케줄 같은 것을 포함한다. 강의요목은 정확성, 출석, 업무 습관, 수업 참관, 훈련을 받는 다른 사람에 대한 예의를 포함하는 행동적 기대들을 정립하는데 이용되며 그러한 기대는 명확히 설명되어야 한다. 예를 들면, 교육훈련 내용이 연속으로 이어지게 될 경우에는 교육훈련을 받는 사람들이 모든 기간에 출석하는 것이 중요할 것이다. 출석 방침은 이러한 요구조건을 반영해야 하고, 결석했을때 새로운 내용으로 시작해야 한다는 것을 설명해야 한다.

셋째, 대부분의 트레이너들은 기본적 매체, 도서, 실습, 자기 테스트를 위한 교육훈련 매뉴얼과 텍스트북을 갖춰야 한다. 텍스트북은 학습목표를 광범위하게 취급해야 하며, 교육훈련 매뉴얼은 간결하게 기술되어야 하고, 쉽게 접근할 수 있어야 한다. 트레이너들은 텍스트북의 형태 등을 결정해야 하고 개인 모듈을 따로 따로 확보해야 한다.

7 프로그램의 운영일정

프로그램의 운영일정은 일정계획을 수립하거나 또는 참가자들에게 프로그램을 소개할 때 활용된다. 한편, CD-ROM 혹은 개인별로 자기 진도에 맞춘 개인 지향적 전달방법도 있다. 프로그램 운영일정의 가장 일반적인 형태는 일상적 업무시간 동안 프로그램을 운영하는 것이다. 이 시간을 이용하는 것은 외부 갈등을 피하게 하며 종업원들에게 학습이 직무의 가장 중요한 부분이라는 메시지를 보낸 것과 같다. 평상업무시간 중에 훈련을 진행할 때는 HRD전문가들은 정례적인 시간과 집중근무시간(peak work hours), 미팅 시간, 휴가 등의 요인을 고려해야 한다.

종업원들은 일주일 중 월요일, 금요일, 휴일 근처의 날은 싫어한다. 종업원들은 주말과 휴일이 많기를 원하기 때문에 이러한 날은 가능한 훈련을 피한다. 또한 프로그램은 교육 피로도를 감안해야 하고 휴식시간에 스낵과 음료를 제공하는 것이 좋다. 쉬는 시간에는 주의를 다른 곳으로 돌리거나 개인적 또는 여러 사람의 요구를 수용해 줄 수 있어야 한다.

훈련가들은 이러한 이슈들에 주목하고 가능한 최상의 방법으로 운영하도록 한다. 주말 프로그램에는 마지못해 참석하며 레저시간을 포기하게 된다. 이러한 상황에서는 교육훈련수당을 지급하거나 레저활동을 병행하는 것과 같은 유인책을 제공한다.

교육훈련체계 사례

　　D조선의 공식적 교육훈련은 크게 사내교육훈련과 사외교육훈련으로 구분된다. 교육훈련의 보다 큰 부분을 차지하고 있는 D조선의 사내교육훈련은 계층별, 직능별, 과제별, 기능주관별, 본부부문별 교육훈련 등 크게 5개 범주로 되어 있다. 그리고 사외교육훈련은 그룹연수원인 인력개발원과 기타 사외전문기관에의 위탁교육훈련으로 구성되며, 이 중 인력개발원 교육훈련은 관리직에 대해서만 이루어진다.

　　D조선의 교육훈련은 몇 개의 범주 혹은 유형으로 구분되지만 이 중 특히 중점을 두고 있는 것은 계층별 교육훈련과 직능별 교육훈련이다. 계층별 교육훈련과 직능별 교육훈련은 각각 관리직, 생산직을 구별해서 실시하고 있는데 교육훈련 과정수를 보더라도 전체 78개의 과정 중 계층별, 직능별 교육훈련 과정수는 각각 22개로 전 과정의 과반수를 차지하고 있다(유장수, 2002).

과정 설계 설명서 양식(사례)

1. 과정개요

과정명	
학습목표	
학습대상자	
학습기간	
평가방법	
과정개요	

2. 과정구성

Lesson	sub-lesson	비 고

3. 교재개요

교재권	진행기간	교재명
교재개발방식	외부 전문가 의뢰( ) 내부 전문가 의뢰( ) 기존 교재 활용( )	

4. 과정개발 및 운영담당자

담당자	연락처	e-mail

자료: 현영섭, HRD 핵심지식 1, 고려아카데미컨설팅, 2011, pp. 191~192.

1) 장원섭(2003), 「인적자원개발론」, 학지사. p. 279.

2) 김종재. 박성수(1997), 「인적자원관리-이론과 실제」, 법문사, pp. 246-247.

3) 유승우(2001), 「인간자원개발」, 문음사, pp. 129-131.

4) R. F. Mager(1984), Measuring instructional results: Got a match. Pitman Publishing.

5) R. L. DeSimone et al. 앞의 책, p. 168.

6) A. P. Carnevale, L. J. Gainer, J. Villet and S. L. Hoand(1990), "Training Partnership: linking employers and providers."

기타 참고자료

 - 현영섭, HRD 핵심지식 1, 고려아카데미컨설팅, 2011.

기업체의 교육훈련체계

기업체에서 교육훈련의 효과성 제고를 위해서 프로그램의 성격에 따라 이를 구분하고 체계화하는 작업을 필요로 한다. 이를 기업체에서는 교육훈련체계도라고 한다. 체계도의 구성요소는 시대와 환경에 따라 바뀌어왔다. 과거 계층과 직무에 따른 단순한 구분에서 최근에는 보다 다양한 요소로 체계도를 구성하고 있다.

세부적으로 살펴보면 교육훈련 프로그램을 체계화하기 위한 분류기준은 프로그램의 내용을 중심으로 크게 3가지로 구분되며 계층별, 직무별, 공통역량별 과정으로 나눌 수 있다. 계층별 구분은 교육의 대상자를 중심으로 신입사원, 경력사원, 관리자, 임원과정으로 나뉘어진다. 가장 대표적인 계층별 교육훈련 프로그램은 각 승진단계별로 이루어지는 승진자 대상 과정과 신입사원 대상 기초소양교육과 직무교육이다. 직무별 구분은 기획, 인사노무, 재무회계, 영업, 마케팅, 품질관리, 생산관리, 제조기술과정 등 교육대상자의 수행직무에 필요한 전문지식을 대상으로 구분한다. 끝으로 공통역량과정은 전직원이 기본적으로 갖추어야 할 기초직무능력과 관련된 윤리경영, 고객만족, 정보화 및 외국어교육프로그램 등이다.

다음으로 교육훈련의 실시 방법으로 구분하면, Off-JT(집체교육), OJT(현업교육), 개인개발(Self-Development)과정으로 구분할 수 있다. 대표적인 자기개발방법이 e-Learning이다. 끝으로 과정의 특성에 따라 윤리경영프로그램 등 직원이면 의무적으로 참여해야 할 필수과정과 스스로 선택할 수 있는 선택프로그램으로 구분된다.

🞉 기업의 교육훈련 프로그램의 구분 예시

계층별과정			직무별과정			공통역량과정		
신입사원	경력사원	관리자, 임원	기획, 재무회계, 인사노무, 전산	영업, 마케팅	생산관리, 품질관리	윤리경영, 고객만족	정보화	외국어 등
신입사원입문과정, 기초직무과정, 셀프리더십과정	중견승진자과정, 초급리더십과정	관리자승진과정, 중급·고급리더십과정	재무관리과정, 회계결산과정, 노동법률과정, JAVA프로그래밍과정 등	영업실무과정, 마케팅실무과정	6-sigma과정, QC과정	윤리경영과정, 고객만족경영과정, 고객상담과정	워드프로세스과정, 스프레드쉬트과정	영어, 중국어, 일본어 등 외국어과정, 현지전문가육성과정

이외에도 기업에서는 기업의 특성에 따라 다양한 프로그램을 운영하고 있다. 직원의 복지 프로그램 차원에서 직원뿐만 아니라 자녀 등 가족을 대상으로 프로그램을 운영하는 사례도 있다.

한편, 포스코 그룹의 공통교육과정은 과정의 선택가능성 여부에 따라 필수교육, 선발교육, 선택교육으로 구분된다. 또한 계층별로는 P1부터 임원까지 구분하고 있고, 육성역량 구분으로는 통섭, 리더십, 글로벌, 직무, 마인드/태도의 5가지로 구분하고 있다. 이 중 몇가지 과정의 운영내용을 살펴보면, 신임 임원과정은 포스코 및 그룹사 신임 임원을 대상으로 신임 임원의 역할과 책임에 대한 이해와 임원의 품격에 맞는 리더십의 함양을 목적으로 한다. 신임부장/그룹장(국내)과정은 포스코 그룹 신임 부장/그룹장을 대상으로 그룹 비전 및 전략과 CEO 경영 철학 공유를 통한 조직정렬(Alignment) 전략 수립의 역량함양을 위하여 개설한다. 사무직무 기반기초과정은 주니어, 매니저, 신입사원(입사 1~3년차)을 대상으로 업무숙달, 관계형성, 조직적응도 향상 및 조기전력화 촉진을 위하여 운영한다.

범례:	마인드/태도	직무	통섭	리더십	글로벌

직급	육성역량	필수교육			
임원	통섭, 리더십, 글로벌	신임 출자사대표	임원경영전략		토요학습
		신임임원			
P7					
P6		신임부장/그룹장(국내)	현지 신임부장/그룹장		
P5		신임리더/공장장(국내)	현지 신임리더/공장장		
P4					그룹 IP콘서트
P3	직무전문	P3 승진자			
P2	직무기반심화	P2 승진자			
P1	직무기반기초	그룹 경력입문	사무직무기반기초		
		그룹 MT			
	마인드/태도	그룹 신입입문	그룹 신입입문		

자료: 포스코(2016). http://e-campus.posco.co.kr/UserMain/S200900013.jsp?menuId=1&lang=kr

157

핵심용어

- 교육훈련 프로그램
- 목표의 계열화
- 내용전문가
- 교육훈련방법

- 목표설정
- 훈련전문가
- 학습계획
- 교육훈련자료

연구문제

❶ 유용한 목표의 조건과 사례를 제시하라.

❷ 교육훈련 프로그램 설계 시 내부훈련 전문가 또는 외부전문가를 선정할 때 고려사항과 장단점을 비교분석하라.

❸ 교육훈련방법을 선정할 때 고려사항과 OJT와 OFF-JT의 장단점을 비교분석하라.

HRD 프로그램의 개발

학습목표

1. 교육훈련과정개발의 단계와 방법을 설명할 수 있다.

2. 교육훈련 프로그램 설계명세서를 토대로 교재 및 교보재를 개발할 수 있다.

3. 교육훈련과정을 개발단계에서 파일럿 및 평가를 실시하고 개선할 수 있다.

HRD전개의 세 번째 단계는 조직목적과 개인목적을 충족한 설계명세서에 따라 교육훈련과정개발을 하는 것이다. 개발대상은 학습자용 교재개발, 교보재 초안개발, 교수지도안개발, 교수전달매체개발, 교보재개발, 교수매체의 선정과 개발, 강사 및 교수자 선정을 위한 지침 등을 개발하는 것이다.

개발은 설계명세서에 따라 교육용 자료를 실제로 개발하고 제작한다. 먼저 설계팀원을 포함한 관련자들이 최종 산출물에 대한 이미지 공유 및 질 확보를 위해서 시안(prototype)을 개발하는데서 출발한다.

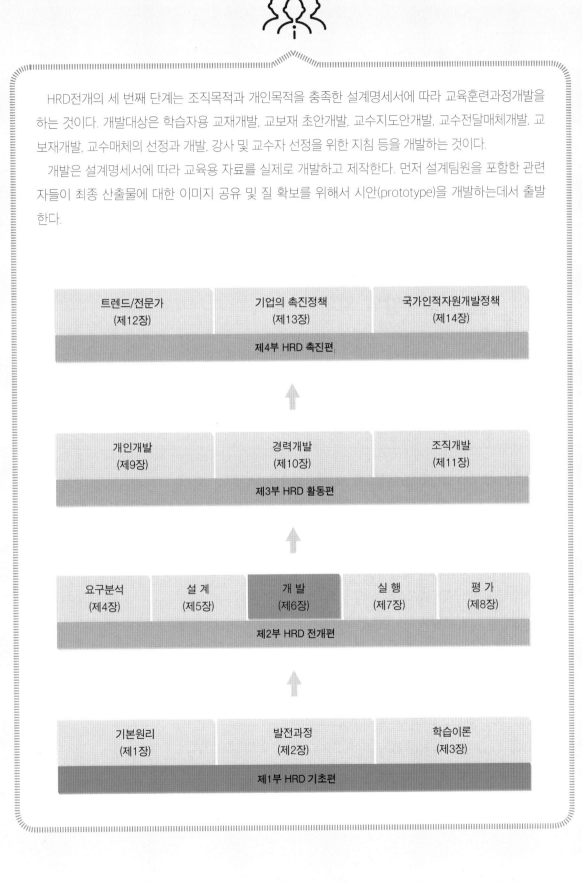

PARAGRAPH
01

교육과정개발의 의의

1 과정개발의 의의

교육과정의 개발은 전체과정과 단원설계의 결과를 사용하여 교수지도안, 학습자교재, 평가도구와 교보재(매체포함) 등을 제작 가능한 형태의 완성본으로 개발하는 것을 말한다. 교육과정의 개발은 다음과 같은 이론적 근거에 의해 과정개발 단계가 실행된다.

먼저, 과정개발에서는 우선적으로 각 과목의 실험모형이 개발되어야 하고, 그것을 소그룹의 학습자를 대상으로 적용해 보아야 한다.

또 평가도구의 개발은 실험모형을 적용하기 전 또는 형성평가 이전에 만들어져서 실험모형을 평가할 때에 사용되어야 한다. 또한 각 과목의 실험모형 형성평가 결과를 기초로 설계의 수정을 거쳐 나머지 과목들도 개발한다.

이렇게 하여 전체과정 및 단원설계과정에서 완성된 설계자료를 토대로 평가도구를 비롯한 모든 교육자료(보조자료, 매체 등)를 개발한다. 이 단계의 산출물은 제작 가능한 형태로 만들어질 과정의 모든 자료들의 완성본이라고 할 수 있다. 다음과 같은 것들이 포함된다.

① 단원개발 계획서
② 과목 실험모형
③ 과목 실험모형 평가결과
④ 교수지도안 완성본
⑤ 학습자 교재 완성본
⑥ 각 단원 및 과목의 평가도구(과목 내 평가문항 포함)

❷ 과정개발 시 전문가의 활용

교육과정을 개발할 때 교수설계자는 내용전문가로부터 조언을 구하고 참여시키는 것이 바람직하다. 이러한 전문가는 특정주제, 혹은 분야에 대해 전문적인 지식을 가지고 있는 사람으로써 과정개발 시 교수설계자에게는 절대적으로 필요한 사람이다. 일반적으로 주제전문가(subject matter expert : SME)로 부른다.

SME는 다음과 같이 구분되기도 한다.

① 내용전문가(Content Expert)

특정 분야에 대한 전문적인 지식 및 경험체계를 갖고 있는 사람이다.

② 과정전문가(Process Expert)

특정 분야의 문제해결 프로세스에 대한 전문적인 지식 및 경험을 기초로 문제상황을 해결하는 사람이다.

(1) SME와의 협력관계 유지

① 내부 SME 활용

- 실무에 숙련된 사람도 보통은 교수설계에 대한 배경지식이 없으므로 반드시 샘플을 제시해서 일정한 형태(form)를 유도하도록 한다.
- 강의 경험이 있는 사람을 활용한다.
- SME에게 일을 부탁한 경우는 낮은 강도에서 점차 높은 강도를 요구한다.
- 과제를 추진하지 않은 SME의 경우, 다른 SME가 작성한 샘플을 제시하여 서로 간의 경쟁심을 유발시키는 것도 필요하다.
- 잘하는 SME에게서 좋은 샘플을 만들어서 다른 SME에게 제시한다.
- 강의 경험이 없는 SME에게는 소제목 작성 후에 설명을 하고, 받아 적어 내용을 확보한다.

② SME **동기부여**

교수설계자의 중요한 자질은 SME에게 일을 시킬 수 있는 능력이다. SME 중에도 우수한 자와 부족한 자가 있는데, 부족하더라도 계속 동기부여를 하고 부족한 내용을 채워 넣을 수 있어야 한다.

③ **내부 SME를 활용하더라도 외부 SME의 검증을 거치도록 한다.**

교육과정을 개발할 때 실무에 숙련된 사람이나 강의경험이 있는 사람 등 내부전문가를 활용하더라도 그들은 교수설계에 대한 배경지식이 부족하므로 외부전문가의 검증을 거치도록 하는 것이 필요하다.

(2) SME 미팅 체크포인트

① SME 미팅의 목적
② SME의 선정기준
③ SME의 선발 인원규모
④ 개략적 SME 운영 일정계획(최종 만료일)
⑤ 미팅 운영방법
⑥ 미팅결과의 기록 및 문서보관 방법
⑦ 미팅결과의 피드백 방법

교재 및 교수지도안 개발

1 학습자용 교재

교재는 학습 과정과 현장 수업의 중개자 역할을 하며, 학습에 중요한 역할을 한다. 김성일 외(2004)는 학습자의 학습에 대한 내재 동기에 영향을 미치는 요소를 학습자의 특성, 학습 및 교수 방법, 학습재료 및 과제, 교실환경 구조로 구분하였다. 또한 학습재료인 교재와 과제의 난이도, 변화성, 자기관련성 등이 학습자의 학습에 대한 내재동기에 큰 영향을 미친다고 하였다.[1]

또한 듀이(Dewey)는 사람들이 교재에 충분한 흥미를 느낄 때 학습 내용에 대한 일체감을 가질 것이고 열중할 것이며 학습이 이루어질 것이라고 강조하였다. 반대로 외부적 힘에 의해 통제되는 학습활동은 단지 피상적인 이해로 귀결될 것이라고 하였다.[2] 이렇듯 교재의 내용과 형식은 교육훈련 진행에 있어 매우 중요한 요소라고 하겠다. 특히 최근 인터넷, 스마트폰 등을 활용한 원격교육이 발달하면서 교재 자체만으로도 학습이 가능할 정도로 그 역할이 크다.[3] 교재는 학습 과정에 제시된 학습 목적과 방법을 바탕으로 하여, 학습의 상황에 맞게 학습내용을 선정하고, 제시해야 한다. 학습을 원활히 하기 위해 제공되는 교재의 형태는 다양하다. 일반적으로 성인교육에서는 워크북(Workbook)과 핸드아웃(Handout)이 많이 사용된다. 워크북은 단순한 지식전달 차원을 넘어서 학습자가 학습활동을 통해서 학습된 지식을 활용할 수 있도록 체계화한 공간의 의미가 크다.[4] 핸드아웃은 강사가 사전에 준비하여 학습자에게 나누어 주는 보조적인 유인물이나 인쇄자료 등을 의미한다.

효과적인 교재를 준비하기 위해서는 교재 개발시에는 다음과 같은 5가지 원칙에 관심을 두어야 한다.

① 내용이 읽기 쉽고 전달력이 있어야 한다. 핵심사항들은 강조해서 나타내고, 요약정리를 해줘야 한다.(명확성의 원칙 : clear and readable)

② 학습자가 교재를 통해 알고자 하는 내용이 빠짐없이 포함되어 있어야 한다.(적정성의 원칙 : relevant)

③ 최신 자료와 사실에 근거해 논리적인 결론으로 구성되어 있어야 하며 내용에 있어 일관성이 유지되어야 한다.(accurate : 정확성의 원칙)

④ 시간적으로 흥미를 끌 수 있어야 하므로, 적합한 디자인, 색상과 예시를 사용해야 한다. 이는 학습자에게 학습에 대한 동기를 유발하는데 도움이 된다.(흥미의 원칙 : interesting)

⑤ 학습자는 교재를 활용함으로써 얻는 혜택이 있어야 하므로 좀 더 실용적이고 활용도 높은 내용으로 구성해야 한다.(실용성의 원칙 : practical)

또한, 교재의 구성도 중요하다. 글을 쓰는 방법과 내용을 구조화하는 것도 교재를 만드는데 중요하다. 교재의 구조는 일반적으로 제목, 문장 및 단락, 레이아웃, 강조 등을 감안하여 구성된다.

① 제목

제목은 내용을 대표하고 요약할 수 있어야 하며 주제목과 소제목을 적절히 활용하여 교재의 내용을 안내하는 것이 중요하다.

② 문장 및 단락

학습자가 교재를 통해 알고자 하는 내용이 빠짐없이 포함되어 있어야 한다.

③ 레이아웃

레이아웃은 텍스트와 여백의 적절한 배치를 의미한다. 충분한 여백을 제공해서 쉽게 이해하고 필요한 정보를 다시 찾을 수 있도록 만드는 것이 좋다. 적절한 여백을 배치하는 것이 효과적이다.

④ 강조

문장에서 핵심적이고 중요한 아이디어를 강조함으로써 이해를 돕고 필요한 정보를 빨리 찾을 수 있도록 도와줄 수 있다.

❷ 강사용 교수지도안

강사가 실제로 강의를 효율적으로 진행하기 위해서는 진행과 관련된 강의 시나리오가 필요하며 이를 교수지도안이라고 한다. 교수지도안은 강사가 교육생에게 가르칠 내용을 제시해 주고 수업을 준비하는 동안에는 상세한 강의진행 계획을 만들 수 있게 하고 수업을 준비하는 지침서가 된다. 수업실시 중에는 안내 역할을 한다. 또한 수업실시 이후에는 향후 수업을 위한 보완이나 개선방안을 마련할 수 있는 도구의 역할을 한다.

교수지도안은 수업 준비를 전제로 하고 있다. 따라서 교수지도안은 수업이 어떻게 진행되어야 하는가에 그 기반을 두고 있다.

효과적인 교수지도안 작성을 위해서는 일반적인 수업진행과정에 대한 이해를 필요로 한다. 가네(Gagne)는 수업진행을 내적과정과 외적 수업사태(instructional event)로 구분하고 내적과정과 외적과정으로 구분하였다. 내적 학습과정은 수용, 기대, 작동 기억에 재생, 선택적 지각, 의미의 부호화, 반응, 강화, 재생을 위한 암시, 일반화 등 9단계로 구분하였다.[5]

외적과정인 수업사태(instructional event)는 내적 학습과정을 유발하기 위한 외적인 활동을 의미한다. 수업사태는 내적단계에 대응하여 주의 집중(gain attention), 학습자에게 수업목표의 통지(inform learners of objectives), 선행학습 회상 자극(stimulate recall of prior learning), 내용 제시(present the content), 학습안내 제공(provide learning guidance), 수행 도출(elicit performance), 피드백 제공(provide feedback), 수행 평가(assess performance), 파지(把持)와 전이의 증진(enhance retention and transfer to the job) 등 9단계로 진행된다.

1단계 주의 집중(gain attention)은 학습자가 어떤 형태로든 정보에 집중하고 주의를 기울이지 않으면 안된다. 이를 위해서 "지금부터 ○○○교육을 시작하겠습니다." 등의 학습이 시작됨을 알리는 갑작스러운 자극변화를 활용한다. 수업중간에도 주의가 흐트러질 때 학습자의 이름을 부르는 등의 언어적 방법과 빛과 소리 등 시청각 자극을 활용한다.

2단계 학습자에게 수업목표의 통지(inform learners of objectives)는 학습이 완료된 후 학습자들이 도달할 수 있는 최종 목표를 알려주고 기대감을 형성하게 한다. 기대는 학습동기에 영향을 준다. 학습자가 학습목표를 인지하고 기대를 가질 때, 학습과 관련된 자극에 보다 주의를 기울일 것이다.

3단계 선행학습 회상 자극하기(stimulate recall of prior learning)는 학습에 필요한 선행지식을 알려주고 회상하도록 한다. 새로운 지식을 받아드리는 것은 누구에게나 쉬운 일이 아니다. 선행지식이 있을 경우 새로운 지식내용을 보다 쉽게 받아들일 수 있다. 따라서 교수자는 학습자의 학습을 돕기 위해서 관련된 필수 선행정보를 회상시킬 필요가 있다.

4단계 내용 제시(present the content)는 학습자에게 새로운 학습내용을 제공하는 것이다. 학습될 내용에 따라 제시될 내용이 다르다. 수업목표가 정보 습득이라면 교재, 매체 등이 된다. 바람직한 태도를 익히는 것이 목적이라면, 바람직한 행동을 시연해 보인다. 학습내용을 특징있게 제시하는 것이 효과적이다.

5단계 학습안내 제공하기(provide learning guidance)는 4단계에서 제시된 학습내용을 학습자가 장기기억으로 전환할 수 있도록 시연이나 도표 등을 활용하여 지원한다. 문제해결과정이나 경험이 강조될 때 지시적 안내보다는 힌트나 코칭 등을 통해서 학습자가 스스로 해결할 수 있도록 한다.

6단계 수행 도출(elicit performance)은 학습내용이 학습자들에게 의해서 실행되는 단계이다. 이를 통해서 학습자들이 학습여부를 증명하게 된다. 연습문제를 풀거나, 질의응답, 실험 등을 통해서 실시한다.

7단계 피드백 제공하기(provide feedback)는 6단계의 수행이 얼마나 성공적으로 이루어졌는지를 알려주는 것이다. 학습자가 자신의 부족한 점을 파악하게 된다.

8단계 수행 평가하기(assess performance)는 다음 단계의 학습진행 가능여부를 확인하기 위해서 학습내용에 대한 시험, 프로젝트, 포트폴리오, 시연 등을 통하여 평가를 실시한다.

9단계 파지(把持)와 전이의 증진(enhance retention and transfer to the job)은 학습내용에 대한 다양한 연습과 시간 간격을 둔 복습이다. 새로운 학습이 다른 상황에서도 일반화하여 당초 주어진 조건을 넘어서 다른 상황에서도 적용할 수 있도록 한다. 이 단계는 수업에서 마지막 단계이긴 하지만 수업활동은 앞선 단계에서 대부분 실시되고, 복습은 과정 종료 후에도 지속된다. 이 단계의 특징은 다른 상황에서의 적용과 반복이다.

표 6-1 · 내적 과정과 연합된 Gagne의 9가지 수업사태(instructional events)

내적 과정	외적 수업사태	실행
수용	주의 집중	갑작스런 자극 변화를 활용하라
기대	학습자에게 수업목표의 통지	학습 후에 무엇을 할 수 있는지 학습자에게 말해주라
작동 기억에 재생	선행학습 회상 자극하기	이전에 학습한 지식이나 기능의 회상을 요구하라
선택적 지각	내용 제시	내용을 특징 있게 제시하라.
의미의 부호화	학습안내 제공	유의미한 조직화를 제안하라.
반응	수행 도출	학습자에게 수행하도록 요구하라.

내적 과정	외적 수업사태	실행
강화	피드백 제공	정보적 피드백을 주라.
재생을 위한 암시	수행 평가	피드백에 따라 학습자에게 추가적 수행을 부과하라.
일반화	파지와 전이 증진	다양한 연습과 시간 간격을 둔 복습을 시켜라.

자료: M. Driscoll(2005), Psychology of Learning for Instruction, Pearson Education, Inc, 양용칠, 학습심리학, 교육과학사, 2009.

교수지도안은 수업진행을 단계별로 구체화하고, 체계화하기 위하여 사전에 준비하는 것으로 학습내용에 따라 여러 가지 형태로 개발될 수 있다. 일반적으로 교수지도안에서는 수업사태를 유사한 내용을 단계별로 묶어서 크게 도입, 전개, 정리 3단계로 구분한다.

도입단계는 외적 수업사태의 주의 집중, 학습자에게 수업목표의 통지, 선행학습 회상 자극하기 등 세 가지 수업사태로 구성된다. 전개단계는 내용 제시, 학습안내 제공, 피드백 제공, 파지와 전이 증진 등 네가지 수업사태로 구성되며 종결단계는 학습을 요약하고 수행평가를 실시하고, 다음 학습을 위한 재동기를 부여한다. 다만, 수행평가는 수업 종료 후에 별도의 평가단계를 두기도 한다. 아울러 파지와 전이의 증진은 전체적인 강의 시간 내에 이루어지기도 하지만 강의 종료 후 시간적 간격을 두고 복습이 이루어지기도 한다.

도입, 전개, 종결의 시간 배분을 살펴보면, 도입은 전체 강의시간의 5-10%의 비중을 차지하며, 학습자들이 학습내용에 대하여 흥미를 가질 수 있도록 주의집중, 동기부여, 강의 주제 등에 할애한다. 전개는 강의시간의 80-85% 또는 65%를 차지하며, 가장 중요한 학습내용 제시, 실습, 예시, 질의응답 등으로 구성된다. 정리단계는 강의시간의 5-10% 또는 25%를 차지하며, 학습내용 전체에 대한 요약, 수행평가, 재동기부여, 맺음말 등으로 구성된다.

표 6-2 · 교수지도안의 구성요소와 수업사태

구분	비중	주요내용	수업사태
도입	5-10%	주의집중, 동기부여, 강의 주제	주의집중, 학습자에게 수업목표 통지, 선행학습 회상 자극
전개	80-85%(또는 65%)	학습내용 제시, 실습, 예시, 질의응답, 응용력	내용 제시, 학습안내 제공, 수행도출, 피드백 제공, 파지와 전이 증진
종결	5-10%(또는 25%)	요약, 평가, 재동기부여, 맺음말	수행평가

자료: 김종표, 기업교육론, 양서원, 2006, 참고 재구성

한편, 교수지도안의 형태는 정형화되어 있지 않고, 필요에 따라 다양한 형태를 활용한다. 김종표(2006)는 교수지도안의 형태를 백지에 내용만 공란에 작성하는 백지식 지도안, 강의내용과 보조재료 사용계획을 작성하는 2란식 지도안, 강사의 활동, 강의내용, 참고사항을 작성하는 3란식 지도안, 학습항목, 학습시간 및 방식, 교수내용, 비고로 구성되는 4란식 지도안 등으로 구분하고 있다.[6]

교수지도안의 일반적인 활용예시를 살펴보면 다음과 같다. 먼저 강의 전체 개요를 파악할 수 있도록 학습자 특성, 수업주제, 전체 과정의 목표인 일반목표, 수업목표와 수업을 진행함에 있어 필요로 하는 수업매체 등을 제시한다.

다음으로 강의의 가장 핵심요소인 교수 수업의 단계를 도입, 전개, 정리로 구분하고 단계별로 필요로 하는 배당시간, 학습활동, 교수매체, 수업형태를 제시한다. 학습활동은 학습내용과 관련하여 이에 대한 교수자의 활동과 이에 반응하는 학습자 활동으로 구성된다. 아울러 학습목표 달성여부를 확인할 수 있는 평가방법과 평가문항을 별도로 구분하여 제시한다.

표 6-3 · 교수지도안(예시)

차 시				
학습자특성				
수업주제				
일반목표				
수업목표				
수업매체	강사		학 습 자	

단 계	배당시간	학습활동		교수매체	수업형태
		교수자 활동	학습자활동		
도 입					
전 개					
정 리					
평가문제					

3 교보재 개발

교육시간에 듣기와 보기를 함께 할 경우 학습효과가 5배나 높다고 한다. 활력 있는 교육을 위해서는 시청각 자료와 도구를 활용하는 것이 좋다. 그러나 각 보조물은 장·단점이 있어서 최고의 매체보다는 최적의 매체를 선택해야 한다. 따라서 교육하고자 하는 내용과 목표에 맞는 교육보조물을 선정하는 것이 좋다.

(1) 교보재의 목적

교보재의 일반적인 사용목적과 개발 시 참고할 지침은 다음과 같다.

① 학습자들에게 학습자료를 시각적으로 검토할 기회를 부여함으로써 현재 논의되고 있는 내용에 주의를 집중시킨다.
② 시각적으로 호소력이 있는 자료를 제시함으로써 학습주제에 관심을 높인다.
③ 학습자료의 설명에 한 가지 이상의 자료(예: 보고 듣는 것)를 활용함으로써 학습자의 학습이해도를 높인다.

(2) 교보재 개발의 유의점

과정의 모든 교보재가 세부지침에 적합한지를 확인하고, 요구되는 시간과 분량을 고려하여 교보재를 개발한다. 여기에서 유의할 점은 다음과 같다.

① 최종 제작물과 생산량은 개발과정의 초기에 고려되어야 한다.
② 사전에 검토팀과의 검토일정을 결정해두어야 한다. 검토자(target audience)의 의견을 검증할 시간을 고려해야 한다.
③ 교수 프로그램이 두 개 이상일 경우에는, 패키지로 만들도록 해야 한다.
④ 교보재 제작물 체크리스트를 만든다.

한편, 교보재(training materials)를 개발할 때 검증할 지침은 다음과 같다.

171

① 교보재가 단원의 목적과 일치되는가?

② 정보가 명확하게 제시되었는가?

③ 교보재에서 오류나 내용의 생략은 없었는가?

④ 교보재 수준이 학습자에게 너무 높거나 낮지는 않은가?

⑤ 교보재의 디자인에 문제는 없는가?

⑥ 교보재가 적절히 주기화(sequencing) 되었는가?

⑦ 좀 더 많은 실용성(practice) 검토가 필요하지 않은가?

(3) 교보재 평가방법

① 일대일 평가

- 검토자를 선정한다. 학습내용의 초·중·고급 수준별 대표자를 1명씩 최소 3명을 선정한다.
- 검토자에게 평가의 목적, 기대사항, 역할 등을 설명한다.
- 교보재의 내용과 순서에 어떤 수정이 필요한지를 평가한다.

② 소그룹 실험(small group test) 실시

- 나이, 성별, 경험 등을 고려하여 8~20명 이하의 검토그룹을 선정하고 실험을 실시한다.
- 학습자 반응, 소요시간 등을 기록하고 난 후, 학습자와 함께 모든 내용, 순서, 교보재를 깊이 있게 토의 한다.
- 수정이 필요한 부분을 정리하고 전체적으로 다시 한 번 공유한다.

PARAGRAPH 03

강사 및 교수자(facilitator) 선정

1. 선정지침

교육훈련 목표의 달성은 교육내용에 대한 전문성과 강의기법을 겸비한 강사의 초빙여부에 좌우될 수 있다. 따라서 좋은 강사를 섭외하는 것이 중요하다. 교수·강사 선정 시에는 아래 지침을 참고하고 교과목별로 세 명의 예비강사를 선정한다. 훌륭하고 효과적인 교수·강사는 다음과 같은 조건을 갖추어야 한다.

- 내용 지식(content knowledge)
- 수업진행 역량
- 참가자들의 배경과 경험에 효과적으로 대응하는 능력
- 학습자의 문제를 돌보는 신념
- 진실성(credibility)
- 열정과 헌신(enthusiasm and commitment)
- 개인적 유효성
- 행정 지식(administration knowledge)
- 마음뿐만 아니라 영혼과 가슴으로 가르치는 능력(ability to teach from the heart and spirit, as well as the mind).

2 교·강사 섭외절차

앞과 같은 조건에 따라 선정된 교·강사 후보자에 대해 다음과 같은 일정으로 섭외, 강의의뢰서 발송, 교재원고 취합 등의 절차를 진행한다.

표 6-4 · 교·강사 섭외일정

구 분	시 간	주요내용	비 고
1. 강사섭외	D-40	강사선정기준에 의한 선정과 섭외 진행	
2. 강의의뢰 요청	D-30	강의의뢰 요청을 함	강의의뢰서 작성
3. 강의의뢰서 발송	D-30	강의의뢰서를 발송	
4. 교재원고 및 교육자료 취합	D-15	교재원고 및 교육자료를 취합	교재원고

선정된 교·강사 후보 순서대로 강의 의뢰를 한다. 의뢰내용을 간단하게 작성해서 메일이나 팩스로 발송하여 결정 시에 참고할 수 있도록 한다. 결정여부를 알려주기로 한 때까지 연락이 오지 않으면 다시 한번 연락을 취해본다. 가능한 1순위의 강사를 초빙하도록 하고, 저명인사를 초빙하는 특강의 경우에는 팀장 이상 운영책임자가 직접 섭외하는 것이 좋다. 섭외 시에는 강의의뢰서와 섭외요령을 정하고 참고하는 것이 좋다.

강의를 수락하면 강의의뢰서와 기관(회사)의 안내자료를 송부한다. 강사가 여러 명일 경우, 내용의 중복 방지와 교육과정 목적과 학습내용의 연계성 확보를 위해 강의의뢰서를 상세히 작성하여 발송한다. 교육대상자의 특성이 사전에 파악되면 강사에게 학습자의 특성을 알려주는 것도 필요하다.

강의의뢰서에 포함시킬 내용
• 강의교재 원고(과정 시작 15일 전까지 도착, 원고료 안내) • 부교재가 있을 시 강의일 3일 전까지 도착 • 교육매체 활용여부 체크(노트북, 파워포인트 등 강사 지참 또는 연수원에서 준비 여부) • 강사소개 약력카드 • 교육대상 인원, 연령분포, 직무별 등 • 강사료 지급 기준단가 안내, 계좌번호 등

강사의 교재원고를 적정시기에 수령하여 교재편집에 반영한다. 교재원고 수령 시 교육과정운영에 반영되어야 할 것(교실 배치방법, 교육매체 활용여부, 숙박 유무 등)은 미리 강사와 협의하여 강사가 교육진행 시 차질이 없도록 해야 한다.

표 6-5 · 강사 섭외 요령

안녕하십니까? 저는 ○○연수원(회사) ○○팀에서 근무하고 있는 ○○○입니다. ○○○교수(이사)님께 강의 요청이 있어서 전화드렸는데 통화할 수 있을까요?	
(처음 초빙강사)	**(초빙력이 있는 강사)**
○○○교수님 강의내용이 좋다는 평과 추천을 받고 우리 연수원(회사)의 교육생을 위해 ○○○교수님을 강사로 초빙하고자 이렇게 전화를 드렸습니다.	항상 저희 연수원(회사)의 발전에 많은 도움을 주셔서 감사합니다. ○○○교수님의 강의가 교육생들에게 반응이 좋아 다시 한번 모시고 싶어 전화를 드렸습니다.
(연수원의 위상과 역할 설명)	
우리 연수원(회사)은 ○○○○을 하는 교육훈련기관(회사)으로써 각 분야의 전문가를 초빙하여 질 높은 교육을 실시하고 있습니다.	
(교육과정, 교육기간, 교육대상 등 설명)	
① 다름이 아니오라 ○일부터 ○일 간 실시하는 ○○과정에 (교수)님께서 ○월 ○일 ○시간 정도 ○○분야(제목)의 강의를 부탁 드리려고 합니다. ② 교육대상은 ○○지역 소재 ○○업무담당자를 대상으로 ○○명쯤 교육을 실시할 예정입니다. (교수)님께서 그날 ○시간 정도 강의를 해주실 수 있겠습니까?	
(초빙요청을 승낙한 경우)	**(요청을 승낙하지 않은 경우)**
정말 감사합니다. 그러시면 ○월 ○일 ○○시부터 ○○시까지 ○시간 강의해 주시는 것으로 알고 자세한 사항은 다시 연락드리겠습니다. (교수)님 다시 한번 감사드립니다.	(교수)님을 꼭 모시고 싶었는데, 워낙 바쁘신 것 같습니다. 그럼 다음 기회에 다시 한번 부탁드리겠습니다. 바쁘실텐데 이렇게 시간을 내주셔서 감사합니다. 안녕히 계십시오.

PARAGRAPH
04

교육과정의 파일럿 실시

1 파일럿 실시의 의미

파일럿(pilot)의 의미는 교육과정을 실행하기 전 시범적으로 실행하는 것으로 교육과정이 완벽하게 실행되기 이전에 프로그램의 설계, 실행방법, 학습자료, 매체 등에서 수정할 부분을 찾아내고 부족한 부분을 검토하여 보완할 수 있도록 하는 기회이다. 파일럿의 운영방법을 살펴본다.

(1) 무엇을 평가할지 규명한다.

① 교육과정의 설계와 학습자의 성과달성 간의 관계규명
② 결과지향적인 직무산출물이 조직의 핵심전략과 연관되었는지 확인
③ 특정한 교수전략에 대한 반응 확인
④ 해당 교육과정이 학습목표를 달성했는지를 평가

(2) 파일럿 대상그룹을 선정한다.

① 교육대상 그룹의 이해관계자를 대표하는 집단
② 조직, 직무, 교육과정에 대해 올바른 가치관을 가지고 있는 집단
③ 높은 동기를 갖고 있고 동료들의 신뢰를 얻는 구성원들 집단
④ 향후 참가자들에게 과정의 실행에 대해 홍보할 수 있는 스킬과 파워를 가지고 있는 집단

(3) 파일럿에서 도출된 주요사항을 반영하고 행동한다.

실제 프로그램과 비슷한 파일럿 프로그램을 통해 도출된 문제들을 해결하고 피드백을 수렴하여 최고수준의 프로그램을 만드는데 적용한다.

(4) 파일럿의 결과를 사용해서 프로그램을 수정한다.

① 파일럿 프로그램을 실행함으로써 나타난 결과를 토대로, 필요하다면 프로그램을 수정
② 특히, 교육대상자들이 필수적으로 갖추어야 할 역량들에 대해 명확히 함
③ 프로그램의 내용전달에 있어 의미와 유용성에서의 차이를 규명함
④ 학습자들이 성취할 수 있는 역량의 수에 대한 기대가 적절하지 못했다면, 그 기대를 수정함

(5) 파일럿 테스트에 참가한 사람들을 보상한다.

파일럿테스트(pilot test)에 참가한 사람들에게 감사의 표시와 보상을 하도록 한다.

◉ **표 6-6** • Pilot course 평가서(예시)

1. 과정 총 소요시간 :   시간

단원	단원1	단원2	단원3	단원4	단원5	단원6
계획 시간						
실제 시간						
편차						

2. 평가 참여 학습자

	1	2	3	4	5	6
학습자 성명						
사전평가 점수						
사후평가 점수						
합격 여부						

3. 학습자 의견

긍정적 평가	부정적 평가	개선요망 사항

4. 교수자 의견

긍정적 평가	부정적 평가	개선요망 사항

5. 관찰자, 평가자 의견

긍정적 평가	부정적 평가	개선요망 사항

6. 구체적 개선 계획

개선 대상	개선 필요사항	담당자	계획일자	완료일자

❷ 과정개발에서의 형성평가

과정개발 단계에서의 형성평가는 각 단원별로 개발이 제대로 완료되었는지의 여부와 제작 착수여부를 결정하기 위한 것이다. 형성평가에서는 다음의 체크사항을 활용한다.

① 개발계획에서 개발과제별 책임소재, 예상 완료시기, 예상 경비 등이 개발과제의 특성에 따라 적절히 고려되고 있는가?
② 개발자의 의도, 개발 상황, 프로젝트의 특성에 비추어, 핵심 개발과제가 빠짐없이 선정되었는가?
③ 개발된 교재는 설계단계에서 명시된 기준과 일치하고 있는가? 즉, 학습목표의 반영여부, 교육내용에 대한 과정개발자와 SME 간의 합의여부, 교수전략, 학습자 활동, 시간배분, 계열과의 적절성 등
④ 개발된 강사 매뉴얼은 교재와 일관성을 유지하면서 충분한 활용지침을 제공해 주고 있는가?
⑤ 제작된 교수매체자료는 주어진 학습목표 및 교육내용을 전달하는데 효과적으로 판명되었는가?
⑥ 평가도구는 설정된 수업목표와 일관성을 유지하고 있는가?
⑦ 개발된 교재, 강사매뉴얼, 평가도구 상의 표현 형태, 문법, 철자법상의 오류는 없는가?

형성평가 대상(예시)

- 학습목표(최종목표, 세부목표, 하위목표)
- 학습내용
- 강사용 매뉴얼 또는 교안의 구성(instructional events) 및 교수전략
- 교육방법
- 교수방법
- 전달매체
- 평가문항
- 개발계획의 계획 대비 실시
- 교수자용 지도안 완성본
- 학습자용 교재 완성본
- 이외에도 평가할 필요가 있는 것

형성평가 단계(예시)

- 일대일 평가
  프로그램의 현저한 잘못을 발견하여 제거 또는 학습자의 일차적 반응수집
  (3명 정도의 학습자와 개별적으로 실시)
- 소집단 평가
  일대일 평가에서 이루어진 수정의 효율성을 결정하고도 남아있을 학습상의 문제를 도출
  (8~20명의 학습자 선정)
- 현장평가
  최종적으로 활용될 학습장면과 거의 유사한 장면에서 평가
  (최소 30명 이상의 학습자 필요)

형성평가 방법은 아래와 같은 방법으로 다음의 서식을 활용할 수 있다.

① 평가할 단원명을 기재한다.

② 단원개발 내용의 형성평가 결과를 기술한다.

- 평가대상 : 평가대상은 개발단계의 모든 사항들이 포함되고, 평가할 대상을 모두 기입
- 평가자 : 해당 평가대상을 평가할 평가자를 선정하여 평가의뢰를 한다.
- 평가의견 : 평가자가 평가대상을 평가한 이후의 긍정적, 부정적 의견을 모두 기술
- 개선방향 : 평가의견에 따라 개선해야 할 방향을 기입한다.

③ 구체적 개선계획 : 제기된 평가의견과 평가방향을 토대로 과정 개발자가 개선사항의 우선순위를 고려하여 개선계획을 수립한다.

- 개선대상 : 평가의견 중 개선방향이 설정된 것을 기입
- 개선 필요사항 : 개선 대상의 개선할 사항을 구체적으로 기술한다.
- 계획일자 : 개선 예정일을 계획하여 기입한다.
- 완료일자 : 개선계획이 완료되면 완료일자를 기입한다.

표 6-7 · 형성평가 양식(예시)

단원명 :			
형성평가 결과 :			
평가대상	평가자	평가의견	개선방향

구체적 개선계획				
개선대상	담당자	개선필요 사항	계획일자	완료일자

형성평가 시의 질문(예)

- 수업 프로그램은 해당 목표의 학습영역을 학습하기에 적절한가?
- 수업 프로그램은 하위 기능들을 제대로 가르치고 있는가?
- 대상 학습자들이 수업 프로그램을 분명하고 쉽게 학습하는가?
- 수업 프로그램의 동기유발적 가치는?
- 전달방법, 시간배정 등은 적정한가?

1) 김성일, 윤미선(2004). 학습에 대한 흥미와 내재 동기 증진을 위한 학습 환경 디자인, 교육방법연구, 제16권 제1호, pp. 39-66.

2) U. Schiefele(1991). Interest, learning, and motivation. Educational psychologist, 26(3 & 4), pp. 299-323.

3) 김용현, 김종표, 문종철, 이복희(2010), 평생교육프로그램개발론, 양서원

4) 최선희, 박성민, 권정언(2004), 기업교육프로그램 개발의 실제, 서현사

5) M. Driscoll(2005), Psychology of Learning for Instruction, Pearson Education, Inc, 양용칠, 학습심리학, 교육과학사, 2009.

6) 김종표(2006), 기업교육론, 양서원

기타참고자료
 - 현영섭(2011), HRD 핵심지식 1, 고려아카데미컨설팅
 - 중앙공무원교육원(2007), HRD담당자 업무매뉴얼

윤리경영 강의를 위한 교수지도안(사례)

신입직원에게 윤리경영의 중요성을 설명할 수 있도록 하기 위해서 설계한 윤리경영을 교수지도안을 살펴보면 아래 표와 같다. 일반목표를 설정한 후 이를 달성하기 위한 세부 수업목표 5가지를 제시하고 있다. 이에 따른 수업 매체는 PPT와 동영상을 활용하고 있다. 수업시간은 총 100분이며, 교수자는 동영상, PPT 등을 활용한 설명과 질문을 하고 학습자는 질문에 응답한다. 수업은 전체적인 내용에 이해를 돕는 도입부분과, 수업내용을 진행하는 전개, 핵심적인 내용을 반복해서 이해시켜주는 정리로 진행한다. 끝으로 평가문제를 활용하여 수업이해도에 대한 평가를 실시한다.

교수지도안		
차 시	1차시(100분)	
학습자특성	신입사원	
수업주제	윤리경영	
일반목표	신입사원이 윤리경영의 중요성을 설명할 수 있다.	
수업목표	1. 윤리경영관련 국제적 기준과 기업의 사회적 책임 개념을 설명할 수 있다. 2. 윤리경영의 실패기업 사례를 제시하고 실패원인을 설명할 수 있다. 3. 윤리경영의 성공기업 사례를 제시하고 성공요인을 설명할 수 있다. 4. 회사내 윤리경영 관련 규정을 설명할 수 있다. 5. 내부고발자의 역할과 보호에 대하여 기술할 수 있다.	
수업매체	강사	학습자
	PPT, 화이트보드	교재

단계	배당 시간	학습활동		교수 매체	수업 형태
		교수자 활동	학습자 활동		
도입	3분 3분 3분 1분	• 최근 언론에서 기업의 비리와 관련된 보도를 본적이 있는지 질문한다. • 윤리경영관련 재미있는 영국의 에피소드("자네의 행위가 탄로 났네")를 들려준다. • 기업의 부정비리와 관련된 방송보도 내용을 동영상으로 편집하여 제공한다. • 수업목표를 PPT를 이용하여 제시한 후 같이 읽는다.	강사와 질의 응답 PPT 읽기	PPT 동영상	강의법
전개	15분	■ 수업목표 1 : 윤리경영관련 국제적 기준과 기업의 사회적 책임 개념을 설명할 수 있다. 　① 윤리경영의 국제적 기준 　　- UN Global Compact, UN 부패방지협약, OECD 뇌물방지협약 　② Caroll의 기업의 사회적 책임 　　- 법적 책임, 경제적 책임, 윤리적 책임, 자발적 책임 • 기업의 존재 목적에 대하여 질문한다. • 윤리경영관련 국제적 기준이 도입된 배경을 설명한다. • 윤리경영관련 국제적 기준의 현황을 설명한다. • 기업의 사회적 책임을 설명한다. • 형성평가 1 　- 기업의 사회적 책임에는 어떤 것이 있는지 질문한다. ■ 수업목표 2 : 윤리경영의 실패기업 사례를 제시하고 실패원인을 설명할 수 있다. 　① 윤리경영 실패기업 : 엔론, 두산, 유키지루시유업 　② 윤리경영 실패원인 　　- 문제축소에 주력 　　- 책임회피 　　- 윤리경영 시스템 부재		PPT 동영상	강의법

전개	15분	• 윤리경영에 실패할 경우 기업에 어떠한 영향을 끼치는가에 대해 질문한다. • 엔론의 윤리경영 실패사례와 원인을 설명한다. • 두산의 윤리경영 실패사례와 원인을 설명한다. • 유키지루시유업의 윤리경영 실패사례와 원인을 설명한다. • 형성평가 2 - 윤리경영의 실패원인이 무엇인지 질문한다 ■ 수업목표 3 : (생략) ■ 수업목표 4 : (생략) ■ 수업목표 5 : (생략)			
정리	10분	• 수업목표를 다시 보여주고 수업내용을 요약 설명하고 중요사항을 강조한다. • 평가문항에 있는 내용을 제시하여 다시 한번 복습하게 한다. • 수업내용중 의문사항에 대하여 질문을 받는다. • 윤리경영의 중요성을 강조하고 수업을 마무리 한다.	질의 응답		
평가 문제		1. UN에서 제정한 윤리경영관련 국제적 기준 2가지를 설명하시오. 2. 윤리경영에 대한 다양한 정의가 있으며, 이 중 Caroll교수의 정의에 따른 기업의 사회적 책임에 대한 설명 중 맞는 것은? 　① 경제적 책임이란 기업 자체가 적절한 가격에 판매하고 고객들에게 보상이 가능한 이윤을 창출하는 책임을 의미 　② 윤리적 책임이란 기업은 기업과 관련된 직접적 이해관계자의 기대, 기준 및 가치에 부합하는 행동을 하여야 할 책임을 의미 　③ 자발적 책임이란 경영활동과 직접 관련이 있는 문화 활동, 기부, 자원봉사 등을 의미 　④ 법적 책임이란 사회가 만들어 놓은 법의 테두리 내에서 경영을 해야 하는 책임을 의미 3. 윤리경영 실패기업의 사례에서 윤리경영의 실패원인 2가지를 설명하시오. 4. 다음 중 윤리경영에 실패한 기업이 아닌 것은? 　① 존슨앤존슨 ② 두산 ③ 엔론 ④ 월드콤 5. 윤리경영에 성공한 기업의 성공사례 2가지를 설명하시오. 　(생략)			

핵심용어

- 학습자교재
- 내용전문가(Content Expert)
- 교수 지도안
- 교보재
- 파일럿의 운영방법

- 주제전문가(SME)
- 과정전문가(Process Expert)
- Gagne의 9가지 수업사태
- 강사 및 교수자

연구문제

❶ 어떤 한 과목의 교수설계명세서에 기초하여 단원개발계획서(안)을 만들어 보라.

❷ 현재 어떤 교육훈련에 쓰여지고 있는 어떤 한 과목의 교재와 교안을 선정하여 교안의 구성비중, 구성형식 등이 어떻게 짜여져 있는지 분석해보라.

❸ 어떤 한 과목의 파일럿 테스트 평가서를 확보하여 사례학습을 해보라.

HRD 프로그램의 실행

제1절 HRD 프로그램의 실행
제2절 기업의 HRD 지원제도
제3절 교육훈련의 전이

학습목표

1. HRD 프로그램의 실행 시 준수해야 할 학습법칙을 설명할 수 있다.
2. 우리나라 기업의 대표적인 HRD 지원제도에 대하여 설명할 수 있다.
3. 교육훈련의 전이 개념화와 효과적인 전이방법을 설명할 수 있다.

인적자원개발의 전개에 있어 네 번째 단계는 각종 교육훈련을 실제로 실행하는 것이다. 이러한 학습은 지속적인 조직개선과 수행능력향상을 위한 핵심요소이다. 조직에서 학습을 촉진하려면, 먼저 개인의 학습목표, 학습방법, 그리고 개인의 성장과 조직의 목적과의 조화 등을 인식하고, 학습과정에 적용되는 '학습의 열 가지 법식'을 실천에 옮겨야 한다.

기업에서는 직접적인 교육훈련의 실시이외에 종사자의 자발적인 HRD활동에 대한 참여를 유도하기 위하여 교육이수학점제, 학습공동체(Cop), 사내자격 등 다양한 제도를 운영하고 있다. 또한 조직은 교육훈련의 전이를 제고하기 위한 프로그램의 설계, 실행단계에서 고려해야 할 요인과 직무복귀 이후 고려해야 할 요인 등을 점검할 필요가 있다.

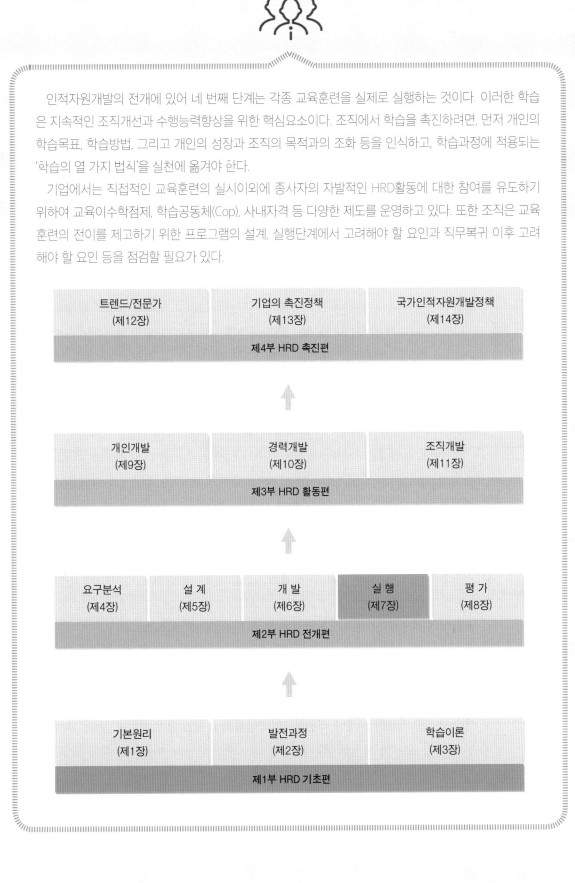

트렌드/전문가 (제12장)	기업의 촉진정책 (제13장)	국가인적자원개발정책 (제14장)
제4부 HRD 촉진편		

개인개발 (제9장)	경력개발 (제10장)	조직개발 (제11장)
제3부 HRD 활동편		

요구분석 (제4장)	설계 (제5장)	개발 (제6장)	실행 (제7장)	평가 (제8장)
제2부 HRD 전개편				

기본원리 (제1장)	발전과정 (제2장)	학습이론 (제3장)
제1부 HRD 기초편		

PARAGRAPH
01

HRD 프로그램의 실행

1 학습실행과 촉진의 기본원리

학습은 조직변화의 열쇠이다. 학습없이 개인, 팀, 그리고 조직의 성장과 발전은 이루어 질 수 없다. 따라서 학습은 지속적인 조직개선과 수행능력 향상을 위한 핵심요소이다. 학습은 자기 주도적인 배움과 경험을 통해서 획득한 지식으로 정의할 수 있다. 또 기억해야 하거나 사용해야 할 지식, 기술, 역량, 태도, 그리고 아이디어를 획득하는 기예라고 개념화할 수도 있다. 또는 경험을 통한 행동의 변화를 의미하기도 한다. 대부분의 사람들은 명시적으로 행위가 이루어지고 행동이 변화할 때 진정한 의미의 학습이 이루어졌다고 생각한다. 사람들은 자신의 경험을 반추하고, 행동의 결과를 숙고하며, 그것으로부터 교훈을 얻는다. 마시크 등(Marsick, Volpe & Watkins, 1999)에 따르면, 조직에서 학습을 촉진하기 위해서는 먼저 다음 사항들을 인식해야 한다고 강조한다.[1]

- 개인이 무엇을 배우고 싶어하는가(학습목표)
- 학습이 어떻게 개인의 삶 또는 경력, 그리고 조직의 목적에 기여할 것인가(개인의 성장 욕구와 조직의 목적 달성)
- 어떻게 하면 가장 효과적으로 학습할 수 있는가(개인의 학습방법)

학습은 개인, 팀, 조직 수준에서의 능력을 발전시키는 데 초점을 맞춘다. 그에 따라 개인, 팀, 조직은 끊임없이 성장, 발전하여, 이전에는 불가능했던 성과를 낳게 된다.

학습에는 유기체의 성장에 대한 물리적 법칙처럼 중요한 법칙들이 있다. 그 법칙들은 어떤 특정한 요인이 특정한 결과를 낳는 과정과 관련된다. 아주 단순하게 말하면, 학습은 경험의 전달을 통해서 일어난다. 경험은 사실, 진리, 아이디어로 구성되어 있으며, 말을 사용하거나 상징, 사물, 행동, 또는 예시를 통해서 학습할 수 있다. 학습 프로그램 또는 훈련활동의 내용, 방법, 목적과 관계없이, 행위 그 자체는 언제나 실질적으로 동일하다. 그것은 경험의 전달이다.

학습행위를 철저하게 분석하면, 다음과 같은 열 가지 요인 또는 기능들을 발견할 수 있다.[2]

- 두 가지 관점 요인 : 학습철학과 학습환경
- 두 가지 유형의 사람 : 학습촉진자와 학습자
- 두 가지 정신적 요인 : 공통의 언어 또는 의사전달 매개체와 전달할 내용, 사실 또는 기술
- 네 가지 기능 또는 과정 : HRD 실천가의 기능, 학습촉진자의 기능, 학습자의 기능, 그리고 결과를 평가하고 수정하는 과정

각각의 요소 또는 기능들은 그 비중이 어떻든 관계없이 모두 고려해야 한다. 어느 하나도 생략해서는 안 되고, 다른 어떤 것을 첨가할 필요도 없다. 이것들이 결합되어 학습과정을 구성한다. 이 요인들을 적절하게 조화시키기 위해서는 다음과 같은 열 가지 학습법칙을 따라야 한다.[3]

① 학습촉진자는 학습에 대한 확고한 철학을 가져야 한다.
② 학습촉진자는 학습 또는 수행개선 요구를 분석해야 한다.
③ 학습촉진자는 학습을 위한 환경을 조성해야 한다.
④ 학습촉진자는 가르칠 프로그램, 내용, 주제, 기술 또는 사실에 대해 알고 있어야 한다.
⑤ 학습자는 프로그램, 내용 또는 주제에 대해 관심을 가지고 참여해야 한다.
⑥ 학습촉진자와 학습자는 공통의 언어를 사용해야 한다.
⑦ 배워야 할 정보, 사실 또는 기술은 학습자가 이미 알고 있는 정보나 사실에 기초하여 설명해야 한다. 즉, 모르는 것은 아는 것을 바탕으로 설명해야 한다.
⑧ 교육의 과정은 흥미로워야 한다. 지식과 기술을 습득시키기 위해서 학습자의 참여를 이끌어내야 한다.
⑨ 학습은 개인이 새로운 아이디어나 사실에 대해 이해하고 인지한 것을 행동과 습관으로 바꾸는 과정이어야 한다.
⑩ 전달받은 자료, 정보, 사실, 또는 기술을 복습하고, 다시 생각해 보고, 다시 실행해보며, 적용함으로써 학습한 것을 반추해야 한다.

2 성인학습의 원칙

어떤 학습촉진자는 강의나 강독을 통해서만 정보를 전달한다. 이런 방법은 성인들이 선호하는 학습방식이 아니다(Zemke & Zemke, 1995).[4] 직원들이 요구하기 때문이 아니라 조직이 필요로 하거나 중요하다고 여기기 때문에 학습이 이루어지는 경우도 많은데, 이것 역시 성인교육학의 기본적 가정에 위배된다. 성인학습자는 자신의 학습에 적극적으로 참여하고자 하기 때문이다.(Knowles, 1975)[5]

학습촉진자는 성인학습에서 네 가지 기본적인 원칙을 지켜야 한다.[6]

① 유의미하고 실용적인 경우에만 새로운 정보를 제공하라. 새로운 이론을 소개하려면, 그 이론을 실제에 적용해 보도록 해야 한다. 그럼으로써 새로운 학습에 대한 저항을 줄일 수 있다.

② 제공한 정보를 완전히 배울 수 있도록 하되, 시각과 청각이 점차 쇠퇴한다는 점을 고려하라. 그렇지만, 성인은 평생 동안 학습할 능력을 가지고 있고, 그렇게 여겨져야 한다.

③ 한 번에 한 가지의 개념 또는 아이디어만을 제시하여 성인들이 이미 가지고 있는 지식과 통합할 수 있도록 하라. 또한 이해를 증진시킨다는 미명 아래 성인학습자들에게 여러 가지 활동들을 동시에 요구하지 말라. 학습의 주요한 목적은 지식, 기술, 역량, 태도를 개발하여 문제를 해결하고 수행을 개선하기 위한 것이라는 점을 명심하라. 따라서 문제는, 어떤 방법을 사용하고 그 과정이 얼마나 엄밀한가가 아니라, 단지 원하는 역량, 기술, 지식, 태도를 개발하였는가에 있다.

④ 자주 요약하고 되짚어서 성인학습자들이 잘 기억하도록 하라. 시간이 부족하다는 이유로 이것이 무시되거나 간과되는 경우가 많다. 그러나 요약하고 되짚어보지 않으면 배운 내용을 제대로 적용하지 못하거나 아예 적용하지 못할 수 있다.

3 물리적 환경의 배치

우선 중요한 것은 물리적 환경을 배치하는 것이다. 환경은 훈련생이 학습에 집중하기에 편안함을 느낄 수 있어야 하므로 특히 현장훈련에서 중요하다. 현장훈련 분위기가 훈련을 방해하는 산만함(소음, 전화벨 등)이 유발된다면 트레이너는 이것들을 제거하거나 최소화하기 위해 노력해야 한다.

강의실의 경우에도 물리적 환경(자리배치, 안락함, 공간적 산만 등)을 잘 배치하여야 한다. 적정한 배치는 트레이너와 훈련을 받는 사람 사이에 공간적인 관계를 정립하기 때문에 중요하다. 이동식 의자가 있는 교실에서는 프로그램 성취를 촉진하도록 자리배치를 조정하는 것이 좋으며, 이러한 배치는 참가자들 사이에 상호작용과 피드백을 배가할 수 있다.

물리적인 편안한 수준은 성공적인 훈련에 있어 매우 중요하다. 교실온도가 극도로 높으면 학습을 방해하게 되며, 덥거나 숨 막히는 교실은 참가자들을 피로하게 만든다. 교실이 너무 춥게 되면 참가자들의 주의를 산만하게 하고 솜씨발휘를 감소하게 한다. 물리적 환경을 배치할 시 소음, 조명, 장애물과 같은 물리적인 주의 산만을 고려해야 한다. 교실 밖에서의 소음은 문을 닫거나 '조용히 하라'는 행동기호를 표시하고 적절치 못한 불빛은 참가자들의 주의를 끌지 못하거나 유인물, 투시물, 계획된 자료를 전달하기 어렵다.

4. HRD 프로그램의 실행준비

HRD 프로그램의 실행에 필요한 환경이 정리된 후에는 프로그램을 성공적으로 착수하고 유지되도록 해야 한다. 첫째로 훈련과정 개요, 목적, 토픽, 좌석배치 사유 등을 설명하는 교수요목을 준비하고, 명백한 기대치를 제시하기 위해 교육과정 개요를 먼저 제시하고 상세하게 설명한다. 때로는 반복설명하거나 교육훈련 프로그램 과정 전반에 걸쳐 정기적으로 강조해 준다. 둘째로 트레이너는 교육훈련을 받을 사람의 능력수준과 학습동기를 판단해야 한다.

이를 위한 방법으로 프로그램에 들어가기 전에 현재의 능력을 평가하기 위한 초기 실습과 사전 테스트를 실시하는 것이다. 이때에는 참가자들의 동기를 평가하기보다는 동기를 강화하는 활동이 더욱 유익하다.

교육훈련 프로그램은 참가자들끼리 상대를 알아가고 서로를 격려하면서 서먹서먹함을 푸는 과정이다. 이것은 다음과 같이 몇 가지 이유에서 중요하다.

① HRD 프로그램의 이점은 참가자들에게 인적 네트워크 조성기회가 되며 조직 내의 동료를 알 수 있게 하는 것이다.

② HRD 프로그램을 통해서 일반적으로 사회적 동의를 추구하게 하는 것이다.

③ 참가자들은 상호 존중과 열린 마음의 풍토를 조성하는데 항상 노력해야 하며, 조별 미팅을 효과적으로 진행하고, 가르치고, 학습을 촉진해야 한다. 트레이너는 과목을 이끌어가면서 훈련을 받는 사람의 기초를 형성하고 대인관계기법을 향상시키는 기회가 되도록 격려해야 한다.

셋째로 트레이너는 교육훈련을 시작하기 전에 교육과정의 운영에 필요한 기본적인 세팅물, 강의장 세팅물, 운영 매뉴얼 등을 사전에 준비해야 한다.

> 예를 들면, 분임조 내에서 동료들이 어려운 문제를 해결해가는 능력에 감동을 받거나 또는 사회적으로 고립감을 느낄 수 있으므로 트레이너들은 훈련을 받는 사람의 사회적 요구에 민감해야 하며 느낌을 강화하는 반응을 중시해야 한다.

HRD 실행 준비 체크리스트 사례

세부준비사항	완료여부	세부준비사항	완료여부
1. 교육운영 기본 세팅물		- 봉투 및 결재판	
- 명찰 내외피		- 교육 경비	
- 교육 대상자 기록부		- 귀중품 보관봉투	
- 교재 및 노트		- 과정정리 양식	
- 예비용 필기구		- 기념품 및 상품	
2. 강의장 세팅물		- 의약품	
- 게시판 부착물		5. 운영 매뉴얼 준비	
(시간표 및 명단)		- 생활안내 매뉴얼	
- 참관인 교재		- 과정소개 매뉴얼	
- OHP, VTR, 마이크 등		- 게임운영 매뉴얼	
3. 과정본부 세팅물		- 개강식, 수료식 매뉴얼	
- 과정개요, 시간표		- 강사소개 매뉴얼	
- 교육 대상자 명단 및 현황		- 각종 멘트 자료	
- 배차 계획표		- 일자별 진행체크리스트	
4. 과정운영 준비물		- 일과정리 요약매뉴얼	
- 교육 대상자 현황판		6. 기타 중요 준비사항	
- 강사료 및 영수증		- 시청각 비디오 등	

자료: 현영섭. HRD 핵심지식 1. 고려아카데미컨설팅. p. 246.

기업의 HRD 지원제도

기업에서는 종사자의 역량 향상을 위해서 다양한 활동을 전개하고 있다. 이 중 가장 대표적인 것이 교육훈련과정에 종사자들이 참여토록 하는 것이다. 기업에서 개설하는 교육훈련의 종류는 교육훈련 대상자에 따라 신입사원교육, 실무자교육, 관리자교육, 경영자교육 등으로 구분할 수 있다. 교육내용에 따라서는 직무교육, 신기술교육, 영업 및 대인관계 교육 등으로 구분할 수 있다. 또한 교육방법에 따라 자체교육, 위탁교육, 집체교육, 현장교육(OJT), 원격교육 등으로 구분된다. 교육훈련의 종류와 내용에 대해서는 개인개발(9장)에서 세부적으로 살펴보기로 한다.

입사후 90일 교육의 중요성

최근 미국에서는 기업들이 힘들여 스카우트한 핵심인재들 중 40%가 회사에 적응하지 못해 18개월 안에 퇴사하고 있으며, 국내에서도 비슷한 현상이 나타나고 있다고 삼성경제연구소가 밝혔다.

삼성경제연구소는 '격동기, 사람이 경쟁력이다'라는 보고서에서 왓킨 하버드비즈니스스쿨 교수가 210개 미국기업을 대상으로 조사하여 발표한 논문을 인용, 이같이 밝히고 "미국기업에서는 핵심인재가 회사에 입사한 뒤 본격적으로 성과를 내는 데 걸리는 시간이 평균 6.2개월 정도로 조사됐다"며 "입사 후 초기 90일간의 교육이 핵심인력 활용의 성패를 좌우하고 있다"고 말했다. 기껏 뽑아 놓은 핵심인재 1명이 18개월 이내에 퇴사해버릴 경우, 회사측은 일반관리자의 월급 24개월치 정도를 허비하는 셈이 된다고 연구소는 덧붙였다.

또한 기업에서는 종사자가 HRD활동에 스스로 계획하고 참여할 수 있도록 직접적인 교육훈련 실시 이외에 교육이수학점제, 학습공동체(COP) 및 학습마일리지제, 사내강사, 사내자격 등 다양한 HRD지원 제도를 운영하고 있다.

1 교육이수학점제

기업에서 종사자들이 당해 직급에서 체류하는 동안 필수적으로 취득해야 하는 총 교육훈련량을 설정해 놓고 이를 학점으로 환산하여 관리하는 제도이다. 또한 획득해야 하는 학점뿐만 아니라 필수적으로 이수해야 하는 교육과정도 제시하고 있다. 교육이수학점의 총량과 필수과정 및 선택과정은 기업의 경영환경에 따라 달리 운영되고 있으며 교육이수로 인정하는 것은 교육훈련 참여, 학위취득, 세미나 참석, 연구논문 발표 등으로 다양하며 이들 활동을 각각 학점으로 환산하여 참여에 따라 학점을 부여한다. 교육이수학점제도는 기업에서 종사자들의 자기개발에 필요한 이수학점과 필수과정을 제공함으로써 스스로 자기개발계획을 수립하는 데 도움을 줄 수 있다.

2 학습공동체(COP) 및 학습마일리지제

기업에서는 종사자들이 스스로 학습활동에 참여할 수 있도록 학습공동체(Community of Practice) 활동을 지원한다. COP는 공통의 관심을 가진 참여자들이 자발적으로 학습활동에 참여하여 다른 구성원들의 학습을 서로 돕고 지원해주는 분위기가 형성된 특정 그룹을 의미한다. 레이브와 웽겔(Lave & Wenger, 1991)은 조직 내에서 신입직원이 선배직원으로부터 직무와 관련된 지식과 노하우를 전수 받으면서 학습공동체의 일원이 되어 가능 과정을 밝히는 과정에서 COP 개념을 최초로 도입하였다.[7] 학습공동체의 운영은 학습자들이 자발적으로 모여서 유사한 흥미 및 관심과 관련된 공통의 주제에 대해 발표, 토론, 시연하면서 서로의 경험을 공유하고 새로운 지식을 습득한다. COP가 다른 조직과 다른 특성은 참여자간 공통의 관심 영역이 존재하며, 상호작용 하는 공동체가 있고, 자신의 경험, 문제해결 방식 등을 공유하는 실천행동이 있다는 것이다. 실제 기업에서는 업무능력향상을 위한 실천적 지식을 습득할 수 있는 제도로서 활용하고 있다. 발표, 강의, 토론, 등 참여 활동의 종류에 따라 참여자에 대한 마일리지를 부여한다. 기업에서는 COP를 장려하기 위하여 운영에 필요한 경비 지원과 취득한 학습마일리지를 인사관리에 활용하고 우수 COP에 대해서는 포상한다. 학습공동체는 학습자 스스로의 참여의식을 높여 기업과 개인에게 필요한 다양한 주제에 대해 학습하고 나아가 조직이 직면하고 있는 문제 상황에 대한 해결책을 제시하기도 한다.

❸ 사내강사

기업의 교육에 있어 내용에 따라 가르치는 강사를 필요로 한다. 교육내용이 컴퓨터 활용, 대인관계, 리더십 등 기본 역량과 관계되거나 자동화기술 등 산업 전반(industry specific)에 활용되는 경우는 외부 전문강사를 활용한다. 그러나 당해 기업에서만 필요로 하는 기업 특유(firm specific)의 내용일 경우 외부 전문가를 활용하기 어렵다. 이를 위하여 기업에서는 고유직무와 관련된 내부 전문가를 사내강사로 활용한다. 그러나 사내강사의 경우 직무내용에 대해서는 전문성을 가지고 있으나, 교안 작성, 교수기법 등 강사로서의 역량은 미흡한 측면이 있다. 이를 보완하기 위해서 기업에서는 사내강사 인력풀(pool)을 모집하고 교수기법 등 필요한 교육훈련을 실시하고 경우에 따라 인센티브를 부여한다.

❹ 사내자격

산업구조의 고도화 등으로 기업에서 직무와 관련된 다양한 분야의 전문가가 요구되고 있다. 그러나 학력이나 외부에서 시행되고 있는 국가자격 및 민간자격만으로는 기업특유의 전문가를 육성하는 데에 한계를 가지고 있다. 자격은 개인의 능력을 증명하는 신호적 기능, 필요한 능력을 개발 유도하는 선도적 기능, 해당 분야 능력 소지자를 선별할 수 있는 선별적 기능, 개인이 가지고 있는 능력에 따른 독점적 지위 및 직업적 이익을 보호하는 면허적 기능을 가지고 있다. 이러한 특성은 기업내 전문가를 육성하고 관리하는 데 효율적이다. 기업에서는 사내 자격 종목을 설계하고 평가과정을 통하여 요건을 갖춘 자에게 사내자격을 부여한다. 사내자격은 근로자의 직무능력을 향상시키고 장기 근속자들의 직무몰입도와 근로의욕을 높인다. 또한 기업에서는 인력을 적재적소에 활용할 수 있는 도구로 활용할 수 있다.

PARAGRAPH
03

교육훈련의 전이

교육훈련은 어느 조직에서나 시간, 노력, 비용이 많이 투입되는 값비싼 활동이다. 따라서 교육훈련을 받은 것이 직무현장에 유용하게 쓰여져 조직의 생산성과 효율성에 기여하도록 하는 것은 교육훈련 성공의 중요한 관건이라고 할 수 있다. 이러한 점에서 전이(transfer)는 교육훈련을 설계하고 실행하는데 있어 중요한 부분이 아닐 수 없다.

여기에서는 프로그램 실행에 앞서 교육훈련의 전이(轉移)란 무엇이고, 효과적인 전이방법은 무엇인가, 또 교육훈련방법에는 어떤 것들이 있는지 등을 살펴보기로 한다.

교육훈련의 전이는 '조직구성원들이 직무 밖의 교육훈련과정에서 습득한 지식과 기술을 직무에 효과적으로 응용하는 정도' 라고 정리되고 있다(Lincoh & Guba, 1985).[8]

교육훈련 전이의 유형에는 무전이(zero transfer), 부정적 전이(negative transfer), 긍정적 전이(positive transfer)가 있다. 무전이는 직무행동에 아무런 효력을 발휘하지 않는 것을 의미하는데, 이는 교육훈련에서 배운 내용이 직무성과와 연결되지 않는 경우에 해당된다. 부정적 전이는 부정적 효과를 가져오는 경우인데, 교육훈련에서 배운 내용이 직무성과를 감소시키는 결과를 낳았을 때 발생한다. 부정적 전이는 교육훈련 내용이 이전에 학습된 직무행동과 충돌했을 때 발생한다.[9] 따라서 인적자원개발담당자는 교육훈련의 내용과 과정이 교육훈련 참가자의 직무와 연관되어 긍정적인 전이의 효과, 즉 학습의 효과가 극대화될 수 있도록 설계하여야 한다.

교육훈련의 전이를 촉진하기 위해서는 다음의 사항들이 고려되어야 한다.[10]

첫째, 교육훈련 참가자의 능력, 성격 등 특성을 고려할 필요가 있다. 사람들은 변화하기를 싫어하고 변화에 대해 부정적인 성향을 가질 수 있다. 따라서 사람들이 열린 마음으로 의사소통을 할 수 있도록 유도하는 것이 필요하다.

둘째, 교육훈련 프로그램설계의 문제이다. 이는 교육훈련의 내용과 방법이 교육훈련의 전이를 촉진하게끔 어떻게 구성되어 있느냐 하는 것이다. 여기에서는 HRD부서가 결정적 역할을 담당한다. 교육훈련 프로그램의 내용을 현장직무의 필요를 반영해 적절하게 짜는 것은 물론, 교육훈련 프로그램의 내용을 미리 교육훈련 참가자들에게 알려주어 학습에의 준비도를 높이고 동기를 유발시킬 수 있는 적절한 과제를 내주며, 개인학습과 그룹학습을 장려하고, 강의와 프로젝트와의 적절한 균형을 찾으며 교육훈련참가자들이 실제응용의 토대가 되는 이론적 기초와 모형, 틀을 수립하게 하고, 올바른 평가방법을 고안하여 실시하는 것에 이르기까지 교수전략을 세우는 일련의 활동들에서 HRD담당부서가 수행하는 일이 교육훈련의 전이를 촉진시키는 데 중요하기 때문이다.

셋째, 업무환경을 고려할 수 있다. 교육훈련을 통해 배운 것은 많았으나 이를 적용해 볼 기회가 주어지지 않거나 시설·장비 등이 갖추어지지 않으면 교육훈련 내용을 활용할 수 없게 된다. 따라서 이러한 기회나 장비 등이 마련되어 있는지 세심한 배려가 필요하다. 또한 발전을 위한 노력을 가치 있게 보는 조직풍토가 조성되어 있어 새로운 것을 시도하고 학습하는 것을 장려하고, 때로는 새로운 시도를 감행할 경우 실수하는 것에 관대한 조직문화도 교육훈련의 전이를 촉진하는데 영향을 미친다. 이 밖에도 상사의 지지, 동료들 간의 역학관계 등을 고려할 수 있다.

예를 들어, 어느 회사에서 신입직원을 대상으로 입사교육을 실시했다고 가정해보자. 그 회사는 신입직원을 대상으로 컴퓨터 활용능력을 향상시키기 위해 다양한 S/W프로그램을 다루는 방법을 가르쳤다. 입사교육이 끝난 후 현장에 투입되었을 때 정작 입사교육에서 배운 내용을 현장실무에서 사용한 직원은 극히 드물었다. 이는 실제의 작업환경, 직원들의 업무특성 등을 고려하지 않고 미리 교육프로그램을 만들어 놓았었기 때문이라고 볼 수 있다.

마지막으로 동기부여의 문제를 들 수 있다. 개인적인 보상 등 보상체계를 적절히 제공하는 것으로서 배운 것을 실제업무에 활용해 성과향상을 보였을 때 이를 인정해 인사평가에 반영하는 것도 한 방안이 될 수 있다. HRD담당자들은 훈련의 전이를 촉진하기 위해 다른 부서들의 역할을 조정·독려하는 일을 담당해야 한다. 다시 말해 HRD담당자들에게는 교육훈련 전이전략을 세우고 이를 실행할 책임이 있다는 것이다. 교육훈련 전이의 중요성을 조직에 알리고 조직의 다른 관리자들과 함께 업무성과 향상과 관련된 결정을 내리면서 전이전략을 실행해 나가는 자세가 요구된다.

교육훈련 전이전략을 세울 때 고려해야 할 다른 한 가지 요소는 교육훈련 전, 교육훈련 실시동안, 교육훈련 후에 관리자, 트레이너(교·강사), 훈련참가자들이 수행해야 할 역할이 달라질 수 있다는 점이다.[11] 교육훈련의 전이를 촉진시키는 일은 교육훈련의 성과와 직결되므로 HRD담당자는 HRD 프로그램 설계 시 전이의 효과를 고려하여 지속적으로 연구, 검토하는 자세가 필요하다.

연간교육계획서 양식 사례

연 간 교 육 계 획 서									
연도목표	연수목적	목적	니즈	대상자	적요(기간·교육장 등)	효과측정의 계획	예산	수정	
								사항	예산

자료: 현영섭. HRD 핵심지식 1. 고려아카데미컨설팅. p. 246.

교육이력카드 사례

1) Jerry W.Gilley, et al.,(2002): 장원섭역(2003), 앞의 책, p. 337.

2) 위의 책, pp. 338-339.

3) 위의 책, pp. 339.

4) R. Zemke & S. Zemke(1995), Adult Learning: What Do We Know for Sure?. Training, 32(6), 31.

5) Knowles(1975), Self-directed learning.

6) Jerry W.Gilley, et al.,(2002): 장원섭역(2003), 앞의 책, pp. 354-355.

7) J. Lave & E. Wenger(1991). Situated learning. Legitimate peripheral participation. Cambridge, England: Cambridge University Pres.

8) E. Guba & Y. Lincoln(1985), Fourth generation education.

9) Phi Delta Kappa(1971). National Study Committee on Evaluation, Educational evaluation and decision making.

10) 황안숙(2002), 「인적자원개발」, 양서원, pp. 202-208.

11) H. S. Bhola(1990). Evaluating 'Literacy for Develpoment' Projects, Programs and campaigns.

기타 참고자료
 - 김경호, 체계적인 배치 전·후 조기전력화 교육, 월간 인사관리, 2010. 11.
 - 현영섭, HRD 핵심지식 2, 고려아카데미컨설팅.

□ 강의 자가 진단(예시)

목소리	개선필요		보통		잘함
1. 목소리 크기가 적절한가?					
2. 말하는 속도가 적절한가?					
3. 발음이 똑똑한가?					
4. 목소리에 변화가 있는가?					
5. 목소리에 생동감(자신감)이 있는가?					
몸동작	개선필요		보통		잘함
1. 몸동작이 의도적이고 적절한가?					
2. 서 있는 자리를 옮겨주는가?					
3. 학생들에게 시선을 주고 있는가?					
4. 모든 학생들을 살펴보는가?					
5. 몸동작의 효과를 극대화 하는가?					
강의진행	개선필요		보통		잘함
1. 시간을 의미 있게 보내는가?					
2. 강의에 숨돌릴 여유가 있는가?					
3. 호기심을 유도하는가?					
4. 강의속도(Pace)가 적절한가?					
5. 강의가 끝나가고 있다는 것을 느낄 수 있는가?					
강의구성	개선필요		보통		잘함
1. 강의 목표를 확실하게 전달하였는가?					
2. 강의가 여러 단락으로 나눠져 있는가?					
3. 한 가지 이상의 강의 방법을 사용하는가?					
4. 지난 강의 내용과의 연관성이 보이는가?					
5. 가장 중요한 내용이 부각되었는가?					
질문, 대답, 반응	개선필요		보통		잘함
1. 학생들에게 효과적인 질문을 하였는가?					
2. 학생들이 참여(대답)할 기회를 주었는가?					
3. 학생들이 대답했을 때 긍정적 반응을 보이는가?					
4. 학생이 못했을 때 격려해 주는가?					
5. 학생들이 질문하도록 유도하는가?					

□ 강의 자가 평가(예시)

본 강의 촬영 자료를 본 후의 소감을 적어주십시오.

본 강의에서 발견한 개선사항을 적어주십시오.

향후 강의 개선을 위하여 지원되었으면 하는 사항을 적어주십시오.

□ 강의 관찰 항목(예시)

과 목 명		담당교수	
교과구분			
수강 학생의 학년(구분)		수강학생 수	
관찰일시		관찰자	

강의 전 준비하기
- ㅁ 강의 시작 전에 강의실에 들어간다.
- ㅁ 강의 시작 전에 학생(수강생)들과 어울린다(interact).
- ㅁ 강의 준비를 모두 끝낸다.
- ㅁ 출석을 부를 경우, 학생(수강생)들을 보면서 부른다.
- ㅁ 자신감을 보인다.

시작하기
- ㅁ 강의를 정시에 시작한다.
- ㅁ 강의 시작을 확실하게 신호한다.
- ㅁ 학생(수강생)들의 주의력을 자신 앞으로 모은다.
- ㅁ 강의 주제를 알려준다.
- ㅁ 강의 "교육 목표"를 알려준다.
- ㅁ 지난 강의 내용의 핵심을 요약한다.
- ㅁ 지난 강의 내용과의 연관성을 말한다.
- ㅁ 강의 소제목을 나열하여 강의의 윤곽(큰 그림)을 알린다.

목소리
- ㅁ 목소리는 크기가 적절하다.
- ㅁ 말하는 속도가 적절하다.
- ㅁ 목소리에 변화가 있다.
- ㅁ 발음이 정확하다.
- ㅁ 말이 처음부터 끝까지 또박또박하다.
- ㅁ "예, 또, 음" 등 불필요한 말이 들어있지 않다.
- ㅁ 목소리에 생동감이 있다.
- ㅁ 목소리에 짜증이나 귀찮음이 배어있지 않다.

□ 목소리가 편안하다.

□ 목소리가 처음부터 끝까지 일정하다.

□ 말투가 적절하다.

몸 동작과 공간 관리

□ 몸 동작이 의도적이고 적절하다.

□ 서 있는 자세가 곧다.

□ 학생들에게 시선을 주고 있다.

□ 모든 학생들에게 시선을 준다.

□ 손놀림이 자유롭다.

□ 서 있는 자리를 옮겨 준다.

□ 강의실 공간을 크게 활용한다.

표정/자세 관리하기

□ 열의를 보인다.

□ 호기심을 보인다.

□ 유머를 보인다.

□ 신뢰감이 느껴지게 한다.

□ 찡그리지 않고 편안한 얼굴 표정을 짓는다.

□ 얼굴표정을 자연스럽게 짓는다.

칠판/매체 쓰기

□ 미리 조정하거나 준비한다.

□ 글씨, 그림 크기가 적당하다.

□ 뒤에 앉은 학생도 잘 보이도록 한다.

□ 글씨를 흐리거나 흘려 쓰지 않고 정확히 쓴다.

□ 짜임새가 있다.

□ 내용이 적당히 들어가 있다.

□ 말하는 내용을 중복하지 않고 보완한다.

□ 액센트, 포커스, detail, 개념도 등 비주얼 목적을 이룬다.

□ 내용이 충분한 시간 동안 보이도록 한다.

□ 칠판이나 스크린을 가로막지 않아서 학생들이 쉽게 볼 수 있다.

□ 칠판이나 스크린 공간을 최대한으로 활용한다.

□ 타이밍이 적절하다.

강의 구성과 시간 관리

□ 각 단락이 분명하다(구두로 표시되었다).

□ 주기적으로 각 단락을 요약한다.

□ 소제목을 모두 충분히 요약한다.

□ 학생(수강생)들이 숨돌릴(생각할) 여유를 준다.

□ 허둥대지 않고, 끝까지 같은 페이스로 진행한다.

강의진행

□ 지속적으로 학생들의 주의력을 끈다.

□ 호기심을 유발한다.

□ 학생들이 강의 내용을 이해하는지 관찰한다.

□ 다양한 교수법을 동원한다(학생들 입장에서 볼 때에).

□ 말 듣기

□ 쓰기

□ 그림 보기

□ 실물 보기

□ 만져 보기

□ 질문하기/토론하기

□ 행동하기

설명하기

□ 중요한 단어나 개념을 설명한다.

□ 각 단락의 목적을 전달한다.

□ 각 단락이 서로 어떻게 연관되는지 보여준다.

□ 이 수업이 더 큰 교과과정의 어떤 부분에 해당되는지 관련성을 보여준다.

□ 예를 들어 설명한다.

□ 최근 연구 결과를 곁들인다.

□ 강의 내용을 현실적 상황에 연관시킨다.

□ 결론만 보여주지 않고 배경과 사고과정을 설명한다.

□ 복잡하거나 어려운 내용을 반복하거나 추가 설명한다.

□ 가장 중요한 내용을 반복하거나 강조한다.

질문하고 토론하기

- 질문을 한다.
- 알맞은 수준의 질문을 한다.
- 질문한 후 대답을 기다린다.
- 학생들의 말을 끝까지 듣는다.
- 학생들의 말(질문이나 대답)이 다른 학생들에게 들리도록 한다.
- 대답하지 않는 학생들도 참여하도록 유도한다.
- 한두 학생이 반응을 독점하는 것을 막는다.
- 학생의 질문에 대답할 경우, 모든 학생에게 대답한다.
- 학생의 참여(옳고 그름을 떠나서) 그 자체는 높게 평가한다.

학생(수강생)들과의 관계

- 학생들을 개개인으로 인식한다.
- 학생들의 이름을 안다.
- 학생의 의사를 존중한다.
- 학생들이 참여할 기회를 준다.
- 학생들이 잘했을 때 알맞게 칭찬한다.
- 학생이 못했을 때 격려해 준다.
- 개별적 필요성을 고려한다.
- 학생들을 공평하게 대한다.

끝내기

- 다음 강의에 대한 예고(preview)가 있다.
- 강의를 자연스럽게 끝맺는다(끝나가고 있다는 것을 느낄 수 있다).
- 중요한 점을 요약한다.
- 요구사항(숙제, 시험 등)을 명확히 전달한다.
- 강의를 정시에 끝낸다.
- 강의가 끝난 후 학생들에게 시간을 할애한다.

□ 강의컨설팅을 위한 사전 인터뷰(예시)

※ 다음의 사항에 대해 정성껏 답변해 주시기 바랍니다.

1. 강의 시 어떤 어려움이나 문제점이 있습니까? 어떤 점을 개선/발전시키고자 하시는 지 구체적으로 2~3가지 생각해 보십시오.

2. 교수님께서는 이번 강좌에서 어떤 교육 목표를 갖고 강의를 진행하고 계십니까?

3. 비디오 촬영을 하는 수업 시간에는 어떤 목표(핵심내용)를 달성하고자 합니까?

4. 비디오 촬영을 하는 수업 시간에는 어떤 내용이 수강생들이 혼란스러워 할 것이라고 예상되십니까?

☆ 감사합니다 ☆

수강생 피드백 분석자료(예시)

1. 이번 수업시간에 배운 것 중에서 가장 중요하다고 생각되는 내용은 무엇입니까?
   (1) 가장 중요한 주제

   (2) 주제의 핵심 메시지

2. 이번 수업시간에서 배운 내용 중에서 어떤 부분이 가장 혼란스럽습니까?

3. 전반적으로 볼 때, 교수님 강의의 어떤 점이 가장 좋다고 생각하십니까?

4. 이 과목에 대한 다음의 질문에 자신의 의견과 일치하는 곳에 체크해 주시기 바랍니다.

	질 문	강한 부정		보통		강한 긍정
1	교수님께서는 학습내용을 명료하고 간결하게 설명하신다.					
2	주제에 대하여 흥미를 줄 수 있는 아이디어를 소개하였다.					
3	교수님께서는 중요한 개념을 명확하게 설명하기 위하여 적절한 예를 들거나 학생의 경험이나 선행지식과 관련시켜 주신다.					
4	교수님께서 수업 중에 학생이 자신의 의견을 자유롭게 표현하도록 격려하였는가?					
5	강좌의 진도는 내 능력과 일치한다.					

5. 교수님께서는 이 강좌에서 주로 어떤 면을 강조하십니까?

세 가지만 골라 체크하십시오.

상식, 이론, 원리를 가르치기	
이 학문의 전문가로 활약하기에 필요한 실력, 사고방식, 관점을 개발하기	
이 학문의 전문가들이 새로운 지식을 추구할 때에 사용하는 과정을 가르치기	
수업내용을 적용하여 문제풀기, 판단하기, 합리적으로 생각하는 능력을 개발하기	
창의력을 개발하기	
말하기와 글쓰기 실력을 향상하기	
책임의식을 강조하기	
수업내용을 자신과 연관시킬 수 있도록 하기	
지적, 문화적 행사에 대한 폭 넓은 이해심과 감수성을 키워주기	

6. 교수님의 강의 개선을 위하여 제안하실 점이 있다면 적어주시기 바랍니다.

• 학습행위
• 성인학습원칙
• 교육이수학점제
• 학습마일리지
• 사내자격

• 10가지 학습법칙
• 물리적 환경
• 학습공동체(COP)
• 사내강사
• 교육훈련 전이

연구문제

❶ HRD전문가 또는 학습촉진자로서 HRD실행과정에서 학습효과를 극대화하기 위해 학습의 열 가지 법칙을 따라야 하는데, 범하기 쉬운 오류와 실수 사례를 수집하여 제시하라.

❷ 우리나라 대기업과 중소기업의 HRD 유형을 비교하고, 중소기업의 HRD 발전방향을 제시하라.

❸ 조직수준에서의 교육훈련 전이 장애요인을 규명하고, 촉진방안을 제시하라.

CHAPTER 08

HRD 프로그램의 평가

학습목표

1. 교육훈련평가에 활용되는 대표적인 평가모델들을 비교분석하여 설명할 수 있다.
2. 평가도구를 직접 설계할 수 있는 절차와 방법을 기술할 수 있다.
3. 평가의 원리성과 경제성에 관해 설명할 수 있다.

경영활동은 평가를 통해 그 성과를 판단할 수 있다. HRD 프로그램 역시 실행결과를 가늠하고 피드백할 수 있는 평가장치는 매우 중요하다. 따라서 교육훈련평가에 관한 이론, 목적, 과정 등을 공부하고, 대표적인 교육훈련평가모델들을 비교분석해봄으로써 평가의 중요성을 습득한다. 또 직접 평가도구를 설계할 수 있는 방법과 과정을 공부하고 평가의 윤리성과 경제성에 관한 기본적인 사항에 대해 논의한다.

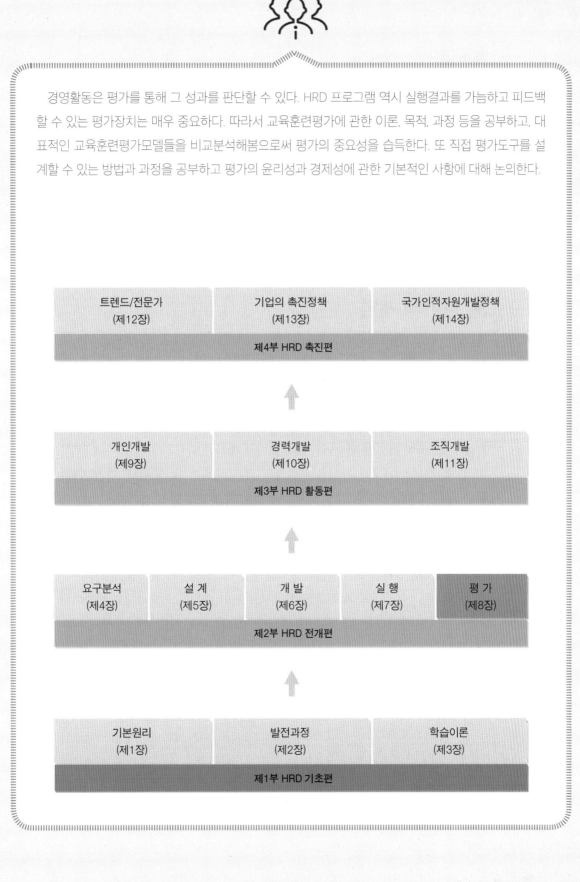

PARAGRAPH
01

평가의 목적과 과정

1 평가의 개념

앞에서 HRD 프로그램의 필요성을 확인하고 이러한 요구를 충족시킬 수 있는 프로그램을 어떻게 설계하고 전이되도록 할 것인가를 알아보았다. 이번 장에서는 인적자원개발 프로그램 평가의 정의와 목적을 살펴보고 훈련을 평가하는 방법들을 알아본 후, 어떻게 평가결과들이 피드백 되는가를 살펴보기로 한다.

평가란 '사물의 가치나 장점을 판단하는 과정'이라고 할 수 있다. 링컨 등(Lincoln & Guba, 1985)은 평가란 '평가받는 실체를 기술하고 그의 장점과 가치를 판단하는 과정'[1]이라고 정의하고 있고, 스투플빔(Stufflebeam)은 평가를 '의사결정 대안을 판단하기 위해 유용한 자료를 기술, 수집, 제공하는 과정'[2]으로 정의하며, 크론바하(Cronbach, 1983)는 평가란 '교육훈련 프로그램에 대한 결정을 내리기 위해 정보를 수집하고 활용하는 것'[3]이라고 정의하고 있다.

또한 평가란 '어떤 특수 목적을 달성하기 위하여 계획된 프로그램의 과정이나 성과 또는 접근방법의 타당성을 판단하는데 필요한 정보를 얻는 것'(Wentling & Lawson, 1980)[4]으로 정의하고 있다.

캠프 등(Camp & Huszczo)은 교육훈련평가는 교육훈련활동의 가치를 판단하는 과정으로서 다음과 같은 의미를 갖는다고 한다.[5]

① 일어난 과정들에 대한 정보
② 교육훈련에 대한 훈련생의 반응
③ 학습의 양

④ 교육훈련으로부터 야기된 직무행동의 변화
⑤ 교육훈련으로부터 기인하는 조직성과 제공

위의 내용들을 정리해보면 HRD 프로그램 평가는 '다양한 교육훈련활동의 선택, 채택 가치, 수정과 관련하여 효과적인 교육훈련 의사결정을 위해 필요한 기록적(descriptive)이고 판단적(judgemental)인 정보들의 체계적인 수집'이라고 정의할 수 있다. 한편, HRD 평가는 학습자평가, 교육과정평가, 교육기관평가 등을 포괄하는 개념으로 사용된다.

인적자원개발에서 평가를 이렇게 정의하는 데에는 몇 가지 고려할 사항이 있다.

첫째, 평가를 실행할 때는 기록적(descriptive) 정보와 판단적(judgemental) 정보가 수집되는데, 기록적 정보는 어떤 현상이 일어나고 있다거나 혹은 일어났었다는 사실을 제공해주고, 판단적 정보는 일어난 일에 대한 의견이나 믿음 등을 포함하고 있다는 것이다. 다음 사례를 보면 쉽게 이해될 것이다.

둘째로, 평가는 정보가 적절하고 유용하다는 것을 입증하기 위해 미리 짜놓은 계획 또는 방법에 따라 정보를 체계적으로 수집하는 것이다.

셋째로, 평가는 경영자, 종업원 그리고 인적자원개발 전문가들이 어떤 특정한 프로그램이나 방법을 정보에 근거하여 판단할 수 있도록 도와주는 역할을 한다. 예를 들면, 프로그램의 어떤 부분이 비효과적이라고 평가된다면 그 부분을 고치거나 없애버린다든지 , 반면에 어떤 프로그램이 효과적이라면 그 프로그램을 다른 부문까지 확대하여 실행한다든지 하는 결정을 도와준다.

예를 들어 보면, '25명의 일선 관리자들이 작년에 개최된 워크숍에 참가했다.'라는 문장은 오직 기록적 정보, 즉 사실만을 포함하고 있다. 반면, '지난 6개월 동안 워크숍에 참가한 인원은 작년에 비해 실망스러울 정도로 낮았다.'라는 문장에는 판단정보, 즉 사실과 관련한 어떤 사람의 의견이 담겨져 있다. 이러한 기록적 정보와 판단적 정보는 인적자원개발 프로그램 평가를 시행하는데 있어서 모두 필요하다.

2 평가의 목적과 유형

필립스(Phillips, 1983)는 평가가 다음의 사항들을 해결하는데 도움을 준다고 하였다.[6]

① 프로그램이 그 목적을 달성했는지 여부를 결정하는데 도움을 준다.
② HRD 프로그램의 장점과 단점을 확인하고 그에 따른 조정을 가능케 해준다.
③ HRD 프로그램에 투입된 비용과 그에 따른 이익이 어느 정도의 비율로 이루어져 있
   는가를 알 수 있게 해준다.
④ 차후 HRD 프로그램에 누가 참여해야 할지를 결정하는데 도움을 준다.
⑤ 프로그램의 운영으로 누가 혜택을 받고 누가 받지 못하는지를 알 수 있게 해준다.
⑥ 훈련참가자들이 갖춰야 할 중요한 사항들을 보강해준다.
⑦ 차후 프로그램의 마케팅에 도움이 될만한 자료들을 수집할 수 있도록 해준다.
⑧ 프로그램이 적당했는지 여부를 알려준다.
⑨ 의사결정에 도움이 될만한 데이터베이스를 제공해 준다.

이렇듯 좀 더 확실하고 많은 정보에 근거하여 의사결정을 할 수 있도록 해주는 것이
HRD평가의 중요한 역할이다.

한편, 젠저 등(Zenger & Hargis, 1982)은 HRD 담당부서 입장에서 HRD평가를 실시하는 세 가
지 주장을 다음과 같이 제시하였다.[7]

첫째, 인적자원개발 부서 직원들은 자기 부서가 조직에 공헌하는 바를 입증하지 못한
다면, 그 부서의 운영비나 프로그램이 예산결정과정에서 삭감되거나 아예 없어질 가능
성과 특히 조직이 어려운 상황에 직면할 때 그럴 가능성이 더욱 커지기 때문이다.

둘째, 평가 작업은 조직의 최고경영자나 경영자층에게 신뢰성을 쌓아주기 때문이다.

셋째, 경영자는 HRD 프로그램의 성과를 알고 싶어 하기 때문이다.

특히 신뢰성을 쌓는 일은 평가작업에서 중요한 측면이다. HRD부서 이외의 다른 부서
들도 역시 부서의 효과성을 평가하기 때문에, 만약 HRD부서의 업무가 효과적이지 못한
것으로 평가된다면 위기를 맞게 될 것이다. 따라서 평가작업은 HRD과정에서 아주 중요
한 단계이다. 이렇게 중요함에도 불구하고 교육훈련의 효과에 대한 평가는 다음과 같은
이유로 용이하지만은 않다.

첫째, 교육훈련의 효과를 측정할 방법이 마땅치 않다. 업적이 향상되었다 하더라도 그것이 교육훈련의 결과라고 설명할 방법이 없다.

둘째, 교육훈련의 방법이 애매하다. 일정한 시험 기준을 가지고 실시하는 것이 아니므로 업적과의 연관성을 조사하는 척도가 되지 못한다.

셋째, 의식이나 태도에 대한 변화를 계량화하기가 어렵다. 지식이나 기술의 변화는 어느 정도 계량화가 가능하지만 내면의 상태나 의욕 등의 변화는 정량적으로 파악하기가 곤란하다.

로스(Ross, 1941)는 "평가의 목적을 교육훈련목적이 달성된 정도를 아는 것이고, 평가 자체가 훈련생의 학습활동의 일종으로서 학습효과를 증진시키는 부차적인 목적도 있다"고 하였다.[8] 또 로쉬(Lawshe, 1948)는 평가기준 요소를 다음과 같이 제시하고 있다. ① 생산량, ② 단위당 생산소요시간, ③ 훈련기간, ④ 불량·파손·자재소모율, ⑤ 품질, ⑥ 사기, ⑦ 결근·고충·이직, ⑧ 일반관리비·관리자의 부담 등이다.[9]

한편, 교육훈련평가에 있어서는 교육훈련 내용에 따른 학습성취도 측정, 훈련생의 의견조사 등을 실시하고 그 결과를 비교·평가하는 것도 좋은 평가방법이 될 수 있다. 그리고 다시 그와 같은 평가결과를 토대로 하여 다음 단계의 교육훈련계획이 마련됨으로써 그 효과를 계속적으로 제고시키게 된다.[10]

HRD평가는 일반적으로 평가시기에 따라 진단평가, 형성평가, 총괄평가로 분류한다. 특정 교육 프로그램을 시작하기 전에 실시하는 평가를 진단평가라 하고, 그 교육프로그램을 운영하는 중간에 실시하는 평가를 형성평가라고 하며, 그 교육프로그램이 끝난 시점에서 실시하는 평가를 총괄평가라고 한다.[11]

진단평가는 본격적인 교육활동을 수행하기 전에 학습자의 상태, 교육과정의 내용 등을 진단하고 점검하기 위한 평가를 말하는데, 교육훈련의 효과를 극대화할 수 있는 제반정보를 수집·분석하기 위한 활동이다. 이 평가는 교육내용을 학습자의 현재 수준 또는 그들의 요구사항에 부합되게 편성함으로써 개별화된 수업을 실현하기 위한 수단으로 활용된다.

형성평가는 특정 교육 프로그램이 운영되고 있는 과정에서 프로그램의 구성 또는 전개방법 등 그 목적을 제대로 달성하기 위해 중간점검을 하여 운영방법이나 절차를 수정, 보완하기 위한 정보를 수집하기 위해서 실시하는 평가를 말한다.

총괄평가란 형성평가를 통해 수정·보완을 되풀이한 다음 최종적으로 완성된 교육과정이나 프로그램의 성과나 효율성에 대해 종합적이면서도 다각적으로 최종적으로 결론을 도출하기 위한 평가를 말한다.(중앙공무원교육원, HRD담당자 매뉴얼, 2007 참조)[12]

3 평가의 과정

교육훈련 평가의 절차는 평가방법에 따라 다소 차이가 있으나 여러 전문가들의 이론을 정리해보면 대체로 다음과 같은 단계로 설명할 수 있다.[13]

첫째, 교육훈련 목적을 재확인한다.

둘째, 평가목적을 구체적으로 분석하여 교육훈련 내용과 행동의 이원적인 요소가 잘 명시되도록 구체적인 용어로 문서화한다.

셋째, 교육훈련 목적에 나타난 행동 또는 사안을 평가함에 있어 평가장소가 적절한지를 선택한다.

넷째, 평가도구를 만드는 일이다. 목적을 충족할 측정도구를 선택하고 문제를 구성한다.

다섯째, 평가실행 및 결과를 정리하는 일이다. 평가의 시기나 횟수는 교육훈련 목적에 따라 결정하며 결과를 분석적, 종합적으로 정리하게 된다.

여섯째, 평가결과를 해석하고 활용하는 단계이다. 평가의 결과만으로는 의미가 없으며, 이 결과를 어떻게 해석하여 다음 교육훈련에 활용할 수 있는지를 발견하도록 하는 일이다.

골드스틴(Goldstein, 1993)은 1960년 이래 교육훈련 프로그램의 평가는 다음의 4단계를 통해 전개되고 있다고 설명하였다.[14]

① 1단계 : 훈련생의 반응

이 단계에서의 평가는 주로 훈련생들의 반응(reaction)에 초점을 맞추어 진행된다. 실제로 대다수 조직들이 수행하는 평가는 이 단계에 머물러 있다.

② 2단계 : 학술적인 연구와 실험방법 도입

이 단계에서는 학술적인 연구와 실험방법을 도입하는 방식으로 평가가 이루어진다. 조직이 안고 있는 여러 가지 문제점들, 즉 시간, 자원의 제약이나 훈련을 받지 못한 집단을 통제하는 난점들 때문에 이 단계의 평가를 실행하는 데는 많은 어려움이 따른다. 이러한 어려움은 평가를 수행하고자 하는 조직의 노력을 저하시키기도 한다.

③ 3단계 : 창의적인 조사방법 도입

이 단계에서는 적절한 조사방법들을 각 조직의 실정과 제약 조건을 고려해 창의적으로 도입함으로써 좀 더 실용적이고 효과적인 평가가 이루어진다.

④ 4단계 : 전체적인 HRD 프로그램 과정

이 단계에서는 인적자원개발과 훈련의 전 과정이 조직에 영향을 미친다는 사실을 고려하여, 프로그램이 실행된 후에 평가하는 것이 아니라 전체 HRD 프로그램의 과정을 평가하는 단계이다.

현업적응도 평가 사례

실리콘 밸리에 위치한 시스코 시스템즈사는 현업적응도 평가를 실행하면서 다음의 두 가지 방법을 사용하였다.

① 교수자는 새로운 과정이 실행되기 전 한 주 동안 교육생들이 얼마나 빨리 반품 과정을 수행하고, 얼마나 많은 실수를 범하는지를 관찰했다. 그들은 또한 각 구매자가 수행하는 반품의 양과 사이클 타임을 추적하고 문제를 겪는 사람들에게 도움을 주었다.

② 교수자와 회계부서는 반품 방법에 대해 묻는 질문의 수가 급감하고, 더 이상 반품 과정과 관련된 질문이 없음을 관찰했다. 구매자들은 새로운 과정을 명확하게 수행했다.

자료: 오인경·최정임, 교육 프로그램 개발 방법론, 학지사, 2012, pp. 287~289.

평가모델의 구조

평가모델은 평가수행의 범위와 초점을 결정하고 평가의 윤곽을 그려주는 역할을 한다. HRD 프로그램은 여러 가지 다른 관점에서 평가될 수 있기 때문에 평가의 관점을 고려하여 세분화하는 것이 중요하다. 여기에서는 대표적인 모형으로 커크패트릭의 평가모형을 살펴보기로 한다.

1 Kirkpatrick의 평가구조

커크패트릭(Kirkpatrick, 1994)은 교육훈련에 쏟아 부은 노력들은 다음 4가지의 기준으로 평가될 수 있다고 제시하였다.[15]

① 1단계 : 반응(reaction)평가

훈련생들은 프로그램을 좋아하고 유용하다고 느꼈는가? 이 단계에서는 프로그램의 효과성에 대한 훈련생들의 인식, 즉 만족도에 초점을 맞춘다. 긍정적인 반응일 때는 차후 실시될 프로그램에 참여도를 높일 수 있게 해주는 반면에, 부정적인 반응일 때는 차후의 참여도를 저하시키며 훈련에서 얻은 능력이나 지식을 사용하는 것을 꺼리게 만든다. 이 단계에서의 한계점은 이러한 정보만 가지고서는 참가자의 만족도 이외의 다른 목표들이 달성되었는지 여부를 알 수 없다는 것이다.

② 2단계 : 학습(learning)평가

훈련생들은 교육훈련에서 무엇을 배웠는가? 훈련생들의 학습의도를 측정하기 위해 퀴즈나 테스트를 사용하는데, 이러한 방법은 전 단계에서 반응을 분석하는 것과는 전혀 다른 방법이다.

③ 3단계 : 직무행동(job behavior) 평가

훈련생들은 교육훈련에서 배운 것을 실제 일에 적용하였는가? 만약 학습된 것들이 실제 업무에 적용되지 않는다면, 교육훈련의 노력은 조직과 종업원들의 효과성에 아무런 영향도 미치지 못하게 된다. 학습된 것이 실제 업무에 적용되었는가 여부를 측정하려면 훈련생의 업무태도나 업무기록(즉, 고객의 불만이 감소되었다거나, 불량품 생산율이 낮아졌다거나 하는 기록 등)을 관찰하는 것이 필요하다. 다시 말하면, 학습내용이 현장에서 활용되고 있는가를 보는 것이다.

④ 4단계 : 결과(result)

교육훈련 또는 인적자원개발의 노력이 조직의 효과성을 향상시켰는가? 이 단계는 분석하기 가장 어려운 단계 중의 하나이기도 한데, 그 이유는 직원들의 작업성과 외에도 다른 많은 것들이 조직의 성과에 영향을 미칠 수 있기 때문이다. 일반적으로 이 단계에서는 운영상의 경제적 자료(판매실적 등)가 수집되어 분석된다. 다시 말하면, 교육이 경영성과에 기여했는가를 보는 것이다.

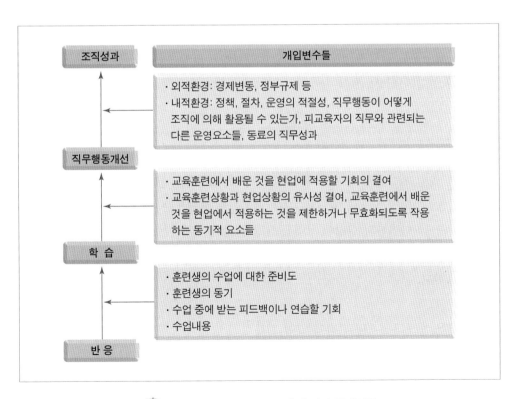

◈ 그림 8-1 · Kirkpatrick의 네 가지 평가기준

커크패트릭의 모형은 훈련으로 인해 발생된 결과들을 살펴보는 좋은 방법들을 제시하여 준다. 각 단계들은 그 전 단계와 밀접하게 연관되어 마지막으로는 모든 단계가 축적되어 조직의 활동에 최종적 기여로 이어진다고 인식되기도 한다. 그러나 대부분의 조직들은 4단계 모두의 정보를 수집하지는 못한다.

한편, 커크패트릭의 접근법이 비판을 받기도 하였는데, 일부에서는 그가 제시한 구조가 교육훈련 전체과정이 아니라 오직 교육훈련이 실시된 후의 결과들만을 평가한다는 한계점을 지적하였다. 또 그의 구조가 참된 교육훈련결과의 모델이 아니라 단지 결과들을 분류하는 정도에 그쳤다는 점을 비판하기도 한다. 크라이저 등(Kraiger, Ford & Salas, 1993)은 커크패트릭의 접근법은 학습의 결과로 어떤 종류의 변화들이 일어날 것인가를 상세히 밝히는 데 실패하였고, 각 단계의 학습을 측정하기 위해 어떠한 기술적 방법들이 사용되어야 하는지를 설명하지 못했다고 지적하기도 했다.[16]

❷ 다른 평가구조와 모델들

미국의 교육훈련 담당자들이 많이 선호하고 있는 CIPP모형은 의사결정자를 위해 유용한 정보를 생산해내는데 평가의 목적이 있다고 보는 것이다. CIPP모형은 상황평가(context evaluation), 투입평가(input evaluation), 과정평가(process evaluation), 성과평가(product evaluation) 등 네 가지이다.

① 상황평가 : 제반 상황정보를 제공하고, 계획을 결정할 수 있게 하기 위해 필요하다.
② 투입평가 : 대안적 프로젝트의 설계와 프로그램을 만드는 결정을 위해서 필요하다.
③ 과정평가 : 방법론과 실시에 관련된 결정을 내리기 위해서 필요하다.
④ 성과평가 : 영향을 평가하기 위해서, 그리고 프로그램의 순환결정을 내리기 위해서 필요하다.

이 모형은 프로그램 평가방법에 있어 기록적 방법을 강조하였으나 가치에 대해 소홀했다는 점에서 비판받고 있다.

한편, 보라(Bhola)는 합리적 평가(rationalistic evaluation)와 자연적 평가(naturalistic evaluation)의 과정을 제시하였다. 합리적 평가의 장점은 변수들이 명확히 정의될 수 있고 적절한 통제가 가해질 수 있을 때 차이, 변이, 상관관계 등을 훌륭하게 판단할 수 있도록 한다는 점이다. 반면에, 단점은 평가 질문들이 받아들여질 수 있는 방법과 분석방식에 맞추려고 하다보니 미미하고 피상적인 질문들을 선택할 수 있고, 중요하지 않고 사용할 수 없는 결과를 초래하기도 한다는 것이다.

자연적 평가의 가장 근본적인 질문은 '무슨 일이 일어나고 있는가'이다. 자연적 평가는 진행 중인 프로그램이나 프로젝트에 대해 사람들이 경험하여 얻게 되는 의미에 관심을 둔다. 자연적 평가의 장점은 대응적이고, 적응할 수 있고 총체적인 것을 강조하고, 평가활동을 인간적으로 만든다는 것이다. 반면에, 자연적 평가의 단점은 평가자가 실제 삶의 복잡성에 헤매게 되고 상호 개인적인 능력과 개인적 지각력이 결여되어 의미 없는 인상적인 진술에 그칠 수 있다는 점이다. 따라서 평가자의 자질이 중요시되며, 여러 면에서 합리적 평가보다는 실시하기 어려운 것이 사실이다.

워슨 등(Worthern & Sanders, 1987)도 자연적 평가의 장점과 단점에 대해 다음과 같이 지적하고 있다.[17] 자연적 평가는 훈련을 다양한 관점에서 살펴보는 포괄적 영역의 중요성을 강조하고, 교육훈련이란 복잡한 인간적 임무라는 것을 인정하고, 이 복잡성을 가능한 한 상세하게 반영해 다른 사람들이 그로부터 배울 수 있게 시도한다. 또한 유연성을 가지고 맥락적 변수들에 관심을 갖고 복수의 자료수집 기법을 장려한다. 이러한 장점들은 조직행동에 대한 이해나 프로그램의 내적 작용과 복잡성에 대한 풍부한 정보를 제공해 준다. 그러나 이러한 장점은 단점이 될 수도 있다. 주관성이 개입될 수 있는 편견의 문제라든지, 시간과 비용이 너무 많이 든다는 점이 단점으로 지적되고 있다.[18]

❸ 평가모델들의 비교

앞에서 살펴본 것과 같이, 모든 평가모델들은 어떤 방식으로든지 커크패트릭의 4단계 모델로부터 영향을 받았다. 이러한 커크패트릭 구조의 단점은 다음과 같다.

첫째, 다른 단계들 간의 명백한 관계에 관한 설명이 부족하다.
둘째, 서로 다른 타입의 학습결과들을 상세하게 설명할 수 없다.
셋째, 측정된 결과들을 분석하는데 있어서 어떤 방법을 사용하는 것이 적당한지에 관한 뚜렷한 방향성이 부족하다.

엘리저 등(Alliger & Janak, 1989)은 커크패트릭의 접근법이 HRD 평가를 고려하는데 있어서 유용한 출발점을 제시하는 것은 사실이지만, 인적자원개발 평가의 현재 형태를 유도해내는 데에 있어서는 불충분하다고 지적하였다.[19] 따라서, 학습과 학습결과에 관한 이론과 연구들을 구체화하는 것이 현재의 훈련평가 모델들에 필요한 점이라고 하겠다.

그러나 커크패트릭의 접근법은 효과적인 HRD 프로그램이 갖춰야 할 기준을 분류하는데는 여전히 유용하다. 가능하다면 4단계의 기준을 모두 분석할 수 있는 정보들이 수집되어야 하며, 또한 HRD 프로그램의 모든 관점을 고려하여 결정을 내리는 것이 중요하다.

프로그램의 평가에서 가장 필요한 것은 교육훈련 프로그램이 그 목적을 효과적으로 성취했는지의 여부를 평가하는 것이다. 다음과 같은 관점들이 커크패트릭의 접근법을 확장시킨 것으로 그의 모델을 보충해주고 있다.

① 반응 : 참가자들이 프로그램에 어떻게 반응했는가?
    a. 정서적 반응 : 훈련생들이 교육훈련을 얼마나 좋아했는가?
    b. 인식된 유용성 : 이 교육훈련을 통해 느낀 유용성은 무엇인가?
② 학습 : 이 교육훈련을 통해 훈련생들이 얼마나 배울 수 있는가(자세변화, 지식증진, 기술향상 등)?
③ 태도(행동) : 훈련을 통해 어떤 직무행동적 변화들이 생겨났는가?
④ 결과 : 기여도
    a. 어떤 실체적 결과가 나타났는가?
    b. 이 교육훈련이 투자에 비해 어떤 이득을 가져다 주었는가?
    c. 이 교육훈련 프로그램이 지역사회나 사회전반에 기여한 바는 무엇인가?

평가도구의 설계

1 평가자료수집

(1) 자료수집방법

평가도구를 설계하기 전에 우선 의사결정에 이용되는 자료의 수집이 필요하다. HRD 평가에 있어서 세 가지 중요한 측면은 자료의 수집방법, 자료의 유형, 자료의 활용 등이다.

앞에서 필요성 분석 시 정보들의 수집방법과 자료 출처 등에 대해서 알아보았는데, 교육훈련 평가를 실시할 때에도 같은 방법들이 사용될 수 있다. 몇 가지 공통적으로 쓰이는 평가자료 수집방법을 살펴보면 대표적인 것으로 인터뷰, 설문조사, 직접 관찰, 테스트, 모의시험, 기록적 성과자료 등이 있다(표 8-1). 설문조사는 HRD 평가에서 가장 많이 이용되는 방법인데, 설문조사 방법은 빠른 시간 내에 완성되고 분석될 수 있기 때문이다.

제시된 방법들 중 어느 방법이라도 평가 데이터를 수집하는데 사용될 수 있지만 질문들의 관련성에 따라 사용되어야 한다.(표 8-2)

표 8-1 · HRD 평가를 위한 자료수집방법

방 법	설 명
인터뷰	한 명 또는 그 이상의 사람들과 의견, 관찰결과, 신뢰성들을 분석하기 위해 대화를 나누는 방법
설문조사	의견과 관찰결과, 신뢰 등을 분석하기 위해 표준화된 질문의 묶음을 사용하는 방법
직접 관찰	수행하는 직무를 관찰하고 그것을 기록하는 방법
테스트와 모의시험	어떤 일을 수행하는데 있어서 개인의 지식이나 숙련을 알아보기 위해 짜여진 상황을 제시하는 방법
기록적 데이터	파일이나 리포트같은 이미 존재하는 정보들을 이용하는 방법

한편, 오스트롭(Ostroff, 1992)은 훈련생들이 배운 것들을 실제로 업무에서 사용하는지 여부를 알아보기 위한 자료수집방법을 개발했다. 오스트롭의 방법은 상사나 다른 관찰자들에게 짜여진 상황에서 어떻게 행동하는지 아니면 어떻게 행동할 것인지를 체크하도록 하는 것이다. 비록 짜여진 상황을 이용하는 방법의 효과성이나 일반성을 검증하기 위해서 더 많은 연구가 필요하기는 하지만 오스트롭의 방법은 좀더 정확하고 적당한 자료수집방법과 평가연구방법으로의 발전 가능성을 제시하여 준다고 한다.[20]

(2) 수집자료의 신뢰 확보

자료수집방법을 선택할 때에는 신뢰성(reliabiliy), 타당성(validity), 유용성(practicality) 세 가지 사항이 고려되어야 하는데, 신뢰성은 측정의 일관성과 결과의 안정성을 나타낸다.

평가는 평가점수가 과도하게 변화해서는 안 된다. 예를 들면, 질문의 순서를 바꾸더라도 같은 질문을 할 경우 결과가 비슷하게 나오면 평가는 신뢰성을 지니게 된다(동일 신뢰성). 또 평가는 누가 결과를 결정하든지 점수가 변화지 않아야 신뢰성을 지닌다고 할 수 있다(내적평가자 신뢰성).[21]

신뢰성은 결과들이 일관성이 유지되는가와 자료수집방법이 편향성이나 오류로부터 자유로운가에 관한 것이다. 오류가 적거나 편향되지 않은 방법은 신뢰성이 높다고 할 수 있지만, 심각한 오류를 지니고 있다거나 편향된 결과가 나타나는 방법은 신뢰성이 낮다고 할 수 있다.

표 8-2 · 자료수집방법별 장·단점

방 법	장 점	한계점
인터뷰	• 유연성 • 설명할 수 있는 기회 • 깊이 있는 조사 • 개개인 접촉	• 우려되는 반작용효과 • 많은 비용 소요 • 개인 대 개인 간의 불편초래 가능성 • 노동 집중적 노력 필요 • 훈련된 관찰자 필요
설문조사	• 적은 비용 • 익명으로 인한 정직성 • 응답속도 조절 • 선택의 다양성	• 부정확한 데이터의 출현 가능성 • 질문현장 응답상황의 조절 불가능 • 응답자에 따른 속도의 불일치 • 회수율 조절 불가능

방법	장점	한계점
직접관찰	• 위협이 존재하지 않음 • 행동변화 관찰에 유용함	• 방해받을 가능성이 있음 • 반작용 효과 우려 • 신빙성의 문제 • 훈련된 관찰자 필요
필기시험	• 낮은 비용 • 즉각적 채점, 빠른 처리 • 손쉬운 감독 가능 • 넓은 표본조사 가능	• 직무수행과 관련이 없을 가능성 • 표준에 의지하는 것은 개인의 수행능력을 왜곡할 가능성 • 문화적 편향성의 가능성
모의시험· 업무 테스트	• 신빙성 • 객관성 • 직무수행과 밀접한 연관성	• 많은 시간 소비 • 모의시험의 시행 어려움 • 개발비용 많이 소요
업무 자료 (기록)	• 신빙성 • 객관성 • 직무에 기초한 기록 • 재검토 용이 • 반작용 효과의 최소화	• 기록의 보존관리 표준의 부족 • 정보시스템과의 불일치 • 사용가능한 형태를 위해 면담 필요 • 타목적용 자료일 가능성 • 수집비용 과다 가능성

또 다른 이슈는 자료수집방법이 타당성을 지니고 있는지의 여부이다. 타당성은 측정하기 위한 평가과정의 범위와 관련이 된다. 평가는 교육훈련의 효과와 개별적으로 실시되기 때문에 더욱 객관적이게 된다. 타당성은 프로그램 설계상황과 관계 된다.(즉 내용타당성, 예측타당성, 유용성)

① 내용타당성

내용타당성은 직무수행에서 요구되는 행동을 확인하는 건설적인 분석으로 결정된다. 지식, 능력, 조직 내 행동양식은 평가대상자들의 업무성과와 직무능력수준을 평가하는 결정적 질문문항의 토대로 이용된다. 그러므로 내용타당성은 질문문항을 통한 평가에서 실제상황을 반영할 수 있는 특수한 직무능력을 대표할 때 검증된다.

② 예측타당성

예측타당성(predictive validity)은 미래의 업무수행능력을 평가할 때 사용된다. 예측타당성을 평가하기 위해서는 두 가지 유형의 자료가 필요하다. 하나는 평가이고 다른 하나는 교육훈련 이수 후에 직무에서 보일 수행능력이다(Lutterodt, 1983). 평가에서 높은 점수를 받은 사람들이 난이도 높은 업무를 수행할 때 높은 예측타당성을 가지고 있다고 평가하게 된다. 만약 프로그램 설계자들이 평가에서 예측타당성을 반영하게 되면 학습자들이 미래에 보일 수행능력을 예견할 수 있게 된다. 예측타당성은 각 부서들의 인력유용성을 지원하고 리더들이 활용할 수 있는 가치 있는 정보가 된다.

③ 유용성

유용성은 평가수단이 얼마나 많은 시간, 비용 및 자원을 투여하게 되는지와 관계가 있다. 예를 들면, 구성원들의 직무행동을 평가하기 위해 모든 관리자·감독자들과 면담을 시도하는 것은 많은 시간을 소요하게 된다. 이 경우에는 몇 명의 감독자를 샘플로 면담하거나 질문지를 사용하는 것이 훨씬 효과적인 수단이 된다.

프로그램 설계자들은 HRD 실무자들이 평가를 적절하게 수행할 수 있는 시간과 평가의 비용효과를 고려해야 한다. 실용성은 얼마나 많은 시간과 돈과 자원들이 평가방법에 투입될 수 있는가에 관한 것이다. 예를 들면, 구성원의 직무태도를 알아보기 위해 모든 상사들을 인터뷰하는 것은 더 많은 시간이 들 수 있다. 이러한 경우에는, 상사들의 표본 집단을 인터뷰하거나, 설문조사를 행하는 것이 실용적인 대안이 될 수 있다.

평가방법은 타당성과 신뢰성이 있어야 할 뿐 아니라 쉽게 사용될 수 있어야 한다. 프로그램 설계자는 최상의 평가 프로그램을 선택하기에 앞서 여러 가지 평가방법 중 적절한 것을 살펴보고 점수를 매기고 활용하는 단계까지를 고려해야 한다.

타당성은 자료수집방법이 실제로 측정하고자 하는 바를 옳게 측정하였는가에 관한 것이다. 예를 들면, 트레이너가 훈련생들이 여행경비 서식을 작성하는 과정을 올바르게 배웠는지 여부를 판단하기 위해 필기시험을 시행한다고 가정하여 보자. 필기시험의 점수는 훈련생이 실제로 어떻게 서식을 완성하는지에 관한 수준을 나타낸다. 만약, 교육훈련의 초점이 어떤 항목들을 여행경비 서식에 포함할 것인가 이었는데도 불구하고 시험문제는 계산에 관한 것을 낸다면, 시험점수는 의도와 다른 것을 측정한 결과가 되며 만약 이런 상황이 생긴다면, 시험은 잘못된 판단을 가져오게 할 수도 있다.

(3) 평가자료의 원천

일반적으로 세 가지의 자료가 인적자원개발의 효과성을 평가하는데 사용된다. 즉, 개인적 직무성과(performance), 조직전반의 직무성과, 그리고 경제성 자료가 효과성을 평가하

는데 사용될 수 있다.[22]

개인적 직무성과의 자료는 훈련생 개개인의 지식과 행동을 강조한다. 이러한 유형의 자료로는 종업원의 시험성적, 작업생산량, 직무수행 시기의 적절성, 작업의 질, 출석, 태도 등이 있다.

조직 전반의 직무성과 데이터는 인적자원개발 프로그램이 실행된 팀과 부서 또는 사업 단위에 관한 자료이다. 이러한 데이터의 사례로는 생산성, 재작업(rework), 불량률, 소비자 또는 고객 만족도와 납기적절성 등이 있다.

경제성 자료는 조직이나 단위부서의 재정 및 경제성에 관한 것으로 여기에는 이윤, 품질책임성, 공정한 거래(법이나 규칙에 불응하였을 때의 벌금 같은 것들), 시장점유율 등이 있다.

쉬운 일은 아니지만 완전한 평가를 내리려면 세 가지 성격의 자료 모두가 포함되어야 하며, 무엇보다 중요한 것은 질문의도를 충분히 검토하고 사용할 자료를 선택하는 것이다.

(4) 자기보고 자료의 사용

자기보고(self-report) 자료 또는 교육훈련 프로그램에 참가한 사람들이 직접 제공한 자료는 HRD 평가에서 가장 공통적으로 사용되는 자료 종류이다.[23]

교육훈련생의 반응(Kirkpatrick의 1단계)이 가장 널리 사용되는 평가방법이다. 자기보고서는 성격에 관한 자료, 태도 , 인식 등을 제공해 주고 인적자원개발 또는 다른 프로그램의 효과성을 측정할 수 있는 정보 또한 제공해 준다.

그러나 포자코프 등(Podsakoff & Organ, 1986)은 자기보고서 자료에 의존할 경우 발생하게 되는 두 가지 문제를 제기하였다.[24]

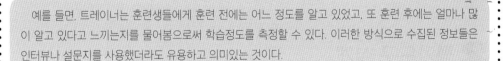

예를 들면, 트레이너는 훈련생들에게 훈련 전에는 어느 정도를 알고 있었고, 또 훈련 후에는 얼마나 많이 알고 있다고 느끼는지를 물어봄으로써 학습정도를 측정할 수 있다. 이러한 방식으로 수집된 정보들은 인터뷰나 설문지를 사용했더라도 유용하고 의미있는 것이다.

① 단일방법의 편향
만약 전과 후의 평가보고서 둘 다 동일한 사람에게서 동일한 시간에 얻어진 것이라면 결론은 의심스러울 가능성이 있다. 왜냐하면 응답자는 대답을 함에 있어서 정확하게 응답하기 보다는 일관성을 유지하는 데 더 많은 관심을 기울이기 때문이다.

> 예를 들면, 훈련 프로그램에서 아무것도 배우지 못했다는 것을 인정하기가 부끄럽거나 난처할 수도 있다.

② 사회적 기대에 맞추는 반응

응답자는 사실보다는 연구자나 상사가 듣기를 원하는 답을 보고할 가능성이 있다.

또한, 응답 편향(reponse shift bias)도 생겨날 수 있는데, 이것은 응답자가 훈련 전에 자신이 보유한 능력에 관한 시각이 교육훈련 프로그램 도중에 바뀌어 교육훈련 후의 평가에 영향을 미치는 경우이다.

> 예를 들면, 훈련생들은 훈련기간 중 훈련전의 판단이 비현실적이었다는 것을 발견하고 훈련후의 평가를 그에 따라 조절할 수도 있다. 이러한 경우에는 비록 실제로 기술의 향상이 일어났음에도 불구하고, 훈련 후에 아무런 기술향상이 일어나지 않았다는 자료가 결과로 나올 수 있다.

자기보고 자료는 HRD 평가에서 유용하게 사용될 수 있으나, 이것에만 무리하게 의존하는 경우에는 문제가 생길 수 있다. 질문에 따라서 직접 관찰이나 테스트, 모의시험 등이 자기보고서 보다 좀더 좋은 결과를 산출해 낼 수도 있다.

❷ 평가도구 설계

어떻게 평가할 것인지를 설계하는 것은 평가를 실행하기 위한 계획을 세우는 일이다. 평가도구의 설계는 매우 복잡한 문제이므로 여기서는 기본적으로 알아두어야 할 문제들만을 다루고자 한다.

평가도구설계는 HRD평가에 있어서 매우 중요하다. 설계는 예상되는 평가의 결과들과 자료수집의 방법, 자료가 어떻게 분석되어야 하는가의 문제를 구체화시켜 준다. 평가도구설계에 있어 중요한 사항들과 대안적 방법을 알고 있는 것은 경영자와 HRD전문가들이 좀 더 나은 평가를 시행할 수 있도록 해준다.[25]

인적자원개발이나 교육훈련 프로그램을 평가할 때, 평가연구자와 전문가들은 프로그램이 실행된 후에 나타난 변화들이 다른 요인들에 의해서가 아니라 프로그램의 효과로 생겨난 것이라고 믿고 싶어한다. 이것이 타당성의 바탕이 되는 것인데, 다시 말하면 결론의 정확성에 자신이 있는가의 여부이다.

전형적인 평가방법은 교육훈련 프로그램이 모두 완료된 후에 결과들을 측정하고 평가하는 것이다. 트레이너들은 측정값(점수)들에 높은 가치를 부여하고자 한다. 예를 들면, 긍정적 반응, 학습측정에서의 높은 점수, 긍정적인 행동변화와 결과 등이다. 그러나 오직 교육훈련이 완료된 후에만 측정치를 수집하는 방법은 몇 가지 문제점을 안고 있다.

첫째로는 중요한 것들을 측정하지 못할 가능성이 있다는 것이다. 평가는 요구분석의 과정을 통해 결정된 목적과 밀접히 연결되어야 한다. 너무 광범위하거나 일반적인 평가방법은 교육훈련의 결과로 나타난 실제의 변화들을 감지하지 못할 수도 있다.

두 번째로는, 획득된 결과가 교육훈련의 효과로 나타난 것이라고 확신할 수 없다는 것이다. 다시 말하자면, 단지 교육훈련 완료 후에만 평가하는 방법은 훈련생의 초기 능력이나 지식수준에 관한 어떠한 자료도 제공해 주지 못한다. 따라서 교육훈련으로부터 나타난 결과들에 관해 좀 더 확신을 가지려면 다음의 방법들이 연구설계의 과정에 포함되어야 한다.

(1) 교육훈련 후 평가설계

참여자들이 교육훈련 프로그램을 수료한 후에만 측정을 하는 것으로, 어떤 것을 측정하든지 그것이 교육훈련의 결과에 의해서 만이라고 가정할 수 있을 때 활용할 수 있다. 교육훈련을 받는 사람들이 교육훈련을 받기 전에는 그 기능이 결여되었었다는 것이 확실하게 알려진 것이라면 이런 유형의 설계를 고려해볼 만하다.

(2) 사전-사후 평가설계

참여자들이 프로그램을 시작하기 전과 수료한 후에 측정하는 것으로, 업무수행의 수준이 교육훈련만에 의한 결과라고 확신할 수 없을 때 주로 고려해 볼만한 방법이다. 또 외부의 요인들이 과업수행의 수준에 영향을 미치지 않을 것이라고 판단될 때에도 적절한 설계라고 할 수 있다. 때로는 사전측정이 앞으로 운영하게 될 교육훈련 프로그램이나 사후측정에 부정적인 영향을 미칠 경우도 있다.

예를 들면, 프로그램에 참여하는 사람들이 앞으로 평가를 받게 될 것이라는 사실을 미리 안다면 왜곡된 결과를 초래할 수 있기 때문이다

교육훈련에 참여하는 사람들의 지식이나 기능이 다양한 차이가 있을 때, 교육훈련의 영향력이 얼마나 되는가, 즉 교육훈련에 의해 얼마나 그 수준이 개선, 증진되었는가를 측정하려고 할 때에 적절한 평가설계이다.

(3) 반복측정 평가설계

프로그램을 시작하기 전과 후에 측정을 하는 것은 사전-사후 평가설계와 같으나 사후 평가 이후에 어느 정도 시간이 경과한 후에 다시 측정을 하는 것이 이 설계가 지닌 특징이다. 교육훈련의 효과가 겉으로 드러나는 것이 시간이 경과한 후라야 가능하다든지, 교육훈련의 효과가 오랫동안 지속되어야 하는 경우 이런 유형의 설계가 필요할 것이다.

예를 들어, 새로이 관리·감독자 프로그램을 수료한 사람들이 교육훈련의 성과가 그들의 현직에서 나타나고 있는지를 평가하려고 한다면 상당한 시간이 경과한 후에라야 가능할 것이기 때문이다.

(4) 통제집단 평가설계

교육훈련을 받지않은 집단(통제집단)과 교육훈련에 참여한 집단(실험집단)을 비교하기 위한 설계로서 과업수행에 영향을 미치는 다양한 외부의 영향력들로부터 교육훈련 프로그램에 의한 효과를 구분해내기 위해 이런 평가설계를 활용할 수 있다. 예를 들면, 과업수행에 어떤 변화가 일어나고 있는데, 과연 그것이 직접적으로 교육훈련효과에 의한 것인지를 확신할 수 없을 때, 또 교육훈련에 참여할 집단과 여러 가지 면이 비슷하여 비교할 수 있는 통제집단을 쉽게 구할 수 있을 때 적합한 설계이다.

평가설계에 포함되어야 할 두 가지 요인이 있다.

첫째는 만약 통제집단이 사용될 때는 트레이너는 훈련그룹과 비교그룹이 가능한 한 유사성이 높아야 한다는 것이다. 또한 가능하다면 트레이너는 무작위로 대상자들을 교육훈련집단과 통제집단에 배정하는 것이 바람직하다. 그러한 무작위 배정은 관찰된 변화(성과)가 교육훈련의 결과에 의해 나타난 것이라는 확신을 높여준다. 그렇지만 무작위 배정은 비실용적이라서 널리 쓰이지는 않는다.

두 번째 고려해야 할 사항은 시간이 경과할 때마다 관련 자료를 수집하는 것이다. 이러한 방법은 시계열적 설계(time series design)라고 불리는데, 트레이너가 각자의 직무성과의 패턴을 관찰할 수 있게 해준다. 예를 들면, 오랜 시간동안 비교적 안정된 직무성과를 보여 오다가, 교육훈련 후에 급속히 증가하고 계속 높은 수준에 머물러 있다면, 이러한 현상은 교육훈련으로부터 비롯된 결과일 것이라고 할 수 있을 것이다.

마지막으로는 표본의 크기와 관련된 것이다. 연구자들은 종종 이 문제로 고심하는데, 그 이유는 자료를 제공하는 사람들의 숫자가 종종 통계적 분석에서 필요한 숫자보다 적기 때문이다. 교육훈련생의 숫자가 적으면 교육훈련이 실제로 어떠한 결과를 가져왔다고 할지라도 통계적 유의성을 갖는 결과를 얻기가 힘들다. 통계적으로 유의한 결과를 얻기 위해서는 최소한 30명은 필요하다고 보고 있다.

가장 중요한 점은, HRD전문가들은 교육훈련에 대한 평가를 실시하기 전에 표본크기에 관해 충분히 검토해보는 것이 필요하다는 것이다. 표본크기가 작으면, 개인이나 조직의 결과에 훈련이 긍정적인 영향을 미쳤다는 사실을 입증하기 어려워진다.

평가의 윤리성과
교육훈련의 경제성 평가

1 평가의 윤리적 유의사항

교육훈련평가에 있어서 아주 중요한 문제 중의 하나는 윤리적 문제이다. HRD전문가들이 내리는 결정들에는 윤리적 부분이 포함되어 있다. 참가자들을 교육훈련집단과 통제집단에 배정하는 문제에 있어서나 결과를 보고할 때나 윤리적 문제가 발생한다.

슈미트 등(Schmitt & Klimoski)이 제시한 동의 확보, 통제집단의 훈련유보, 속임수의 억제, 긍정적인 결과를 얻으려는 입박감 등의 네 가지 외에 드시몽 등(DeSimone, Werner & Harris, 2002)이 제시한 보안성을 추가시켜 살펴보기로 한다.[26]

(1) 보안성

평가설계 내용 중에는 훈련참가자뿐만 아니라 많은 사람들의 직무수행능력에 관한 내용이 포함되게 한다. 이러한 평가결과들은 당사자뿐만 아니라 다른 사람을 곤란하게 만들 수도 있고 공개되었을 때 역으로 이용될 가능성도 있다. 예를 들면, 경영능력개발 세미나에서 참가자들에게 상사에 대한 의견을 물을 경우가 있다. 만일 상사가 일을 잘 못한다고 대답한 참가자들을 상사가 미워할 경우도 생긴다.

평가과정에서 수집된 정보의 비밀을 보장하기 위한 적절한 조치는 이름보다는 코드번호를 사용한다든지, 인구통계학적 정보를 수집할 때는 가급적 필요한 만큼만을 수집하도록 하고, 개개인의 결과를 제시하기 보다는 그룹의 결과를 통보하는 형식을 취하는 것이 좋다. 그리고 암호장치가 된 컴퓨터파일 사용과 보안장치가 된 조사자료를 사용하는 것 등 모두가 보안을 보장하는 작업의 일환이다. 이러한 조치들은 구성원들을 좀 더 적극적으로 평가작업에 임할 수 있게 해준다.

(2) 동의 확보

평가위원들은 교육훈련참가자(평가대상자)들에게 평가하는 목적이 무엇인지, 무엇을 할 것인지, 그리고 불이익 또는 이득은 무엇인지 등을 확실히 알도록 해주는 역할을 한다. 또한 평가위원은 이러한 사실을 고지 받았으면 그 사실에 동의한다는 서약서에 서명을 하게 한다.

평가를 행할 때에는 평가에 참여할 평가위원들로부터 가능한 한 고지된 동의(the participants informed consent)를 얻는 것이 바람직하다. 이렇게 하여 평가위원들은 교육훈련참가자(평가대상자)들을 좀더 공정하게 대할 수 있게 되고, 그들 역시 정확한 정보를 제공받음으로써 평가에 좀더 효과적으로 참여할 수 있게 된다.

(3) 통제집단의 교육훈련 유보 문제

평가방법을 설계할 때 통제집단을 설정하게 되면, 구성원들 중 일부는 교육훈련을 받게 되나(실험집단) 일부는 교육훈련을 받지 못하게 되는(통제집단) 일이 생긴다. 만약 교육훈련이 구성원들의 업무능력을 향상시켜 봉급인상이나 승진으로 이어질 수 있다거나, 건강에 관한 프로그램과 같이 직원의 복지를 향상시키는 등 이익을 준다면 교육훈련을 받은 직원들과 받지 않은 직원들 간에 형평성의 문제가 발생할 수 있다.[27]

이와 같은 딜레마를 해결하기 위한 방법으로는, 첫째 교육훈련생을 배정할 때 어느 한쪽에 치우치지 않도록 무작위 추첨을 통하여 선정하고, 둘째 통제집단에 배정된 직원들에게는 프로그램이 효과적인 것으로 판단될 경우 차후에 교육훈련을 받을 수 있도록 보장해 주며, 셋째 평가방법을 수정하여 두 집단 모두가 교육훈련을 받을 수 있도록 하되 서로 다른 시간에 교육훈련하는 방법이 있다.

교육훈련의 유보문제는 윤리적 문제뿐만 아니라 불평등의 문제도 야기할 수 있고, 통제집단에 배정된 직원들이 참여를 거부하거나 좀 더 소극적인 태도를 보일 수도 있다.

(4) 속임수의 억제

평가운영자는 교육훈련참여자들에게 평가를 하고 있다는 사실을 알려주지 않거나, 또는 잘못된 정보를 주고 평가할 때 좀더 효과적으로 평가할 수 있다고 생각한다.

그러나 이러한 방법은 비도덕적이므로 최후의 수단으로 사용해야 한다. 속임을 당한 직원들은 불쾌감을 느낄 수 있고 또 경영진에 대한 신뢰감을 손상시킬 수도 있다.

만일 속임수를 사용해야 할 경우라면 최소한의 범위 내에서 사용하고 평가가 끝난 즉시 직원들에게 사실을 알리고 이유를 충분히 설명하는 것이 필요하다.[28]

(5) 긍정적인 결과를 얻으려는 압박감

HRD전문가들은 평가를 실시할 때 자신이 활용한 프로그램이 효과적이었다는 결과를 얻어내기 위한 압박감을 느낄 수도 있다. 이러한 압박감이 엄중한 HRD 프로그램에 대한 평가를 자주 실시하지 않게 하는 원인이 되기도 한다. HRD 부서의 직원들이 교육훈련 프로그램을 설계하고 개발하며, 또 시행한 후 평가까지 수행하기 때문에 평가결과가 효과적이지 못한 것이 확인되면 인적자원개발부서 전체의 예산이 삭감되거나 지원이 줄어들 수 있다. 이러한 압박감 때문에 결과의 일부만을 보고하거나 편향된 연구를 시행하는 등의 부정직한 행위가 일어날 가능성이 있지만 극히 드문 일이다.

2 교육훈련비용의 경제성 평가

HRD 프로그램을 경제적 가치로 분석하기는 어려운 일이지만, 일반적으로 '편익성 평가(cost-benefit evaluation)'와 '수익성 평가(cost-effectiveness evaluation)'는 HRD 프로그램의 경제적 효과를 결정하는 두 가지 실용적 방법이다.

교육훈련비용 평가는 HRD 프로그램을 실행하는데 소요된 비용과 프로그램운영의 결과로 나타난 조직의 이익을 비교하는 것이다. 여기에는 두 가지 종류의 활동이 필요한데, 하나는 비용-편익의 평가이고 다른 하나는 비용-수익의 평가이다.

비용-편익 분석(cost-benefit analysis)은 훈련에 들어간 비용과 훈련으로부터 얻어진 비금전적 편익, 즉 직무태도의 향상, 안전성, 건강 등을 비교하는 것이다. 편익률은 아래 식과 같이 표현된다.

$$CBR(편익률) = \frac{B(편익)}{TC(투입비용)} \times 100$$

* CBR : Cost Benefit Ratio, TC : Training Cost, B : Benefit

반면에 비용-수익 분석(cost-effectiveness analysis)은 훈련으로부터 얻어진 재무적 이익, 즉 품질과 이윤의 향상, 낭비와 운영과정의 단축 등에 중점을 두어 분석한다.

교육훈련 프로그램의 수익률은 아래 식과 같이 표현된다.

$$ROI(수익률) = \frac{R(성과)}{TC(훈련비용)} \times 100$$

* ROI : Return On Investment, TC : Training Cost, R : Result
* 성과는 산출된 총이익에서 비용을 뺀 값

로빈슨 등(Robinson & Robinson, 1989)은 훈련비용을 직접비용(direct costs), 간접비용(indirect costs), 개발비용(development costs), 일반비용(overhead costs), 참가자 보상 등 5가지로 분류하여 분석하였다. 이러한 훈련비용은 직무수행능력, 질, 직무태도 등으로 대표되는 운영지표의 향상, 즉 이익과 비교된다.

따라서 교육훈련 프로그램의 비용을 계산할 때, 다음 다섯 가지 항목을 고려해야 한다. 즉, 직접투자비용, 간접투자비용, 개발비용, 일반비용, 참가자들에 대한 보상(compensation for participants) 등이다.[29]

① 직접투자비용

학습활동의 제공(delivery)과 직접적으로 관련된 비용들이다. 학습자료, 교수지원(instructional aid), 기자재 임대비, 출장비, 숙식비, 트레이너의 월급 등이다. 이러한 비용은 특정 프로그램의 실행에 수반되는 비용이기 때문에 시행 하루 전날 프로그램이 취소되더라도 손실은 입지 않는다.

② 간접투자비용

학습활동을 보조하는데 드는 비용이다. 이 비용들은 프로그램이 취소되면 회복되지 못한다. 트레이너의 준비비용, 사무·행정적 지원, 참가자들에게 이미 보내진 학습자료, 프로그램 실행을 위해 준비한 직원들의 시간, 프로그램 홍보비용 등이다.

③ 개발비용

프로그램의 개발에 들어간 비용은 모두 여기에 속한다. 비디오테이프의 개발, 훈련용 컴퓨터프로그램의 개발, 프로그램 자료의 설계, 프로그램 가이드북, 추가적 설계비 등이다. 만약 프로그램이 수년 간에 걸쳐 시행된다면, 이 비용은 할부 상환도 검토할 수 있다.

④ 일반비용

훈련프로그램에 직접적으로 연관되지는 않지만 훈련부서의 유연한 운영을 위해서는 필수적인 비용이다. 시청각 장비의 유지에 필요한 비용, 교실에 필요한 전기나 난방비 등이다.

D조선의 교육훈련 투자규모 사례

D조선의 1998년 총 교육훈련비는 약 15억 2천만 원이었으며, 이를 전체 종업원 수로 나눈 1인당 교육훈련비는 140,400원, 1인당 평균 교육훈련 횟수는 0.9회로 대부분의 종업원이 평균적으로 한 번씩의 교육훈련을 받은 것으로 나타났다. 교육훈련 투자규모의 상대적 크기를 파악하기 위해 많이 사용되는 변수는 1인당 교육훈련비와 1인당 교육훈련 시간인데, 여기에서는 1인당 교육훈련비를 기준으로 D조선 교육훈련투자의 상대적 규모를 파악해 보면 다음과 같다.

고용노동부의 「기업체노동비용조사보고서」에서는 조사대상기업 전체의 1999년도 교육훈련비는 약 33,000원에 불과하였고, D조선이 속하는 기업규모인 1,000인 이상 기업의 1인당 교육훈련비를 보더라도 42,000원에 그치고 있었다. 이러한 비교를 통해 D조선의 교육훈련투자규모는 적어도 상당한 수준임을 보여주고 있다(유장수, 2000).

---

⑤ 참가자 보상

참가자들이 프로그램에 참여하는 동안의 월급과 이윤 등이다. 만약 프로그램이 이틀 동안 이어진다면 그 기간동안 참가자들의 월급과 이윤 등이 이 프로그램의 비용이다.

ROI 및 CBR 계산방법

예 HRD 프로그램을 통해서 얻은 이익이 $ 581,000이고 비용이 $ 229,000인 경우

$$ROI(\%) = \frac{B(편익)}{TC(투입비용)} \times 100 = 154\%$$

즉, $ 1 투입시 비용을 제외하고 $ 1.5의 이익발생

$$CBR(\%) = \frac{\$ 581,000}{\$ 229,000} \times 2.54(또는 2.5:1)$$

즉, $ 1 투입시 $ 2.5의 효익발생

자료: 중앙공무원교육원, HRD담당자 업무 매뉴얼, 2007

* ROI(Return On Investment)는 투자수익률로 교육훈련 프로그램이 창출한 순이익을 프로그램에 투입된 비용으로 나눈 것.
* CBR(Cost-Benefit Evaluation Ratio)은 비용편익분석으로 교육훈련 프로그램이 창출한 이익을 투입된 비용으로 나눈 것.

PARAGRAPH 05

총괄평가
및 과정개선

1 총괄평가

총괄평가란 실시된 각각의 단위과정에 대해 각 수준별로 평가한 결과를 분석하여, 과정개선 또는 과정 유지여부를 판단하는 것이다. 만일 개발한 과정이 총괄평가 때 또는 교육실시 중에 새로운 요구사항 등에 의해 개선될 필요성이 있으면 과정개선 계획을 수립하여 조정한다.

평가방법은 다음과 같은 방법으로 아래 서식을 활용할 수 있다.

① 학습자 수 : 평가대상이 되는 해당과정에 참가한 학습자 수를 기입
② 소요 시간 : 과정을 실시하면서 소요된 총 시간을 기입
③ 평가결과를 수준별로 나누어 정리한다.
    ㉠ Level Ⅰ 평가결과(반응평가) ㉡ Level Ⅱ 평가결과(학습평가)
    ㉢ Level Ⅲ 평가결과(적용평가) ㉣ Level Ⅳ 평가결과(사업성과)
④ 개선요망 사항 : 위의 논의 결과를 바탕으로 개선하여야 할 사항들을 기술한다.

표 8-3 · 총괄평가 양식(예시)

과정명 :
학습자수 :
소요시간 :

과정에 대한 학습자의 반응(Level Ⅰ 평가)							
문항/평가결과	평가결과					평균점수	개선요망사항
	1	2	3	4	5		
	긍정적 피드백(결과)					부정적 피드백(결과)	
학습내용 이해도 (Level Ⅱ 평가)							
학습결과의 업무적용도 (Level Ⅲ 평가)							
학습결과의 사업성과 향상도(Level Ⅳ평가)							
개선요망사항 종합							

표 8-4 · 평가결과 기술방법(예시)

구 분	긍정적 피드백(결과)	부정적 피드백(결과)
과정에 대한 학습자의 반응 (Level Ⅰ 평가)	과정개발에서 개발되어 제작된 Level Ⅰ 평가도구에 의한 학습자의 반응평가 결과를 분석하여 기술함.	평가문항이 척도로 구성되어 있으면, 통계처리하여 기입함.
학습내용 이해도 (Level Ⅱ 평가)	과정실시 전, 실시 중 또는 실시 후에 학습자에게 평가하였던 Level Ⅱ 평가전반(평가방법, 평가시기, 평가도구, 평가문항, 평가문제의 난이도 등)에 대한 학습자의 모든 피드백 사항을 분석하여 긍정적인 측면과 부정적인 측면으로 나누어 기술함.	평가문항이 척도로 구성되어 있으면, 통계처리하여 기입함.
학습결과의 업무 적용도(Level Ⅲ 평가)	과정개발에서 개발되어 제작된 평가도구로 현장의 업무 적용도를 평가한 결과를 분석하여 긍정적인 측면과 부정적인 측면으로 나누어 기술함.	
학습결과의 사업성과 향상도 (Level Ⅳ 평가)	과정개발에서 개발되어 제작된 평가도구로 교육프로그램이 사업성과 상에 미친 구체적이고 계량화된 결과로 분석하여 긍정적인 측면과 부정적인 측면으로 나누어 기술함.	• 사업성과의 예 - 고객만족도 ( )% 향상 - 품질 ( )% 향상 - 매출 ( )억원 증가 - 원가 ( )억원 절감 - 개발기간 ( )개월 단축 - 품질Cost ( )억원 절감 등

② 과정개선

과정개선은 교육실행, 총괄평가 기타 새로운 요구사항 등에 근거하여 개발한 과정의 개선안을 구체화하기 위한 것이다. 과정개선의 방법은 다음과 같다.

① 총괄 평가에서 제기된 개선사항에 대한 계획을 수립한다.
② 교육실행에서 제기된 개선사항에 대한 계획을 수립한다.
③ 개선 필요사항을 구체적으로 개선한다.
④ 개선안에 대한 교육 요청자의 동의를 획득한다.
⑤ 필요 시 개선한 과정에 대한 pilot-course 평가를 한다.

표 8-5 · 과정개선 계획 양식(예시)

개선 및 Update항목	담당자	계획일자	완수일자	확 인

1) Y. Lincoln and E. Guba(1985), Naturalistic Inquiry, Bevely Hills.

2) Phi Delta Kappa(1971), National Study Committee on Evaluation, Educational evaluation and decision making.

3) L. J. Cronbach(1963), "Evaluation for course improvement", Teacher's College Record, 64(8), pp. 672-683.

4) T. L. Wentling and T. E. Lawson(1980), Evaluating occupational education and training program, Allyn and Bacon.

5) 황안숙(2002), 「인적자원개발」, 양서원, p. 214. 재인용.

6) J. J. Phillips(1983), Handbook of Training Evaluation and measurement Method, Houston : Gulf Publishing.

7) J. H. Zenger and K. Hargis(1982), Assessment of Training Results: It's Time to Take the Plunge! Training and Development Journal, 36(1), pp. 11-16.

8) C. C. Ross(1941), Measurement in today's schools.

9) Jr, C. H. Lawshe(1948), Principles of personnel testing.

10) 김종재·박성수(1997). 「인적자원관리」, 법문사, pp. 280-281.

11) 이용환·정철영·나승일·김진모·이찬(2011), 「산업인력개발론」, 교육과학사, pp.255-256.

12) 중앙공무원교육원. HRD담당자매뉴얼, 2007.

13) 김광자(1993), 「교수·학습방법론」, 학문사, pp. 225-226.

14) I. L. Goldstein(1993), Training in organizations: Needs assessment, development, and evaluation . Thomson Brooks/Cole Publishing Co.

15) D. L. Kirkpatrick(1994), Evaluating Training Programs. The Four Levels. Berrett-Koehler Organizational Performance Series.

16) K. Kariger, J. K. Ford & E. Salas(1993), Application of Cognitive, Skill-Based, and Affective Theories of Learning Outcomes to New Methods of Training Evaluation, Journal of Applied Psychology, 1993, Vol. 78. No. 2. 311-328

17) B. R. Worthen & J. R. Sanders(1987), Educational evaluation: Alternative approaches and practical guidelines.

18) 황안숙(2002), 위의 책, 양서원, pp. 219-223.

19) G. M. Alliger & E. A. Janak(1989), Kirkpatrick's levels of training criteria: Thirty years later. Personnel psychology, 42(2), 331-342.

20) C. Ostroff(1992), The relationship between satisfaction, attitudes, and performance: An organizational level analysis. Journal of applied psychology, 77(6), 963.

21) R. L. DeSimone et al.(2002), 앞의 책. pp. 242-245.

22) J. J. Phillips(1996), How much is the training worth? Training and development, 50(4), pp. 20-24.

23) P. M. Podsakoff and D. W. Oran(1986), "Self-reports in organization research; Problem and prospects", Journal of Manaement, 12, pp. 531-544.

24) P. M. Podsakoff & D. W. Organ(1986), 위의 책.

25) D. T. Campbell and J. C. Stanley(1966), Experimental and quasi-experimental designs for research. Chicago: Rand McNally.

26) R. L. DeSimone, et al.(2002), 앞의 책. pp. 247-250.

27) H. L. Fromkin and S. Streufert(1976), Laboratory experimentation. In M. D. Dunnette(ed.), Handbook of industrial and organizational psychology(415-465). New York: Rand McNally.

28) J. G. Cullen, S. A. Swazin, G. R. Sisson and R. A. Swanson(1978), "Cost effectiveness: A model for assessing the training investment." Training and Development Jounal, 32(1), pp. 24-29.

29) Robinson & Robinson(1989), supra note 35.

기타 참고자료

- 중앙공무원교육원, HRD담당자 매뉴얼, 2007.
- 오인경·최정임, 교육프로그램개발 방법론, 학지사, 2012.

정부지원 교육훈련 프로그램 평가 사례

교육훈련의 성과평가를 위한 노력은 과거부터 지속되어 왔다. 그러나 교육훈련을 실시한 후에 그 효과를 측정하는 것은 용이하지 않았다. 그 효과가 무형적이고, 장기적이기 때문이다. 이는 개별 기업차원에서만 발생하는 문제가 아니라 다양한 프로그램을 지원하고 있는 정부지원 교육훈련에서도 마찬가지이다. 과거 교육훈련 프로그램과 직업능력개발훈련기관에 대한 체계적인 평가시스템이 마련되어 있지 않아, 부실한 기관에서 불필요한 교육훈련 프로그램을 실시하는 경우가 발생하였다.

이러한 문제점을 해결하기 위하여 여러 기관에 산재되어 운영되었던 직업능력개발훈련 프로그램에 대한 심사와 평가기능을 일원화하여 2015년에 직업능력개발심사평가원을 설립하였다. 직업능력개발심사평가원에서는 훈련기관인증평가, 집체훈련심사, 원격훈련심사, 훈련성과평가, 부실훈련관리 등의 역할을 담당하고 있다. 이 중 교육훈련 프로그램 평가와 연계되는 것으로는 훈련성과평가와 훈련기관인증평가로 볼 수 있다.

훈련성과평가는 훈련이수자평가와 국가인력양성 실태조사 및 컨설팅 사업으로 구분된다. 훈련이수자평가는 국가직무능력표준(NCS)에 기반한 훈련과정을 수료한 이수자에 대해서 훈련생의 수료 후 능력획득 여부를 평가하는 것을 목적으로 하고 있다. 평가내용은 평가계획, 평가내용, 평가관리, 샘플평가 등 4가지로 구분되어 있다. 평가계획은 사전 훈련생분석의 충실성, 평가계획수립의 체계성, 평가내용은 평가계획 이행의 충실성, 평가도구의 적절성, 훈련교사의 적절성, 평가관리는 자료관리의 체계성, 평가환류의 체계성, 샘플평가는 평가의 일치성 등으로 구성된다(직업능력심사평가원, 2016). 이는 교육훈련기관의 성과평가에 대한 메타평가(meta evaluation)적 성격을 가지고 있다. 평가결과에 따라 우수 프로그램에 대해서는 훈련비를 추가 지원한다.

◉ 훈련이수자 평가기준

평가영역	평가지표
평가계획	사전 훈련생분석의 충실성, 평가계획수립의 체계성
평가내용	평가계획 이행의 충실성 평가도구의 적절성 훈련교사의 적절성
평가관리	자료관리의 체계성 평가환류의 체계성
샘플평가	평가의 일치성

자료: 직업능력심사평가원, 2016, 훈련이수자평가사업 설명회 자료집.

정부훈련사업 평가 및 컨설팅 사업은 여러 정부기관에서 운영하는 인력양성사업에 대한 실태조사와 사업별로 컨설팅을 진행하여 인력양성의 성과향상을 목적으로 한다. 두 가지 사업은 프로그램에 대한 평가보다는 사업전체에 대한 성과 제고를 목적으로 하고 있다.

훈련기관인증평가는 훈련실적보유기관과 신규기관에 따라 인증절차가 다르게 운영된다. 평가결과에 따라 실적보유기관은 3년 인증, 1년 인증, 인증유예 등급을 부여하고 신규기관은 1년 인증, 인증유예 등급을 부여한다. 평가기준은 건전성평가, 역량평가로 구분되며 기존기관의 경우 건전성평가는 준법성 및 재정건전성, 훈련성과를 평가한다. 역량평가는 기관경영, 훈련실시능력, 수요자만족도 등을 평가한다. 이 중 1단계 평가인 기관건전성평가는 서면평가로 이루어지고, 2단계 평가인 훈련실시능력은 서면평가와 현장실사로 이루어지며, 수요자만족도는 HRD-Net 또는 전화조사로 이루어진다. 훈련기관인증평가 결과는 훈련과정의 승인과 인정에 활용되고, 아울러 HRD-Net을 통하여 인증등급을 매우우수부터 매우미흡까지 5단계로 구분하여 공개하여 훈련수요자들이 훈련프로그램 선택에 도움을 줄 수 있도록 제공한다.

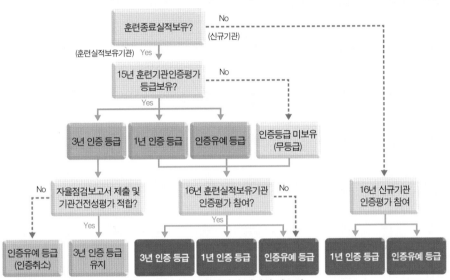

자료: 직업능력심사평가원, 2016, 훈련기관 인증평가사업 설명회 자료집.

✦ 훈련인증평가 체계

이외의 교육프로그램에 대한 평가사례를 살펴보면 평생교육차원에서 지원하고 있는 학습
은행제 운영기관 중 평가를 들 수 있다. 운영기관 중 평가를 통하여 우수기관을 선정한다. 우
수기관 선정절차는 서면심사, 현장심사, 선정위원회 심의, 우수기관 선정 등으로 이루어지며,
선정된 기관에 대해서는 우수기관 인증패가 수여되고 아울러 사후관리가 면제된다.(평생교육진
흥원, 2016)

[참고자료]
- 직업능력심사평가원, (2016). 훈련기관 인증평가사업 설명회 자료집
- 국가평생교육진흥원, (2016). https://www.cb.or.kr/creditbank/eduOrg

핵심용어

- 평가목적
- 커크패트릭의 평가구조
- 합리적 평가
- 평가자료수집방법
- 타당성
- 직무성과자료
- 자기보고자료
- 평가의 윤리성

- 평가과정
- CIPP모형
- 자연적 평가
- 신뢰성
- 유용성
- 경제성자료
- 평가도구설계
- 교육훈련의 경제성

연구문제

❶ 커크패트릭의 평가구조와 CIPP모형의 평가방법을 비교분석하라.

❷ 교육훈련의 성과를 측정할 때 공통적으로 사용되는 평가자료 수집방법에 대해 세 가지 고려사항(신뢰성, 타당성, 유용성) 중심으로 사례를 들어 설명해 보라.

❸ HRD전문가들이 결정하는 교육훈련평가의 윤리적 문제와 해결방안을 제시하라.

❹ HRD 프로그램의 경제적 가치를 평가하는 두 가지 실용적 방법, 즉 비용-편익 평가와 비용-효과 평가에 관해 이해하기 쉽게 사례를 들어 설명해 보라.

PART

03

인적자원개발의
활동

CHAPTER 09

개인개발

학습목표

1. 교육훈련 운영담당자의 역할 중요성과 교육준비사항을 설명할 수 있다.

2. OJT의 기능과 효과에 대해 기술할 수 있다.

3. Off-JT에서 얻고자 하는 바를 제시할 수 있고, OJT와 비교하여 설명할 수 있다.

4. 에듀테크 활용학습의 장점과 한계 및 효율적 운영방법을 제시할 수 있다.

5. 역량과 직업기초능력의 중요성을 설명할 수 있다.

교육훈련 요구분석 결과를 담아 잘 설계된 교육훈련 프로그램은 운영을 잘해서 성과를 높여야 한다. 만일, 운영이 잘못되면 아무 소용이 없게 된다. 이 장에서는 HRD의 세 가지 주요영역(개인개발-경력개발-조직개발) 중에서 개인개발을 위한 교육훈련 프로그램의 종류와 방법 및 운영에 대해 공부한다.

먼저, 가장 많이 활용되며 효과도 높은 직무현장에서 실시하는 OJT에 대해 살펴본 후 직무외 훈련인 Off-JT를 논의한다. Off-JT 중에서는 의사결정능력과 대인관계능력을 향상시킬 수 있는 프로그램을 공부하고, 최근 중요성이 높아지고 있는 에듀테크 활용학습과 전문직종을 위한 교육훈련 전문가 육성프로그램을 검토한다. 또 어떤 직종이나 어느 위치에 있건 모두 갖춰야 할 역량과 직업기초능력의 중요성을 공부한다.

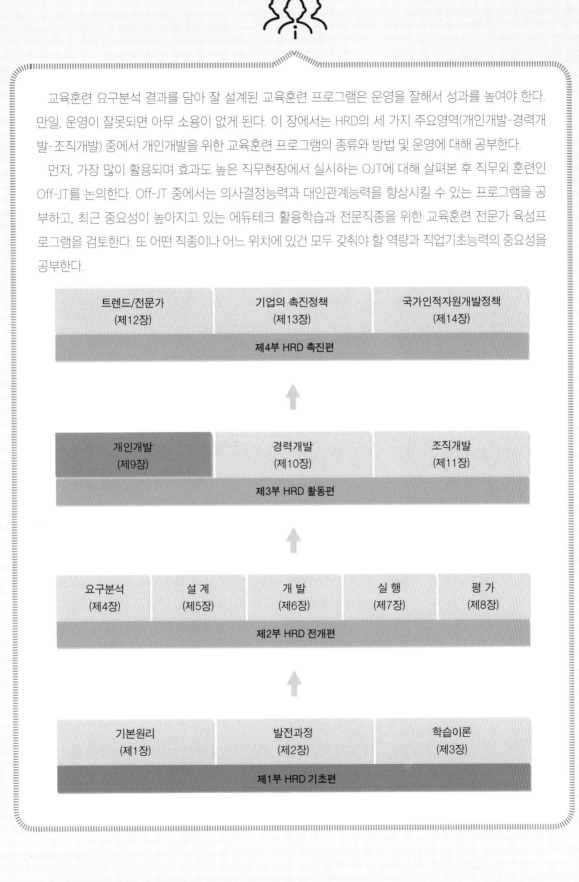

트렌드/전문가 (제12장)	기업의 촉진정책 (제13장)	국가인적자원개발정책 (제14장)
제4부 HRD 촉진편		

개인개발 (제9장)	경력개발 (제10장)	조직개발 (제11장)
제3부 HRD 활동편		

요구분석 (제4장)	설 계 (제5장)	개 발 (제6장)	실 행 (제7장)	평 가 (제8장)
제2부 HRD 전개편				

기본원리 (제1장)	발전과정 (제2장)	학습이론 (제3장)
제1부 HRD 기초편		

PARAGRAPH
01

교육훈련의 종류와 방법

1 일반적 원칙

'개발된 개인의 능력은 소진 된다'는 것이 일반화된 생각들이다. 따라서 조직적인 능력개발계획이 실시되지 않는다면 능력개발은 대부분의 경우 자기개발이나 직무경험을 통해서 얻을 수밖에 없다. 능력개발에는 특정 직무에서의 기능향상과 전체환경의 이해를 위한 일반적인 지식에 관한 교육훈련이 포함된다. 계획적인 교육훈련은 생산성 증대, 도덕성 향상, 원가절감 및 외부환경 적응을 위한 안정성과 유연성을 가져오며, 또한 종업원에게는 생애의 일부를 형성하는 직업선택을 현명하게 할 수 있도록 유도한다. 한편, 사회전체는 고용증대와 능력활용의 관점에서 기업교육이 지대한 관심을 끌고 있다.

지금부터는 설계된 교육훈련 프로그램을 대상 집단에게 전달하는데 있어 다양하게 적용되고 있는 교육훈련방법에 관하여 살펴보기로 한다.

교육훈련방법의 적절한 실행은 중요한 교육훈련요구를 확인할 수 있으며 프로그램 목표를 획득할 수 있다. 교육훈련은 학습자들이 특정한 분야에서의 전문적 기술을 높이기 위한 것이다. 그러나 교육훈련방법을 선택할 때는, 현재의 전문적 기술수준을 고려하는 것이 유용하다. [그림 9-1]은 학습의 연속상황을 설명하는 것으로서, 초보수강생들은 일반적으로 보다 많은 지도방법을 필요로한다는 것을 보여주고 있다. 한편, 훈련을 받는 사람들의 기술수준이 점차 높아지게 되면 이상적인 교육훈련방법으로 볼 수 있는 탐구적 · 경험적인 방법을 요구하는 쪽으로 변하게 된다.[1]

탐구적 · 경험적 방법은 지도방법보다 더 많은 시간과 완전성을 요구하므로 많이 사용되지 않고 있다. 즉, 대부분의 경우 훈련생들은 어떻게 할 것인지를 배우기보다, 무엇을 해야 하는지를 배워야 한다. 따라서 강의, 토론, 사례연구, 행동모델, 역할연기, 시뮬레이션을 조합하는 지도적인 방법과 경험적인 방법을 병행 사용해야 한다.

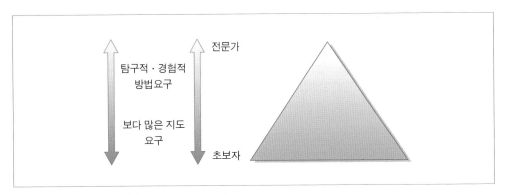

자료: R. L. DeSimone et al.(2002), 앞의 책, p. 192.

⊙ 그림 9-1 · 학습수준의 결정

❷ 교육훈련방법의 유형

교육훈련방법은 [표 9-1]에서 정리하고 있으나, 우선적인 초점으로서 교육훈련방법은 프로그램 목표와 현재의 기술수준에 따라 선택되는 것이 바람직하다.

교육훈련방법은 종업원들의 일상적 업무환경에서 직무가 생성되는지의 여부에 따라 구분될 수 있다. 따라서 먼저 현장훈련을 살펴본 후 집체교육법을 살펴보고, 이어서 자율적으로 진도에 맞춰나가는 개인적인 접근방법을 살펴보고자 한다. 자기조절방법의 예로는, 컴퓨터 훈련을 들 수 있는데 이것은 현장의 직무 안에서도 실시될 수 있고 또 컴퓨터화 된 환경에서도 실시된다. 그러나 최근 컴퓨터 훈련의 증가에 따라 여러 가지의 다른 환경에서 다양하게 자기진도에 맞출 수 있는 교육훈련접근법이 증가하는 추세이다.[2]

⊙ 표 9-1 · 교육훈련의 종류와 기법

유 형	기 법
직무현장훈련(OJT)	• 직무훈련(job instruction training) • 직무순환(job rotation) • 코칭(coaching)과 멘토링(mentoring)
집합교육훈련(Off-JT)	• 강의(lecture) • 토론 · 토의(discussion)

유 형	기 법
집합교육훈련(Off-JT)	• 시청각미디어 교육 　- 정적인 미디어(handout, 책, 자료 등) 　- 역동적인 미디어(필름, 비디오 등) 　- 텔레커뮤니케이션(인터넷 등) • 경험적 학습법 　- 의사결정능력 : 사례연구, 인바스켓기법, 비즈니스 게임 　- 대인관계능력 : 역할연기, 행동모델링, 감수성훈련, TA, 자기통찰법 • 야외훈련(outdoor training)
에듀테크 활용학습	• 컴퓨터활용학습(예 멀티미디어, CD-ROM) • 인트라넷 · 인터넷학습 • 모바일러닝, u-러닝, 스마트러닝 • 지능형컴퓨터응용학습
기술 및 전문훈련	• 기술훈련 　- 신기술 　- 품질향상훈련 　- 정보통신활용기술 • 영업 및 서비스 훈련 • 팀구축훈련 • 전문가 육성

PARAGRAPH 02

직무현장훈련(OJT)

직무현장훈련(on-the-job training : OJT)은 훈련을 받을 사람에게 작업공간에서 규칙적으로 훈련을 실시할 수 있게 한다. 이것은 가장 기본적인 형식의 훈련이며 대부분 종업원들은 직무수행과정에서 훈련과 코치를 받는다. 1 : 1 교육은 협력자들 혹은 종업원과 감독자 사이의 OJT에 의해 실시된다. 최근에 직무현장훈련은 현재의 직무수행에서 요구되는 능력을 보완해주고 지원자들의 결점을 개선하기 위해 활용이 증가되고 있는 추세이다.[3]

그럼에도 불구하고 현장훈련은 형식적 구조나 치밀한 계획 및 주의깊은 사고 없이 비형식적으로 이루어지고 있는 경우가 많다. 이러한 비형식적인 OJT는 '실패율의 증가, 낮은 생산성, 훈련효과가 감소한다'고 지적받고 있다.[4]

구조화된 OJT프로그램은 이것을 충분히 이해하고 있고 적절한 기법을 보유한 트레이너들에 의해 수행된다. OJT 실행의 사전검토는 ① 감독자, 동료직원 및 HRD담당자들이 구조화된 OJT프로그램을 검토한다. ② OJT강사들에게 train-the-trainer program을 실시한다. ③ 최고경영층에서는 구조화된 OJT프로그램의 성공적 운영을 지원한다.[5]

그러나 몇 가지의 제한점도 있다. 첫째, 장소적으로 물리적 제약, 소음 등 학습에 지장이 있을 수 있다. 둘째, 훈련을 위해 비싼 장비를 사용하게 되므로 비용적 손해를 가져오거나 생산계획에 차질을 가져올 수 있다. 셋째, OJT 때문에 소비자들이 불편함을 느낄 수도 있고, 일시적으로 서비스의 질이 감소한다고 느낄 수 있다. 넷째, OJT를 위한 중장비나 화학물질들은 근처에서 일하는 사람들의 안전에 우려를 갖게 할 수 있다. 트레이너들은 이러한 네 가지 문제점을 최소화 할 수 있게 사전에 검토해야 한다.[6]

> 체계화된 OJT는 강의실 내에서 실시하는 교육훈련에 비해 두 가지 장점이 있다. 첫째, OJT 학습촉진자(facilitator)는 훈련을 받는 사람에게 직무에서의 학습기회를 직접적으로 제공하기 때문에 직무에 학습전이를 가능하게 하며, 학습환경과 수행직무가 같기 때문에 학습의 전이가 강화된다. 둘째, OJT는 별도의 훈련시설이나 장비 등을 필요로 하지 않기 때문에 훈련비용을 줄일 수 있다.[7]

대체적으로, OJT는 Off-JT와 결합시켜 활용하는 것이 좋다. 특히 복잡한 직무는 강의실훈련이 더 효과적이며, OJT와 컴퓨터를 활용하는 훈련과 조화를 이루어 활용되기도 한다. OJT방법에는 직무훈련(job instruction training : JIT), 직무순환, 코칭, 멘토링 등 네 가지의 기법이 있다.

1 직무훈련

직무훈련(job instruction training : JIT)은 고유 직무를 수행하는 동안 트레이너들이 종업원들을 훈련시키는 과정의 연속이라 할 수 있는 OJT의 한 형태이다. JIT프로그램의 내용은 단순성으로 설명된다. [표 9-2]에서 보듯이 4단계 과정은 트레이너들이 훈련을 준비시키고, 작업과제를 제시하며, 실습시간을 부여하고, 후속지도를 하는 것을 도와준다.

❂ 표 9-2 · 직무훈련 단계

1단계 훈련준비	• 훈련받을 사람들의 긴장을 풀어준다. • 훈련받을 사람들이 알고 있는 사전지식 정도를 확인한다. • 학습동기를 유발시킨다(훈련을 개인욕구와 연계 : 예 승진). • 과제에 착수한다.
2단계 과제제시	• 과업전반을 알려주기(tell) • 시범 보이기(show) • 각 단계를 설명하기(explain) • 과업결과를 입증하기(demonstrate)
3단계 실행	• 훈련받는 사람에게 과제를 수행하게 한다. • 훈련받는 사람에게 수행단계를 설명해 보게 한다. • 직무실행에 따른 피드백을 제공한다. • 올바른 행동을 강화시킨다.
4단계 후속지도 (follow-up)	• 훈련받은 사람 스스로 직무를 수행해보도록 한다. • 질문을 하면서 격려한다. • 직무수행 성과를 정기적으로 점검한다. • 점진적으로 훈련을 줄인다.

자료: K. N. Wexley and G. P. Latham(1991), Developing and training human resorces in organization, Glenview, IL : Scott, Foresman, p. 109.

훈련받을 사람을 준비시키는 것은 훈련이 기대하는 바가 무엇인지를 알려주기 때문에 중요하다. 준비자료는 종업원들이 평소에도 활용할 수 있는 훈련매뉴얼, 핸드아웃, 작업 보조자료 등이 된다.

과제를 제시하는 것은 훈련을 받을 사람들이 이해할 수 있고 작업을 반복할 수 있는 방법으로 수행된다. 트레이너들은 훈련을 받는 사람들이 작업과정을 되풀이하는 것을 물어보기 전에 작업을 시연해 보인다. 실습시간은 훈련을 받는 사람이 특별한 기법을 습득할 수 있게 해주기 때문에 중요하다.

마지막으로, 트레이너들은 훈련을 받는 사람들의 훈련결과를 확인할 수 있는 후속지도 활동을 필요로 한다. 이러한 후속지도기간 동안 트레이너들은 적절한 시기에 코칭기법에 응할 수 있게 한다.[8]

한편, 보다 세부적인 과제접근을 위한 'Just Do It Training[JDIT]' 방법은 훈련의 기본원리와 개선요구가 확인이 되는 직무군을 대상으로 훈련환경을 이동시켜 실시한다. 개선과정은 다음의 다섯 단계를 따르게 된다.[9]

첫째, 실제 작업과정을 관찰하고 문제를 확인한다.

둘째, 개선을 가능하게 하기 위한 브레인스토밍을 한다.

셋째, 각 개선 옵션을 분석한다.

넷째, 개선사항을 실행한다.

다섯째, 결과를 분석하고 조정한다.

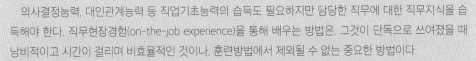

직무현장경험을 통한 학습방법

의사결정능력, 대인관계능력 등 직업기초능력의 습득도 필요하지만 담당한 직무에 대한 직무지식을 습득해야 한다. 직무현장경험(on-the-job experience)을 통해 배우는 방법은, 그것이 단독으로 쓰여졌을 때 낭비적이고 시간이 걸리며 비효율적인 것이나, 훈련방법에서 제외될 수 없는 중요한 방법이다.

현장학습은 단순직종에만 적용되는 것은 아니다. 연구개발분야에 종사하는 290명의 과학자와 기술자에 대한 조사결과에 의하면, 그들은 공식적인 교육과정과는 무관한 활동을 하고 있는 것으로 나타났다.[10]

어떤 조사에 의하면, 응답자의 62%가 직무현장에서의 문제해결(on-the-job problem solving)과 동료 간의 상호작용이 전문가로 성장하는 데 가장 중요한 것이라고 말하고 있다. 직무현장에서의 동료전문가와의 상호작용은 동기유발과 정보획득의 중요한 수단이 되고 있다. 저술, 독서, 공식적 교육과정, 외부의 전문가회의 등도 중요한 것이지만, 이보다 더 중요한 것은 직무현장의 활동이다.

이 접근법에서 트레이너들의 역할은 학습자들을 지도하고 직무자체에서나 학습자들이 잠재적 문제를 스스로 발견하고 해결책도 찾도록 하는 것이며. 또한 피드백을 제공하고 학습을 강화시키는 것이다.

JIT(또는 JDIT)의 성공여부는 훈련받는 사람들 스스로 훈련과정 전반을 받아들일 수 있는 능력여하에 달려있다. 특히 트레이너가 훈련생의 동료나 상사라면, 훈련이 시작되기 전에 트레이너들이 요구할 학습요구사항을 검토하여 훈련내용이 너무 어렵거나 너무 쉬우면 훈련받을 사람들의 입장에 맞추기 위해 훈련내용 혹은 훈련기법을 조정해야 한다.

2 직무순환

직무순환(job rotation)은 여러 과업을 서로 바꿔서 수행할 수 있으며, 작업자들을 작업흐름에 큰 지장이 없이 업무 간에 순환이 가능하도록 하는 것으로서 [그림 9-2]는 직무순환의 기본절차를 제시한 것이다.[11] 직무순환을 할 때 작업자가 행하는 실제직무에는 큰 변화가 없다. 그러나 경영자는 종업원들을 여러 직무로 이동시키고 다른 기능을 개발할 기회와 전체 생산과정에 대한 시야를 넓혀줌으로써 지루함과 틀에 박힌 일 등을 감소시킬 수 있다.

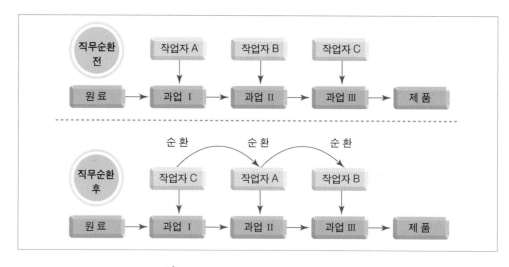

그림 9-2 · 직무순환의 기본절차

직무순환은 훈련을 받는 사람들이 지도를 받는다는 것보다는 관찰하고 실제로 행함으로써 더 많은 학습을 할 수 있기를 기대하는 것이다. 순환이라는 단어가 의미하는 것은 일정기간동안 다른 직위나 다른 부서에로의 연속성(series) 개념과 관련된다.

직무순환에 의해 훈련을 받는 사람들은 배치받은 기간동안 해당부서 소개, 훈련에 관한 지시를 감독자들로부터 받게 된다. 훈련사이클 전반에 걸쳐 훈련을 받는 사람들은 주요 역할, 부서방침, 생산과정 등 각 기능의 여러 부분을 학습하게 된다. 사이클의 후반에는 수집된 평가결과를 통해 훈련성과 판단에 참고하며 적정직무에 영구적으로 배치되기도 한다.

직무순환은 주로 경영관리훈련에 자주 이용되며 또 신입사원들에게도 적용된다. 이러한 기법을 통해 경영자들에게는 새로운 경영요구에 맞는 직무지식을 개발하기를 요구한다.

③ 코칭과 멘토링

직무현장훈련(OJT)의 대표적인 형태인 코칭(coaching)과 멘토링(mentoring)은 1 : 1 교육의 한 형태이다. 코칭이란 용어는 스포츠에서 사용하는 용어인 '코치(coach)'에서 유래한다. 1971년 하버드 대학의 테니스부 주장이었던 티모시 갤웨이(Timothy Gallway)는 사람들에게 테니스를 가르치면서 기술적인 방법을 가르치기보다는 그들 안에 잠재되어 있는 잠재능력에 의식을 집중시키는 방법을 사용하면 사람들이 테니스를 쉽고 재미있게 배운다는 것을 발견했다. 그는 이러한 교육방식을 이너게임(inner game)이라고 명명하고 테니스뿐만 아니라 스키, 골프 등 여러 분야의 스포츠를 가르치는데 활용했다. 존 휘트모어(John Whitmore)는 1980년대 초반 이너게임의 원리를 비즈니스에 접목시켜 유럽에 소개하고 티모시 갤웨이와 함께 이너게임사를 설립했다.

코칭(coaching)은 업무현장에서 감독자나 경험자(코치)가 자신의 실전적 지식을 학습자에게 전달하는 1 : 1 커뮤니케이션 과정을 통해 교수-학습이 이루어지는 것을 말한다. 즉, 코칭은 코치와 조직구성원이 수행과업을 중심으로 달성해야 할 과업 및 목표, 책임 및 수행방법 등을 정하고 실행하는 과정에서 지속적인 피드백을 상호 교환하며 수행결과에 대한 평가를 공유하는 프로세스라고 볼 수 있다. 코칭에서 코치는 조직구성원들과 함께 일하면서 동기를 부여하며, 수행을 돕고 피드백을 제공하며 다른 관점 및 의견을 제시할 수 있어야 한다. 효과적인 코칭이 이루어지기 위해서는 코치와 조직구성원이 서로 신뢰하는 관계가 전제되어야 한다. 즉, 목표달성과 지속적인 개선을 위해 함께 노력하고 수행결과를 함께 공유하고 책임질 수 있는 관계를 만드는 것이 중요하다.

멘토링(mentoring)은 감독자나 경험자(멘토)와 학습자(멘티)의 상호작용을 통하여 학습자의 조직적응이나 업무수행능력 향상을 목적으로 하는 교수학습방법이다. 멘토링은 단순한 지식전달뿐만 아니라 조직이나 환경에 적응하는 법을 습득하게 하여 코칭보다 장기적인 관점에서 학습자의 역량과 발전을 도모한다. 일반적으로 멘토링은 조직 내의 높은 지위에 있거나 경험이 많은 사람이 멘토(mentor)가 발전 가능성이 있거나 경험이 부족한 사람이 멘티(mentee)와 특별한 상호작용을 함으로써 경력개발과 심리적인 지원을 제공한다. 경력개발은 멘토가 멘티에게 업무수행에 대해 코칭을 하며, 도전적인 과제를 부여하고, 타인의 눈치를 보지 않아도 되는 상황을 제공함으로써 이루어진다. 심리적인 지원은 멘토가 멘티에게 존경받는 역할모델이 되고, 조직의 긍정적인 정서를 제공하며, 조직에 대한 불만에 대해 이야기함으로써 이루어진다.[12]

멘토링과 개인개발

HRD에 관한 국제회의에서 멘토링(mentoring)이 개인들을 조직 내에서 만족도를 높이고 개인의 수행력을 증진시켜서 조직이 성공하고 조직속의 개인이 성공할 수 있는 구체적인 연결고리가 될 수 있을 것이라는 생각으로 멘토링을 주제로 한 발표는 어느 한 부분으로 범주화하기에 용이하지 않은 주제였다. 멘토링은 리더십개발 혹은 비즈니스전략으로서 학습이나 효과성, 수행력증진에 관한 부분에 까지 다양하게 포함되어 다루어지고 있었다.

멘토링에 관한 발표 가운데 남아프리카공화국의 Niei Steinmann이 발표한 'Accelerating leadership development through mentorship : A case study by Lion'은 사자들의 야생생활을 관찰하고 그들의 성장과정을 기업의 멘토링시스템을 구축하는데 반영하고 그 결과를 분석한 것이었다.

발표자는 사자의 삶을 관찰하고 남아공의 T Company에 사원들의 리더십교육에 적용하였다. 그는 멘토링을 지위와 경험, 직관력(insight)을 갖고 다른 사람들의 발전을 돕는 것을 즐기고 타인에게 영향을 미칠 수 있는 지식 등을 신뢰할 수 있게 성숙한 사람으로 뒷받침해주는 것으로 정의하고 있다. 남아공의 사례를 통해 직장에서 멘토링이 성공하기 위해서는 팀워크를 구축하고 훌륭한 멘토와 멘티의 관계를 설정하는 것이 중요함을 강조하였다. 특히 1999년 T Company에서 멘토링을 통한 리더십훈련이 처음에는 실패하였으나, 그 원인이 멘토(mentor)와 멘티(mentee)의 관계설정과 멘토링에 대한 이해부족임을 파악하고 참여자들을 대상으로 멘토링에 관한 사전교육을 연후에 실시한 것은 우리 기업에 멘토링체제 도입에 시사점을 주고 있다.

Julia Helender가 발표한 멘토링에 관한 다른 논문은 'Developing a Sustainable Mentoring System : Success Factors for Designing a High Impact Strategic Development Initiative'였다. 이 논문은 2002년 미국 기업들 가운데 31.2%가 멘토링제도를 갖고 있고, 그 가운데 약 2/3가 매우 혹은 다소 성공적이라는 분석을 보여주었다.

특히 멘토링을 통한 기업의 조직적 차원에서 뿐만 아니라, 고객차원의 영향력을 행사할 수 있음을 보여주고 있다. 멘토링이 성공하기 위해서 멘토와 멘티의 역할의 중요성을 강조하고 각각의 역할을 3개 범주의 9개 유형으로 구분하여 분석하고 있다. 멘토링관계 개발은 7개의 과정으로 선정, 연결, 훈련, 계약, 멘토, 모니터 지원, 전환의 과정으로 예시를 들어 보여주고 있다.

PARAGRAPH
03

집합교육훈련(Off-JT)

집합교육훈련(off-the-jobtraining : Off-JT)은 일상적인 업무(작업)공간을 벗어난 다른 장소에서 교육훈련을 실시하는 한 방법이다. 이러한 관점에서, 강의실은 회사 회의실과 같은 업무 수행지역에서 떨어진 훈련공간이 될 수도 있다. 대부분의 조직들은 교육훈련을 보다 잘 실시하기 위해 강의실을 주로 이용하며, 규모가 아주 큰 조직은 자체 교육훈련센터를 운영하기도 한다. 이러한 교육훈련센터는 기술훈련이나 다양한 교육과정을 운영하는 사내 대학(company college)으로 운영되기도 한다.

작업장소로부터 떨어져서 교육훈련을 할 경우 직무현장훈련에 비해 다음과 같은 이점이 있다.

첫 번째는, 강의실교육에서는 비디오, 강의, 토론, 역할연기, 시뮬레이션과 같은 다양한 훈련기법을 활용할 수 있다.

두 번째는, 강의실에서는 산만한 주위환경을 최소화하여 학습을 수행할 환경을 만들도록 설계되는 장점이 있다.

세 번째는, 강의실에서는 직무현장훈련에서 보다 교육훈련을 받을 사람이 더 많이 모이게 되며 효과적인 전달훈련을 할 수 있다.

반면에 강의실 교육의 세 가지 단점으로는 훈련이 그룹단위로 이루어지고 비용이 늘어나게 되는 것과, 직무환경과 차이가 있으며, 훈련의 전이가 더 어렵다는 점이다.

집합교육훈련의 다섯 가지 주요 방법은 다음과 같다.

① 강의
② 토론 · 토의
③ 시청각 미디어교육
④ 경험적 학습법
⑤ 야외훈련

1 강 의

　강의(lecture)는 가장 오랫동안 그리고 가장 널리 보급된 교육훈련방법으로 강사에 의해 구두로 전달되는 것을 말한다. 강의는 상대적으로 적은 시간에 비해 많은 청중들에게 실제적인 정보를 전달하는 가장 효과적인 방법 중의 하나이기 때문이다.

　강의는 시간이나 비용을 절약할 수 있는 장점이 있는 반면, 교육훈련을 받는 사람들이 소극적으로 교육훈련에 임하기 쉽고, 집단사고가 부족하며, 일방적 전달만을 강조하기 때문에 피드백을 중요시 하지 않는다는 단점이 있다. 또한 청중의 반응과 관련이 있기 때문에 교육훈련을 받는 사람은 학습에 대한 동기화가 되어 있어야 한다. 또 다른 단점은 교육훈련을 받는 사람들 사이에 아이디어를 공유하기 어렵다는 점이다. 대화 없이는 뜻이 통하도록 개념을 일반화하거나 이해하는 것이 쉽지 않기 때문이다.

　이와 같은 단점을 개선하는 방법으로 두 가지가 있다. 첫째, 흥미를 증진시킬 수 있는 강의가 필요하므로 흥미있는 강의를 위해 모든 노력을 기울여야 한다. 둘째, 추상적 또는 순차적 자료를 제시하거나 여러 가지 방법(토론, 비디오, 역할연기 등)을 활용하면 강의를 할 때 도움이 된다. 이러한 조화(harmonization)는 의사소통을 증가시킬 뿐만 아니라 자료와의 상호작용관계를 증진시킨다.

2 토론·토의

　토론·토의(discussion) 방법은 훈련진행자와 훈련생, 훈련생 상호 간에 커뮤니케이션을 하는 것과 같다. 왜냐하면, 토론참여자들을 고무시킬 수 있으며, 토론방법은 교육훈련을 받는 사람들에게 피드백, 명확한 설명, 관점을 공유할 기회가 주어지기 때문이다. 이러한 역동적 과정에서 토론기법은 일방적 강의와 전달방법의 한계를 극복할 수 있다.

　토론촉진과 관련된 하나의 격언으로는 '스스로 할 수 있는 것을 그룹으로 하지 말라 (Never do for the group what it is doing for itself)'라는 것이다. 토론방법의 성공여부는 훈련진행자들이 한두 가지의 문제를 제기하면서 질문을 해가는 것으로 토론을 시작하고 관리하는 능력에 달려 있다.

① 직접 질문(direct questions)을 하는 것은 매우 좁은 반응을 설명케 하거나 이끌어내는데 사용된다.

② 의도적인 질문(reflective questions)은 누군가가 의도한 메시지를 확인하는 데 이용된다.

③ 자유로운 질문(open-ended questions)은 특별한 주제의 이해를 높이기 위해 훈련생들에게 의욕이 솟아나게 하는데 이용된다.

토론을 관리하는 것은 참가자들에게 질문을 하는 것보다 더 힘들다. 트레이너들은 훈련을 받는 사람들의 반응을 강화할 수 있다는 확신을 가지고 누구나 자신의 관점을 표현할 수 있게 하지만, 소수의 참가자들에 의해 토론이 주도되지 않도록 해야 한다. 큰 강의실에서는 여러 사람에게 발언기회를 주기 어려울 뿐 아니라 몇몇 참가자들은 마지못해 참여할 수 있어 토론을 관리하는 것이 어렵다. 그룹이 클 경우 소그룹토론으로 나누는 것은 상호 아이디어를 공유하며 토론의 기회를 늘릴 수 있게 한다.

토론방법은 몇 가지의 한계가 있다. 첫째, 훈련진행자들이 토론과정을 쉽게 이끌기 어려우며, 토론기법이 쉽게 습득되는 것도 아니므로 숙련된 강사는 토론을 이끌기 전에 많은 연습과 준비를 해야 한다. 둘째, 토론에 충분한 시간이 제공되어야 유용한 토론이 될 수 있으므로 토론이 시작되기 전에 관련 자료를 읽을 시간을 주면 이러한 장애를 이겨낼 수 있다.

트레이너는 물론 교육훈련을 받는 사람들 역시 강의보다는 재미있고 활기찬 토론방법을 더 선호하므로 적절한 시간, 동기, 자원의 효율적인 활용이 토론방법에서 뿐만 아니라 여타의 다른 훈련방법에서도 학습전달방법으로 중요하다.[13]

토의·토론 유형은 배심토의(panel discussion), 공개식토의(forum), 단상토의(symposium), 세미나(seminar) 등이 있다.

❸ 시청각 미디어교육

강의와 토론·토의 모두 역동적인 상황이나 복잡한 현상의 전달에 있어서는 제한점을 지닌다. 시청각 미디어 방법은 교육훈련자료를 설명하거나 시연하는데 다양한 미디어를 사용할 수 있는 이점이 있고, 다른 방법으로 전달하기에는 어려운 상황을 보여주거나 묘사함으로써 복잡한 문제의 이해에 도움을 준다. 여기에서는 시청각 미디어 방법을 정적인 미디어, 역동적인 미디어, 텔레커뮤니케이션 범주로 나누어 살펴보고자 한다.

(1) 정적인 미디어

정적인 미디어는 단어나 이미지, 즉 유인물, 슬라이드, 환등기를 사용하여 고정된 설명을 하는 것이다. 교육훈련을 받는 사람들은 교육훈련과정 동안에 핸드아웃, 차트, 안내서, 참고자료, 교재와 같은 프린트물을 계속 지니고 있어야 한다.

(2) 역동적인 미디어

역동적 미디어는 오디오 카셋트, CD, 필름, 비디오 테이프, 비디오 디스크 등이다. 필름 혹은 비디오는 단순한 프린트나 정적인 프리젠테이션보다 전달능력의 이점이 크다. 이 기법의 단점은 트레이너들이 필름과 비디오에 너무 의존한다는 점과 훈련내용에는 거의 초점을 맞추지 않는다는 점이다. 장점으로는 필름과 비디오는 학습기회보다 분위기전환 기능으로 활용하여 만족을 유도하게 한다.

또한 비디오 테이프는 실제 역할연기를 기록하여, 훈련팀원들이 자신들의 비디오를 시청하면서 스스로 비판할 수 있게 하기 위한 훈련모델링을 위한 시각적 보조물로 이용된다. 이러한 접근법은 트레이너들이 원하는 행동을 강화시키는 기회가 되기도 하지만 카메라에 위협을 느끼게 하는 단점도 있다. 이러한 단점을 제거하기 위해 트레이너들은 프로그램이 진행되는 동안 환경을 안정적으로 유지하고 지원해야 한다.

(3) 텔레커뮤니케이션(쌍방향 원격교육)

텔레커뮤니케이션 기법은 쌍방향 교육을 가능하게 한다. 원격교육은 트레이너 인원수와 비용을 줄일 수 있게 하며 원격조정도 가능하다. 원격교육은 트레이너와 훈련을 받는 사람 간에 상호작용을 가능하게 한다는 점이 큰 장점으로 부각된다.

HRD전문가는 각각의 HRD 프로그램 성격에 가장 적절한 시청각 방법을 선택해야 하는데 미디어 선택과 관련하여 다음 다섯 가지를 참고할 수 있다. 첫째, 훈련조건, 수행직무 혹은 각 교육의 목적달성을 위한 기준에서 요구하는 미디어를 확인한다. 둘째, 미디어의 선호도에 대한 교육생들의 특성을 확인한다. 셋째, 미디어별로 선호하는 학습환경의 특성을 확인한다. 넷째, 미디어활용이 타당한지를 판단하는 특수사항을 확인한다. 다섯째, 미디어가 타당한지를 결정하는 경제적 요인 등을 확인한다.

실제적, 경제적 고려사항의 관점에서, 로스웰 등(Rothwell & Kazanas)은 적절한 시청각 미디어 방법을 선택하기 위한 몇 가지 사항을 제시하고 있다.

① 교육훈련을 계획하고 시험해 보는데 얼마간의 시간이 필요한가?
② 교육훈련을 설계하거나 전달하는데, 혹은 둘 다를 하는데 어떠한 장비가 유용하게 사용될 수 있는가?
③ 교육훈련을 준비하는 교육훈련설계자들이 어떠한 미디어를 사용하는가?
④ 교육훈련을 설계하고 개발하는데 비용이 얼마나 소요되는가?

4 경험적 학습법(1) : 의사결정능력 교육법

지금까지의 교육훈련방법은 교육훈련내용의 제시에 초점을 두었다. 비디오, 강의같은 방법의 경우, 학습자들은 일반적으로 수동적으로 정보를 받아들인다. 콜브(David Kolb)와 같은 경험학습의 지지자들은 '효과적인 학습은 학습자들의 활동적인 참여를 요구한다'고 말한다. 경험주의학자들은 효과적인 학습은 기술, 지식 및 참가자의 신념에 도전하는 활동적인 경험이라고 믿는다. 경험주의적 트레이너들은 학습자들은 자발적으로 학습상황에 기능적 또는 역기능적으로 의존하는 일련의 축적된 지식과 학습방법을 학습환경으로 조성한다고 하였다.[14] 경험적 학습방법에는 사례연구, 비즈니스 게임, 역할연기, 행동 모델링 등이 대표적이다.

(1) 사례연구(case study)

사례연구는 1871년 하버드대학교의 랭들(Langdell, 1871)교수에 의하여 창안되었다.[15] 그는 종래의 강의식 방법보다 실제 일어난 여러 가지 사례를 학생들로 하여금 토의케 함으로써 현실문제를 이해시키는 것이 좋다는 것이다. 그 후 사례연구는 좋은 성과를 가져왔고 오늘날 경영학의 실무교육 뿐만 아니라 종업원의 교육훈련에까지 널리 이용되고 있다.[16]

사례연구는 기업 내에서의 실제 사람과 실제적인 사건에 바탕을 둔 예견 가능한 사례를 이용하지만, 때로는 상상으로 이루어지기도 하며, 여러 가지 미디어의 사용이 증가하고 있다. 사례연구는 매우 복잡하고 세밀하다. 훈련참여자는 ① 사례에서의 문제점을 확인하고, ② 중요한 것과 덜 중요한 것을 선별하고, ③ 문제를 분석하고 갭(gap)을 시정하기 위한 논리적 사고를 적용하며, ④ 문제해결 방법을 고안한다.

상황을 분석하고 스스로 문제를 해결하기 위한 정보가 충분하게 주어질 수 있어야 한다. 문제해결에 있어서 교육훈련을 받는 사람들에게는 일반적으로 다음과 같은 합리적 문제해결과정을 활용하도록 한다.

① 중요한 사실을 재진술한다.
② 사실로부터 추론한다.
③ 문제를 기술한다.
④ 대안적인 해결책을 개발하고 난 후 각각의 결과를 기술한다.
⑤ 행동과정을 결정하고 지원한다.

사례연구는 개인별 또는 소그룹별로 이루어지며, 사례연구 방법의 제안자는 경영환경과 관련된 문제해결의 개념을 설명해주고 훈련생들의 학습에 적용되기를 기대하면서, 커뮤니케이션 기법을 개선하고 이론과 실제 사이의 연계를 촉진할 수 있다. 제안자는 또한 교육생들에게 토론을 하고, 정보를 공유하며, 문제의 장점에 대해 토론을 하고, 대안을 받아들일 수 있게 하여야 한다. 그러한 통찰력은 교육생들이 더 나은 분석적 기법을 개발하고 새로운 정보를 통합할 수 있는 능력을 향상시켜주는데 도움을 준다.

집단토의를 하는 과정에서 문제의 중요도와 해결대책에 대해 각기 다른 생각을 가지는 것을 발견한다. 이를 통해 다른 사람의 견해에 대한 수용능력을 높이고 또한 복잡한 상황에서 정확한 해답을 얻기가 어렵다는 것을 학습하게 되며, 딜레마에 빠지는 것이 발견되기도 한다. 그럼에도 불구하고 트레이너는 어떤 조치를 취할 것을 요구해야 한다. 의사결정(decision making)은 경영자와 관리자에게는 불가피한 직능이기 때문이다..

한편, 아지리스(Argyris, 1980)는 사례연구의 단점으로 교육훈련을 받는 사람이 질문을 스스로 생성케 하지 못하고 훈련진행자나 강사에게 의존하게 한다는 점에서 학습과정을 해친다고 비판하기도 한다.[17]

(2) 인바스켓 기법(in-basket method)

인바스켓 기법은 교육훈련 상황을 실제상황과 비슷하게 설정하는 것으로서 주로 문제해결능력이나 계획능력을 향상시키는 훈련방법으로써 관리자 훈련뿐만 아니라 경영자의 잠재능력을 평가하는 데도 널리 이용된다. 이 기법의 실례를 들면 다음과 같다.

훈련생은 트레이너가 우편물이나 전화를 통해 제시한 일련의 자료(가상적)를 검토하게된다. 이를테면 확보해야 할 자재의 재고소진 위험, 고객의 불평 혹은 상급자로부터의 보고요청 등과 같은 중요하고 긴급한 문제들뿐만 아니라 만찬회의 연설요청이나 앞으로 4주 후에 있을 회사야유회 일자 결정 등과 같은 일상적 업무들이 혼합된 자료들을 받게된다. 훈련생들은 이러한 자료를 이용하여 지정된 시간에 내린 여러 가지 의사결정에 관해 분석 및 평가를 받게 된다.

이 방법에 의해 개발되는 능력은 다음과 같다. ① 우선순위를 정하고 사안 간의 관련성, 추가적 정보요구 등에 대한 상황판단능력, ② 보고서 작성기법, 회의개최 계획, ③ 의사결정과 대안모색에 관한 자율성 등이다.

로페즈(Lopez)는 훈련생들이 인바스켓 기법을 좋아하며 장래의 유효성 예측에 유용하다고 주장하고 있으나, 이 기법은 비용부담이 크다는 단점도 있다.[18]

(3) 비즈니스 게임(business game and simulations)

기본적으로 비즈니스 게임은 문제해결 및 의사결정능력을 향상시키기 위한 것으로서 컴퓨터의 사용이 확대됨에 따라 대중화되었다. 이 게임은 통상적으로 불확실성과 경쟁성을 바탕으로 회사전반 또는 부분활동에 대한 시뮬레이션을 통해 훈련참가자들이 팀으로 나누어 가상적으로 회사에 대한 생산량, 연구개발, 재고, 판매, 홍보노력 등을 중심으로 의사결정을 하게 하는데, 이 같은 의사결정은 모의적인 환경여건 속에서 이윤을 극대화 할 수 있도록 이루어진다.

시뮬레이션(simulations)의 다면적 특징은 복잡하고 상호의존적인 기업시스템에 대한 이해를 증진시키고 동시에 의사결정의 시야와 세밀한 분석력을 강조한다. 인바스켓과 마찬가지로 비즈니스 게임은 자기의 주관을 벗어나 의사결정능력을 향상시킨다. 게임에서의 즉각적인 피드백은 경쟁상대의 의사결정에 대응된 자기의사결정의 중요성을 인식케 해준다. 게임 진행과정에서의 변화는 유연성을 기르고, 게임을 통해서 조직능력, 재무상태에 대한 예민성, 사고의 신속성, 긴박한 상황에 대한 대처능력 등이 육성된다.

비즈니스게임에서는 경영의사결정의 방법이 교육되고 또 경영전반에 대한 지식이 학습되기도 하여 경영자개발에서 널리 활용된다. 특히, 이 방법에서는 조직운영에서 실제로 야기되는 집단 간의 관계, 예를 들어 커뮤니케이션, 갈등해결, 우호적인 관계의 개발 등이 크게 다루어진다.[19]

> 비즈니스게임은 훈련대상자 개개인이 팀이 제시한 목표를 달성하기 위해 구성원 상호간 혹은 자신이 접하는 환경에 대해서 어떤 태도를 가져야 할 것인가를 통찰해 볼 수 있도록 하기 위한 방법이다. 이 방법은 강의실에서 모의실행기법으로 이루어지지만 실제생활에서 야기되고 있는 실제여건을 반영할 수 있어야 한다. 팀워크에 의한 의사결정을 통해 협력적인 집단과정에 관한 경험을 얻게 된다.

5 경험적 학습법(2) : 대인관계능력 교육법

(1) 역할연기(role play)

역할이란 하나의 기대되는 행동유형인데, 조직구성원들이 이것을 실제로 연기를 해보임으로써 행동의 옳고 그름을 판단함은 물론 역할에 대해 학습할 기회가 된다. 이것은 훈련참여자로 하여금 대인관계가 요구되는 문제상황에서 어떤 역할을 하게 하는 시뮬레이션이다.

이 기법은 2인 혹은 그 이상의 훈련생들이 다른 사람들 앞에서 자신에게 배정된 연기를 연기해봄으로써 학습을 하도록 한다. 이 교육훈련방법은 주로 훈련생들에게 실습을 통해서 인간관계기법을 배울 수 있도록 하고, 자신의 행동에 대해서 통찰해 볼 수 있도록 하여 이것이 다른 사람에게 어떤 영향을 미치는가를 알 수 있도록 한다.[20]

역할연기(role play)는 직장에서의 인간문제를 다루는 면에서 실험적 상황과 유사하며, 대화내용이 녹음이나 비디오 테이프를 통해 그것을 재생함으로서 자신의 행동을 평가할 수 있다.

예를 들면, 훈련참가자들에게는 기본적인 정황만 설명된다. 이때 감독자에게는 "당신은 지금까지 부하와 원만하게 일해 왔음을 알고 있다. 연구자가 제시한 새로운 개선안에 대한 아이디어디어는 상당히 일리가 있는 것으로 생각되며 종업원이나 회사 쌍방에 유익할 것 같다"라고 상황을 설명해 준다. 한편, 부하들에게도 역할이 주어진다. 한 사람에게는 개선안에 대해 회의를 표시하게 하고, 다른 사람에게는 감독자 편에 서게 한다. 또 다른 사람에게는 작업방법이 변경되는데 따른 불안을 표시하게 한다. 이들 모두가 좋건 나쁘건 간에 변화에 대한 인간의 저항을 나타내는 것이다. 훈련참가자는 부여된 역할을 수행하게 한다.

역할연기는 훈련을 받는 사람에게 자기 발견과 학습의 기회를 제공하는 것이다. 훈련을 받는 사람을 관리하는 것은 대인관계 기법의 실습과 같은 상황의 역동성을 더 잘 이해하기 위해 관리자와 협력자의 역할 모두를 경험할 수 있는 기회를 부여하는 것이다. 이 기법의 가치는 훈련을 받는 사람과 트레이너가 역할전문가의 직무수행을 비판하는 역할연기를 통하여 피드백 활동을 강화하기 위함이다. 역할연기는 비디오 촬영을 통해 피드백과 자기 관찰에 이용된다.

역할연기과정의 결과는 모델이 되는 행동을 나타내도록 훈련참가자에게 영향을 미칠 수 있다. 소처(Sorcher)와 골드스타인(Goldstein)의 보고에 의하면, 이 행동모델은 종업원에게 인정감을 주고, 제안된 변화에 변용(變容)을 자극하고, 부하의 성과평가, 성과향상을 위한 설득 및 신규전입자를 조직에 적응하게 하는 등 대인관계 문제에 효과적으로 이용될 수 있다고 한다.[21]

훈련참가자가 역할을 적극적으로 수행했을 때 동료 또는 트레이너로부터 칭찬을 받는다. 조사결과에 의하면 훈련참가자가 모델행동의 수행을 성공적으로 반복했을 때 태도의 변화가 발생한다고 한다.

대인관계 기법의 실습을 통한 자기 발견과 기회가 역할연기의 성과인 반면에, 몇 가지의 단점도 있다. 첫째, 일부 훈련생들은 행동을 연기하도록 강요받게 된다. 교육훈련 시에는 연습의 의미과정을 세부적으로 설명해주고, 참가자들에게 대인관계기법을 보다 더 잘 이해하고 적용하는데 도움을 주는 방법을 강조하고 이를 이해할 충분한 시간을 주어야 한다. 둘째, 교육훈련을 받는 사람들이 이 교육훈련을 어느 정도 자신의 직무에 전이할 수 있는가 하는 것이다. 일부 트레이너들은 역할연기를 합법적인 학습도구가 아닌 게임이나 재미로 인지하는 경우가 있다. 이러한 기법을 신중하게 받아들이지 않고 교육훈련에 참여하고 있는 사람이 있을 경우에는 학습에 방해가 된다.

(2) 행동모델링(behavior modeling)

사회학습이론에 따르면 많은 행동패턴들은 다른 사람의 행동으로부터 학습된다고 한다. 이 이론은 행동모델링에 기초를 두고 있다. 조직에서 종업원은 감독자, 관리자, 부서 리더, 역할모델이 되는 협력자를 관찰함으로써 모든 종류의 행동을 학습한다. 일반적으로 역할모델은 개인의 행동에 대단한 영향을 미친다.

훈련을 받는 사람은 필름이나 비디오를 통해 목표행동을 정확하게 수행하는 모델을 관찰한다. 행동모델링은 대인관계기법 훈련에 광범위하게 이용되며 많은 경영훈련 프로그램에 공통적으로 활용된다.

감독자에 대한 행동모델링은 General Electric, XEROX, Atlantic Richfield, Lukens Steel Company 등에서 이용되었다. Lukens 회사에서는 행동모델링을 체험한 감독자와 다른 훈련(전통적 방법)에 참가한 약 30명의 감독자를 비교평가하였다. 행동모델링의 경우에서는 65%의 감독자가 평균 이상으로 평가되었고, 후자의 경우는 25%뿐이었다.[22]

(3) 교류분석법(transactional analysis : TA)

교류분석법은 개인 간의 관계를 증진하기 위해 많은 기업들이 사용하고 있는 기법으로 에릭 번 등(Eric Berne & Thomas Harris)에 의해 개발되고 일반화되었다. 그는 상호의존관계 개념에 기초를 둔 인간행동모델로서, 사람에게는 성숙한 성인일 때와 미성숙한 어린이와 같은 상태가 있다는, 즉 또 하나의 다른 면이 있다는 것을 발견하였다.

이 기법을 학습하는 목적은 ① 자기를 이해한다는 것, ② 타인을 이해한다는 것, ③ 자기와 타인과의 관계를 이해한다는 것을 통해 '대인관계의 이해는 상호이해'라는 신뢰 속에서 인간 상호 간의 관계개선을 위한 것이다. TA는 사람들은 모두 세 가지의 자아상을 가지고 있다는 것을 가정한다. 즉, 부모(parent), 어른(adult), 아동(child)의 자아상태를 가정하며(또는 본능: Id, 자아: ego, 초자아: super ego와 비교하는 학자도 있음), 각각의 상태를 이해하고 이러한 자아상태 하에서 개인 간의 의사교류를 분석하게 된다.

훈련참여자는 세 가지 자아상 중 각각 선택한 자아상태에 의해 다른 사람과의 상호작용을 분석하도록 교육을 받는다.[24] 부모의 역할은 판단적이고 아랫사람에게 은혜를 베푸는 듯 행동하고 상벌적이다.

아동의 역할은 자유분방하고 창의적이고 자발성이 높은 한 유형과, 적응적이고 억제적이며, 반항적인 두 가지 유형을 가정한다. 어른의 역할은 현실을 중시하고 남의 의견을 경청하며 확정적이지 않은 의견을 제시하고 확률적 추정과 합리적 의사결정을 좋아하는 것으로 가정하여 자아상에 대한 대인관계 분석방법을 배운다.

일반적으로는 부모성(parent)이 낮고, 어른다움(adult)이 높고, 자유스러운 아동성(child)이 높은 사람은 타인과의 접촉에서 효과적인 것으로 나타난다.

이 기법은 기업 내 교육에서 사고혁신이나 조직변혁분야에까지 활용되고, 관리·감독자 훈련과 세일즈맨 훈련에 이르기까지 널리 적용된다. 에릭 번(Eric Berne)의 공동연구자인 해리스(Thomas A. Harris)가 1964년에 "I'm OK-You're OK"를 발간하기도 했다(그림 9-3 참조).

훈련과정의 개요를 간단히 살펴보면,
『구조분석(자아상태·자기분석 및 타인분석) - 인생태도(자기부정·타인긍정, 타인긍정·자기긍정, 타인부정·자기긍정, 자기부정·타인부정) - 대화분석(상호지원교류, 교차교류, 이면교류) - 스트로크(긍정적 및 부정적 stroke) - 시간의 구조화(생활시간의 반성) - 게임분석(게임실시와 대응책) - 각본분석(지금까지의 각본에서 탈피, 장래생활 재설계) - 자율통제(self control)』의 과정으로 구성·운영된다.

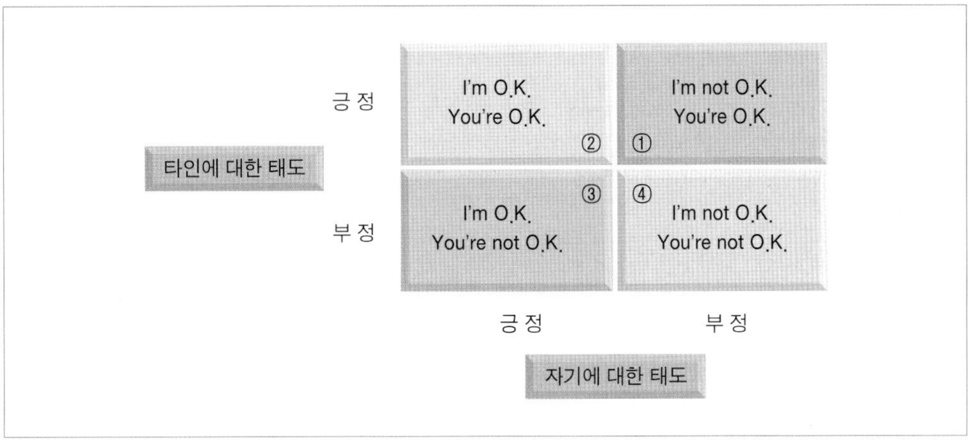

그림 9-3 · 기본적인 대인관계의 구조

(4) 자기통찰법(self insight)

감수성훈련과 역할연기에 따르는 비용을 없애면서도 효과를 얻기 위해 트레이너는 훈련참가자의 태도와 가치관에 관한 자료를 수집하기 위해 여러 방법을 이용해 왔다. 이러한 자료는 자기가 선택한 행동모형에 대한 통찰과 의미를 발견하게 하기 위해 행동모형과 비교하게 된다.

블레이크와 무톤(Blake & Mouton)의 연구에서 얻어진 분석결과를 종축을 인간에 대한 관심, 횡축을 생산에 대한 관심을 나타내는 81개의 리더십 유형을 매니지리얼 그리드에 표시하였다.[25] 1은 낮은 관심도를 나타내고 9는 높은 관심도를 나타낸다. 훈련참가자에 대한 평가결과는 집단에 의해 충분히 토의되고 훈련참가자는 인간과 생산에 대해 균형있는 관심을 갖도록 지도된다(그림 9-4 참조).

한편, 아지리스(Argiris)는 최고경영층의 리더십에 대한 연구결과를 제시하고 있다.[26] 즉, 경영자에게는 특히 대인관계에 있어서 자신이 좋아하는 리더십의 이론을 기록하게 한다. 다음에는 실제의 회합내용이 녹음된다. 모든 참가자가 참석한 다음 회합에서 그들 각자의 녹음에서 나타나는 실제상황을 진단하고 기록한다. 또한 타인의 녹음에 대해서도 같은 과정을 진행한다. 그런 다음에 그들이 신봉하는 이론과 실제로 쓰고(발휘하고) 있는 이론을 대비해 보게 한다. 이러한 과정에서 기대하고자 하는 것은 기술했던 신념과 실제 행동과의 불가피한 괴리를 명확히 하고, 부조화를 최소화하기 위해 신봉하는 이론을 또는 실제 활용하는 이론을 변화시키고자 하는데 있다.

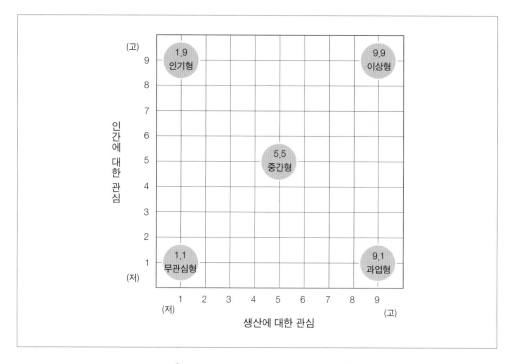

그림 9-4 · 매니지리얼 그리드

태도변화를 위해 경영자에게 특수한 프로그램이 설계된다. "나의 독선적 특성을 낮춘다" 등의 일반적 표현이 아니고, 특정 문제상황에서 어떻게 말하고, 어떻게 행동해야 할 것인가에 대한 답을 찾는 것이다. 그 후 또 3개월 후에 실제의 회합이 녹음되고 위와 같은 방법으로 분석된다. 이와 같이 자기가 기대하는 행동(preferred behavior)에 대비해서 자기의 실제행동을 이해하고자 하는 체계적인 방법은 어떤 것이라도 자기통찰법이라 칭할 수 있다.

❻ 야외훈련

야외훈련(outdoor training)에는 나무에 오르고 공중에서 그네를 타거나 밧줄에 매달려 협곡을 횡단하는 것 등이다. 이러한 야외훈련을 비판하는 사람들은 시간낭비라고 하는 반면, 찬성자들은 야외훈련이 의사소통, 신뢰 및 인식을 강화하기 위한 자극적인 기회를 제공한다고 지지한다. 야외훈련 참가자들은 팀워크와 의사소통을 강화한다고 믿고 있다.

에듀테크 활용학습

컴퓨터의 발명 이후 이를 활용한 교육훈련 방법이 크게 발전하여 왔다. 컴퓨터, 인터넷, 모바일 등 정보통신 기술은 수업의 이해를 돕는 교재나 매체의 영역을 벗어나 학습관리시스템(learning management system)을 토대로 직접 교육훈련과정을 운영하고 진행할 수 있는 단계로 발전하였다. 특히 정보통신기술을 활용하는 e-learning 등은 구성주의를 토대로 한 자기 주도적 학습에 적합하다. 에듀테크란 용어는 교육(education)과 기술(technology)를 합한 데에서 유래되었다.

에튜테크는 컴퓨터 환경 하에서 수업에 보조적인 도움을 받던 컴퓨터 활용학습에서 출발하여 인터넷을 활용한 e-learning으로 발전하였다. 이후 이동용 통신기기의 발전에 따라 이동 중에도 학습에 참여할 수 있는 모바일러닝을 거쳐 클라우드 환경을 활용하여 시간과 장소에 구애됨 없이 학습이 이루어지는 유비쿼트스 러닝으로 발전하였다. 스마트 기기의 도입으로 유러닝이 보다 구체화 되고 학습관련 각종 앱(App)의 활용 및 사회적 관계망 서비스 활용으로 상호작용과 사회적 학습이 가능하게 되었다. 향후에는 인공지능과 로봇을 활용한 지능형 컴퓨터 응용학습으로 발전할 것으로 예상된다.

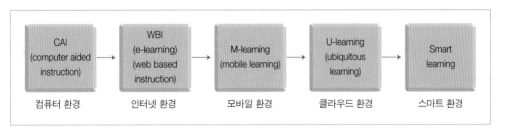

자료: 홍정민(2017), 4차 산업혁명 시대의 미래교육 에듀테크, p.43, 수정

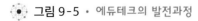

그림 9-5 · 에듀테크의 발전과정

1 컴퓨터활용학습

전통적인 학습기능은 강사와 훈련생 사이에서 이루어지는데 비해, 컴퓨터활용학습 (computer aided instruction)에서는 강사의 역할을 컴퓨터가 대신하는 훈련방법이다. 특히 전통적 훈련방법이 갖고 있는 단점, 즉 훈련시설의 부족, 적절한 훈련기법의 미흡, 적절한 훈련기관의 부재, 유능한 강사의 부재 등이 문제가 되므로 이것을 근본적 차원에서 해결하고자 하는 훈련방법이다.

이 방법은 강의의 효과를 자체적으로 관찰하고 평가하고 개선하는 가운데 훈련이 진행되도록 한다. 즉, 저장된 프로그램에 담겨진 학습내용이 컴퓨터를 통해 전달됨으로써 계획된 정형적 학습을 실행할 수 있게 된다. CAI의 상호작용적 특성을 고려할 때 전통적 훈련방법보다 몇 가지 이점이 있다.

첫째, 훈련을 받는 사람의 반응과 수준에 맞고 학습자들이 숙달 될 때까지 다양한 학습단계를 제시하는 것이다.

둘째, 학습의 속도를 스스로 조절할 수 있게 하며 학습자들이 자기만족을 가능하게 한다.

셋째, 내부 연결시스템을 통한 접근이 더욱 가능할 수 있으며, 중앙컴퓨터 혹은 인터넷을 통해 다운로드할 수 있다는 것이다.

마지막으로, 학습자의 진도와 참여시간을 추정하고 단말기, 튜터, 교구 등의 교육자원을 이용해 교육훈련관리와 보고시스템이 가능하다.

CAI의 효과성은 생산성과 이윤율에 의해 측정되거나 다른 기법과 CAI를 비교하는 비용편익분석에 의해서 이루어진다. 일부 비평가들은 트레이너와 학습자 사이의 개인적 상호작용이 부족하다고 우려하고, CBT의 의존은 대인관계기법의 발달을 제한한다고 주장한다. 한편, 훈련진행자의 도움 없이는 CAI프로그램을 작동하는데 어려움을 느끼는 학습자들에게는 전통적 훈련방법이 적합할 수 있다.

② 인터넷 · 인트라넷 훈련

인터넷(internet)은 세계를 볼 수 있는 급속히 성장하는 기술적 현상 중의 하나이다. 인트라넷(intranet)은 인터넷과 전 세계적인 기술, 조직 내의 정보를 발견하고 관리하고 창출하며, 전파하기 위한 프로토콜을 이용한 컴퓨터 네트워크이다.[27]

언제나 어디서나 이루어질수 있는 e-learning의 대부분은 인터넷이나 인트라넷 기술과 시스템을 이용한다. 개인 컴퓨터들은 다른 운영체제를 갖고 있는 사람들이 서로 의사를 전달하고, 정보에 접근하며, 데이터를 전송하고 데이터를 다운로드 할 수 있게 한다.

인트라넷 훈련(IBT)은 내부 컴퓨터 네트워크를 이용한다. IBT를 통해 HRD전문가들은 학습자들과 의사소통할 수 있으며, 요구분석과 출석파악 등 필요한 학습행정관리 업무를 수행하며, 학습자료와 훈련기록물들을 전달하고, 학습자가 국내에 있든 해외에 있든 언제든지 관리할 수 있다.

③ 모바일러닝, u-러닝, 스마트러닝

① 모바일러닝

e-learning은 웹을 기반으로 하고 있으나 초고속 정보통신망 등 유선망을 바탕으로 운영되어, 학습장소의 제약이 불가피 하였다. 그러나 휴대폰, PDA 및 노트북 등 이동통신 기기가 발달함에 따라 e-learning의 학습내용을 무선통신을 활용하여 운영하는 방법이 모색되었다. 모바일 기능에 부합하게 새로운 학습전략과 내용의 개발이 필요로 하였으나, 무선기술의 발달에 비해 미흡하였다. 이러한 측면에서 모바일러닝은 기존의 e-learning이 무선으로 확대되었으나 독자적인 영역의 구축은 부족하였다.

② u-러닝

모바일러닝에 이어서 클라우드 컴퓨팅 기술 등이 발달함에 따라 학습자가 장소(anywhere)와 시간(anytime)의 구애됨이 학습에 참여할 수 있는 u-러닝의 개념이 도입되었다. 앞서의 e-learning과 모바일러닝이 다소 기술적인 측면에서 접근하였다면 언제, 어디서나 존재한다는 뜻의 유비쿼터스(ubiquitous 대변되는 u‑러닝은 개념적 접근으로 볼 수 있다. 나아가 u‑learning은 컴퓨터나, 이동통신 기기뿐만 아니라 주변의 모든 사물에 통신과 센스 기기를 부착하여 통신기기가 없더라도 즉각적인 학습이 가능하도록 한다. 아울러 증강현실(augmented reality)을 활용하여 현실세계와 가상세계를 연계한 학습이 이루어지도록 한다.

③ 스마트 러닝

스마트 러닝은 당초 스마트 기기의 도입에서 시작되었다. 스마트기기와 사물간의 무선통신 가능 등 기술의 발달에 따라 u‑learning에서 논의되었던 많은 학습전략과 방법들이 스마트러닝을 통하여 실현되었다. 나아가 스마트 러닝은 SNS(social network service)을 활용한 상호작용과 사회적 학습이 가능하게 되었고, 학습도구로서 다양한 앱(App)의 할용이 가능하게 되었다. 이러한 결과 스마트 러닝은 스마트 기기를 활용하여 구성주의를 토대로 과거 교수자 중심에서 학습자 중심형, 자기 주도형, 상호작용이 가능하도록 학습프로그램을 설계와 운영하는 것을 뜻한다.

4. 지능형 컴퓨터 응용학습

지능형 컴퓨터 응용학습(intellectual computer aided instruction : ICAI) 프로그램은 학습자의 반응패턴으로, 그리고 학습자들의 진도를 분석함으로써 학습자 능력을 식별할 수 있다. ICAI 시스템의 목적은 개별 학습자들에게 실습을 격려하고 실험을 통해 학습자들의 호기심을 자극하도록 인내심 있게 조언을 해주는 사이버 교수를 지원하는 것이다. 이것은 더욱 창조적인 노력을 위해 사용할 수 있게 하거나 ICAI의 능력을 넘어서는 학습자들의 미묘하거나 어려운 문제를 극복할 수 있게 도와준다.

ICAI프로그램은 인간사고 과정의 기술적인 면을 컴퓨터에 투입하는 것과 같은 진전된 인공지능에 기반을 두고 있다. 인공지능 연구는 학습자들에게 자연스런 언어로 상호작용을 하고 학습자들을 이해하는 ICAI프로그램의 능력을 개선하기 위한 무방비(uncovering) 방법이다. 컴퓨터 하드웨어, 소프트웨어, 인공지능의 진보가 가능하게 되면, ICAI프로그램은 멀지 않은 장래에 교육훈련 프로그램에서 일반화 될 것이다.

5 에듀테크 활용학습의 특성

컴퓨터와 정보통신 기술의 발달은 교육훈련의 형태도 급속히 변화시켜왔다. 스마트기기, 사물인터넷(IOT), 클라우드 컴퓨팅 등이 활용됨에 따라 에듀테크를 활용한 학습이 더욱 활성화 되고 있으며 향후에는 인공지능과 로봇기술까지 교육훈련에 활용할 것으로 예상된다. 한편 e-learning, 모바일러닝, u-learning, 스마트러닝 등은 발전단계별로 차이는 있으나 다음과 같은 특성을 가지고 있다. 첫째 프로그램의 진행에서 학습자가 컴퓨터 및 인터넷 등을 통하여 상호작용이 가능하다. 학습관리시스템을 통한 질문과 답변이 이루어지며 결과가 즉시 피드백 되므로 학습자와 교수자간 1대1의 대면관계와 다름없이 학습이 이루어진다. 둘째는 학습자 개인 특성을 반영한 맞춤형 교육이 가능하다. 학습내용, 학습시기와 방법 등 학습자들의 요구에 맞게 학습프로그램을 운영할 수 있다. 셋째, 학습 참여에 대한 시간적, 공간적 제약을 크게 완화시켰다. 특히 u-learning 단계이후 부터는 학습자가 언제, 어디서나 교육훈련에 참여할 수 있는 학습 환경을 구현하였다.

표 9-3 · 에듀테크 활용 학습 특성 비교

구분	컴퓨터활용 학습(computer aided instructiona)	e-learning	Mobile learning	u-learning	smart learning
기술 환경	컴퓨터 환경	인터넷 환경	모바일 환경	클라우드 환경	스마트 환경
활용 기술	• 컴퓨터	• 인터넷	• 인터넷 • 이동용 통신기기	• 인터넷 • 이동용 통신기기 • 클라우드 컴퓨팅	• 인터넷 • 이동용 통신기기 • 클라우드 컴퓨팅 • 스마트 기기
학습 방법	• 컴퓨터를 활용한 오프라인 학습	• 인터넷을 활용한 온라인 학습	• 모바일 노트북 등 활용하여 이동시에도 학습 가능	• 클라우드 환경을 활용하여 시간과 장소에 관계없이 학습가능	• App, SNS 등을 활용하여 상호작용 및 사회적 학습 가능
기대 효과	• 맞춤식 교육 도입 • 컴퓨터를 이용한 다양한 학습매체 활용 • 컴퓨터와 상호작용가능하나 교강사와 상호작용 미흡	• 맞춤식 교육 • 교실을 벗어나 다양한 환경에서 학습 가능	• 맞춤식 교육 • 이동성	• 맞춤식 교육 • 이동성 • 고도의 접근성 • 증강현실(augmented reality) 및 가상현실(visual reality) 활용	• 고도의 맞춤식 교육 • 이동성 확대 • 고도의접근성 • AR, VR 활용 • 학습자간, 학습자와 교강사간 상호작용 활성화 • 사회적 학습

자료: 저자가 정리함

PARAGRAPH
05

기술 및 전문훈련

오늘날 근로자들이 작업현장에서 겪는 큰 문제는 기술격차라고 할 수 있는데, 이것은 현장에서 요구되는 능력과 실제 자기가 보유하는 능력의 차이를 의미한다.[28] 이러한 기술격차는 크게 두 가지로 그 원인을 찾을 수 있는데, 첫째, 학교에서 습득되는 기술수준이 점차 낮아지고 있는 것과 둘째, 정보기술의 발달로 일이 점차 복잡해지는 것이 그것이다.

이러한 격차를 줄이고 기본업무능력(basic workplace competencies)을 향상시키기 위한 교육훈련으로서, 기초기술훈련(basic skills training)은 작업장에서 기본적으로 요구되는 능력을 습득하게 하는 것이며, 신기술활용능력처럼 조직의 특정부분에서 요구되는 능력을 향상시켜주는 훈련이다. 그리고 고객관계훈련(interpersonal skills training)은 다른 사람과의 관계, 의사소통, 팀워크 등을 향상시켜주는 훈련을 의미한다.

일의 복잡성 증가와 관련된 문제는 거의 모든 직업에 영향을 미치고 있고, 하드웨어 용량 증가와 사용자 친화적인 소프트웨어의 발달로 의사결정지원시스템, 전자메일, 통신네트워크 등의 기술이 과거에는 무관하던 분야와 산업으로까지 영향을 미치게 된 것이다. 따라서 지속적인 기술훈련이 모든 분야의 근로자에게 요구될 것으로 보인다.

1 기술훈련

(1) 신기술훈련

신기술을 도입했을 때는, 기존 기술을 사용하던 종업원들에게 새로운 기술을 습득하도록 하는 신기술훈련(job-specific technical skills training)을 받게 해야 한다. 이러한 훈련은 수준별로 다른 형태를 띠게 되는데, 그 중 가장 일반적인 형태가 직무현장훈련(OJT)이다. 이 직무현장훈련의 목적은 이제 막 조직에 입사한 종업원들에게 기본적인 책임을 완수할 수 있도록 하는 것으로, 다소 기초기능훈련과 비슷하나 강의실에서의 이론교육과 현장에서의 실기교육을 병행한다는 특징이 있다. 최근 미국의 경우 기업의 85%가 이러한 훈련을 실시하고 있다고 한다.

(2) 품질향상 훈련

1980년대 초 이후, 기업은 생산성과 품질을 향상시키는 방법에 관심을 가지기 시작했다. 이러한 흐름은 품질향상에 관한 많은 성과를 낳았는데, 처음에는 일본에서 미국으로, 그리고 전세계적으로 이러한 조류가 퍼져갔다. 조직의 효율성과 능률성을 계속적으로 향상시키는 총체적 품질관리(TQM)가 이러한 흐름 가운데 그 중심적 자리를 잡게 되었다.

TQM은 비영리적 조직을 포함한 모든 조직에 품질관리에 있어 주요 방안으로 받아들여지고 있는데, 이것은 모든 종업원들에게 품질에 있어 계속적인 향상을 이끌 수 있도록 힘을 실어주는 체계로 종업원들로 하여금 두 가지의 기술을 요구하고 있다. 하나는 팀 내에서 다른 동료들과 협조하여 효율적으로 일하는 기법, 다른 하나는 의사결정 시 여러 가지 양적 자료를 수집하고, 분석하고, 평가할 수 있는 기법을 의미한다.

업종에 따라 다르지만 미국 기업의 60~90%가 이러한 TQM방식을 받아들이고 있다고 한다.

한편, 품질향상훈련은 크게 두 단계로 나눌 수 있는데, 첫 번째 단계는 품질의 중요성을 인식시키는 훈련(quality awareness training)이고, 두 번째 단계는 좀 더 심층적인 품질공정 및 기술훈련(in-depth quality process and skills training)이다.[30] 첫 단계에서는 관리자들은 품질향상의 개념인식과 그런 인식 속에서 자기의 역할이 어떻게 변해야 하는지를 이해하게 된다. 일반적으로 이러한 교육은 상급 관리자들이 하위 관리자들에게 이러한 인식변화가 장기적으로 조직에 어떠한 영향을 미치며, 그러한 상황에서 그들이 어떤 행동을 해야 하는지를 가르치게 된다. 다음 단계에서는 협동을 조장하는 방법, 문제를 해결하는 방법, 갈등을 해결하는 방법 등의 과정에 관한 품질공정훈련과 품질향상에 요구되는 기술과 방법에 관한 구체적인 기술훈련을 받게 된다.

그리고 근래에는 많은 기업과 조직들에서 ISO 9000시리즈에 관한 관심이 높아지면서 인적자원개발 관련 훈련항목으로 '품질관리와 인증' 과목을 많이 구성운영하거나 외부 전문훈련기관에 의뢰하여 훈련을 받도록 하고 있다.

(3) 정보통신기술(ICT)활용훈련

지식, 정보화 사회의 진전에 따라 업무를 수행함에 있어 컴퓨터 및 인터넷 등 정보통신기술을 활용은 필수적이다. 또한 업무 전산화 및 자동화 등에 관련 소프트웨어 및 업무전산시스템 활용능력도 필요로 한다. 특히 기업에서는 업무의 정보화 수준의 기업의 경쟁력을 결정하는 주요 요소로 작용한다.

정보통신기술활용훈련의 종류로는 컴퓨터의 하드웨어와 워드, 파워포인트, 엑셀 등 사무업무 처리를 위한 기본적인 컴퓨터활용능력에 대한 훈련이 있다. 둘째, 각종 업무전산시스템의 활용과 관련된 교육을 실시하는 업무전산시스템 활용교육이 있다. 셋째, 정보화 사회에 발생하고 증가되고 있는 해킹 등에 대처하기 위한 정보보안교육과 개인정보의 누출을 예방하기 위한 개인정보보호교육이 있다.

2 영업 및 서비스 훈련

현장에서의 유용한 능력은 다른 사람들과 효율적으로 일하는 데 필요한 기법을 중요하게 여기고 있다. 이러한 기법을 일부에서는 'soft skill'이라고 불리기도 하는데 커뮤니케이션훈련, 고객관계훈련, 판매훈련, 팀워크훈련 등이 해당된다. 이런 기법들도 훈련을 통해 향상될 수 있다. 이러한 대인관계훈련은 많은 기업들에 의해 실시되고 있다.

대인관계기법훈련의 필요성은 다음 세 가지로 설명되고 있다. 첫째는 강한 유대관계에 바탕을 둔 팀 단위의 업무추진이 많은 조직들에 의해 이루어지는데 기인한다. 둘째는 고등학교, 대학교의 졸업생 등 신입직원이 요구하는 만큼의 대인관계의 능력을 갖추지 못하는데 기인하고 있고, 셋째는 많은 조직들이 점점 다양한 문화에 바탕을 두게 되었는데 다국적기업이 그 예가 된다. 노동시장의 구조가 변하고, 다국적기업이 증가하면서 점점 더 많은 조직들이 문화다양성 프로그램을 개발하고 있다.

이러한 과정은 다른 문화에 대한 잘못된 선입견이나 가치, 신념을 고쳐 다양한 문화를 가진 기업의 종업원 상호 간의 관계를 보다 향상시키는데 목적을 두고 있다. 이러한 과정들은 자기 자신에 대한 이해를 높여주고, 현장에서의 상호관계를 향상시키는데 초점을 두고 있는 것이다. 여기에서는 대인관계와 관련된 많은 기법 중에서 중요하게 다루고 있는 영업훈련(sales training), 고객서비스훈련(customer relations/service training), 팀구축훈련(team building training)에 대해서 살펴보기로 한다.

이러한 대인관계기법 프로그램은 기업 성격에 따라 내용이 다르다. 예를 들어, Motorola에서는 종업원들의 상호커뮤니케이션, 육아, 체중관리 등에 관한 주제의 교육을 받고, Tech Central에서는 고객서비스, 갈등해결, 대인관계, 팀워크 등에 관한 교육을 받는다. SAS Institute에서는 기업윤리, 시간관리, 리더십기법 등에 관해 교육을 하고, Duke Energy에서는 개인개발, 대인관계개발에 관한 내용이 핵심교육이다.

(1) 영업훈련(sales training)

영업훈련기법은 점차 고객과 신뢰를 형성하고, 고객의 문제를 해결해 주고, 상품과 서비스의 선택을 넓혀주려는 컨설팅적(consultative)인 기능으로 초점이 넘어 가고 있다. 이러한 새로운 접근은 고객의 신뢰를 형성하고, 장기적인 고객관계를 형성하려는 의도를 가지고 있다.

새로운 영업기법의 핵심은 판매훈련에 있다. 미국의 경우 기업의 56%가 어떤 형태로든 판매훈련을 실시하고 있는 것으로 추정된다고 한다. 이러한 판매훈련의 내용은 기존의 판매기법에서부터 새로운 자문기능적 접근까지 다양하게 나타나고 있다.

그러나 대부분의 기업에서는 이러한 방법 외에 고객서비스 훈련과 같은 유형의 훈련이 보충적으로 행해질 때 더 효과적인 것으로 나타났다. 그래서 많은 기업들은 영업훈련과 함께 고객서비스 훈련을 병행하고 있다.

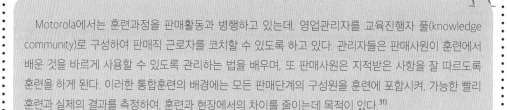

Motorola에서는 훈련과정을 판매활동과 병행하고 있는데, 영업관리자를 교육진행자 풀(knowledge community)로 구성하여 판매직 근로자를 코치할 수 있도록 하고 있다. 관리자들은 판매사원이 훈련에서 배운 것을 바르게 사용할 수 있도록 관리하는 법을 배우며, 또 판매사원은 지적받은 사항을 잘 따르도록 훈련을 하게 된다. 이러한 통합훈련의 배경에는 모든 판매단계의 구성원을 훈련에 포함시켜, 가능한 빨리 훈련과 실제의 결과를 측정하여, 훈련과 현장에서의 차이를 줄이는데 목적이 있다.[31]

(2) 고객서비스훈련(customer relation/service training)

품질향상에 대한 강조는 기업으로 하여금 고객관계와 고객서비스를 강조하게 했다. 미국기업의 경우 74%가 고객서비스훈련을 행하고 있는 것으로 알려지고 있다. 거의 모든 직종에서 고객서비스 기법은 조직의 성공을 위해 꼭 필수적인 것으로 여겨지는데, 여기에는 대인관계, 문제해결, 리더십, 팀워크 등이 실시된다.

이러한 기법들은 긍정적 행동, 효과적인 커뮤니케이션, 예의바른 상호관계, 어려운 상황에서도 침착하게 대응할 수 있는 능력 등을 키워준다.

고객과 접촉하는 모든 종업원은 직·간접적으로 그 조직을 대표하므로, 그들에 대한 고객의 인상이 그 조직의 상품과 서비스에 대한 이미지를 심어주게 된다.

일부기업들은 이미 상당한 정도의 고객서비스 훈련을 발전시켜왔다. 예를 들면, Tiffany & Company(보석 판매회사)는 상당한 고객서비스 기준을 마련하고 있다. 신규 판매직원은 6~8주의 훈련을 받고 나서야 배치될 수 있다. 모든 신규 판매직원들은 지식, 기술, 생산 훈련을 거치게끔 하고 있고, 그런 뒤 본사의 고객서비스센터에서 다시 일주일간의 수료과정을 거치게 된다. 여기에서의 훈련은 전화받는 기법, 프리젠테이션 기법, 상담식판매기법 등이며, 이러한 고객서비스 훈련은 필수적인 과정이어서 이제는 Tiffany의 전통과 문화가 되어가고 있다.

또 다른 예로서 Fidelity Institutional Retirement Services Company는 서비스 대학을 설립하였고, 고객서비스, 운영관리, 위험관리, 판매 및 마케팅, 리더십, 경영개발 등 5개 학부를 두었다. 그 중에서 가장 중요한 학부가 고객서비스 학부인데, 그 대학의 목적은 서비스의 내용과 전달방법에 관한 조직 전반적인 의사소통체계를 구축하는 것이다. 그것을 통해 종업원들이 5개의 대학과정을 마쳤을 때 서비스전달의 공동언어를 가지게 되는 것이다.[33]

기업 스스로 고객들의 평가를 계속적으로 모니터링하는 것 또한 중요하다. 조직은 고객으로부터의 피드백을 받을 수 있어야 한다. 예를 들어, Norand Corporation은 '고객에 더 가까이'라는 구호로 매달 전화조사를 통해 고객의 피드백을 구하는 시스템을 만들었다. 그러한 조사의 결과는 평가과정의 일부로 사용될 수 있는 것이었다.

고객서비스 훈련은 업종과 기업에 따라 다양하지만, 또한 공통적인 특성도 지니고 있다고 하는데, 스툼 등(Stum & Church, 1990)은 공통특징을 네 가지 요소로 설명하고 있다.[32]

① 고객서비스훈련은 조직전체에 알려야 한다.
② 현장에서 고객과 접촉하는 종업원들에게는 대인관계기법과 실제연습 등 고객관계기법을 훈련시켜야 한다.
③ 종업원을 어떻게 지도하고, 새로운 고객서비스 기준이 어떻게 충족되게 할 수 있는지를 관리자가 알아야 한다.
④ 새로운 고객서비스 철학을 적용하고 유지하기 위해서는 보상과 승진 등의 인센티브가 뒷받침되어야 한다.

1980년대 스칸디나비아 항공사(SAS)의 CEO는 27,000명의 종업원을 이러한 훈련을 받게 하여 수년간의 적자를 7천 1백만 달러의 흑자로 돌아서게 했다.

❸ 협동정신강화훈련

조직구성원들의 협동정신을 강화하기 위한 팀구축훈련(team building training)은 근래에 품질향상운동의 성장과 더불어 발전하여 기본적인 조직적 단위로써 팀이라는 조직단위를 운영하는 추세가 된데 따라서 팀(team)을 기반으로 한 기업들은 종업원들이 다른 동료들과 빠르고 부드럽게 관계를 형성하거나 재형성하며 잘 적응해나갈 것을 요구하므로 이를 위한 팀구축 훈련의 인기는 점점 더해가고 있다. ASTD에 따르면, 팀구축 훈련은 인적자원분야에서 가장 주목받고 있는 분야 중 하나이며, 2000년 보고서에서는 기업들의 87%가 팀구축훈련을 실시하고 있다고 발표했다.

팀(team)이라는 것은 더 큰 사회적 시스템(공동체, 조직) 안에 속해 있는 사회적 개체로서 타인들(고객, 동료직원)에게 영향을 미치는 업무를 수행하는 사람들(개개인으로서의 자신들, 다른 사람들에 의해 보여지는 개인들)의 모임이라는 것이 일반적이다.

작업팀들의 다섯 가지 일반적 형태들은 품질분임조(quality circle), 교차기능팀(cross - functional), 반자치팀(semiautonomous), 자율경영팀(self - managed), 자기설계팀(self - designed) 등이다. [표 9-3]은 각각의 형태에서 팀구성원의 역할과 기능들에 대해 설명해주고 있다. 그리고 팀구성원들에게 실시할 적정한 훈련유형들을 보여주고 있다.

표 9-3 · 팀 접근에서 구성원의 역할과 훈련형태

팀의 형태	구성원의 역할 및 기능	훈 련
품질분임조 (Quality Circle)	분임조 리더들에 의해서 이끌어지는 팀에 자발적으로 참여하는 구성원들은 자원배분의 권한을 가진 조정위원회에 품질의 향상을 제안한다.	팀구축, 문제해결, 품질향상
교차기능팀 (Cross-Functional)	다른 기능분야의 구성원들이 공동의 일을 수행하는 공동 작업팀에 배정되어진다. 구성원들은 그들의 전문분야에 대하여 다른 사람을 훈련시킬 수도 있다.	팀구축, 기능훈련
반자치팀 (Semiautonomous)	작업팀의 재구축을 통해서 구성원들에게 업무의 일정부분을 수행하고 관리할 수 있는 권한을 줄 수 있다.	팀구축, 권한위양
자율경영팀 (Self-Managed)	작업팀의 재구축을 통해서 팀 구성원들은 각자의 독립적인 일에 대해서 자기 규제를 할 수 있을 것이다. 팀구성원들은 전체 업무를 관리하고 수행하는데 있어서 전반적인 통제권을 가질 수도 있다.	팀구축, 관리기법, 권한위양
자기설계팀 (Self-Designed)	새로운 작업팀을 만드는데 있어서 구성원들은 설계, 멤버십, 역할, 팀의 업무들에 대하여 전반적인 통제력을 떠맡을 것이다.	팀구축, 관리기법 조직변화, 권한위양

자료: R. L. DeSimone et al., 앞의 책. p. 346.

팀관련 기법은 작업기술(task skills)과 과정기술(process skills)의 형태로 이루어진다. 작업기술들은 그룹에 배당된 업무를 달성하기 위해 필수적인 기술들이다. 근로자들은 그룹을 위해 업무를 함께 수행하기 위해서 다른 구성원들이 가지고 있는 기술들에 대해 교차훈련(cross-trained)이 실시될 수도 있다. 예를 들어, 항공기 관련 업무를 담당하고 있는 기계공과 기술자들로 구성된 팀은 각각 독특하고 보완적인 재능들을 업무에 접목할 것이다. 각 구성원들은 업무수행을 위한 특별한 역할을 담당하며, 이 중 몇몇 역할들은 다른 팀 구성원과의 연계 속에서 이루어져야 한다. 팀으로서의 원활한 기능유지를 위해서 구성원들은 서로서로의 역할들을 이해해야 하고, 전반적인 업무추진 과정에서 어떻게 보조를 맞추어 가야하는지를 알고 있어야 한다.

과정기술(process skills)은 우선적으로 하나의 팀으로서 함께 일하고 팀작업을 위해서 필수적인 팀정신(team relationship)을 유지하는 것과 관련된 기술이다.

대인관계기법(interpersonal skill)은 가장 중요한 과정기술 중 하나이며, 대인관계기법은 의사소통법, 협상법, 분쟁해결법 등과 관련된 기법들을 말한다.

팀훈련 중에서 일반적인 형태가 팀구축(team building)인데, 팀구축은 다양화된 개개인의 에너지들을 통합시키고 이 에너지들을 가치있는 목표와 결과물들에 투입하는 노력이며, 이런 노력들을 조직의 결과로 연결시키는 것이다.

팀구축은 신뢰와 응집력, 효과적인 팀을 만들기 위한 책임, 상호이해를 구축하기 위해 고안된 기법들의 집합으로 불려지기도 한다. 팀구축 강화요인들은 하나의 촉진제로서 팀이 함께 효과적으로 일하고 보다 더 훌륭하게 의사소통하며, 문제해결력을 향상시키며, 더 나은 의사결정을 내릴 수 있게 하는 능력을 향상시킬 수 있게 돕는 역할을 한다.

하지만 팀은 단순히 이런 것들만을 얻기 위해서 형성되어지는 것은 아니며, 팀은 특정한 목표를 가지고 조직 내 구성원들로 이루어진 다양한 집단의 집중력을 필요로 하는 목표를 성취하기 위해 형성되어야 한다.

다음과 같은 조건 하에서 팀 구성을 고려할 필요가 있다.

① 하나의 특정한 목표(정해진 목표)는 상호보완적인 다양한 재능을 지닌 팀 구성원들을 필요로 한다.
② 하나의 특정한 프로젝트는 교차기능(cross-functional)과 다른 견해를 제시하는 여러 부서 동료직원들에 의해 가장 잘 제시되어진다.
③ 폭넓은 견해들은 조직 또는 부서의 성장과 비전을 추구하고 발전시키기 위해 필요하다.

[표 9-4]에서 제시하고 있는 팀구축을 위한 네 가지 접근법은 효과적인 조직강화요소가 될 수 있다. HRD전문가들은 팀훈련 프로그램들을 고안하는데 노력하여야 한다.

표 9-4 · 팀구축의 네가지 모델

모 델	강조점	팀 구성원이 할 일
목표설정	목적들을 설정하고 개인 및 팀의 목표들을 개발한다.	팀설정된 목표들을 성취하기 위한 방법들을 계획하는 활동과 연관된 일들
대인관계	팀작업 기법의 향상(상호지원. 의사소통, 아이디어 공유)	서로 간의 신뢰감 향상과 팀 내의 신뢰도를 향상시키는 일들
문제해결	팀 내의 주요 문제점들 파악	문제들에 대한 해결책뿐만 아니라 그 해결책들에 대한 실행과 평가계획 활동과 관련된 일들
역할 명확화	팀 내에 구성원 각자의 역할들에 대해 팀원들 간에 의사소통을 증가시키는 것	팀 내에 구성원들 각각의 역할들과 의무들을 더 잘 이해하는 일

자료: R. L. DeSimone et al., 앞의 책. p. 348.

4 전문가 육성

전문직(professional)은 특정한 일에 관한 깊은 지식과 기술에 바탕을 둔 하나의 직업이다.[34] 샤머(Sharma, 1997)는 전문직의 개념에 대해 '전문직이란 훈련과 경험을 통하여 획득한 기법과 지식의 체계를 업무에 적용시키며, 서비스 의식과 남다른 윤리의식을 지니면서 상당한 수준의 자율성과 권위를 갖는 것'이라고 설명하며 의료, 법, 회계, 교육, 기술직 분야 등이 포함된다고 한다.[35]

전문가는 얼마나 자신의 지식을 실무에 적용시킬 수 있는가에 따라 그 효율성이 결정되기 때문에, 전문가들이 자신의 분야에 있어 가장 최근의 아이디어와 기법을 유지하는 것이 중요하므로 전문가개발훈련에 노력하여야 한다. 이를 위해 관련협회와 자격증 발급기관들은 자격증 소지자들에게 계속교육(보수교육)을 실시하고 있는 것이라든가, 기업에서도 계속교육을 직간접적으로 지원해주는 것도 대표적인 방법이다.

(1) 전문가교육의 지원

기업은 조직 내의 전문가를 위해 계속교육 기회를 제공해 주어야 한다. 일부 기업들은 자체연수원에서 대학들에 버금가는 교육과정을 개발하기도 한다. 동시에 사내대학이나 대학원(corporate universities)을 설치하기도 한다.

우리나라의 경우 삼성그룹 등에서 일부 운영하고 있으며, 미국의 경우에는, 1000여개의 기업들이 아카데믹한 개념에 바탕을 둔 대학 또는 대학원 교육과정을 개발해 가고 있다.[36] 이 현장교육 프로그램들은 일반적으로 종업원들의 직무에 따라 단계별로 관리하고 완성할 수 있는 하나의 핵심 교육과정을 포함하고 있다.

> 현장교육 프로그램의 운영은 대다수 기업들이 종업원들을 활용해 운영하기도 한다. 모토로라는 현장교육 프로그램에 퇴직을 앞둔 선임 전문가들과 외부 전문가들로 교수진을 구성하여 운영한다. 이러한 준비는 해당 조직의 프로그램을 보다 전문적으로 만들며 가장 최신의 기법들에 대한 통합적인 훈련을 가능하게 해준다.

(2) 전문가육성개발에 있어서 인적자원관리부서의 역할

인적자원관리부서는 계속교육에 있어서 세 가지 역할을 하게 된다. 즉, 추진자(enabler), 자원제공자, 감시자의 역할이다.

첫째, 추진자로서의 역할은 인적자원관리부서는 조직 전체에 걸쳐 계속교육이 효과적이고 효율적으로 배분될 수 있게 하는 방침과 절차를 만드는 일이다.

둘째, 자원제공자로서의 역할은, 인적자원관리부서는 교육비용, 교육휴가, 협회비, 교육출장비 등을 지원하는 것이다. 교육비는 종업원들의 계속교육 동기를 충족시켜주기 때문에 전문가개발 프로그램에서 중요한 부문이다. 대부분의 교육과정은 업무와 연관되어 있고 종업원이 일정 이상의 성적을 획득했을 때에 한하여 교육비와 비용을 보상해주고 있다. 이런 교육과정에 참여한 종업원들이 보다 더 창의적, 혁신적, 기업가적으로 성장할 것이라고 기대하며, 이와 같은 교육훈련 프로그램들이 종업원들을 좀더 조직에 가치 있게 만들 것이라고 생각하게 된다.

코오롱그룹의 'CEO 후보자 프로그램'이 관심을 모으고 있다. 코오롱 그룹에 따르면 이웅열 회장이 강조해온 '준비된 CEO 육성론'에 따라 23개 계열사별로 CEO 후보자 프로그램이 본격 가동되기 시작했다. 상무보 이상의 전 임원을 대상으로 계열사별로 2~5명 정도의 CEO 후보자를 선정했으며, 그룹 주력 계열사인 (주)코오롱의 경우 4명의 CEO 후보가 선정됐다. 물론 그룹 내 총 30~40여명의 CEO 후보 임원들 중 누구든 중도에 탈락할 수 있으며, 탈락한 임원도 노력 여부에 따라 2회까지 후보자 풀(pool)에 재진입할 수 있다. 일종의 'CEO 엔트리 시스템'인 셈이다.

일단 CEO 후보자 프로그램을 이수하는 임원들은 1·6·11월 등 연 3회에 걸쳐 정기 워크숍인 'KSDP(Kolon Successor Development Program)'에 참여해야 한다. 물론 CEO 역량에 필요한 교육은 수시로 진행된다. CEO 후보에 선정된 임원들은 교육 및 역량개발 과정을 거쳐 6월께 1차 경과를 점검한다. 이후 후보 임원들은 특별교육의 성과물로 리포트를 작성해 체출하고 이 회장과의 직접면담 등을 통해 성과도를 평가받게 된다.

특히 연말 인사를 앞둔 11월에는 1년간의 역량개발 결과를 보고하고 CEO 플래너에 대한 자기 홍보를 할 수 있는 기회가 주어진다. CEO 후보자들이 각자 '내가 왜 CEO가 돼야 하는지'를 설명해야 한다는 얘기다.

그룹 관계자는 "시행 초기에는 CEO 후보군에 포함되지 않은 임직원들의 사기저하 등 부작용도 우려됐지만, 프로그램이 본격적으로 가동되면서 장점이 더욱 부각되고 있다"며 "CEO 선정과정에서도 선택과 집중을 통해 준비된 CEO를 양성하자는 취지가 실현되고 있는 것"이라고 설명했다.

기업에서는 종업원들이 전문가 회의나 세미나에 참여할 수 있도록 경비와 비용을 부담하기도 하고, 공통의 주제를 토의하고 생각을 공유할 수 있는 기회를 제공해준다. 이런 모임들은 전문분야의 흐름을 알게 하고 전문적인 보고서를 필요로 하는 종업원들에게 매우 가치가 높다.

이런 활동을 지원해주기 위한 자원은 제한적이기 때문에, 이에 소요되는 비용을 인정해주는 공정한 처리과정이 필요한 바, 프로그램 참가 자격조건을 제시하고, 비용에 대한 정당성을 보여줘야 하며, 이러한 방침을 경영진으로부터 승인 받고, 조직 전반에 널리 알려야 한다.

셋째로, 인적자원관리부서는 계획대로 전문가개발 과정이 잘 작동하고 있는지를 확인하기 위한 감시자로서의 역할을 수행한다. 인적자원개발에 있어서 평가는 인적자원관리의 노력 중 중요한 부분이다. 평가를 통해 기술분야에서의 훈련과 개발 노력들이 개인 혹은 전체 부서의 기술의 변화를 감시할 수 있도록 해준다.

Action Learning이란?

최근 Action Learning을 이용한 학습과 문제해결이 유행하고 있다.

Action Learning이란 '학습자들이 팀을 구성하여 각자 자신의 과제, 또는 팀 전체가 공동 과제를 Learning Coach와 함께 정해진 시점까지 해결하는 동시에 지식습득, 질문 및 성찰을 통하여 과제의 내용 측면과 과제해결과정을 학습하는 프로세스'를 말한다.

일반적인 Action Learning Program의 프로세스는 아래와 같다.

■ 팀 구성과 과제부여

4-8명으로 구성된 학습팀(Set)을 구성하고 그 팀에게 부서 또는 전사차원에서 꼭 해결해야 할 중대하고 난해한 과제를 부여한다. 학습팀 구성원들에게 각기 다른 과제를 부여(Open-Group Program)하거나 학습 팀 전체에게 하나의 과제(Single-Project Program)를 부여한다.

■ 팀 미팅과 과제 해결대안 모색

정해진 기간 동안 여러 번의 팀 미팅을 통하여 해결대안을 모색하며, 이때 팀의 효과성을 증진시키기 위하여 Learning Coach가 팀 미팅에 참석한다. Learning Coach(Facilitator)와 함께 문제해결기법, Communication Skill, Project Management, 회의 운영기술 등 다양하고 강력한 기술들을 이용하여 과제에 대해 토론하고 성찰함으로써 해결대안 개발과 동시에 학습이 일어난다.

■ 해결대안 실행과 평가

해결대안을 개발한 후에는 그 해결대안을 소속부서장 또는 최고경영층에 보고한 후 직접 실행하며, 그에 대한 평가는 참신성, 실현 가능성, 비용절감효과, 생산성 증대효과(경영성과 향상 기여도) 등을 기준으로 평가한다.

PARAGRAPH 06

역량과 직업기초능력

　기업과 조직은 점점 더 높은 기술과 전문성을 지닌 구성원을 필요로 할뿐 아니라, 구성원들에게는 보다 향상된 직무능력 제고가 요청되고 있다. 이러한 요청에 맞추기 위해서는 전문적인 기술과 지식도 필요하지만 그 전에 어떤 직종이나 조직에서도 공통적으로 요구되는 기초직업능력의 필요성이 구성원들에게 더욱 중요시 되고 있다. 이러한 경향은 앞으로도 계속 될 것으로 보인다. 여기에서는 구성원들에게 필요한 기초직업능력과 이의 토대가 되는 역량의 개념, 유형과 특성 등에 대해서도 알아보기로 한다.

1 역량(competency)

(1) 역량의 개념

　우선 역량의 개념을 살펴보면 competence와 competency라는 용어가 혼용되어 사용되고 있는데 competence를 '능력'으로, competency를 '역량'으로 주로 사용하고 있다.[37]

　능력(competence)이란, 예를 들어 능력이 있는 전기기사, 배관공, 변호사, 의사 등과 같이 사람을 평가할 때 쓰이는 것을 말한다. 일반적으로 능력이란 일을 감당해 낼 수 있는 힘 또는 어떤 행위를 실제로 수행하는 신체적, 심리적인 힘을 말하며, 학습된 것일 수도 있고, 생득적인 것일 수도 있다(새우리말큰사전, 1986; 교육학용어사전, 1994). 즉 능력(competence)이란 지적 또는 육체적인 업무를 성공적으로 성취할 수 있는 정도를 말하며, 직무 또는 삶에서의 성과와 연계되는 지식, 기술, 태도의 종합이라고 할 수 있으며, 무엇을 알고 있는가보다는 무엇을 할 수 있는가에 초점이 있다(Hyland, 1994).[38]

한편, 역량(competency)은 심리학자인 화이트와 맥클랜드(Robert White & McClelland)에 의해 처음으로 소개된 개념으로서 맥클랜드는 평범한 성과를 내는 직무 수행자와 우수한 성과를 내는 직무 수행자를 구분 짓는 행동 양식의 특성에 초점을 맞추어, 특정 조직이나 환경에서 필요로 하는 것을 이룰 수 있는 능력의 의미로 역량(competency)을 사용하였다(Dubois, 1993).[39] 또한 보야치스(Boyatzis, 1982)는 역량을 '성공적인 직무수행에 필요한 동기, 기술, 자아상, 사회적 역할의 한 부분 또는 지식체계'로 직무 수행과 관련된 능력으로 보았다.[40] 또한 스펜서 등(Spencer & Spencer, 1993)은 '특정한 상황이나 직무에서 준거에 따른 효과적이고 우수한 수행의 원인이 되는 개인의 내적 특성'으로 보았다.[41] 하지만, 이러한 여러 정의에도 불구하고 최근에는 능력(competence) 또는 역량(competency)은 거의 유사한 개념으로 사용되고 있기도 한다.

특히 스펜서 등(Spencer & Spencer, 1993)은 역량을 특정한 상황이나 직무에서 준거에 따른 효과적이고 우수한 수행의 원인이 되는 개인의 내적 특성으로 보고 [그림 9-5]와 같이 표현하였다.

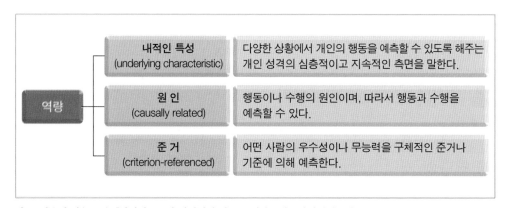

자료: 나승일 외(2003), 「직업기초능력 영역설정 및 표준개발」, 한국산업인력공단, p. 10.

🔅 그림 9-5 · 역량의 개념(Spencer & Spencer, 1993)

이상의 역량에 대한 정의를 종합하면, 경제적 보상이 따르는 어떤 직무를 수행함에 있어 필요한 지식, 기술, 태도, 동기, 자기개념, 경험 그리고 근면, 성실 등의 총합체라고 할 수 있다.[42]

(2) 역량의 유형과 특성

스펜서 등(Spencer & Spencer, 1993)은 개인의 내적 특성으로서 역량을 동기, 특성, 자기개념, 지식, 기술 등 다섯 가지 유형으로 구분하여 [표 9-5]와 같이 제시하고 있다. 첫째, 동기는 개인이 일관되게 생각하거나 원하는 것으로 행동의 원인이 된다. 둘째, 특성(특질)은 신체의 특성, 상황 또는 정보에 대한 일관적 반응성을 의미한다. 셋째, 자기개념은 태도, 가치관 또는 자아상(self-image)를 의미한다. 넷째, 지식은 특정분야에 대해 가지고 있는 정보이다. 다섯째, 기술(skill)은 특정한 신체적 또는 정신적 과제를 수행할 수 있는 능력이다.

표 9-5 · 개인의 내적 특성 : 역량의 5가지 유형

직 능	설 명
동 기 (Motives)	• 개인이 일관되게 품고 있거나 원하는 어떤 것으로 행동의 원인이다. 특정한 행위나 목표를 향해 행동을 '촉발시키고, 방향을 지시하며, 선택하도록' 작용한다.
특 성 (Traits)	• 신체의 특성, 상황 또는 정보에 대한 일관적 반응성을 의미한다. 감정적 자기통제와 주도성은 다소 복잡한 형태의 "일관적 반응성"이라 할 수 있다.
자기개념 (Self-concept)	• 태도, 가치관, 또는 자아상(Self-image)을 의미한다. 주어진 상황에서 단기적으로 나타내는 반응적 행동에 영향을 주는 요소이다.
지 식 (Knowledge)	• 특정분야에 대해 가지고 있는 정보이다. • 지식은 그 사람이 무엇을 할 수 있다는 것을 말해줄 수 있을 뿐, 실제로 무엇을 할 것인지는 예측하지 못한다.
기 술 (Skill)	• 특정한 신체적 또는 정신적 과제를 수행할 수 있는 능력이다. • 정신적 또는 인지적 기술은 분석적 사고(지식과 자료를 처리하고, 인과관계를 규명하며, 자료 및 계획을 조직화하는 능력)와 개념적 사고(복잡한 자료의 패턴을 인식할 수 있는 능력)를 포함한다.

자료: 나승일 외, 앞의 자료. p. 11.

동기와 특성(특질)은 태어나면서 부터 가지는 요소로서 평가하고 개발하기 어려운 것으로 본다. 지식과 기술은 이에 비해 개발이 가능한 요소로 보고 있으며, 자기개념은 다소 어렵고 시간이 걸리지만 교육훈련이나 심리상담 등으로 개발이 가능한 것으로 여겨진다. 일반적으로 지식과 기술을 중심으로 사람을 선발하지만 복잡하고 어려운 업무일수록 동기나 특성 등 개발이 어려운 역량을 중심으로 선발하고 지식이나 기술은 교육과 훈련을 통해서 개발하는 것이 바람직하다고 한다.

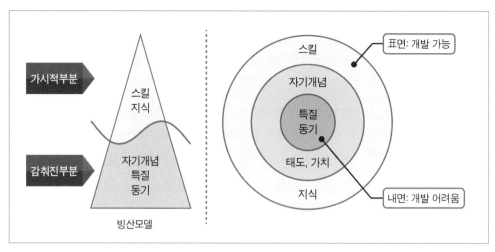

자료: L. M. Spencer & S. M. Spencer(1993), 민병모 외 역(1998), 핵심역량모델링의 개발과 활용, PSI 컨설팅.

그림 9-6 · 역량구조의 내면과 표면

보야치스(Boyatzis, 1982)는 역량의 개념을 확장하여 12개 조직 2,000명을 대상으로 연구한 결과 21개 역량요소를 6개 영역으로 구분하여, 목표 및 행동 관리 역량군, 부하관리 역량군, 리더십 역량군, 타인에 대한 관심 역량군, 인적자원 역량군, 전문지식 역량군을 제안하였다.[43]

표 9-6 · Boyatzis의 21개 역량 유형

목표 및 행동 관리 역량군(Goal and Action Management Cluster)	부하 관리 역량군(Directing Subordinates Cluster)
효율성 지향, 생산성 지향, 개념들의 진단적 사용, 영향력 행사	부하 육성 및 개발, 업무지시 및 통제, 자발적 업무처리
리더십 역량군(Leadership Cluster)	타인에 대한 관심 역량군(Focus on Other Cluster)
자신감, 언어표현 능력, 논리적 사고, 개념화	자기통제, 객관적 지각, 체력과 적응력, 관계 형성 및 유지
인적자원 역량군(Human Resource Cluster)	전문적 지식(Specialized Knowledge)
사회화된 권력의 사용, 긍정적 보상, 집단프로세스 관리, 정확한 자기평가	기억, 전문화된 지식

자료: 남순란(2015), 대학 행정직원의 역량모델 개발과 역량수준 분석, 충북대학교 대학원 박사학위논문, 재인용.

한편, 스패로우(Sparrow, 1996)는 역량을 지식(knowledge), 기술(skill), 태도(attitude)의 세가지 요소로 구분하여 역량모델을 실무적으로 활용하기 용이하게 하였다. 또한 조직에서 활용되는 역량을 조직역량, 관리역량, 개인역량으로 제안하였다. 조직역량은 조직의 미션, 전략과 연계하여 전 직원이 공통적으로 보유하여야 하는 역량을 의미한다. 관리역량은 리더십 등 조직의 원활한 운영과 변화를 위해서 필요한 역량을 의미한다. 개인역량은 특정한 직무와 관련된 전문적 지식과 기술을 의미한다.[44]

표 9-7 ㆍSparrow의 역량 구분

역량	정의	응용	보상
개인역량 (직무역량)	직무수행과 관련된 행동목록	HR의 전반적 영역에서 사용	내부적으로 보상 가능한 업적 및 인정
관리역량 (리더십역량)	직업 또는 부문의 지식, 기술, 행동	일반적 직업교육 및 훈련	외부적으로 활용 가능한 업적 및 자격
조직역량 (핵심역량)	조직의 전반적 자원과 능력	비즈니스 프로세스 및 전략	지속적인 고용 및 안정

자료: 박동건(2001), 역량과 역량모델링의 정체 및 활용, 한국인사관리학회 발표논문집, 재인용.

(3) 역량의 활용

역량은 조직 내에서 채용, 배치, 교육훈련, 경력관리, 성과평가 등에 다양하게 활용된다. 이를 위해서 직무에서 필요한 역량을 구분하고 역량의 차원을 도출해 가는 역량모델링의 과정을 거치게 된다. 역량모델이란 특정 역할을 효과적으로 수행하고 성과를 높이는데 필요한 역량을 체계화하여 기술한 것을 말한다.

역량 모델링의 절차와 방법은 여러 가지 유형이 제시되었다. 이중 대표적인 것을 살펴보면, 맥클랜드(McClelland)의 직무역량평가방법(JCAM : Job competency Assessment Method)은 먼저 1단계로 전문가 패널을 구성하여 직무구성요소와 우수성과자의 요건을 제시한다. 직무과제, 직무활동, 역할 등 직무구성 요소를 추출하고 우수 직무수행자와 평균 성과자들이 공통으로 가지는 요소와 차별적 요소를 구분하여 제시한다. 아울러 우수 성과자를 선발한다. 2단계로 탁월한 직무 수행자의 특성을 조사하여 직무역량 모델을 구성하고 구성된 모델을 검증한다(Dubios, 1993).[45] 스펜서 등(Spencer & Spencer, 1993)은 수행성과의 준거 마련, 준거집단 선정, 자료수집, 자료분석과 역량모델 개발, 역량모델의 검증, 검증된 모델의 적용준비 등 6단계를 제시하였다.[46]

표 9-8 · 역량모델 개발의 일반적 절차

단계	절차내용	방법
1단계	수행성과의 준거마련	객관적 자료, 조직리더의 추천, 동료의 평가 등
2단계	준거 집단 선정	우수자 집단, 평균집단 선정
3단계	자료 수집	행동사건 면접, 패널 활용, 포커스그룹미팅(FGI), 다면 평가 등
4단계	자료 분석 및 역량모델 개발	수행해야할 업무 요소, 우수 수행자의 특징 분석
5단계	역량모델 검증	개발된 모델을 행동사건 면접, 시험 등으로 점검
6단계	모델의 확정 및 적용 준비	채용, 배치, 교육, 경력개발, 성과평가 등

자료: Spencer & Spencer(1993), Competency at Work : Models for Superior Performance, Wiley. 민병모 외 역(1998), 핵심역량모델링의 개발과 활용, PSI 컨설팅, 재구성.

종전의 직무분석과 역량모델링에 대해서 그 차이점을 살펴보면 먼저 직무분석은 구체적 목표나 소수의 분야에 유용하게 활용될 수 있도록 구체적 기술(skill)이나 능력(ability)에 초점을 두는 반면, 역량은 조직의 미션, 전략과 연계하여 우수한 성과에 필요한 행동을 도출하며, 직무분석이 전문적 용어를 활용하는 반면 역량은 조직 내 구성원들이 사용하는 용어를 토대로 하고 있어 이해와 활용이 용이하다. 또한, 직무분석은 과업에 초점을 맞추고 있는 반면, 역량은 사람에 초점을 맞추고 있다. 자료의 수집에 있어 직무분석은 역량분석에 비해 체계적이고 엄격성을 요구한다(박동건, 2001).[47] 기업에서 역량모델링을 선호하는 이유는 급변하는 경영환경에서 다소 정확성이 낮더라도 조직에서 쉽게 활용할 수 있고, 조직의 전략과 연계성이 높아 활용이 용이하기 때문이다. 하지만 역량모델은 특정 조직, 특정 직무에서만 유용하고 미래보다는 과거의 우수성과를 기준으로 하고 있는 등 미래의 환경변화를 반영하지 못하고 있다. 또한, 직무가 사람중심으로 구성되고 있는 기업에서는 분석자체가 용이하지 못하고 역량의 수가 많을 경우 관리상의 문제점이 있는 등의 한계점을 가지고 있다.

(4) 역량과 직업기초능력의 관계

역량은 학문적 논의 보다는 실무적 개념으로 먼저 도입되었다. 경영환경이 급변하는 상황에서 기업에서는 직무분석과 적성 및 성취도 평가를 토대로 하는 선발, 배치, 개발 등의 인적자원관리에 있어 어려움에 봉착하였다. 이를 해결하기 위해서는 기업의 미션과 전략에 보다 부합하는 조직과 개인의 역량 분석과 관리가 보다 효과적으로 여겨졌다. 기업차원에서 논의 되던 역량은 이제, 모든 산업에 공통으로 적용할 수 있는 일반적 역량(general competency)으로 논의가 확대되었다. 교육훈련기관에서는 미래의 직장 생활을 준비하는 이들을 위해서 변화하는 환경과 맡은 직무에 무관하게 공통적으로 필요로 하는 능력(예를 들면, 의사소통 능력, 문제해결능력 등)을 일반적 역량으로 도출하여 교육훈련함으로써, 이들의 고용가능성(employability)를 제고하고자 하였다. 이러한 산업공통적인 일반적 역량을 직업기초능력이라고 하며, 영국, 호주 등에서 이를 선도적으로 개발하여 활용하고 있으며, 우리나라에서도 국가직무표준능력의 일부로서 제시하고 있다.

❷ 직업기초능력의 중요성

우리나라 노동시장구조는 직장 간·직업 간 이동을 경험하는 노동시장으로 전환하고 있다. 한국노동연구원의 자료(2002)에 의하면 2000년대 초에 1년 동안 10명 중 3명이 이직하고 있고, 미취업 이동을 제외하고 직장 간 이동자에 한하여 지역 내 이동과 경력 외 이동을 비교해 보면 거의 비슷한 수준으로서 경력 간 이동의 비중도 상당히 높음을 알 수 있다.

특히, 예전에는 동일한 산업과 직업 내로 직장을 옮기는 경력 내 이동이 대부분이었으나 최근에는 다른 산업이나 직업으로 직장을 바꾸는 경력외 이동이 많이 늘어나고 있음을 알 수 있다. 이는 그만큼 노동시장구조가 급변하고 있고, 점차 평생직장의 개념이 희박해지고 있음을 시사해준다.

이러한 노동시장과 고용의 유연화는 결국 근로자들에게 어느 직업분야에서든지 필요로 하는 직업기초능력을 보유할 것을 요구하게 되었다. 따라서 직업기초능력을 이해해야 하며 '직무수행능력'과 '직업기초능력'에 대해 알아볼 필요가 있다. 우선 '직무수행능력'은 특정한 일을 수행하는데 요구되는 전문적인 지식, 기술, 태도 등의 총체적인 것을 의미한다.

한편, '직업기초능력'은 직무를 수행하는데 기본적이고 공통적인 직업능력으로서 직무를 수행하는데 기초가 되는 인지적, 정의적, 심동적인 능력을 모두 포함한다고 할 수 있으며, 직무수행능력의 개발을 위해 기본적으로 갖추고 있어야 할 능력이다. 즉, 직업기초능력은 직무수행능력을 습득하고 개발하는데 기본적으로 갖추어야 할 능력임과 동시에 직무수행능력과 융합되어 작업환경 내에서 직무를 수행하는데 필요한 직업능력을 형성한다고 할 수 있다. 이와 관련된 직업기초능력, 산업공통직업능력, 필수직업능력, 선택직업능력은 다음과 같이 설명되고 있다.[48]

① 직업기초능력

모든 직업인에게 공통적으로 요구되는 능력으로서 모든 산업 및 직업에 걸쳐 직무수행을 위해 기본적으로 갖추어야 할 직업능력 분야를 말한다.

② 산업공통직업능력

해당 산업분야의 직업에 관계없이 공통적으로 반드시 갖추어야 하는 직업능력 분야

③ 필수직업능력

해당 산업의 특정직업을 수행하기 위해 반드시 필요한 직업능력 분야

④ 선택직업능력

해당 산업분야에서 직무의 넓이와 깊이의 차이에 따른 범위설정에 유연성을 부여하기 위한 직무능력

❸ 직업기초능력과 학습목표

직업기초능력은 아래와 같이 10종을 선정하여 어떤 직업에 종사하든 모든 사람들이 학습할 수 있도록 권장하고 있다. 표 9-7에서 보듯이 직업기초능력은 하위영역의 능력을 제시하고 있다.

(1) 의사소통능력

직장생활에서 문서를 읽거나 상대방의 말의 의미를 파악하고, 자신의 의사를 정확히 표현 및 간단한 외국어 자료와 외국인의 의사표시를 이해하는 능력을 기를 수 있다.

(2) 수리능력

직장생활에서 요구되는 사칙연산과 기초적인 통계 이해 및 도표의 의미 파악과 도표를 이용하여 효과적인 결과를 제시하는 능력을 기를 수 있다.

(3) 문제해결능력

직장생활에서 발생한 문제를 올바르게 인식하고 적절히 해결하는 능력을 기를 수 있다.

(4) 자기개발능력

직장생활에서 자신의 능력, 특성 등을 이해하고 목표 성취를 위해 스스로를 관리 및 개발해나갈 수 있는 능력을 기를 수 있다.

(5) 자원관리능력

직장생활에서 필요한 자원을 확인 및 확보하여 업무수행에 이를 할당하는 능력을 기를 수 있다.

(6) 대인관계능력

직장생활에서 협조적인 관계를 유지하고 조직구성원들에게 도움을 줄 수 있으며, 조직 내외의 갈등을 원만히 해결할 수 있는 능력을 기를 수 있다.

(7) 정보능력

직장생활에서 컴퓨터를 활용한 기본적인 정보처리능력을 기를 수 있다.

(8) 기술능력

직장생활에서 쉽게 접하는 기술을 이해하고 선택하여 다양한 상황에 이를 적용하는 능력을 기를 수 있다.

(9) 조직이해능력

직장생활에서 직업인으로서 자신이 속한 조직의 경영, 체제, 업무 등을 이해하는 능력을 기를 수 있다.

(10) 직업윤리

직장생활에서 원만한 직업생활을 위해 지켜야 할 올바른 직업윤리를 배양할 수 있다.

표 9-6 · 직업기초능력영역과 하위영역

직업기초능력영역	하위영역
1. 의사소통능력	문서이해능력, 문서작성능력, 경청능력, 언어구사력, 기초외국어능력
2. 문제해결능력	사고력, 문제처리능력
3. 자기개발능력	자아인식능력, 자기관리능력, 경력개발능력
4. 자원활용능력	시간관리능력, 예산관리능력, 물적자원관리능력, 인적자원관리능력
5. 대인관계능력	팀워크능력, 리더십능력, 갈등관리능력, 협상능력, 고객서비스능력
6. 직업윤리	근로윤리, 공동체윤리
7. 조직이해능력	국제감각, 조직체제 이해능력, 경영이해능력, 업무이해능력

8. 수리능력	기초연산능력, 기초통계능력, 도표분석능력, 도표작성능력
9. 정보능력	컴퓨터활용능력, 정보처리능력
10. 기술능력	기술이해능력, 기술선택능력, 기술적용능력

자료: www.ncs.go.kr

국내 기업체 등에서 실시하고 있는 교육훈련 프로그램의 명칭을 통해서 현장에서 사용하고 있는 직업기초능력의 학습프로그램을 확인할 수 있는데,[49] [표 9-7]에 제시된 바와 같다.

표 9-7 · 기업체 및 전문기관에서 사용하고 있는 직업기초능력 영역별 관련 용어

직업기초능력	프로그램에서 표현된 용어	직업기초능력	프로그램에서 표현된 용어
의사소통능력	프리젠테이션 스킬, 비즈니스 응답스킬, 문서작성, 비즈니스 커뮤니케이션, 협상 커뮤니케이션, 효율적 회의진행 기법, 커뮤니케이션 스킬, 프리젠테이션 기법	대인관계능력	협상기법, 비즈니스 협상스킬, 고객만족, 회의 난관극복 스킬, 고객만족 서비스, 갈등문제의 이해와 처리, 셀프리더십, 친절서비스 마인드
수리능력	기초회계	정보능력	정보능력 기초, 정보능력 전문
문제해결능력	문제해결기법, 아이디어 발상법, 전략적 의사결정, 문제점 발견기법, 창의적 기법, 창조적 문제해결, 문제해결과 제안	직업윤리	사회윤리, 직장윤리, 개인윤리, 직장예절, 국제매너, 비즈니스 매너, 성예절, 사내예절, 글로벌 에티켓, 전화예절, 일반예절, 조직매너, 올바른 예절
자기개발능력	생애설계, 인생관리, 소중한 것 발견하기, 직장인의 자기관리, 창의적 삶의 성장, 아이덴터티, 자기분석, 자신의 이미지 분석, 자아의 인식	조직이해능력	국제화, 글로벌 조직관리, 조직 커뮤티케이션, 고객만족 경영, 경영전략
자원활용능력	효과적인 시간관리, 시간관리의 이해, 소중한 것의 계획하기	기술능력	기술능력

개인개발 Chapter 09

1) L. R. Yin(2000), Learning Continuum, http//:facstaff.www. edu/yinl/edmedia2000/dlppt/sldol8.htm.

2) R. L. DeSimone, et al. 앞의 책, pp. 192-193.

3) J. Scott(1999), "Employees get OJT." Memphis Business Journal, 21, May 7.

4) R. B. Jacobs and M. J. Janes, (1995), Structured on-the-job Training, San Francisco:Berrett-Koehker, 19.

5) W. J. Rothwell and H. C. Kazanas(1994), Improving on-the-job training, San Francisco:Jossey-Bass.

6) J. Knight(2000), The school of hard rocks, Training, August, pp. 36-38.

7) R. L. DeSimone, 앞의 책, p. 194.

8) 위의 책, p. 195-196.

9) D. L. Taylor and R. K. Ramsey(1993), Empowering employees to just do it, Training & Development, 47(5), pp. 71-76.

10) R. M. Powell(1963), "Elements of Executives Promotion", California Management Review, Winter, pp. 83-90.

11) A. D. Szilagyi, Jr. and M .J. Wallace, Jr.(1980), Organizational Behavior and Performance, 2nd ed., Santa Monica, Calif., pp. 154-155.

12) 이용환 외(2011), 「산업인력개발론」, 교육과학사, p. 212, 429.

13) W. M. Welty(1989), Discussion Method Teaching : How to make it work, Change, July/August, pp. 41-49.

14) B. Keys and J. Wolfe(1988), Management education and development: Current issues and emerging trends, Journal of Management, 14, p. 214.

15) C. C. Langdell(1871), A selection of cases on the law of contracts: With references and citations. Little, Brown.

16) 김종재·박성수(1997), 앞의 책, pp. 269-270.

17) C. Argyris(1980), Some Limitations to the Case Method : Experiences in a Management Development Program, Academy of Management Review, 5, pp. 291-298.

18) 민경호(2003), 「현대인사관리」, 무역경영사, p.156.

19) 민경호(2003), 위의 책, p.153.

20) 민경호(2003), 위의 책, p.150.

21) D. E. Berlew and D. T. Hall(1966), "The Socialization of Managers Effects of Expectations of Performance" ASQ, Vo1. 11, No. 2, June, p. 222.

22) E. Jacques(1965), "Death and the Mid-Life Crises," International Journal of Psychoanalysis, Vo1. 48, pp. 502-514.

23) H. A. Shepard and J. A. Hanley(1974), Life Planning : Personal and Organizational, National. Training and Development Service, Washingtion D.C.

24) 김종재·박성수(1997), 앞의 책, p. 275.

25) "The Controller-Inflation Give Him more Clot with Management." Business Week (1997), Aug. 15, p. 84.

26) R. E. Hastings(1978), "Career Development; Maximizing Options" The Personnel Adminstrator, Vo1. 23, No. 5, 1978, p. 58.

27) B. Croft(1998), The Intranet : YOUR newest Training Tool, Personnal Journal, 75(5), pp. 27-28.

28) E. Dole(1990), "Ready, set, work,". Training and Development Journal, 44(5), pp. 17-22.

29) 미국 Burear of Labor Statistics(1997).

30) T. O. Miller(1992), A customer's definition of quality. Journal of Business Strategy, 13(1), pp. 47.

31) W. Keenan, Jr.(2000), Sales training ROI? Industry week 249, June 12.

32) D. L., Stum, & R. P. Church(1990), Hitting the long ball for the customer. Training and Development Journal, 44(3), pp. 45-48.

33) S. Lorge(1998), A priceless brand. Sales and Marketing Management, 150(10), pp. 102-110.

34) J. Abbot(1998), The multicultural workforce : New challenges for trainers. Training and Development Journal, 42(8), pp. 12-13.

35) A. Sharma(1997), Professional as agent: Knowledge asymmetry in agency exchange. Academy of Management Review, 22(3), pp. 758-798.

36) T. Barron(1996), A new wave in training funding. Training and Development, 50(8), pp. 28-33.

37) 나승일 외(2003), 「기초직업능력 영역설정 및 표준개발」, 한국산업인력공단, pp. 9-12에서 재인용.

38) T. Hyland(1994), Competence, education and NVQs: Dissenting perspectives. London: Cassell.

39) D. Dubois(1993), Competency Based Performance Improvement, 업무성과향상의 비결, 컴피턴시, 이동배, 이창수 공역(2000). 서울: EDS 컨설팅.

40) R. E. Boyatzis(1982), The competent manager; A model for effective performance. John Wiley & Son.

41) L. M. Spencer & S. M. Spencer(1993), Competency at Work : Models for Superior Performance, Wiley & Son, 민병모 외 역(1998), 핵심역량모델링의 개발과 활용, PSI 컨설팅.

42) 나승일 외(2003), 위의 자료, p. 10.

43) 남순란(2015), 대학 행정직원의 역량모델 개발과 역량수준 분석, 충북대학교 대학원 박사학위논문, 재인용.

44) 박동건(2001), 역량과 역량모델링의 정체 및 활용, 한국인사관리학회 발표논문집.

45) D. Dubois(1993), 위의 자료.

46) L. M. Spencer & S. M. Spencer(1993), 위의 자료.

47) 박동건(2001), 역량과 역량모델링의 정체 및 활용, 한국인사관리학회 발표논문집, 재인용

48) 나승일 외(2003), 위의 자료, p. 13.

49) 나승일 외(2003), 위의 자료, p. 10.

평생학습 및 직업능력개발 지원 제도

글로벌화와 지식정보화에 따라 지식의 반감기가 급속하게 짧아지고 있다. 2000년대 포드 자동차의 기술이사는 대학을 졸업한 공학분야 학사의 학교에서 배운 지식을 기업에서 인정할 수 있는 유효기간은 2년 정도에 불과하다고 하였다(한국직업능력개발원, 2016). 급속한 지식환경의 변화속에서 근로자들이 생존하기 위해서는 지속적인 자기계발이 필요하다. 기업에서도 근로자의 능력개발이 경쟁력의 원천임을 인식하고 직무교육, 외국어교육 등 다양한 교육훈련 프로그램 등 학습 기회를 제공하고 있다. 이와 더불어 국가적 차원에서 근로자의 평생학습과 직업능력개발을 위해서 다양한 지원제도를 마련하고 있다.

교육부에서는 근로자를 포함한 성인학습자를 위해서 평생직업교육차원에서 평생학습대학과 평생학습계좌제를 운영하고 있다. 평생학습대학은 지속적인 학습을 희망하는 재직근로자와 성인학습자를 위하여 대학에서 주말 및 야간 등 맞춤식 교육을 실시하고 학위를 취득할 수 있게 하는 제도이다. 개설학과는 직무능력향상을 중점으로 하는 공주대의 금형설계학과 등 후진학거점형과 재취업과 창업을 목적으로 하는 광주대의 간호학과 등 성인계속교육형이 있다. 2014년 현재 한국산업기술교육대학교 등 35개 대학이 선정되어 운영 중이다(국가평생교육진흥원, 2016).

또한 평생학습계좌제는 평생교육법에 의거 개인의 다양한 학습경험을 온라인 학습계좌에 누적·관리하고 그 결과를 학력이나 자격인정과 연계하거나 고용정보로 활용하는 제도이다. 학습결과는 개인의 학습진단 및 학습설계자료로 활용되고, 필요 시 학습이력관련 증명서를 발급한다. 아울러, 평생학습과정으로 인정받은 과정의 경우 초중고 학력취득을 원할 경우 일정과정을 면제하는 등 학력과 연계한다.

평생학습이력 연계 현황

기관(제도)명	내 용
학점은행제	학점은행에서 취득한 학습이력이 자동으로 연계
독학학위제	독학학위제에 의한 1~4단계 시험 합격정보가 자동으로 연계
성인학습자초등 · 중학학력인정제	문자해득교육 초등 · 중학 학습과정 이수 시 취득기준의 2/3 범위에서 학습시간을 인정
방송통신중 · 고등학교 경험학습인정제	방송중 · 고 재학생의 경우 평가인정 학습과정을 일정 시간 이상 이수하면 졸업학점으로 활용 가능
검정고시 시험과목 일부 면제	성인학습자가 평가인정 학습과정을 90시간 이상 이수하면 관련 과목에 대한 검정고시 시험을 면제
중앙교육연수원	중앙교육연수원 학습자일 경우 중앙교육연수원에서 이수한 학습이력이 자동으로 연계
EBSLang	EBSLang 환급과정 학습이력이 자동으로 연계
학부모On누리	전국학부모교육센터 학부모On누리 교육과정 학습이력이 자동으로 연계
한국방송통신대학교 프라임컬리지	프라임컬리지 교육과정 학습이력이 자동으로 연계
기타 평가인정 면제과정	이러닝 품질인증 학습과정(한국교육학술정보원), 콘텐츠 품질인증을 받은 학습과정(한국정보통신산업진흥원)에 평가인정을 면제하여 학습이력을 연계

자료: 국가평생교육진흥원, 2016, http://www.nile.or.kr/contents

한편, 고용보험 제도상에서의 근로자 직업능력개발 지원제도를 살펴보면 사업주를 통해서 지원하는 훈련, 재직자가 직접 고용보험으로부터 지원받는 과정으로 나누어 볼 수 있다.

사업주를 통해서 지원받는 대표적인 사업은 사업주훈련, 중소기업핵심직무능력향상과정을 들 수 있다. 사업주훈련은 고용보험 가입 사업주가 인정받은 훈련과정에 대한 훈련비용을 부담하여 재직근로자 등을 대상으로 훈련을 실시한 경우 훈련비용을 지원하는 것으로 지원한

도는 우선지원대상기업은 사업주가 연간 납부한 보험료의 240%까지 지원하며, 대기업은 사업주가 연간 납부한 보험료의 100%까지이다. 사업주훈련은 사업명칭에서 자칫 그 대상을 사업주, 경영자로 오해할 수 있다. 이는 사업주가 신청하고 비용을 지원받는 주체라는 의미이다.

중소기업핵심직무능력향상과정은 중소기업의 사업주 및 근로자에게 비용부담으로 참여가 어려웠던 고급과정을 무료로 수강할 수 있도록 지원하는 것이다. 과정별 지원한도 내에서 훈련기관에 실비용을 지급하고 개설된 훈련과정에 기업에서 신청하여 참여한다.

근로자에게 직접 비용을 지급하는 과정으로는 근로자직업능력개발훈련제도가 있다. 2014년 이전까지는 근로자직무능력향상훈련과 내일배움카드제훈련으로 이원화 되었던 것을 근로자직업능력개발훈련제도로 통합하였다. 이 제도를 통하여 근로자가 자율적으로 직업능력개발훈련에 참여할 경우 훈련수강비용의 일부를 지원한다. 지원대상자는 이직예정근로자, 무급휴직/휴업자, 비정규직근로자, 우선지원대상기업근로자, 대기업 50세 이상 근로자 등이며, 1인당 연간 200만원 한도 내에서 훈련과정에 따라 50~100% 지원한다.

과거 우리나라는 근로자의 평생학습과 직업능력개발에 대한 참여가 OECD국가에 비해 낮은 편이었다. 최근 국가적 차원의 다양한 지원과 고용환경 변화에 대응한 근로자의 평생학습에 대한 인식 제고에 따라 평생학습과 직업능력개발 참여비율이 지속적으로 높아지고 있다.

[참고자료]
- 한국직업능력개발원, (2016).
  https://www.career.go.kr/cnet/front/base/base/jobDatafuture.do
- 국가평생교육진흥원, (2016). http://www.nile.or.kr/contents

- 학습수준의 결정
- 직무훈련(JIT)
- 직무순환
- 멘토링
- 강의
- 시청각미디어교육
- 사례연구
- 비지니스게임
- 행동모델링
- 교류분석법
- e-Learning
- 영업 및 서비스 훈련
- 전문가 육성

- 직무현장훈련(OJT)
- 직무훈련 단계
- 코칭
- 집합교육훈련(OFF-JT)
- 토론 · 토의
- 경험적 학습법
- 인바스켓 기법
- 역할연기
- 감수성훈련
- 자기통찰법
- 스마트러닝
- 팀구축훈련
- 직업기초능력

연구문제

❶ 직무훈련의 대표적인 두 가지 유형, OJT와 OFF-JT 장단점을 비교분석하라.

❷ 현대적인 학습기능을 지닌 e-Learning 및 스마트러닝의 장점에 대해 설명하고, 반면에 노출된 단점극복방안을 제시하라.

❸ 우리나라 기업의 근로자들이 작업현장에서 겪고있는 기술격차 해소방안을 제시하라.

❹ 최근에 기업과 조직에 요구되는 근로자들의 직업기초능력의 중요성과 향상방안에 대해 선진국 사례를 들어 설명하라.

CHAPTER

10

경력개발

학습목표

1. 개인의 인생발달과 직업적 경력개발을 연계시켜 논할 수 있다.

2. 경력개발의 전통적 모형과 현대적 모형을 비교, 설명할 수 있다.

3. 개인의 경력개발 전략과 방법을 구체적으로 설명할 수 있다.

4. 조직에서 구성원의 경력개발을 지원하기 위한 방법을 제시할 수 있다.

HRD의 세 가지 주요영역(개인개발-경력개발-조직개발) 중에서 경력개발은 조직구성원의 성장발전을 위해 매우 중요하다. 이 장에서는 먼저 경력개발의 이론, 체계, 모형 등에 대해 공부한다.

또 경력개발을 위해 개인차원에서 실행하는 '경력계획활동'과 조직차원에서 지원하는 '경력관리활동'의 방법과 도구 및 실천사항을 논의한다.

그리고 경력개발을 촉진할 수 있는 경력동기부여의 촉진방안을 살펴보고 또 경력개발에서 최근 이슈로 대두되고 있는 경력정체문제와 비정규직근로자의 경력개발문제 등을 분석해 보고, 효과적인 경력개발 활동을 살펴본다.

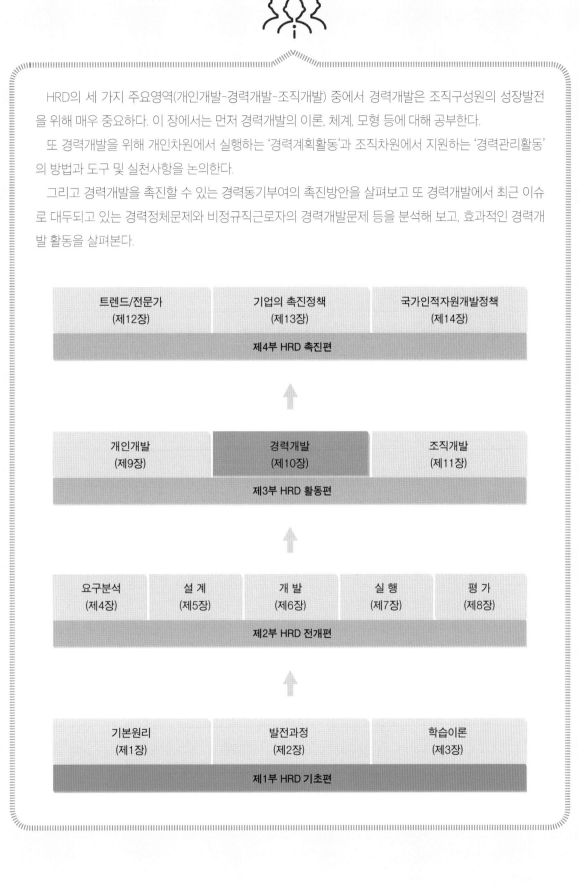

PARAGRAPH

01

경력개발의 본질

1 경력개발의 의의와 필요성

(1) 경력의 개념

경력(career)을 한마디로 정의하기는 어려우며 연구자들도 여러 가지로 설명하고 있다. 그 중에서 그린하우스 등(Greenhaus et al.)은 다음과 같이 몇 가지로 나누어 정리하고 있다.[1)]

'직업 또는 조직 내에서의 속성(property)'이라는 의미로는 직무자체(예. 영업, 회계)를 말하거나 종사(재직)기간으로 해석될 수 있다.

'진급(advancement)'의 의미로 사용될 때는 경력은 승진으로 이해되며 조직이나 직업에서의 성취를 증대시키는 것이 된다.

'전문직(profession)'의 의미로는 사무보조원 등과 구별되는 엔지니어, 법률가와 같은 전문가를 일컫는다. 이들은 경력을 가지는 것이지만 사무보조원은 그렇지 않다.

'직업 안정성(stability of a person's work pattern)'의 의미로는 직업의 연속성을 나타낸다.

위의 내용을 바탕으로 배리(Barley) 등이 이를 좀 더 풀어서 설명한 것을 보면[2)] 첫째, 경력을 직업(occupation)이나 조직의 속성으로 본다는 것은 예를 들면, 법률 분야의 경우, 법대를 졸업한 학생이 법률회사의 직원, 임원을 거치고, 또는 판사로 임용되어 은퇴로 이어지는 경로로 설명되거나, 또는 마케팅부서에서 처음에는 판매사원, 다음은 제품관리자, 또 대리점의 마케팅관리자, 마케팅 이사로 올라갈 수 있는 것과 같은 조직 내에서의 승진경로로 설명하기도 한다.

둘째, 경력에서는 전문직(profession)을 강조하는 것인데, 예를 들어 내과의사와 법률가는 경력을 가지는 것으로 볼 수 있는 반면에 목공이나 사무보조원은 경력을 갖는 것으로 볼 수 없다는 것이다. 이러한 해석 역시 개인이 경력을 추구하기 위해서는 어떤 직업이나 사회적 신분을 획득해야 하기 때문에 경력의 의미를 제한한다.

셋째, 경력을 한 직업분야나 밀접하게 관련 있는 분야 내에서의 연속성(stability)과 관련

짓는 것이다. 예를 들어 경찰관 또는 군인경력 같은 것을 의미한다. 또는 유사하게 서로 관련이 높은 직업(교사, 상담원, 학원선생 등)을 추구할 경우에도 경력을 갖는 것으로 해석하며, 반면 분명히 서로 관련이 없는 직업(소설가, 정치가, 광고 카피라이터의 관계)은 직무내용면에서 일관성, 연속성이 없으므로 경력을 추구하는 것으로 볼 수 없다고 설명한다.

경력을 형성시켜가는 데는 각자의 기술, 지식, 태도, 가치, 인간성, 삶의 상황 등에 의해 직업을 결정하게 되는 한편, 조직과 다른 외부의 영향력(사회, 가족, 교육체제 등) 또한 중요한 역할을 한다.

한편, 경력개발이라는 측면에서 아서(Arthur et al.) 등은, 그린하우스 등이 승진, 전문직, 지속성이라고 정리[3]하는 것은 경력의 의미를 일정부분 제한하기 때문에 포괄적인 정의가 필요하다고 하면서, '개인의 지속적인 직업경험과 관련 있는 것'으로 보는 개념에서는 승진, 전문직, 안정성과 같은 정의에서 필요로 했던 요건들을 모두 충족시킬 수 있다고 하면서 이런 사정들을 감안할 때 경력은

'개인의 일생에서 작은 단위의 코스로 구성된 일과 관련된 경험의 형태' 또는 '일생에 걸쳐 지속되는 개인의 일과 관련된 경험'으로 본다는 것이다.[4]

(2) 경력개발의 의의

경력개발(career development : CD)은 조직이 구성원 개개인의 경력을 개발하도록 격려하며, 그 과정에서 조직의 목표달성에 필요한 능력을 개발하기 위해서 마련하는 제도이다. 경력개발의 목적은 기본적으로 개인의 능력을 최대한으로 개발시켜 이것을 조직의 경력기회에 적용시킴으로써 개인의 경력욕구를 충족시키는 것이고, 조직 측에서는 적시에 적소에서 활용함으로써 조직의 유효성을 높이고자 하는 것이다.[5]

길리 등(Gilley and Eggland)의 정리에 따르면, 조직구성원의 직업생활 경력기간 중 구성원의 능력, 적성, 취미, 장래 희망 등을 고려하여 조직의 장기 경영목표와 전략에 맞게 조직구성원을 개발하는 기능으로서, 개발효과는 자기개발을 통하여 자아실현의 욕구를 충족시키고, 조직의 미래 전략에 필요한 인적자원의 원활한 공급을 기대할 수 있다.[6]

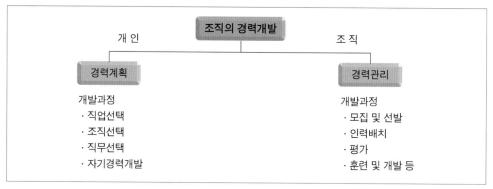

자료: J. W. Gilley et al. (2001), Principles of Human Resource Development, Perseus pub. p. 60.

⊛ **그림 10-1 ·** 경력개발의 실천적 모형

경력개발이라는 용어는 각 조직이나 기업의 여건과 상황, 실천철학 등에 따라 다양하게 사용되어 왔다.

경력목표, 경력계획, 경력관리의 3요소로 구성되는 경력개발은 개인의 경력목표를 설정하고, 이를 달성하기 위한 경력계획을 수립하여 조직의 요구와 개인의 욕구가 일치될 수 있도록 각자의 경력을 개발하는 활동을 말한다. 따라서 개인적 경력개발 노력과 조직적 경력개발 노력이 조화를 이루었을 때 경력개발은 결실을 볼 수 있다. 대다수 전문가들은 여기에서 개인적 측면의 경력개발은 개인적 경력계획(career planning)에 초점을 맞추고 있고, 조직적 측면의 경력개발은 경력관리(career management)에 초점을 두고 있다.

이와 같이 경력개발은 조직과 개인 모두의 의식적인 노력이 필요하며, 조직의 욕구와 개인의 욕구를 일치시키는 데에 그 성패가 달려 있다고 볼 수 있다.

(3) 경력개발의 필요성

플리포(Flippo, 1976)는 종업원의 경력을 개발해야 할 필요성은 경제적 및 사회적 환경으로부터 나온다고 하면서 구체적으로 다음과 같은 세 가지 이유를 제시하였다.[7]

첫째, 조직이 변화하는 환경 속에서 성장·발전하기 위해서는 조직 내의 인적자원을 지속적으로 개발해야 하기 때문이다. 조직 내에서 인적자원을 일정한 계획 하에 개발하게 되면, 갑자기 인력이 필요할 때 외부에서 긴급하게 조달할 필요없이 원활하게 인력을 공급할 수가 있다.

둘째, 종업원들의 경력개발에 대하여 조직이 관심을 기울여 주지 않을 때 많은 종업원들은 그 직무를 그만두고 싶어하기 때문이다.

셋째, 일이라는 것이 종업원들의 일생을 통하여 추구할 수 있는 유일한 가치로서의 위치를 잃어가고 있기 때문이다. 더욱이 오늘날 종업원들의 직업욕구는 개인의 성장욕구, 가족의 기대, 그리고 사회의 윤리적 요구와 함께 효율적으로 통합되어야 한다.

직업생활의 질적 향상을 통한 자기실현은 인간이 추구하는 최고의 선이라 할 수 있으며, 이 최고의 선을 이룩하는 길은 조직사회에서 경력개발을 통해 가능하다고 할 수 있다.

2 경력개발제도의 배경

경력개발제도는 미국 육군에서 문관의 인사관리를 개선하기 위하여 1955년 미국의회에 제출된 제2차 후버위원회의 인사부문 권고안에 의거하여 실시된 것이 효시이다. 그 후 미국의 민간부문에도 도입 실시되었고, 장기적으로 계획적인 관리자육성을 도모하고자 구상된 것이다. 1960년대에는 종신고용제에 기반을 둔 일본의 민간부문에도 도입되기 시작하였다. 미국이나 일본에서는 그 도입수준이 높아 교육훈련과 승진, 이동 등에 유력한 수단으로 활용되고 있으나, 우리나라의 경우에는 몇몇 기업들에서 정립을 위해 노력하고 있다. 이와 같은 경력개발제도의 중요성은 다음과 같다.

① 직무와 개인과의 유기적인 연결이 가능하다. 즉, 종래의 인사관리에서는 구성원들이 그들의 경력에 대해 자신이 발휘할 수 있는 영향력이 결핍되어 있다는 사실에 불만족하고 있었으며, 또한 관리자들은 구성원들에 대한 정보부족으로 직무공백이 발생했을때 조직 안에서 적당한 후보자를 발견하는 데 어려움을 겪었다. 조직과 개인의 공동참여를 내세우는 경력개발은 이러한 현상을 줄여 주고 직무와 인간과의 유기적인 연결이 가능토록하는 것이다.

② 비용절감효과를 가져올 수 있다. 즉, 내부인력의 적극적인 활용을 내세우는 경력개발제도는 신규인력에 대한 투자와 기존 인력의 낭비를 억제시켜 줌으로써 결과적으로 비용절감효과를 가져오기 때문이다.

③ 관리자의 독단적 의사결정에서 나오는 그릇된 판단을 방지할 수 있다. 경력개발제도 아래에서 구성원의 경력개발은 관리자와 부하와의 경력상담을 통하여 이루어지기 때문에 구성원들은 자신의 의사가 반영된 경력경로의 설정이 가능하며 관리자와 직원과의 정보교환과정에서 친밀감이 조성될 수 있고, 따라서 관리자의 독단적인 의사결정을 방지할 수 있다.

④ 미래지향적인 조직이 될 수 있다. 구성원의 경력개발을 도모한다는 것은 미래의 경력목표에 부응하는 것이기 때문에 이러한 미래의 경력목표에 도달하기 위한 개인과 조직의 상호욕구의 충족과정이라 할 수 있는 경력개발제도 아래에서의 조직은 미래지향적이 될 수 있다. 경력개발은 장·단기에 걸쳐 종업원의 전직, 사기, 동기부여 및 생산성에 있어 긍정적인 결과를 가능케 한다.

⑤ 경력개발제도가 함축하고 있는 합리적이고 체계적인 사고는 조직의 목표와 구성원의 욕구를 일치시키는 데 있어 합리적인 인사결정을 유도할 수 있게 한다. 이러한 사고는 유동적이거나 우연적인 인사결정을 방지해 줄 수 있을 것이다.

⑥ 조직과 개인의 당면하고 있는 환경의 변화가 경력개발제도 도입의 중요성을 부각시킨다. 이러한 변화의 유형으로서는 기술적 변화와 직업적 변화, 조직의 변화 그리고 경영기술의 변화 등을 들 수 있으며, 이와 함께 사회가치관의 변화로서 구성원들의 인생관이 일 중심으로부터 인생 자체 또는 여가로 옮겨짐으로써 이른바 삶의 질(quality of life : QOL)이 중요시 되었다.

따라서 인생의 가장 핵심적인 요소로 자리 잡고 있었던 일 또는 직무를 개인적인 자아실현과 성장욕구를 충족시킬 수 있도록 설계·계획하여야 할 필요성이 증대됨으로써, 이를 경력개발을 통하여 실현시키고자 하는 것이다.

3 경력개발의 원칙

경력개발에 관한 기본원칙을 살펴보면 다음과 같다.

(1) 적재적소 배치의 원칙

경력개발을 하는 데는 적재적소 배치의 원칙을 준수하여야 한다. 즉, 종업원의 적성·지식·경험 및 기타 능력과 조직의 목표달성에 필요한 직무가 조화되도록 해야 한다. 이를 위해서는 자격요건과 종업원의 적성 및 선호구조에 대한 정보를 충분히 파악해야 한다. 이것은 경영정보시스템의 일환인 인사정보시스템을 적극적으로 개발하고, 특히 노동집약적인 기업에서는 원가관리의 주요대상으로서 적재적소에 배치하는 경력관리와 더불어 인사정보시스템의 효율적 활용을 통해서 행할 수 있다.

(2) 승진경로 확립의 원칙

경력개발은 명확한 승진경로의 확립을 그 원칙으로 한다. 이 원칙은 기업의 모든 직위는 계층적인 승진경로가 형성되고 정의되며, 또 기술되고 평가되어야 한다는 입장이다. 즉 과학적인 직계를 이루고 그에 따른 승진관리가 이루어져야 한다는 것이다.

승진경로의 설정은 질적인 인사계획수립에 있어서 본질적인 문제해결의 길잡이가 된다. 또한 정의되고 기술된 승진경로는 각각 직무평가의 과정을 거쳐서 제시되므로 이는 노동의 질과 양을 존중하는 기초자료가 되기도 한다.

(3) 후진양성의 원칙

경력개발은 기업 내부에서 후진양성의 체계확립을 원칙으로 하여 자체적으로 유능한 인재를 확보하는 것을 기본으로 한다. 즉, 경력관리는 인재확보를 외부에서 스카웃하는 방법보다는 내부에서 자체적으로 양성하는 것을 원칙으로 삼는다. 또 이는 구성원에게 성장동기를 부여하고 조직에 밀착시키도록 해준다. 그렇게 함으로써 인재를 확보할 수 있고 경영 초심자로 인한 조직의 손실을 방지할 수 있다. 조직내부의 인재육성으로 외부로부터 들어오는 신입사원이 겪는 소외감과 더불어 조직, 작업스타일, 직무분위기 등에 대한 적응시간과 비용을 절감할 수 있다. 또 조직은 직위의 연계를 통하여 이른바 경력맹인의 위험도 피할 수 있게 된다.

(4) 경력개발 기회의 원칙

구성원은 자신의 경력상 필요점을 알게 하고, 조직은 경력경로를 마련해야 한다. 만일 구성원의 능력발전보다 그 기회가 제한된다고 인정되는 직무는 별도로 명시해주어야 하며, 또 이를 후보자에게 알려주어야 한다. 승진의 기회가 많지 않은 근로자들도 그들의 경력개발기회를 갖기를 원한다. 그때 적용될 수 있는 기준은 재직연수에 따른 연공이다. 그러므로 조직은 연공에 의한 경력기회의 개발을 통하여 승진경로가 일부부서에만 국한되지 않도록 기회를 확장시켜야 한다.

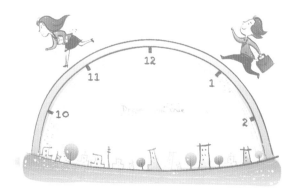

PARAGRAPH 02

경력개발의 체계와 모형

1 경력개발의 체계

경력개발은 개인의 잠재적 능력을 현재적 능력으로 육성·개발하기 위해 조직구성원의 과거 경력을 참작해서 필요한 지식, 기능, 경험을 체계적·조직적으로 체득시켜 나감으로써 기업이 기대하는 성과를 달성하도록 하자는 것이다. 경력개발 및 관리제도는 종업원 개인의 경력전략(계획)과 조직의 경력개발활동이 합치되어 조화를 이루며 그 결실을 보아야 한다. 이들의 상호관계는 [그림 10-2]와 같다. 그림에서 보는 바와 같이 개인은 자신의 경력개발 및 관리를 효과적으로 수행하기 위해 경력계획, 경력인식, 경력센터 이용, 조직환경인식, 자기평가 등의 활동에 참여한다. 조직은 직위공모제도, 멘토제도, 경력센터운영, 경력상담자, 특히 일선관리자의 경력상담역 개발, 경력워크숍, 인력수급계획, 평가 및 고과, 경력개발 등의 제도적 활동을 통하여 경력관리를 도모하고 있다. 그러나 개인과 조직 양자 간의 활동들이 상호독립적인 것이 아니라 상호보완적이며 조화를 이루었을 때 개인과 조직 경력개발 효과를 극대화할 수 있다.

그런데 [그림 10-2]에 포함되어 있는 다양한 개인 및 조직의 경력활동은 이론적인 측면에서 나열한 것일 뿐, 이러한 활동이 실제 조직 내에서 실행되기 위해서는 나름대로 조직 고유의 경력관리모형이 필요하다. 이 모형은 조직의 목표, 전략, 종업원 특성, 기업문화 등 여러 가지 변수를 고려하여 조직 내 최고경영자가 어떤 인사철학을 가지고 종업원 경력관리제도를 운영해야 하는가를 나타내는 기본모형이다. 따라서 이러한 모형은 기업의 전체 인사제도를 총체적으로 이끄는 인사철학 모형이 될 수도 있고 종업원 경력관리에만 초점을 맞춘 모형이 될 수도 있다.

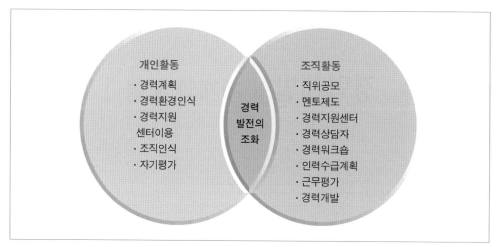

자료: 이진규(1992), 기업인력양성과 경력개발, 대한상공회의소 한국경제연구센터, p. 106.

그림 10-2 · 개인과 조직의 경력개발관계

2 경력계획과 경력관리

조직구성원과 조직은 개인의 경력에 좋은 영향을 주기 위해 어떤 조치를 취하려고 하는데, 이러한 일련의 활동들이 경력계획과 경력관리이다. 각 개인이 탐색하고 검토할 경력계획(전략)은 경력탐색활동 → 경력목표 수립활동 → 경력목표 달성 활동 → 평가 및 피드백 활동이 중심이 된다고 볼 수 있다. 이는 다음과 같다.

① 경력탐색활동은 자기 자신에 대한 탐색, 조직 내 다른 직무들에 대한 탐색, 조직 전체에 관한 정보의 탐색 등이 진행되어야 한다. 자신에 대한 탐색으로는 자신의 흥미, 관심사항, 일에 대한 가치 등이 된다. 또 회사 안팎의 다른 직무들에 대한 탐색은, 예를 들면 공장장이 하는 일은 어떤 것이고 생산부장이 되려면 어떤 준비를 해야 하는가, 선임화학기술자의 연봉은 얼마나 되나 등과 같은 것이다. 또 조직전체에 관한 정보로는 예를 들면, 연구직에서 연구관리직으로 이동이 가능한가, 승진기회는 어떠한가 등을 다양하게 파악할 필요가 있다.

② 경력목표 수립활동은 위와 같이 자신과 조직의 다양한 관심사항을 탐색하고 알아본 후에 자신이 추구해야 할 경력목표를 설정해볼 수 있다. 이 경우, 목표는 향후 몇 년 후에 공장장의 직위에 오르거나, 화학설계프로젝트팀장이 되거나 아니면 어느 시점까지 현재의 직위를 그대로 유지하고 있는 것이 좋을 것 같다 등의 구상을 확립하는 것이다.

③ 경력목표달성 활동은 위에서 구상한 경력목표를 이루기 위해 실천전략을 적절히 세우고 목표달성을 위한 실천 활동을 함으로써 목표에 한 걸음 더 다가갈 수 있는 준비를 하는 것이다. 현명한 행동계획을 세울 경우 전략을 세우지 않거나 적합하지 않은 전략을 세우는 것보다 목표를 달성할 가능성이 훨씬 높게 된다.

④ 평가 및 피드백 활동은 경력전략을 실행하는 과정에서 직무관련 사항이나 조직생활 등에 대해 평가나 피드백을 받는 것이다. 평가나 피드백으로부터 얻는 정보들은 수립한 경력계획을 지속추진하거나, 또 다른 방향으로의 경력탐색을 위한 수단으로 쓸 수도 있다. 예를 들면, 상사와 상의하여 맡게 되었던 경영관리업무 능력이 약할 경우 공장장직위에 대한 미련을 버리거나, 반대로 관리능력을 보강하기 위해 대학원에 진학하여 경영학 공부를 시작할 수도 있다.

이상을 정리해 보면 경력관리는 자기 자신과 직무환경을 평가하기 위해 정보를 모으고, 목표를 설정하며, 계획(전략)을 개발하고 실행하며, 지속적인 경력관리를 위한 정보를 구하기 위해 피드백을 얻는 과정이다. 이러한 경력관리가 성공적으로 적용될 수 있는 지는 개인과 조직 모두에 달려있다. 개인은 자신의 경력에 대해 적극적이고 책임지려는 자세를 가져야 한다. 적합한 경력결정을 내리기 위해 필요한 정보를 얻는 노력을 해야 한다. 한 연구결과를 보면 사회적 지원을 받은 사람은 좀 더 안정감을 느끼고 자신의 경력개발을 잘 진행시켜 나갈 수 있다고 한다.[8]

경력개발활동의 또 다른 한 측면인 조직차원의 경력관리는 개인이 탐색하고 검토한 경력계획을 세우고 실행하며, 모니터링하는 계속적인 과정이라고 할 수 있다. 경력관리는 개인개발을 돕고 경력계획을 실행하는 활동을 포함할 수 있으나 그 초점은 조직의 인력개발 요구를 충족시킬 수 있는 조치를 많이 취하는 데 있다.

[그림 10-3]는 다양한 경력개발활동이 경력계획과 경력관리가 스펙트럼을 따라 어느 수준에서 충족되는지를 보여주고 있다. ① 개인 계획의 충실 등 영향정도, ② 개인에게 제공되는 조직차원의 정보의 정도, ③ 조직의 지원 등 영향 정도, ④ 조직에게 제공되는 경력계획 정보의 정도에 따라 이 경력관리와 경력계획 활동은 서로 보완적일 수 있고,

서로 강화시킬 수도 있다. 예를 들면, 만일 특별히 체계화된 계획을 가지고 있지 못한 사원이 있을 경우 그의 경력계획을 모니터링하는 것은 어렵다.

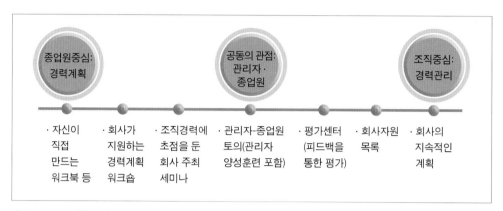

자료: D. T. Hall(1986), An overview of current career development theory, research and practice. In D. T. Hall and Associates (eds.), Career development in Organizations(4), San Francisco: Jossey-Bass. Copyright 1986 by Jossey-Bass, Inc.

그림 10-3 · 경력개발활동의 스펙트럼

경력계획과 경력관리 사이의 균형이 효과적인 경력개발을 만들어 갈 수 있는 것이다. 조직은 스펙트럼의 어떤 지점에서도 경력관리 활동을 할 뿐만 아니라, 경력계획을 세운 직원의 경력실천활동을 돕는 등 효과적인 경력개입의 조치들을 취할 수 있다.

참고로 그린하우스(Greenhaus)는 경력관리라는 용어를 경력개발의 모든 과정(자기인식에서부터 경력목표와 계획개발, 그 계획을 실행하는 과정)을 의미하는 것으로 사용하기도 한다.

❸ 경력개발의 전통적 및 현대적 모델

성인발달을 여러 단계를 거쳐 가는 과정으로 설명하는 것이 가능했던 것처럼, 경력개발도 이러한 방법으로 설명하는 것이 가능하다. 경력개발을 모델화시키는 대표적인 두 가지 접근방법인 전통적인 방법과 현대적인 방법에 대해 살펴보자.

(1) 경력개발의 전통적 모델

경력개발의 많은 모델이 성인들이 직장생활을 하는 동안 거쳐 가는 여러 단계를 기술하려고 시도했었다. 이러한 모델들은 연령범주와 연계된 순차적인 경력단계가 있다는 개념을 강조했었다. 그리고 개인의 삶에 경력을 위치시키려 시도했었고, 겹치는 개념들을 포함하고 있었다. 이는 경력을 사람의 인생상황에 두었고, 서로 중복되는 개념을 포함하고 있다. 이러한 모델 간에는 유사성이 존재하는데 그린하우스(Greenhaus)는 이의 유사성을 모아서 5단계의 모델을 만들었다.[9]

① 1단계 : 직업 준비(0~25세)

이 단계 동안의 중요한 책무는 각자가 향후 입직하고 싶은 직업의 개념을 정의하고 형성하며, 그 직업에 입직하기 위해 필요한 것을 준비하는 것이다.

이러한 활동은 적절한 직무를 고려한 후, 직업을 선택하고 필요한 교육을 받는 것이다. 직업선택에 영향을 주는 변인을 결정하기 위하여 많은 연구들이 수행되어 졌고 많은 이론이 제시되었다.[10]

이 단계에서의 선택은 연속적인 탐색의 단계에서 최초로 어떤 결정을 하는 것을 나타내고, 개인경력의 첫 번째 방향을 수립하는 것이다.

② 2단계 : 조직에의 진입(18~25세)

이 단계에서는 고려했던 경력분야의 직업과 조직을 선택한다. 그동안 확보한 정보의 양과 질이 경력입문을 충분히 달성가능하게 하는지 혹은 실망스런 시작을 하게 하는 지에 대한 최초의 직업선택에 영향을 준다. 이 단계에서 직면하는 어려움은 초기 직업도전(충분히 검토했는가), 초기 직무만족(초기의 기대치와 현실의 불균형으로 인한 향후 경력단계의 하향), 조직에서의 사회화(조직내부자가 되는 것)이다.

여기에서 소개되는 모델은 레빈슨(Levinson)의 생애경력단계모델(전기 성인기, 중기 성인기, 후기 성인기)이다. 이에 대해 그린하우스는 이러한 각각의 기간은 경력에 영향을 주는 중요한 이슈를 나타내고 있다고 지지하고 있다.

③ 3단계 : 경력 초기(25~40세)

이 단계에서 각자는 자신의 위치를 찾고, 자기 인생의 꿈을 추구한다. 이것은 자신의 경력구상과 조직에서 정립되어 가는 과정이 포함된다. 구체적인 도전목표가 충족되어져야 하는데, 이것은 기술적으로 숙련되는 것과, 조직문화에 동화되는 것도 포함된다. 이러한 도전에 대한 성공적인 해결은 직무만족, 지위와 책임의 부과, 경제적·사회적 보상의 증대를 가져온다. 경력단계 초기는 경력형성의 착수와 '경력 만들기'의 시작인 것이다.

④ 4단계 : 경력 중기(40~55세)

레빈슨의 모델에 따르면 중기경력단계는 중기전환기와 같은 시기에 시작된다. 따라서 중기경력에서 누구나 직면하는 책무 중 하나는 자신의 인생구조에 대한 재검토와 초기경력에서 받아들인 선택결과에 대한 재검토를 하는 것이다. 각자는 꿈에 대하여 재인식을 하거나 수정할 수 있고, 성인 중기를 위한 적절한 선택을 할 수 있으며, 일에서 생산성을 남길 수도 있다. 이것은 중년시절의 위기라는 일반적 우려와 관련을 갖게 된다. 이러한 위기는 일부 사람들에게만 국한될 수도 있고, 다른 사람에게는 위기로 보여지지 않을 수도 있다.

중기경력기간 동안에 발생하는 두 가지 문제는 정체와 노후화의 발견이다. 정체는 직무 또는 책임의 증대를 따라가지 못하는 상승력의 부족이고, 노후화는 기술의 변화로 인해 책무를 수행하는데 발휘되는 불충분한 능력이다. 이러한 도전을 성공적으로 해결한 사람은 생산적인 상태로 남는 반면 그렇지 못한 사람은 좌절과 정체감을 경험하게 된다.

⑤ 5단계 : 경력 후기(55세~은퇴)

많은 사람들은 후기 경력기간 동안에 두 가지 도전에 직면한다. 첫째는, 개인은 생산적인 사람으로 남기 위해 노력해야 하고 자기평가에 대한 감각을 유지해야 한다. 이것은 사회가 근로자의 능력과 성과를 부정적으로 생각하는 관념에 의해 약화된다. 둘째, 개인은 실직과 은퇴의 도전에 직면한다. 은퇴는 많은 감정적, 경제적, 사회적 변화를 야기하므로 실제적인 은퇴시기에 대해 잘 계획을 해야 한다. 고령자에 대한 사회안정망제도의 미흡이나 연금수급에 대한 문제라든지, 정년퇴직의 보장이 없는 현재의 경향을 볼 때, 많은 사람들은 계획된 은퇴 없이 퇴직에 직면할 수 있다. 조기퇴직의 압력은 일부 근로자에게 앞으로의 문제해결방안을 구상하고 계획하기도 전에 퇴직을 강요당하게 된다.

그린하우스의 모델은 각자의 직업인생 내에서 발생하는 경험과 사건들의 일반적인 혹은 대표적인 순서를 결정하는데 유용하다. 스스로 새로운 직업을 찾아야 하는 사람들은 모델에서 제시한 연령범위와 맞지 않을 수 있다. 연령이 다를지라도, 도전해야 할 일은 있는 법이다. 하지만 사람들은 인생의 전단계에서 직면한 다른 관심사항들에 대하여 더 인지하고 반응하는 모습을 주로 보인다.

한편, 홀(Hall, 1986)에 의하면 조직에서 직장생활을 하는 동안에 구성원들은 수직적, 수평적 직무이동을 거쳐 나가면서 몇 가지 경력개발단계를 밟아 나간다. 구성원마다 경력단계와 직무이동은 모두 다르지만, 직장생활에서 수명주기(life cycle) 관점에서 ① 탐색단계, ② 정립단계, ③ 유지단계, ④ 쇠퇴단계와 같은 일반적인 패턴을 찾아볼 수 있다.(그림 10-4 참조)[11]

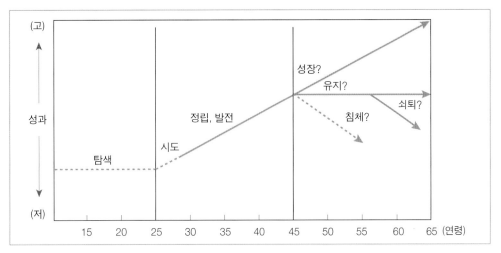

자료: D. T. Hall et al. (1986), Career Development and Organizations, San Francisco: Jossey-Bass.

그림 10-4 · 경력개발단계

(2) 경력개발의 현대적 모델

글로벌사회, 인구구조의 변화, 기술의 변화, 고용관계의 변화, 팀베이스 작업 및 새로운 조직구조로의 변화 등 여러 가지 경향들이 경력을 바라보는 관점에 중요한 영향을 주었다. 이런 변화추세의 관점에서 일부 학자들은 경력단계에 대한 전통적인 개념과 현대적 개념에 대한 관련성에 대해 의문을 갖게 되었다.[12] 경력개발의 현대적인 관점은 개인과 조직은 급변하고 불확실한 환경에서 성공하기 위해 유연하고 수용적이어야 한다는 개념을 공유하고 있다. 두 가지 개념의 설정을 살펴본다.

첫째 사례는, 홀 등(Hall & Mirvis, 1996)은 다중경력(multiple-career)의 개념을 발전시켰다. 다중경력의 개념은 각자가 자신의 경력을 조절하는 것이지 조직이 만들어 주는 것이 아니며,

필요하면 다시 만들어야 한다는 개념에 기초하고 있다.[13] 사람은 인생을 살아가면서 자기 성취와 의미를 추구하게 되고 경력은 그들의 선택과 경험으로 구성되며 각 개인의 경력은 고유한 것이라는 것이다. 확인할 수 있고 예측 가능한 변화의 연속성을 통하여 진보하는 것과 달리, 다중경력은 유연하고 색다른 경력경로를 갖는 것이다.(예를 들면, 굴곡, 정점, 하향이 있고, 좌우로 방향전환과 같은 변화)

이것은 자신들의 경력에서 공통의 요소를 가지고 있지 않다는 것은 아니며, 다중이라는 관점은 평생교육과 개인개발이 경력개발에 중심이 된다는 개념을 내포한 것이다. 결과적으로 개인의 경력은 「탐색-시도-숙달-퇴장」의 연속적인 작은 단계로 구성되어 있고, 이는 개인들이 다양한 영역, 기술, 기능, 집단, 다른 작업환경 등으로 들어갔다 나왔다 하기 때문이다. 이러한 관점에서는 경력은 사람의 연령적 기초에 바탕을 두지 아니한다는 것이 중요한 것이며, 이것은 소위 경력이나 또는 개인의 특정 사이클에 투여한 연수가 된다고 보는 것이다.

다중경력에 내포된 의미는 경력관리는 반드시 선행된 행위를 가지고 있어야 한다. 홀 등(Hall & Mirvis, 1996)은 다중경력은 자유롭고 활력을 주는 반면에 어두운 것을 수반한다는 것을 인정한다. 어두운 것이란 위기, 불확실성, 변화에 대한 급격한 불안, 지금까지 세상을 이해하고 자신의 정체성을 지원해준 전통적인 지원체제 등(직무에 대한 자신의 생각, 고용주와의 관계 등)이라고 하고 있다.

두 번째 사례는 '다양한 경력개념모형'이라고 불리는 경력패턴의 차이의 개념이다.[14] 이 모델은 경력경험의 네 가지 다른 패턴 또는 경력개념이 있다고 주장한다. 이러한 네 가지 개념은 다른 종류의 일 사이에서 또는 일 내에서 이동의 방향과 주기라는 두 가지 측면에서 차이가 있다. 네 가지의 경력 개념은 다음과 같다.[15]

① 직선(linear)형 : 조직 내에서 좀더 많은 책임과 권한을 갖는 직위로 위계적으로 이동함에 따라 발전한다. 권력의 욕구와 성취에 의해 동기 부여가 된다. 다양한 시간 축을 갖는다. 경력의 전통적인 관점이라고 부른다.

② 전문가(expert)형 : 직업에 대한 몰입이 높고, 특정분야에서 기술과 지식의 축적에 초점을 둔다. 전통적 위계에서 상향이동이 거의 없다. 도제제도에서 장인 또는 기능장(master) 정도의 이동이 있다. 역량과 안정의 욕구에 의해 동기부여가 된다. 중세의 길드 제도에 근간을 둔 것이다.

③ 나선(spiral)형 : 관련 직업과 분야 혹은 전문분야 간 주기적인(7~10년) 생애발전을 도모한다. 이동하기 전에 해당분야에서 충분한 역량을 달성할 수 있는 충분한 시간을

갖는다. 창조성과 개인성장을 포함한 동기부여가 가능하다.

④ 전이(transitory)형 : 전혀 다르거나 관련이 없는 직무와 분야 간에 빈번한(3~5년) 이동으로 발전한다. 비전통적인 방식이다. 다양성과 독립성에 의한 동기부여가 가능하다.

브로셔 등(Brousseau, Driver, Eneroth & Larsson)은 이러한 네 가지 개념이 기타의 개념들과 폭넓은 다양성을 형성하기 위해 조합될 수 있다고 주장한다. 그들은 경력관리의 전통적인 모델은 직선형 혹은 전문가형을 선호하는 반면, 현재의 직업추세와 변화는 전이형과 나선형의 경력개념을 선호할 수 있다는 것이다. 그러면 조직과 근로자들에게 남는 과제는 개인의 경력관리는 경력문화와 조직의 전략과 부합하는 다원적 입장에서 경력관리를 수행해야 하는 것이다.

(3) 전통적 모델과 현대적 모델의 조화

위의 모델중에서 어떠한 모델이 현재의 상태를 가장 잘 설명하고 있는지 살펴볼 필요가 있다. 조직과 근로자들의 관점이 어디에 있는가? 그리고 그 사람이 일하고 있는 곳이 어디인가에 따라 다를 것이다. 일부의 조직과 산업(업종)에서는 여전히 전통적 모델을 좋아할 수 있다. 예를 들면, 우편사업은 고용안정성의 관점에서 상대적으로 안정적이므로 전통적 모델의 적용이 가능하다. 반면에 정보기술산업에서는 급격한 변화의 물결이 새로운 조직구조, 안정적이지 못한 고용, 성장과 부침의 반복, 불안정성 등이 급격히 증가하게 된다. 또한 전문서비스 회사(회계나 법률)와 예술, 오락산업(영화제작)의 경력패턴은 전통적인 위계적 발전에 맞지 않으므로 새로운 방도를 찾아야 한다.

앞에서 언급한 것처럼 개인, 조직, 이론가들은 경력을 하나의 개념만으로 취급하지 않는다. 경력에 관한 관점은 다양하고 앞으로도 그럴 것이다. 그러한 의미에서 다중경력과 다양한 경력관점을 갖는 현대적 개념을 호의적으로 받아들인다. 새로운 개념들이 사람의 마음을 열고, 자신의 욕구와 목적을 만족시킬 수 있는 경력을 계획하고 관리할 수 있도록 격려할 수 있을 것으로 믿는다. 분명히 한 가지 모델이 모든 것을 충족시키지 못한다. 그리고 사람들은 자신의 삶과 고용가능성에 대한 책임을 져야 한다. 반면에 조직 또한 조직의 관심과 조직 내에서 일하는 근로자의 복지를 위해 경력관리에 노력을 해야 하는 책임을 가지고 있어야 한다.

생애단계와 경력모델에서 나이에 기초한 단계를 무시할 수는 없다. 사람마다 모두 독특한 반면에 또한 많은 공통의 경험을 공유하고 있고 많은 사람들이 비슷한 삶과 경력단계를 경험하는 사건과 전환기가 있을 것이다. 각 단계에서의 인지와 판단, 행동 등이 연구되어야 한다.

4. 생애단계와 변화무쌍 경력의 조화

경력과 생애단계를 동시에 고려하는 것은 경력관리와 인적자원개발의 기초가 된다. 각 모델에서의 관심사항을 이해함으로써 사람들은 향후 경험하게 될 전환기를 관리하고 참여하고 생각하는데 준비를 더 잘할 수 있다. 조직차원에서도 이러한 지식은 조직이 전략을 개발하고 근로자가 경험하게 될 경력전환기를 관리할 수 있는 방법을 개발하는데 도움이 되며, 조직의 인적자원요구도 만족시키고 근로자의 요구도 만족시킬 수 있는 경력관리시스템을 창조할 수 있기 때문이다.

한편, 변화무쌍경력은 최근 조직 내·외부 환경이 급변함에 따라 자신이 처한 환경과 생애단계 변화에 맞춰 자신의 경력패턴을 바꾸어 나감을 의미하는 것으로 이에 대한 논의가 일고 있다. 설리반 등(Sullivan & Mainiero, 2008)에 따르면 변화무쌍경력(the kaleidoscope career, 혹은 만화경 경력)은 다음 두 가지 현상에 의해 등장했다고 한다.[16]

첫 번째로는, 기존의 전통적인 경력개발은 주로 조직 주도로 이루어지고 조직 내 계층이나 직위이동에 초점을 두었던 것에 반해, 현대는 경력개발을 개인이 주도하고 조직의 지원을 통해 비선형적인 과정으로 나타나는 경향이 크다는 것을 전제한다. 전통적인 경력개발에서 개인의 경력에 영향을 미치는 주된 요인이 승진과 보상에 대한 기대였다면, 현대는 자기만족, 일과 삶의 균형, 일과 가족과의 균형이 주요 요인으로 작용함으로 지금은 개인이 처한 환경이나 사회적 관계가 변하거나, 결혼과 출산 같은 생애단계에서 주요한 변화를 겪게 될 때 이에 맞춰 자신의 경력패턴을 변화시키게 된다는 것을 이유로 설명한다. 두 번째로는, 기존의 경력모형은 주로 남성위주의 모형이어서 여성 생애변화 등과 다르므로 이를 고려한 새로운 경력모형이 필요하였기에 초기 변화무쌍경력은 여성의 경력을 설명하기 위한 것으로 제시되었고 지금은 남녀 모두에게 적용될 수 있는 개념이 되었다.

매이로 등(Mainiero & Sullivan, 2006)은 현대인들이 경력경로를 선택할 때, 진정성, 균형, 도전(challenge) 등 세 가지 요소를 주로 고려한다고 하며, 변화무쌍경력은 이 세 가지 요소들이 상호작용하며 형성되는 경력의 패턴이라고 설명한다.[17]

진정성(authenticity)은 "내가 지금 경력에 대해 옳은 결정을 하고 있는가?", "이 경력이 나는 물론이고 내 주위의 사람들에게 맞는 결정인가?"와 같이 경력선택에 자신의 진정성이 반영되었는가를 의미한다.

균형(balance)은 경력계획과 선택에 일과 삶의 균형을 고려함을 의미하며, 변화무쌍경력 태도를 지닌 사람은 입학, 졸업, 취업, 결혼, 출산, 승진, 이직, 퇴직 등 생애단계의 변화 속에서 일과 삶의 균형을 유지하기 위한 방향으로 자신의 경력을 선택한다고 설명한다.

도전(challenge)은 일과 경력으로부터 스스로의 학습과 발전이 얼마나 충족되는가를 의미하는 개념으로 일에 대한 높은 성취의 원동력으로 작용한다고 했다.

매이로 등은 변화무쌍경력을 접하는 사람들의 태도에 관한 연구에서 흥미로운 것은, 단계별 또는 세대별 경력패턴의 특징을 분석한 것인데, 변화무쌍경력에 관한 태도의 수준이 높을수록 자신의 경력선택, 경력자본 축적, 경력계획수립과 같은 경력관련 행동, 일터학습에 참여하고 사회적 역할을 수행하며 일과 삶의 균형을 이루는 데 더욱 능동적이고 적극적이었다고 한다.[18]

한편, 변화무쌍경력태도는 각자 처한 상황에 따라 그리고 생애단계에 따라 변화하는데, 초기경력자의 경우는 목표성취를 위한 학습과 발전, 도전적 측면에 집중되는 반면, 중기경력자는 점차 안정되기 시작한 자신의 일과 가족 및 삶의 균형적 측면에 집중한다. 또한 경력후기가 되면 경력에서의 도전과 균형으로부터 자유롭게 되며 일의 의미와 같은 진정성 측면에 집중하게 된다는 것이다.

여기서 중요한 점은 도전, 균형, 진정성의 세 가지 요소는 모든 경력단계에서 동시에 나타나며 시기에 따라 특정요소가 두드러지긴 하지만, 세 가지 요소는 항상 혼합된 패턴으로 나타난다는 것이다.[19]

경력개발의 실제와 활동

조직은 폭넓게 활용 가능한 경력개발 도구와 방법을 지니고 있다. 그 방법 중 일부(자아인식, 워크숍)는 경력계획과 경력개발을 위해 의도된 것들이고, 반면에 채용과 같은 것은 일반적인 인적자원관리 활동의 한 부분으로 되어 있다. 대체로 규모가 큰 조직에서는 경력개발활동에 대한 연구는 경력개발활동을 여섯 가지 영역으로 그룹화하였다. 즉, ① 근로자 자기평가 도구와 활용, ② 조직의 경력검토과정(경력상담 및 경력논의), ③ 내부노동시장 정보교환, ④ 개인별 카운셀링 혹은 경력상담(평가), ⑤ 직무연계 시스템, ⑥ 경력개발 프로그램 등이다.[20]

경력개발의 실제활동은 위의 각 영역 내에 포함되게 된다. 조직들에서 적용하고 있는 경력개발의 프로그램은 위의 도구와 방법을 활용하고 있다. 미국의 경우 예를 들면, 아마코, 코닥, 코닝, AT&T와 같은 조직 모두가 여기에 제시된 다양한 방법을 활용한 경력개발과 훈련 및 개발프로그램을 통합하였다.

1 자기평가 도구와 활용

실습매뉴얼, 업무설명서(workbook)를 이용한 자기학습, 경력과 퇴직을 위한 워크숍과 같은 자기평가 활동은 근로자에게 체계적으로 능력과 선호경력을 결정하는데 필요한 방법을 제공한다. 자기평가는 경력관리프로그램의 단순한 활동이라기보다는 경력관리과정에서 가장 필수적으로 사용되는 첫 번째 단계이다(자기탐색 단계). 자기평가는 개인, 집단 혹은 양자가 적절히 조합된 형태로 행해진다. 효과적인 자기평가는 ① 자기평가를 위한 단계

⚛ 표 10-1 · 조직에서의 경력개발도구와 활용

(단위 : %)

경력개발 활동	경력개발도구		
	미 국	캐나다	영 국
• 근로자 자기평가 도구			
- 예비퇴직 워크숍	46		80
- 경력계획 워크숍	34		46
- 경력 매뉴얼(혼자서)	18	27	
- 컴퓨터 소프트웨어	13		
• 개인상담 혹은 경력협의			
- 감독자 혹은 직속 관리자	83		93
- 인적자원 담당직원	83		86
- 전문상담원			
a. 내부	24	25	
b. 외부	17		
- 상급자 경력조언	22		
• 내부 노동시장 정보교환			
- 경력경로 혹은 이중경력경로	34	20	51
- 경력개발지원센터	22		
- 경력정보 핸드북	20	33	58
- 다른 경력정보 양식	22		
• 직무연계 시스템			
- 직위 공모	84	79	96
- 재배치 또는 재배치 계획	65		85
- 내부배치 시스템	56		
- 내부위탁	52		
- 기술혁신 혹은 기술조사	37		
- 관련 위원회	24		
• 조직의 잠재적 평가과정			
- 인터뷰	68		
- 직무배치	65		
- 승진가능성 예측	46		
- 심리학적 테스트	34		
- 평가센터	14		47
• 개발프로그램			
- 교육비 지원	95		
- 내부 훈련과 개발 프로그램	92	72	
- 외부 세미나와 워크숍	91		
- 근로자 오리엔테이션 프로그램	86	57	
- 직무순환	54	12	
- 경력관련 감독자훈련	44		
- 직무강화 혹은 직무재설계	41	85	
- 후견인제도	21		71
- 이중경력 커플 프로그램	8		

자료: R. L. DeSimone et al. (2002), 앞의 책, p. 480.

경력개발 Chapter 10

를 설정하고, ② 자신의 가치, 관심, 기술, 감정, 개인적 자질, 연령단계별 목표, 의사결정 방식을 탐색하도록 하는데 도움이 된다. 이러한 정보는 '나는 누구인가', '내 인생과 경력에서 원하는 것은 무엇인가', '나의 경력목적을 달성하기 위해 어떻게 해야 하는가'에 대한 답을 찾게 해준다.

경력실습매뉴얼을 이용한 자기학습은 자신의 가치, 능력, 선호를 발견하는데 도움이 되는 실습의 반복과 연속정보를 제공한다. 이러한 매뉴얼은 제3의 기관으로부터 구입하거나 자체에서 구체적으로 설계될 수도 있다.

제3의 기관에서 개발된 자기평가 실습도구는 경력개발전문가에 의해 설계되었기 때문에 즉시 이용 가능하다는 장점이 있다. 하지만 이것은 개별조직의 구체적인 인적자원개발에 맞도록 설계되지는 않았다. HRD 담당직원은 적절히 변환작업을 하거나 차이를 해소할 수 있는 보충자료를 개발해야 한다.

조직의 전반적인 HRD전략을 실행하기 위해 개발된 매뉴얼은 구성원이 조직 내에서 지원방침과 기회를 인식하는데 더 좋을 수도 있다. 그러한 매뉴얼은 조직의 경력개발정책과 관련된 절차를 설명하고 조직구조에 대한 정보, 경력경로, 직무명세서, 교육, 훈련 및 개발 프로그램에 대한 정보 및 조직 내에서 도움을 받을 사람의 전화번호, 소속, 이름 등 좀더 많은 정보를 얻을 수 있게 하는 소개서이다.

자기평가 매뉴얼의 장점 중 하나는 각자의 편의대로 완성할 수 있다는 것이다. 하지만 자기평가정보는 상호작용하는 그룹 단위에서 자신들의 내적인 면을 공유하고 토론할 수 있는 잇점이 있다. 경력계획과 예비퇴직워크숍은 이러한 목적에 적합하다. [표 10-1]은 매뉴얼을 이용한 경력인식 활용에 대한 장점과 단점을 폭넓게 제시해주고 있다.

한편, 자기평가접근법과 같이 경력계획워크숍도 자신의 장점, 단점, 목표, 가치에 대한 정보를 고려하고, 공유하고, 개발할 수 있는 구조화된 경험을 얻게 한다. 워크숍은 한 가지 또는 그 이상의 세션으로 구성되는데, 이는 자기발견, 다른 참석자와 촉진자와의 토론을 통하여 자기탐구과정 동안 얻어진 내면의 실제적인 시험(test), 실현 가능한 경력방향의 결정, 경력목적 결정을 포함한 경력계획과 관리에 관한 모든 것에 초점을 두고 있다.

워크숍의 장점은 다수의 대중에게 다가설 수 있는 능력, 동료로부터 지원을 얻을 수 있는 기회, 네트워크 개발, 다른 사람의 생각과 반응의 표출 등이다. 추가로 다른 그룹의 사람들과 촉진자로부터 얻는 피드백은 매뉴얼을 활용한 자기평가방법에서 탐지하지 못했던 자기무시나 자기속임을 인정할 수 있도록 도와준다. 반대로 단점은 스케줄문제와 참석자 모두를 만족시킬 수 있는 경험을 구성하는 것에 대한 어려움과(특히 대상자들이 각각 다른 수준의 조직에서 올 경우) 그리고 몇몇 사람들이 그룹설정에 부합하지 못할 가능성이다.

자기평가활동이 효과적으로 수행되어 졌다면 현실적인 경력목적과 전략을 개발하는데 견실한 기초를 제공하게 된다. 그린하우스의 전통적 경력관리모델에 제시된 것과 같이 자기평가와 환경에 대한 평가는 효과적인 경력목적과 전략을 수립하는데 중요한 첫번째 단계이다. 내부 노동시장에 관한 경력카운슬링과 정보는 이런 작업에 유용한 정보를 제공한다.

표 10-2 · 경력워크북의 장·단점

장 점	• 자기계획과 자기 페이스에 맞는 경력계획에 구조화된 접근 가능 • 다른 경력개발 접근의 보충자료로 혹은 혼자서도 사용 가능. 경력워크숍과 경력상담의 효과성 및 효율성을 확장(증대) 가능 • 다양한 조직 계층과 다양한 인생. 경력단계의 근로자에게 사용 가능 • 완전히 개인적임(기밀 유출 가능성 없음) • 한두 번의 집중적인 설정이 아닌 긴 시간동안 경력계획을 수행할 요구에 부응 • 조직의 자료에 편입될 수 있도록 특성화 되어 있음. • 자기주도탐색과 발견을 통한 학습을 강조 • 그룹에서 불필요한 사람을 모의로 계획할 수 있음.
단 점	• 일부사람은 너무 성급하여 모든 자료를 실행하지 못한다. • 혼자 경험할 수 있고, 많은 사람들에게는 비평, 피드백, 강화를 위한 지원이 필요하다. • 때로는 매뉴얼에 있는 계획실행비용을 지나치게 강조한다. • 다른 경력개발과정의 단위로 경력매뉴얼을 묶는 것이 어려울 때가 있다.(예를 들어. 감독자 경력 논의 등) • 보통 경력매뉴얼은 모든 경력 문제가 같다고 가정하므로 특정한 대상집단의 독특한 요구에 부응하는데 실패한다.(예를 들어 여성. 소수집단, 중기 경력 근로자) • 다른 사람과의 주도적인 관계에 두려움이 있는 사람은 자기지식의 경계를 학습을 통해 확장하려 할 때 실패할 수도 있다.

❷ 경력상담 및 경력협의

개인경력상담은 근로자와 조직 내의 상담자 간의 1 : 1 대화의 방식이다. 한 조사에서 조직 내 경력상담자로는 인적자원전문가, 감독자, 직속상사를 활용한다고 한다. 이러한 세션은 간단하고 비공식적인 대화부터 전문적인 상담 혹은 연간 성과평가까지 범위가 다양하다.

개인경력상담은 폭넓은 범위의 항목에 답하기 위해 사용될 수 있고, 다른 경력개발활동의 보완제 역할로 혹은 독단적으로 사용될 수 있다. 경력상담단계는 탐색단계, 이해단계, 설계단계의 3단계로 구성된다.

① 탐색 : 이 단계는 상담분위기를 형성하고 상담분야에 대한 구성원의 목적을 결정한다.

② 이해와 관점 정리 : 이 단계는 경력목적과 전략을 수립하고 자기평가에 대한 도움을 얻게 한다.

③ 설계프로그래밍 : 이 단계에서 경력전략을 시행하기 위한 지원이 실시된다. 이 프로세스 동안에 상담자는 근로자에게 행동들을 제안할 수 있고, 근로자에게 수행된 결과와 생각에 관한 피드백과 지원을 제공한다.

상담은 퇴직을 앞둔 사람, 해고예고자, 이직예정자 뿐만 아니라 현재 근무하는 근로자를 위해 사용된다. 전직(outplacement)상담은 새로운 조직이나 업종으로 전환하기 위해 이직예정자를 돕는데 초점을 둔다. 전직상담의 활용은 1980년대 이후 조직의 인수 합병과 다운사이징의 출연 속에서 확산되었다. 이 기법은 새로운 직업 및 직업정보 찾는 방법, 스트레스 관리방법, 새로운 경력계획 검토에 초점을 두었다. 개인상담 중에 전직상담은 조직구성원이 아닌 전문컨설턴트에 의해 수행되는 것이 가장 수월하다.

예비퇴직상담과 워크숍은 무직상태 또는 새로운 직업으로 전환하도록 돕기 위한 활동이다. 예비퇴직상담은 생활자금운용계획, 사회적응 방법, 가족에 대한 관심사항, 레저활동 준비 등에 대하여 토론하는 것 등이다. 개인상담에서 중요한 관심사항은 상담자로 선택될 사람인데 이때는 관리자와 감독자가 상담자로 적절할 수 있다. 그들은 조직에 대한 많은 정보를 가지고 있고, 상대방의 성과와 능력에 밀접한 관계를 가지고 있다. 또한 그들은 구성원들을 지원해주고 그들이 수행하는 활동을 지속할 수 있게 할 이상적인 위치에 있다.

하지만 감독자와 관리자를 상담자로 활용하는 데는 다음과 같은 단점도 있다.

첫째, 경청하기, 질문하기, 명료화하기와 같은 상담기법과 경력개발의 관심사항에 대한 훈련을 받지 못했을 경우 효과적인 상담을 수행하는 기법이 부족할 수 있다.

둘째, 비록 훈련을 받았다 하더라도, 일부의 감독자와 관리자는 그러한 임무를 수행하는데 열의와 능력이 부족할 수도 있다.

셋째, 그러한 임무를 수행하는데 조직으로부터 보상을 받지 못할 경우 단순히 추가된 짐으로 취급할 수도 있다.

마지막으로 근로자는 자신의 경력계획을 현재의 상사와 논의하는 것과 비전문가로부터 조언을 얻는 것에 대해 마음이 내키지 않을 수도 있다.

만약 관리자나 감독자를 상담자로 활용한다면 다음 단계를 따라야 한다.

① 경력개발과정에 상담자의 역할을 명확히 해야 한다.

② 이러한 역할을 수행하기 위해 반드시 훈련을 받아야 한다.

③ 상담자들은 경력개발의 관심에 관하여 논의할 기회를 가져야 한다.

④ 상담자 혹은 개발자의 역할은 조직의 보상시스템에 의해 보상받도록 해야 한다.

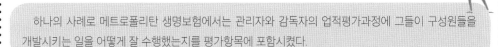

하나의 사례로 메트로폴리탄 생명보험에서는 관리자와 감독자의 업적평가과정에 그들이 구성원들을 개발시키는 일을 어떻게 잘 수행했는지를 평가항목에 포함시켰다.

❸ 조직 내부의 직무연계 시스템 설정

경력계획에 참여하는 구성원은 정확한 자기평가 못지않게 정확한 직무환경 정보를 파악해야 한다. 이를 위해 조직은 구성원에게 직무선택 기회와 직무정보를 제공해야 한다. 이를 위한 방식 중 일반적인 것으로는 내부공모와 경력경로의 설정방법이다.

(1) 내부공모

경력개발계획활동에서 가장 많이 사용되는 방법 중 하나로 구인공고를 외부를 대상으로 하기 전에 먼저 조직 내부의 구성원을 대상으로 직위를 개방하는 것이다. 사내공모는 직무명세표, 직무요구사항, 급여수준, 지원절차와 지원서식을 제시한다. 이러한 공고는 웹사이트나 인터넷에 게재할 수 있으며 관심있는 구성원은 공모직위에 지원할 수 있다.

내부공모는 경력정보 뿐만 아니라 채용과 선발자료로도 사용된다. 근로자는 많은 직위들에서 어떤 지식과 기능을 요구하는지를 배울 수 있고, 경력목적과 전략을 수립하기 위한 경력개발 검토를 위한 새로운 출발점으로도 정보를 활용할 수 있다. 이런 시스템이 공정하고 투명하게 관리된다면 근로자는 조직에서 미래에 자신이 어떤 모습일지 일깨우는데 도움이 될 수 있고, 또한 사기도 향상될 수 있다. 하지만 내부공모가 낮은 수준, 즉 바라지 않는 직위만을 공고한다고 의심한다든지, 직무요구사항이 너무 과도하여 내부후보자들로서는 요구사항 중 한두 가지 자격밖에는 충족시킬 수 없다는 의구심을 갖게 되면 문제가 발생한다.

(2) 경력경로설정

경력경로는 보통 일과 경험으로 이루어진 직무의 계열이다. 즉, 직위가 상향 이동하는 것이다.[21] 예를 들어, 경찰서에서의 경력경로는 순경, 경사, 과장, 서장이 되는 것과 같다. 경력경로는 근로자의 직무이동 가능성을 제시해주며, 직무기술서와 직무명세서는 근로자가 경력전략을 개발하는데 도움을 준다.

표 10-3 · 이중경력 사례

	경력경로 1	경력경로 2
연구원	전문연구자로 성장	연구사업 관리자로 성장
엔지니어, 기술부서	전문기술자로 성장	기술부서 관리자로 성장

경력경로는 정치적·전통적 접근법 또는 직무·행위 접근방식을 활용하여 개발할 수 있다. 정치적·전통적 접근에서의 경력경로는 특정 부서 관리자 들이 합의한 내용을 제시하는 것이다.[22] 예를 들면, 컴퓨터 운영자가 감독자가 되기 전에 기술지도원을 거치게 할 필요성이 있다면 경력경로에 이를 반영하는 것이다.

직무·행위 접근법에서는 조직차원에서 직무 간의 유사성과 차이점을 분석함으로서 경로를 만드는 것이다. 예를 들면, 시장분석가와 인적자원분석가의 직위가 유사한 분석 능력을 요구한다면, 이들의 직무는 비록 다른 부서에 존재하더라도 같은 경력경로에 포함될 수 있다. 직무·행위 접근법은 조직전체의 직무를 포함하고 전통적인 접근법보다 이동의 가능성이 보다 더 열려져 있다.

일부 조직들에서는 관리부서와 비관리부서 모두를 포함한 좀더 확장된 이중경력경로 혹은 이중진로시스템을 사용한다. 비관리직무를 대상으로 하는 경력경로는(동등한 평가와 급여체계를 가지고 있는) 관리자가 되기를 희망하는 열정이 있으나 직위범주가 넓지 못한 구성원에 대한 배려로 여겨질 수 있다.

> 예를 들면, 영국 석유회사의 탐사부서는 엔지니어들이나 제품개발부서와 같은 곳에서 일하는 구성원의 직위를 위해 이중경력경로를 설정한 후 관리자와 직원들의 경력관리체계를 구축하고 새로운 적용방법에 대한 훈련을 실시했다. 또 다른 사례로는 연구직 직원들을 위해 전문연구자가 되든지 아니면 연구업무관리자가 되든지 하는 이중경력을 설정하여 운영하기도 한다.

경력경로가 구성원에게 경력진행 가능성에 대한 정보를 제공하는데 도움을 주지만 이러한 경력경로가 미래에 요구되는 것이라기보다는 현재의 것에 지나치게 의존한다는 점도 있다.

4. 개인별 상담 및 경력평가

조직은 조직 내의 핵심역할에 공백이 발생했을 때 그것을 대체할 준비된 가용인원을 확보함으로서 안정성을 도모할 수 있다. 이러한 목적으로 대부분의 조직에서는 잠재성 또는 승진가능성을 경영직군, 전문직군, 기술직군 등으로 구분하고 해당자들을 대상으로 평가하고 있다. 고도의 잠재역량을 가진 사람은 잠재능력평가를 통해 '연마'되기도 한다. 잠재능력평가는 잠재성평가, 평가센터, 승계계획을 통해 진행된다.

(1) 잠재력평가

잠재력평가는 성과평가와 유사하며 대체로 관리자 또는 감독자에 의해서 수행된다. 잠재력평가(potential ratings)는 여러 차원에서 측정하며, 승진과 연관될 경우 구성원의 잠재성에 대해 전체적인 내용의 평가를 하거나 또는 요약방식으로 실시된다.

잠재력평가와 성과평가와의 주된 차이점은 잠재력평가는 과거 또는 현재보다는 미래에 더 초점을 둔다는 것이다. 이 방법은 미래능력을 요구하는 직무를 성공적으로 수행할 것 인가를 판단해 줄 수 있는 고과자를 필요로 한다(잠재력 평가는 당사자에게 공개할 필요는 없다). 잠재력평가는 성과평가와 동일한 문제점에 영향을 받기 쉬우며(예를 들면, 채점오류와 왜곡 등), 고과자는 평가를 수행하기 위해 적합한 훈련을 받아야 한다.

(2) 평가센터

평가센터(assessment center)는 구성원 선발과정의 일부와 승진잠재성을 평가하는데도 적용될 수 있다. 평가센터에서는 구성원들이 소집단으로 나뉘어 노련한 평가위원단에 의해 평가되는 과정에서 다양한 실습을 하게 한다.[23] 실습은 시뮬레이션, 역할연기, 집단토의, 시험, 인터뷰 등이며, 실습내용은 해당 항목에 관한 능력과 적성을 측정할 수 있도록 짜여진다. 평가단원은 보통 평가대상자보다 조직상 1단계 내지 2단계 상급자로서 평가를 수행하기 위해 특별히 훈련된 관리자들이 적합하다. 평가위원은 각 평가대상자별로 세밀한 보고서를 작성하며 평가대상자의 승진가능성에 대한 전반적인 판단을 내린다.

개발목적으로 사용될 때에는, 여러 사람의 평가결과를 해당자 자신에 대한 인식의 증대를 위해 각자에게 피드백되어진다. 개발목적에 의한 평가센터로부터의 피드백은 경력목표의 개발과 미래개발계획을 위해 해당 근로자에게 적용할 수 있다. 경력개발평가센터는 운영에 많은 비용이 소요되지만 풍부한 정보원천이 될 수 있다. 과도하지 않은 적당한 시간을 투입하여 개발할 뿐 아니라, 대상자들을 여러 측면에서 관찰할 수 있도록 많은 실습을 할 수 있게 평가센터의 운영방법 설계에 주의를 기울여야만 한다.

(3) 승진계획

승진계획은 잠재력평가의 세 번째 방법으로서 상위관리자로 개발시킬 구성원을 판단하기 위한 것이며, 이것을 판단할 고참상급자들이 필요하다. 승진계획(succession planning)을 추진 중에 생성된 정보는 해당 근로자에게 전달되지 않도록 해야 한다. 만일 잠재력 평가정보가 근로자와 그 상급자에게 알려지게 될 경우, 이 정보는 자기만족적인 예견에 오용될 수 있다. 다시 말해, 상급자는 근로자가 승진에 필요한 높은 잠재력을 가졌다고 믿게 되면, 아마도 더 호의적으로 평가하거나 실제 수행한 성과보다도 더 빠르게 그를 승진시키려는 경향을 보일 수 있다. 따라서 구성원은 실제적인 경력개발계획에 따라 경력개발을 하게 하면서 부작용을 최소화시키도록 하는 것이 필요하다.

미래역량은 조직구성원이 어떻게 개발되어야 하는가에 대한 기준으로 사용될 수 있다. 경력개발에서 상위관리자들의 역할은 자신들을 대체할 특정 개인을 파악하는 것이 아니라, 구성원의 개발기회를 포착하고, 진취적인 발굴을 하며, 팀 및 네트워크 오리엔테이션을 이루어내며, 개발하고자 하는 사람의 멘토(mentor)이자 역할모델로서의 역할을 수행하여야 한다.

5 경력개발 프로그램의 개발

경력개발활동의 마지막 분야는 경력개발 프로그램이다. 이는 직무순환, 사내 HRD 프로그램, 외부 워크숍 및 세미나, 학습지원, 멘토링 프로그램 등과 같은 것들이다. 이들 프로그램은 근로자에게 새로운 생각과 기술을 배울 수 있는 기회가 되며, 새로운 도전으로서의 미래직위에 근로자가 대비하도록 할 수 있다. 여기에서는 조직 내부에서 실시가 용이한 직무순환과 멘토링에 대해서만 살펴본다(다른 활동들은 조직특성에 따라 다양할 수 있기 때문임).

(1) 직무순환 프로그램

경력개발을 위한 직무순환(job rotation)은 구성원을 조직 내의 다른 기능영역의 직렬에 배치하는 것을 의미한다. 이와 같이 배치하는 것은 수직적 이동이라기보다는 수평적 이동이며, 태스크 포스에 근무하는 것 또는 라인에서 스태프 직위로 이동하는 것을 의미할수도 있다. 직무순환은 구성원의 경력에 다양성을 도입하고(특히 상위 근로자들에게 필요한), 구성원이 현재의 분장업무에서 지루함을 느끼고 있을 경우 좋은 방법이다. 직무순환은 구성원에게 새로운 기술의 학습과 활용기회를 제공할 수 있으며, 다른 부서에 대한 더 나은 이해를 갖게 할 수 있다. 또한 직무순환은 근로자에게 조직 내 네트워크를 구축하는데 도움을 줄 수 있으며, 가능할 경우 미래의 승진기회에 더 잘 대비하게 할 수 있다.

경력개발도구로서의 직무순환의 효율성을 지지하는 한 연구에서는 직무순환이 임금, 승진, 직무만족과 같은 결과뿐 아니라 지식, 기술 및 다른 경력개발 증진에 도움이 된다는 것을 제시하기도 하였다.[24] 이 연구는 또한 이런 직무순환이 근로자의 경력초기단계에서 실시될 때 효과가 있음을 제시하고 있다.

비관리직 전문근로자들은 다른 사람보다 직무순환에 더 흥미를 가진다. 직무순환에서 유의할 점은, 직무순환이 그저 뭔가 다른 것을 하는 기회로 끝나게 하기보다 자기개발 기회를 제공하도록 활용되어야 한다는 것이다.

(2) 멘토링 프로그램

멘토링(mentoring)은 신입사원과 고참사원 간에 두 사원 모두의 경력개발에 기여하도록 관계를 형성하는 것이다. 멘토링 관계는 생애개발과 경력개발 관점 모두에서 중요성을 가질 수 있다. 생애개발의 관점에서 볼 때, 성인개발에 대한 레빈슨(Levinson)의 시기적(era) 접근에서 청년층은 의미있는 인적관계 설정을 위해 탐색하고, 중년층은 자신들의 뒤를 이을 세대에 영향력이 이어지기를 원한다는 점과 관련지어 생각할 때 의미가 있으며, 경력개발관점에서는 청년층 근로자는 조직 내에서 확고한 위치에 오르기를 원하며, 중년층은 일에서 생산성을 유지하고 싶어 하며, 인생에서 자신의 위치에 적절한 의사결정을 내리고 싶어 한다. 멘토링 관계는 위와 같이 두 구성원의 요구를 충족시킬 수 있다.

멘토링관계는 경력개발과 심리적(즉, 사회적 지원) 기능 양 측면을 모두 만족시킨다. 멘토(mentor)는 멘티(mentee)에게 경력개발에서 필요한 지원을 제공한다. 즉 조직 내에서 '일하는 방식'을 가르치고, 역량을 시연할 기회를 만들어 주며, 발전성을 증진시키고, 멘티가 일에 도전하도록 할 수 있다. 멘티는 멘토로부터 조직에 대한 상하집단의 가치와 봉사에 대한 상호보완적 관계를 맺게 한다. 멘토는 바람직한 역할모형으로서 활동할 기회를 가지며 그가 지닌 지식을 멘티와 공유할 기회를 갖게 된다. 그 보답으로서 멘토는 멘티로부터의 관심, 지원, 더 나아가 동료애를 얻게 된다.

멘토링관계는 복잡하다. 멘토와 멘티 양쪽의 다양한 요구를 충족하기 위해서는, 한계성과 문제점을 제시해주어야 한다. 공식적인 멘토링 프로그램의 한계는 멘토링과정에 대한 불만족이나 프로그램에 대한 부정적인 느낌 등과 같은 의도하지 않은 부정적인 결과를 수반하기도 한다.

미국의 경우 Apple Computer나 Federal Express에서는 조직적으로 멘토와 멘티를 연결시켜주고 지원하는 공식적인 멘토링 프로그램을 창안하였다. 공식적인 멘토링 프로그램의 사례는 [표 10-4]에서 볼 수 있다.

이 프로그램에서는 멘토링이 신입사원의 사회화를 촉진하고, 이직을 감소시키고, 경력형성에서 혼돈을 최소화하고, 유익한 지식과 가치의 이전을 향상시키고, 퇴직 전의 조정역할을 촉진하는 것 등 여러 가지 이점이 있다고 한다.[25]

일부 전문가들은 멘토링의 가치에 대해 의문을 표하기도 한다. 크라우슨(Clawson, 1979)은 멘토링은 중요하지 않으며, 근로자는 자신을 지원해줄 적당한 누군가를 찾아다니는 것 보다 현재의 상급자로부터 배우는 것에서도 동일한 가치를 얻을 수 있다고 주장하였다.[26] 크램(Kram, 1986)은 멘토링은 단지 하나의 관계를 제공할 뿐이며 근로자가 필요로 하는 모든 것을 찾아 줄 수는 없을 것이라고 제시하였다.

표 10-4 · 멘토링 프로그램 사례

- 멘토링 관계를 형성하고자 하는 그룹을 결정한다. 결연을 위한 기준과 과정을 정의하는데 도움을 얻기 위해 예비 멘토와 하급직원을 초빙한다.
- 효율적인 결연 프로세스(예를 들어 경력목표, 성과기록, 개발의 필요성 등)를 극대화하는데 필요한 참여대상자에 관한 데이터를 수집한다.
- 신참과 고참을 서로 지정하거나 자발적으로 선발하는 과정을 갖게 한다. 프로그램의 목표, 기대 역할, 스태프 지원 서비스에 대해 지침을 제공하고 관련 교육강좌의 참석을 장려한다.
- 프로그램이 전 기간에 걸친 근로자개발에 어떻게 영향을 끼치는지에 대하여 조직에 피드백을 제공

장 점	단 점
• 신참과 고참이 서로를 탐색할 수 있게 한다.	• 당사자는 책무에 대해 압박감과 혼란을 느낄 수 있다.
• 결연이 좋은 관계가 되도록 한다.	• 결연에 포함되지 않은 사람들은 박탈감과 미래에 대해 비관적인 느낌을 받는다.
• 관계유지에 대해 지속적인 지원을 한다.	
• 멘토링관계를 합법적이고 더 접근하기 쉽게 만든다.	• 해당자는 필수적인 능력을 배울 수 있다고 가정한다.
	• 역기능적인 힘이 공식적인 관계 내에서 또는 직속 관리자로부터 발생할 수 있다.

자료: K. E. Kram(1986), Mentoring in the workplace, in D. T. Hall and Associates(eds), "Career development in organization(1983), San Francisco : Jossey-Bass.

조직과 개인 모두에 도움이 되는 멘토링은 실용적이고 적절한 경력개발전략이라고 볼 수 있다. 성공적인 멘토링 프로그램의 개발을 위해 다음 사항을 참고할 수 있다.

① 프로그램은 경영전략과 인적자원 정책 및 실무와 명확하게 연계될 수 있어야 하고, 이를 통하여 대상자와 상급관리자가 프로그램을 받아들이고 능동적으로 수용할 기회를 늘려가야 한다.
② 프로그램의 핵심요소(목표, 방침, 훈련 및 교육, 의사소통전략, 관찰 및 평가, 조정)는 편의보다는 효과성에 중점을 두어 설계되어야 한다.
③ 자발적 참여와 유연한 지침이 성공의 핵심이 된다.

한편, 공식적인 멘토링 프로그램은 조직개발전략의 한 부분으로 쓰인다는 점이다. 멘토링은 전략적인 사업요구에 결합되어야 하며, 멘토링을 장려하는 인적자원시스템에 못지않게 조직 내의 자연적인 학습기회로 이용하는 기회가 되도록 해야 한다.

경력개발의 촉진 및 이슈

경력개발 프로그램을 구축하거나 수정할 때에는 여러가지 쟁점들을 고려해야 한다. 여기에는 경력개발의 동기부여(motivation), 경력정체화(plateauing), 비정규직근로자의 경력개발, 승진이 없는 경력개발 등과 같은 이슈들에 대해 살펴본다.

1 경력동기부여의 촉진

경력개발의 동기부여와 촉진은 경력관리에 있어 중요한 목표가 된다. 런던 등(London & Mone, 1987)에 따르면, 경력동기부여(career motivation)는 사람들이 어떻게 경력을 결정하는지, 자신의 경력을 어떻게 보는지, 선택한 직업에서 얼마나 오래 일을 하는지 그리고 얼마나 오래 머물지에 영향을 준다고 하면서 경력개발 유인을 아래 표와 같이 경력탄력성, 경력통찰력, 경력일치성 등 세 가지 측면의 특성으로 보았다.[27]

표 10-5 · 경력동기부여의 세 가지 측면

- 경력탄력성(career resilience) : 자신의 일에 영향을 미치는 경력 장벽 또는 단절에 저항하는 정도를 말하는데, 이는 자존심, 성취 욕구, 위험감수 의지, 적절하게 독립적 또는 협동적으로 활동할 수 있는 능력 등으로 이루어진다.

- 경력통찰력(career insight) : 자신 스스로의 경력에 대해 현실적이고, 이러한 인지가 경력목표에 연계되는지에 대한 정도로서 개발목표와 자신과 환경에 대한 지식 및 이해 등이 중요하다.

- 경력일치성(career identity) : 자신의 직무에 따라 스스로를 정의하는 정도를 말하는데, 이는 직업, 조직에의 참여, 전문성 및 경력목표(조직에서의 승진 등) 계획 등이다.

자료: M. London and E. Mone(1987), Career Management and Survival in the workplace. San Francisco : Jossey-Bass, 54.

[표 10-5]에서 보듯이 사람들은 각 세 가지 국면에서의 위상에 따라서 높은 수준, 중간 수준 또는 낮은 수준의 경력동기를 가진다. 예를 들면, ① 높은 경력개발동기를 가진 사람은 경력개발에 장애가 있거나 어려운 상태 하에서도 경력목표 추구를 지속할 것이며(경력탄력성), ② 경력목표를 향한 현실적인 계획을 수립하고 추구하며(경력통찰력), ③ 자신의 목표를 능동적으로 추구하며 적극적으로 일에 몰입하게 될 것이다.(경력일치성)

경력동기부여가 부분적으로 개인의 인생경험에 의해 결정되기도 하지만, 경력개발활동과 실습이 경력 동기유발에 도움을 줄 수 있다. 예를 들면, 자기 기록부 또는 개인일지는 경력통찰을 개발하는데 사용될 수 있다. 경력동기부여는 의사결정과 경력에의 몰입에 영향을 미칠 수 있기 때문에, 그와 같은 동기를 증진시키기 위한 경력개발활동을 지원하는 것이 필요하다.

경력동기부여는 구조조정 또는 정리해고 등으로 인해 실직에 처한 사람들의 문제에 접근하고자 할 때 중요하게 쓰인다. 런던(London)은 근로자들의 이직유도 노력은 경력유도문제를 통해 접근할 때 더욱 효과적일 수 있으며, 정부 또는 지역사회의 실직자 재취업지원 프로그램, 해고근로자의 재훈련, 고용유지 프로그램 또는 노동력 활용 등의 방법에 적용될 수 있다고 주장했다.[28]

❷ 경력정체 문제

경력정체(career plateauing)는 상급직위의 수가 급감하는 피라미드형 조직구조는 그 조직 내에서 더 '윗자리로 이동하는' 것이 불가능한 시점이 경력에서 나타나게 됨을 의미한다. 다시 말해서, 경력발전은 계속적인 상방향 이동만이 아니라, 이동기간과 정체기간을 포함할 수 있다는 것이다. 이런 것을 경력정체라고 하는데, 경력정체는 '추가적인 계층적 승진의 가능성이 지극히 낮아지는 경력의 한 시점'이라고 정의된다.[29]

경력정체의 초기 연구시절에는 이것은 많은 근로자에게 불쾌한 경험이며(경력성장을 원하는 사람에게는 특히 더), 스트레스, 좌절, 실패 등의 감정을 수반한다고 제시하였으나, 최근의 연구에서는 이와 같은 정체를 '변화, 전이, 재평가'의 기회로 보고 있다.

경력정체에 관한 연구들은 근로자들이 이런 정체상황에서 행복하고 생산적이 될 수 있다고도 하는 등 혼재되어 있다.

펠드만 등(Feldman & Weitz, 1988)은 정체로 이끄는 요소들은 정체의 결과에 영향을 끼친다고 말했다.[30] 예를 들어서, 만약 승진을 위한 기술과 능력의 한계 때문에 정체된다면, 이들은 불량한 성과와 작업 태도를 나타낼 것이다. 그러나 반대로, 정체가 어떤 제약이나 낮은 성장욕구에서 비롯된 것이라면, 적절한 성과를 나타내고 긍정적인 직업태도를 가질 수 있을 것이라는 것이다.

펠드만 등은 성과와 태도에 대한 영향과 이들에게 접근하기 위한 경영적 개입과 함께 경력 정체의 여섯 가지 이유를 설명하는 모델[표 10-6]을 제시하였다. 이 모델은 경력 정체에 대해 현실적인 설명을 해주고 있다.

표 10-6 · 경력동기부여의 증진방안

- 경력 탄력성의 지원방안
  - 피드백과 긍정적인 강화를 통한 자신감 구축
  - 성취를 위한 기회의 생성
  - 실패의 공포를 감소시키고 혁신에 대해 보상을 취함으로서 위험감수에 도움이 되는 환경 조성
  - 대인관계에 대한 관심을 보이고 집단응집력과 협동적인 작업관계를 장려

- 경력통찰력의 증진방안
  - 스스로의 목표를 설정하도록 장려
  - 경력목표 달성에 관련된 정보를 제공
  - 정례적인 성과피드백의 제공

- 경력일치성의 구축방안
  - 직업적 도전과 직업적 성장을 위한 지속적인 업무참여의 장려
  - 상위 직위 및 성장 잠재력과 같은 경력개발 기회의 제공
  - 직업안정성 또는 보너스 등을 통한 견실한 성과에 대한 보상

차오(Chao, 1990)는 경력정체 결과들의 혼재된 문제에 대해 이차적인 설명을 제시하였다.[31] 그는 경력정체를 이분법적으로(정체되었는가 아니면 비정체인가) 정의하였으며, 직위 종사기간을 정체여부 파악에 사용하였다(예를 들면, 마지막 승진 이후의 년수). 차오는 정체를 이분법적으로 보는 것은 점차 자신의 경력이 정체상태에 도달했는가를 인지하는지, 그리고 수준이 다른 인지도는 또 다른 결과를 가져오게 된다는 사실을 무시하고 있다고 보았다. 더 중요한 두 번째는, 개인의 경력진행에 대한 인지는 자신이 어떻게 그것을 느끼고 또 반응하는지를 거의 결정하기 때문에 경력정체를 정의함에 있어서 중요한 것은 정체에 대한 개인의 인지라고 논했다.

✸ 표 10-7 · 경력정체의 원인과 관리기법

경력정체의 원인	성과, 태도에 미치는 영향	개선방안
• 개인의 기술과 능력 　- 선발 시스템의 미비 　- 훈련의 부족 　- 부정확한 피드백 인지	• 나쁜 성과 • 불량한 직업적 태도	• 선발시스템의 재설계 • 훈련의 개선 • 성과평가와 피드백시스템의 　개선
• 개별적인 욕구와 가치 　- 낮은 성장욕구 　- 자발적인 제약	• 충실한 성과 • 좋은 직업적 태도	• 지속적인 보상(성과의 침체 　시에도 보상지속) • 경력정보시스템의 개선
• 본질적인 동기의 결여 　- 기술의 다양성 결여 　- 낮은 직무일치 　- 낮은 직무중요도	• 최저 수준의 직무성과 • 저하되는 직업적 태도	• 직무의 재구성 • 현실적인 직무단위 형성 • 고객 관계의 설정 • 수직적 업무 부과 • 피드백 채널의 개방
• 외부보상의 결여 　- 소수의 승급, 승진 　- 보상 체계의 불공정성 　- 즉시성이 결여된 보상	• 나쁜 성과 • 불량한 직업적 태도	• 보상시스템의 재설계 • 승진정책의 재설계 • 높은 불만족자의 이직 촉진
• 스트레스 　- 직무에서의 대인관계 　- 조직의 풍토 　- 역할갈등	• 나쁜 성과 • 불량한 직업적 태도	• 직무순환 • 스트레스의 예방관리
• 조직성장의 정체 　- 외부사업환경 　- 방어적 기업전략 　- 부정확한 인원예측	• 단기간 지속되는 좋은 성과 • 저하되는 직업적 태도	• 안식년제, 직장외 훈련 등 • 보상의 증대와 함께 '핵심사업' 　의 제시 • 낮은 성과자에게 이직 및 은퇴의 　인센티브 제공

　결론적으로, 경력정체에 대한 지속적인 인지적 평가가 전통적인 직업종사 연수 접근보다 정체의 결과를 더 잘 표현할 수 있다고 가정하였다. 정리하면, 이러한 결과는 경력정체는 이전에 생각했던 것보다 복잡하며, HRD전문가는 ① 자신의 경력이 멈췄을 경우 그 이유를 파악하려는 시도를 하는지의 정도로서 근로자의 인지수준을 판단하여 평가하여야 하며, ② 정체의 이유에 따라서 해당자의 문제를 해결하는데 초점을 맞추어야 한다

는 것이다.

한편, 조직구조도가 완만할 경우에는 일부의 정체는 피할 수 없는 것이므로, 동기유발과 효율성을 유지하기 위한 방법을 찾아야 한다는 것이다.

일부 전문가(Ettington등)들은 관리자가 성공적으로 정체되는 것도 필요하며(예를 들면, 계획적인 직업활동과 현재 생활에 대한 만족 등), 또한 조직은 실패한 정체에 맞서 성공적인 정체를 촉진하는 인적자원관리방안 마련에 노력하여야 한다고 주장하면서 직무에서의 성장기회 확대, 측방 및 역방향 경력이동의 장애 제거, 새로운 도전기회를 준비하고 검토하도록 구성원을 지원하는 것 등과 같은 실천사항을 제시하였다.

❸ 비정규직 근로자의 경력개발 문제

지금까지는 경력개발에 대한 연구와 실행이 관리자와 전문가의 개발에 초점을 두고 있지만, 앞으로는 현장직이나 비정규직 근로자도 장기적으로 배려해야 할 필요성이 있기 때문에 중요하게 다루어야 한다. 인적자원전문가들이 조직효율성과 그들의 역할에 비추어 볼 때, 그들의 더 나은 활용과 그들의 장기적 욕구를 충족할 수 있는 경력개발 활동을 고려하는 것은 현명한 일이다. 비정규직 근로자들의 경력 개발요구에 대해 경력개발 전문가들은 다음과 같은 내용을 제시하고 있다.[32]

① 직무만족은 주로 일 자체에서 오며, 이는 반복적이고 도전적이지 않은 일에서는 확실하지 않다.
② 현재의 지위를 변화시키는 것(예. 조합원에서 비조합원으로, 블루컬러에서 화이트컬러)은 상당한 개인적 투자와 상당한 조직문화의 변화를 요구한다. 예를 들면, 화이트컬러 직위는 블루컬러 직위에 비해 더 높은 교육훈련수준을 요구할 수 있으며, '컬러 경계선'을 넘어서는 근로자는 동료들로부터 필요로 하는 지원을 얻지 못할 수도 있다.
③ 비정규직 근로자는 정규직 근로자들에 비해서 수직적인 지위상승을 성취할 기회가 제한되고 더 어렵기 때문에 자신들의 경력에 대해 더 좌절하게 될 수 있다.

Corning이나 Lockheed Marine회사 등에서는, 비정규직 근로자로 하여금 더 열중하게 하기 위한 경력개발 프로그램을 시행하고 있으며, 적절한 경우 고용가능성도 보장하고 있다. 이러한 현상은 비정규직 근로자들이 자신들의 경력개발에서의 주도권을 가질 것이 장려되고, 이를 위한 경영적 뒷받침의 필요성을 인정한 것이다.

Lockheed Marine의 프로그램은 경력 및 인생설계 워크숍(모든 근로자에게 개방), 경력개발지원센터 활용, 평생학습 활동 등을 지원한다(예를 들면, 훈련 과정에 대한 교육비 보상, 사내 세미나 등). Corning의 프로그램은 네 개의 구성요소로 이루어진다. 즉, 경력탐색과 경력계획 프로그램, 비디오자료, Corning에서의 경력개발 가능성을 제시한 정보책자, 경력상담을 위한 관리자훈련 등이 그것이다. 두 프로그램은 비정규직 근로자들의 높은 참여율과 상당한 수준의 경력개발활동을 실시케 함으로서 성공적이라고 할 수 있다. 두 프로그램은 어떻게 조직이 그들의 필요와 거대한 근로자군의 경력개발요구를 만족시킬 수 있는지에 대한 좋은 사례라 할 수 있다. 이러한 사례가 한국에서도 이 분야에서의 실제적인 실천과 연구를 자극하는 발전의 계기가 되기를 바란다.

4 승진없는 경력개발 문제 : 직무충실화 전략

많은 조직들이 인력구조조정과 중간관리자를 감축시키고 있다. 이와 같은 환경은 직위의 상향이동을 어렵게 할뿐만 아니라 장기고용보장이 없기 때문에 경력개발체제를 구축해야 하는 필요성이 된다. 이때의 경력개발 프로그램은 구성원의 만족을 증진하고, 기술기반조직으로 강화시키며, 만약에 구성원들이 정리해고를 당할 경우에도 재고용으로의 연결을 위한 최선의 기회가 되도록 함으로써 경력보호의무를 다할 수 있도록 현재의 직무 및 전문분야에서의 직무충실화(job enrichment)에 노력하여야 한다.

승진없는 경력개발문제에 대처하기 위한 직무충실화전략에 의한 경력개발방안은 다음과 같은 것들이 있다.[33]

① 기대되는 성과와 숙련향상을 위해 필요한 훈련요소를 파악하기 위한 자격 프로그램 및 숙달경로의 제시
② 여러 업무습득(retaining) 프로그램
③ 직무순환(job rotation)

직무충실화 프로그램은 구성원의 기술수준과 전문성을 향상시키며, 근로자의 경력지표에 대한 자부심과 자주성을 증대시켜줄 수 있으므로, 계속학습 및 고용가능성의 장려를 위한 직무충실화와 경력개발 실천사항이 특히 중요하다.

PARAGRAPH
05

효과적인 경력개발활동

효과적인 경력개발시스템의 구축과 전달에 대한 체계적인 접근은 매우 중요하다. 이러한 접근을 함에 있어서는 경영층의 적극적인 지원 하에서 프로그램을 시행하기 이전에 시험운영을 하고 평가하는 것이 중요하다.

경영환경의 빠른 변화가 조직운영의 변화를 주도하며, 이것은 결국 근로자에게 어떤 측면에서건 영향을 끼친다(예를 들면, 인원감축 등). 급변하는 환경에서 경력계획을 잘 관리하는 것은 조직의 전략적 계획과 직결되기 때문에 중요하다.

모든 인적자원활동들이 그렇듯이 경력개발 역시 모든 인적자원전략에 맞춰져야 한다. 충원, 선발, 보상, 복리후생, 교육훈련 및 개발활동 등은 경력개발에 영향을 미치며, 이들 모두가 프로세스를 촉진하는데 사용될 수 있다.

◉ 표 10-8 · 경력개발 프로그램을 창출하기 위한 시스템

수요의 파악	• 경력개발을 경영전략에 연계한다. • 구성원과 조직의 요구를 반영한다.
변화를 위한 비전의 구축	• 시스템을 구축하고 다른 경영활동과 HR 시스템과의 연계를 설정한다. (예를 들면, 품질선언, 오리엔테이션, 성과평가, 보상 등) • 다양한 도구와 접근법을 사용한다.
활동계획의 개발	• 회사 인프라스트럭처를 창출하되, 개별 사업단위 내지 사업부 등에 경력개발시스템을 시행한다. • 시스템개발과 동시에 라인관리자의 참여를 확보한다.
활동계획의 추진	• 관련된 라인관리자를 확보하고 그들의 책무를 원활히 수행시키기 위해 필요한 기법을 제시한다. • 경력개발에 후속으로 이어지는 연속적인 활동의 초기조치의 실행을 확인한다.(예를 들면, 정보공유, 경력활동 팀 등)
결과평가와 유지	• 평가를 실시한다. • 경력개발 노력을 지속적으로 증진한다. • 경력개발에 대한 높은 가시성과 지속적인 의사소통을 유지한다.

한편, 경력관리활동의 개발과 추진에 대한 비판적인 관점은 경력개발은 기본적으로 개인의 책무이므로 조직에 유익한 활동이 아니라는 태도이다. 그러나 이것은 경영자의 경력개발과정에 대한 참여를 포기하도록 하는 잘못된 생각이다.

조직과 근로자들에게 유익한 결과를 얻게 하기 위한 방법 중 하나는 경력개발시스템이 추구하고자 하는 목표를 명백하게 설정한 후 시작하는 것이다. 즉, 프로그램은 근로자의 성장과 의사결정을 증진하기 위한 것인가? 조직의 이미지를 증진하는가? 조직을 효과적으로 존속시키기 위한 필수인재를 확보할 수 있는가? 등 어떤 목적이든 간에, 반드시 명확하게 기술되어야 한다. 이러한 목표달성여부는 프로그램이 운영 중일 때 한 번 평가되어야 한다. 즉, 이들 프로그램의 계획, 설계 및 시험에 대한 근로자들의 입장을 총괄하는 운영위원회의 활용은 제도의 구축 지원, 이해, 배려 등을 촉진할 수 있다.

또한 경력개발은 그 활동이 경력개발시스템 내에서 조정될 때 이상적으로 작용한다는 점이 강조되었다. 전문가들(Gutteridge, Leibowitz, Shore 등)에 따르면, 성공적인 경력개발시스템은 대체적으로 다음의 4가지 요소를 공통적으로 가지고 있다고 한다.

① 가시적이고 선도적인 지원을 통한 상급관리자의 초기 참여
② 초동단계에서의 지도원칙 확립
③ 계통의 상층부에서 시작하여, 조직 내의 모든 수준과 영역의 근로자를 참여시키는 시스템의 개발
④ 조직과 구성원들의 욕구에 맞추어진 시스템의 구성을 가능케 하는 조직단위의 유연성

마지막으로, 경력개발은 조직의 관점으로부터 발생한 변화의 견지에서 보아야만 한다. 따라서 조직적 경력개발의 노력을 어떻게 증진해야 하는지에 대한 권고사항을 다음과 같이 정리할 수 있다.

① 개인개발계획과 조직전략계획을 통합하는 것
② 경력개발과 다른 인적자원관리시스템의 연계를 강화하는 것
③ 보다 더 개방적인 방향으로 경력개발시스템을 작동시키는 것
④ 경력개발에 관한 책임성과 기법구축 측면에서 관리자의 역할을 증대시킬 것
⑤ 동료 간의 학습과 팀구축(team base) 접근방법을 개발하고 확대시킬 것
⑥ 직장(직무) 내에서의 개발을 강조할 것(독립적이고, 단발적인 기존의 훈련프로그램을 감소시킬 것)
⑦ 직무확대와 수평적 이동을 강조할 것

⑧ 전이 가능한 역량을 파악하고 개발할 것

⑨ 경력개발활동에 가치와 생활스타일평가를 포함시킬 것

⑩ 다른 학습스타일과 조직원의 여러가지 요구를 수용할 수 있는 다양한 경력개발 접
　근방법을 시행할 것

⑪ 조직의 품질경영과 경력개발을 직접적으로 연계시킬 것

⑫ 경력개발 측정과 평가를 확대할 것

⑬ 여러 나라의 성공사례와 경력개발의 연구를 지속할 것

여성 경력개발, 매우 필요하다 59.5%

■ 경력개발에 대한 필요성에 비해 체계적이고 비조직적인 학습체계

한국여성벤처협회(KOVWA)는 몇 년 전에 "여성 경력개발 관련 설문 이벤트"를 실시하였다. 본 설문조사는 여성들의 직업의식과 직업만족도, 자기개발에 대한 현상황을 조사하여 앞으로 여성전문인력시장의 활성화 방안을 모색하기 위해 실시되었다.

참가자의 34.3%가 20대 후반의 여성으로 가장 많았으며, 이들 여성들 중 상당수(43.9%)가 직장 여성이고, 미혼(65.6%)으로 대졸 학력(46.4%)을 지녔으며, 상당수(56%)가 전문직에서 근무를 하기보다는 서비스직과 사무직에 종사하고 있었다.

■ 효과적인 교육프로그램이나 세미나 활성화 시급

설문조사에서 경력개발과 관련된 질문의 경우에 매우 필요하다는 응답이 59.5%이며, 그렇다는 응답이 28.8%에 이를 정도로, 전체 응답자 중 대부분의 사람들이 경력개발의 필요성에 대해서는 절대적으로 공감하고 있고, 또 나름대로는 경력개발에 대한 계획을 세우고 있지만, 지금까지 경력개발을 해온 학습형태가 주로 서적, 전문지 등을 통한 독학이 33.4%로 1위로 나올 정도로 비체계적이고 비조직적인 학습체계를 보이고 있다.

경력개발에 대한 필요성을 강력하게 느끼고 있으며, 나름대로의 계획도 가지고 있으나, 실제 학습형태들에서 비효율적인 방식을 주로 활용함으로서, 궁극적으로 경력개발에 대한 욕구들이 충족되지 못하고 결과적으로 효과적인 경력개발을 이루지 못하고 있는 상태라고 보여진다.

경력개발을 위해 필요한 교육에 대한 질문에서는 자신의 적성과 능력에 대한 전문적인 평가 및 직무와 관련된 전문능력 등의 필요성을 느끼고 있었다. 이를 위한 효과적인 교육프로그램이나 세미나 등의 활성화가 시급한 것으로 보여진다.

이번 설문결과에 대해 (주)사비즈 김희정 사장은 "여성인력들의 요구에 기반을 둔 여성인력을 위한 경력개발세미나나 교육이 매우 필요하며, 스스로의 가치를 발견할 수 있는 자기발견프로그램(자신의 적성과 능력에 대한 전문적 평가와 이를 인식하기 위한 교육들)과 더불어 이와 같은 자신을 효과적으로 마케팅하여 자신의 능력을 보일 수 있는 협상 및 인적 네트워크와 능력중심의 교육이 시급하다"라고 말하고 있다.

1) J. H. Greenhaus, G. A. Callanan & V. M. Godshalk (2000), Career Management, 3rd. ed., Fort Worth, TX : Harcourt College Publishers(탁진국 역, 경력개발 및 관리, 2002에서 재인용) 및 R. L. DeSimone, J. M. Wener and D. M. Harris(2002).

2) S. R, Barley, "Careers, Identities, & Institutions : The Legaccu of the Chicago School of Sociology," in Handbook of Career Theory, ed. M. B. Arthur, D. T. Hall and B. S. Lawrence, Cambridge, UK : Cambridge University Press, 1989, pp. 41~65. 탁진국 앞의 책 pp.11-12 재인용.

3) J. H. Greenhaus, et al.(2000) ; 탁진국(2002), 『경력개발 및 관리』, 시그마프레스, pp. 11~12인용.

4) M. B. Arthur, D. T. Hall & B. S. Lawrence, "Generating New Directions in Career Theory : The Case for a Transdisciplinary Approach," in Handbook of Career Theory, ed. Arthur, Hall and Lawrence.

5) National Industrial Conference Board(1964), Personnel Practice in Factory and Office, Manufacturing Studies in Personnel Policy, No, 194, N.Y. p. 56.

6) J. W. Gilley & S. A. Eggland(1989), 앞의 책. p. 15.

7) E. B. Flippo(1976), Principles of personnel management. McGraw-Hill., 민경호(2003), 앞의 책. pp. 310-311. 재인용.

8) D. L. Blustrin, M. S. Prezioso, & D. P. Schultheiss(1995), "Attachment Theory and Career Development : Current Status and Future Directions," The Counseling Psychologist, Vol. 23, No. 3, pp. 416~432.

9) 위의 책. p. 119.

10) D. Brown and, L. Brooks(eds.)(1990), Career choice and development(2nd ed.).San Francisco: Jossey-Boss.

11) D. T. Hall(1976), Careers in organizations. Goodyear Pub. Co..

12) D. T. Hall and P. H. Mirvis(1996), The new career, San Francisco: Jossey-Boss. pp. 21-33.

13) P. H. Mirvis & D. T. Hall(1996), Psychological success and the boundaryless career. The boundaryless career: A new employment principle for a new organizational era, pp. 237-255.

14) M. J. Driver(1994), Workforce personality and the new information age worplace, In J. A. Auerbach and J. C. Welch(Eds.), Aging and competition: Rebuilding the U.S. workforce(185-204).Washington, D.C.: National Council on the aging and the National Planning Association, Brousseau et al.(1996), p. 51.

15) K. R. Brousseau, M. J. Driver, K. Eneroth and R. Larsson(1996), Career pandemonium: Realigning organizations and individuals. Academy of Management Executive, 10(4), p. 56.

16) S. E. Sullivan, & L. Mainiero(2008), "Using the kaleidoscope career model to understand the changing patterns of women's careers: Designing HRD programs that attract and retain women", Advances in Developing Human Resources, Vol.10. No1, pp. 32~49 ; 김대영·이수영(2020), 중소기업 초기 경력자의 만화경 경력태도, 경력계획, 경력몰입의 관계: 만화경 경력태도의 조절된 매개 효과, 직업능력개발연구, 제23권(1), 한국직업능력개발원, 2020. 3. pp. 1~37에서 재인용.

17) L. Mainiero & S. E. Sullivan(2006), The Opt-Out Revolt: Why People Are Leaving Corporations to Create Kaleidoscope Careers, CA; Davies-Black Publishing. ; 김대영·이수영(2020), 중소기업 초기 경력자의 만화경 경력태도, 경력계획, 경력몰입의 관계: 만화경 경력태도의 조절된 매개 효과, 직업능력개발연구, 제23권(1), 한국직업능력개발원, 2020. 3. pp. 1~37에서 재인용.

18) L. Mainiero & S. E. Sullivan(2006) 및 김대영·이수영(2020) 재인용.

19) L. Mainiero & S. E. Sullivan(2006) 및 김대영·이수영(2020) 재인용.

20) T. G. Gutteridge, Z. B. Leibowitz and J. E. Shore(1993), Organizational career development: Benchmarks for building a world-class workforce. San Francisco: Jossey-Bass.

21) J. W. Walker(1976), "Let's get serious about career paths." Human Resource Management, 15(3), pp. 2-7.

22) M.A., Shippeck, & C. Taylor, (1985), "Up the career path." Training and Development Journal, 39(8), pp. 46-48.

23) V.R. Boehm(1988), Designing Developmental assessment centers. In M. London and E. M. Mone(eds.), career growth and human resource strategies: The role of the human resource professional in employee Development(173-182). New York: Quorum Books.

24) M. A., Campion, L. Cheraskin, & M.J. Stevens(1994), career-related antecedents and outcomes of job rotation. Academy of Management Journal, 37, pp. 1518-1542.

25) K. E., Kram & M. C. Bragar(1992), Development through mentoring: A Strategic approach. In D.H. Montross and C.J. Shinkman(eds.), Career Development: Theory and Practice(221-254), Springfield, IL:Charles C. Thomas.

26) J. G. Clawson(1979), Mentoring in managerial careers (pp. 144-165). Division of Research, Graduate School of Business Administration, Harvard University.

27) M. London & E. M. Mone(1987), Career management and survival in the workplace: Helping employees make tough career decisions, stay motivated, and reduce career stress. Jossey-Bass.

28) M. London (ed)(1995), Employees, careers, and job creation:Developing growth-oriented human resource Strategies and programs, San Francisco: Jossey-Bass.

29) T. P. Ferrence, J.A.F. Stoner, & E. K. Warren(1977), Managing the career plateau. Academy of Management Review, 2, pp. 602-612.

30) D. C. Feldman & B. A. Weitz(1988), Career plateaus reconsidered. Journal of management, 14(1), pp. 69-80.

31) G. T. Chao(1990), Exploration of the conceptual: Edtion and measurement of career plateau:A comparative analysis, Juurmal of Management, 16. pp. 181-193.

32) 위의 자료.

33) 위의 자료.

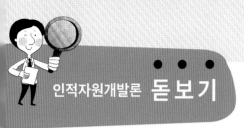

호모 헌드레드(Homo Hundred) 시대의 경력개발

우리나라의 기대수명은 2014년 80세를 넘어 향후 백세를 바라보고 있다. 유엔은 2009년도 세계인구고령화보고서에서 호모 헌드레드 시대의 개막을 예고하였다. 예전부터 동양에서는 연령대별로 인간의 성장과정을 비유하며 여러 가지 경구를 사용하여 왔다. 30세는 뜻을 세운다는 의미에서 이립(而立), 40세는 남의 이야기에 혹하지 않는다 하여 불혹(不惑), 50세는 하늘의 뜻을 안다고 하여 지천명(知天命), 70세는 고희(古稀)라고 하여 예부터 70세까지 살기가 드물다고 하였는데, 이미 우리나라의 평균수명이 80세가 넘었다는 것은 옛사람이 보기에는 놀라운 일일 것이다.

고령화 사회에 있어서의 경력개발은 산업화와 지식정보화에 따른 산업구조 변화로 인하여 요구되는 직업능력변화에 대응한 경력개발과는 또 다른 측면이 있다. 산업화 시대에 있어서는 개인의 경력개발은 새로운 산업기술과 직무능력을 습득하는 데 중점이 맞추어져 왔다. 조직에서도 경쟁기업에 비해 우위를 점하기 위하여 근로자의 경력개발을 인적자본의 축적으로 생각하고 사내외에 직무관련 교육훈련 프로그램을 개설하여 지원하고, 직무순환을 통해서 다양한 직무를 경험토록 하여 조직에 필요한 인재를 육성하여 미래에 대비하였다.

그러나 지식정보화 사회에 있어서는 외부환경과 지식의 변화가 극심하여, 내부 인재의 육성보다는 외부에서 필요한 인력을 채용하는 것이 더 유리하게 되었다. 대표적인 것이 정보통신기술(Information & Communication Technoloy)분야이다. 내부 직원에게 새로운 기술분야에 교육을 마치고 나면, 이어서 새로운 버전의 기술이 등장해서 또다시 교육을 실시해야 하는 상황이 발생한다. 이러한 경우 기업에서는 내부직원에 대한 교육훈련에 대해서 한계를 느끼고 외부인력의 충원을 시도한다. 요즈음 많은 기업에서 경력직 채용 비중 증가 현상이 나타나고 있으며 선호하는 연령대도 낮아지고 있는 실정이다.(뉴스토마토, 2016. 7.4)

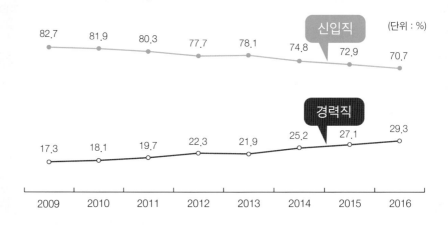

❋ 신입과 경력직 채용 추세

신입직 (단위 : %)

82.7 81.9 80.3 77.7 78.1 74.8 72.9 70.7

경력직

17.3 18.1 19.7 22.3 21.9 25.2 27.1 29.3

2009 2010 2011 2012 2013 2014 2015 2016

자료: 경향신문, 2016. 4.26, 한국경영자총협회제공.

이에 따라 개인의 경력개발에 있어서도, 현재의 직장을 평생직장으로 인식하고 경력개발의 범위를 사내로만 한정하지 않고 사외로까지 확장하게 되었다. 경력개발의 주체도 기업에서 개인으로 많은 부분이 전환되었다. 많은 직장인들이 아침, 야간과 주말을 활용하여 자신의 비용으로 외국어 학습, 학위과정, 자기계발과정에 참여하는 것에서 알 수 있다.

호모 헌드레드 시대에서는 개인의 경력개발은 또 다른 도전에 직면하고 있다. 과거 평균수명이 짧았을 때에는 통상적으로 정년 이후 연금, 퇴직금 등으로 남은 여생을 보냈었다. 과거에는 이렇게 살더라도 큰 문제점이 발생하지 않았다. 그러나 평균수명이 100세를 바라보는 시점에서는 60세 정년 이후에 30년 이상을 생활하여야 한다. 요즈음 청년들의 입직나이를 감안할 때, 정년까지 30년 내외를 직장생활을 한다고 가정하면, 그 만큼의 시간을 과거와 같이 경제적으로나, 사회생활 측면에서나 직업 없이 생활할 수가 없다. 고령화 시대를 우리보다 앞서 겪은 일본에서는 이미 제2의 인생이라고 하며, 은퇴 후에는 정년 이전의 직업에 관계없이 새로운 직업을 찾는 것이 오래 전에 현실화 되어 있다. 미국의 사회학자 마크 프리드먼(Mark

Freedman)은 다시 한번 직업을 가지자는 뜻으로 앙코르 커리어(encore career)를 제안하고 있다. 현 직업에서의 은퇴가 휴식을 의미하는 것이 아니라 새로운 인생의 출발점으로써 과거와는 다른 직업을 가지자는 것이다.(경남신문, 2016. 8.10)

호모 헌드레드 시대의 경력개발을 위해서는 개인과 기업 모두 준비가 필요하다. 기업에서는 정년의 연장 등에 따른 새로운 인력관리시스템이 필요하다. 연령에 관계없이 직무능력을 기준으로 직책과 보수가 부여되는 방식이 필요로 할 것이다. 아울러 퇴직예정자를 위해서는 퇴직 후 선택할 수 있는 다양한 직업에 대한 소개와 필요한 직업능력을 획득할 수 있도록 전직지원(outplacement) 서비스가 필요하다. 한편, 개인도 인생 이모작을 위해서 일찍부터 준비하여야 한다. 은퇴 전의 직무만 고집할 것이 아니라 제2의 인생을 살아가는 데 필요한 다양한 직업에 대한 개방된 자세가 필요하다. 새로운 직업을 준비하기 위해서 가장 필요로 하는 것이 직업능력개발이다. 개인 스스로 기업 내부의 프로그램 뿐만 아니라 외부기관에서 제공하는 다양한 교육훈련과정에 적극적으로 참여할 필요가 있다.

[참고자료]
- 뉴스토마토, 2016. 7.4. "기업, 경력직 채용 시 3년차 가장 선호해"
- 경향신문, 2016. 4.26. "올해 신규채용 계획 있는 기업 2011년 이후 가장 적어"
- 경남신문, 2016. 8.10. "호모 헌드레드"

핵심용어

- 경력계획
- 생애경력개발
- 경력개발의 전통적 모델
- 자기평가요구
- 내부공모
- 잠재력평가
- 승진계획
- 경력동기부여
- 직무충실화전략

- 경력관리
- 성인발달모델
- 경력개발의 현대적 모델
- 경력상담
- 경력경로설정
- 평가센터
- 경력개발프로그램
- 경력정체

연구문제

❶ 성공적인 경력개발의 장애요인들을 도출하고 극복방안을 제시하라.

❷ 조직과 구성원은 경력개발의 효과성을 제고하기 위한 책임을 분담하게 되는데, 조직의 책임과 효과적인 관리방안을 제시하라.

❸ 조직의 경력정체에 관한 전략적 접근에 대해 구체적인 사례를 들어 설명하라.

CHAPTER

11

조직개발

학습목표

1. 인적자원개발을 통한 조직개발 가능성에 대해 설명할 수 있다.

2. 조직변화를 위한 구성원 마인드 변화전략을 설명할 수 있다.

3. TQM, 자율경영팀, 학습조직이 조직변화활동에 어떻게 기여하는지를 제시할 수 있다.

4. 조직개발을 위한 변화관리유형별로 HRD담당자가 취할 자세에 대해 논할 수 있다.

　HRD의 세 가지 주요영역(개인개발-경력개발-조직개발) 중에서 조직개발은 구성원들의 행동개선을 추구하는 변화과정을 관리해 나가는 것을 의미한다. 조직개발을 새로운 기술과 시장환경 변화에 대응할 수 있는 구성원들의 태도와 가치관의 개발을 위한 교육훈련전략으로 이해하는 관점을 공부한다.

　이를 위해 조직개발의 기본개념과 목적을 논의한 후, 계획적 변화개입 4단계 모델을 살펴보고 변화개입의 설계과정에서의 HRD담당자의 역할을 조명해 본다.

　이어서 조직개발을 위한 네 가지 변화유형인 개인변화, 집단변화, 프로세스변화, 조직변화를 위한 방법에 대해 공부한다.

트렌드/전문가 (제12장)	기업의 촉진정책 (제13장)	국가인적자원개발정책 (제14장)
제4부 HRD 촉진편		

개인개발 (제9장)	경력개발 (제10장)	조직개발 (제11장)
제3부 HRD 활동편		

요구분석 (제4장)	설 계 (제5장)	개 발 (제6장)	실 행 (제7장)	평 가 (제8장)
제2부 HRD 전개편				

기본원리 (제1장)	발전과정 (제2장)	학습이론 (제3장)
제1부 HRD 기초편		

PARAGRAPH

01 조직개발의 기본개념

기업에서 조직개발(organization deveopment : OD)은 일반적으로 환경변화에 대한 기업의 적응능력을 기르기 위하여 조직 및 구성원들의 행동개선을 추구하는 변화과정을 의미한다. 그러나 조직개발의 정확한 개념은 이 분야의 학자와 변화전문가에 따라 다소 다르다. 좁은 의미에서의 조직개발은 조직구성원의 행동변화를 위한 감수성훈련과 거의 동일시 되기도 하고,[1] 또 일부에서는 조직개발을 주로 새로운 기술과 시장여건 등 환경변화에 대응할 수 있는 구성원들의 태도와 가치관의 개발을 위한 교육훈련전략으로 이해하기도 한다.[2] 또 다른 주장은 조직개발을 구성원들의 팀워크와 기업문화의 개선을 통하여 기업의 문제해결능력을 향상시키는 장기적인 노력으로도 이해한다.[3]

대부분의 조직에서 변화는 생존의 한 방법이 되어왔으며 경제상황, 세계화, 기술혁신 등 여러 요인으로 인한 변화압력과 현안을 인식하고 그것들에 신속히 대응했던 조직은 성공적인 환경을 창출해 왔음은 당연하다. 조직이 변화를 수용하고 해결을 가능하게 하는 최선의 HRD 요소는 조직개발이라고 할 수 있다.

1 조직개발의 정의

조직개발은 계획된 개입활동(intervention)을 통하여 조직의 효율성과 구성원들의 복지를 향상시키는 과정이라는 것이 보편적인 설명이다. 이러한 정의에는 세 가지 핵심사항이 반영되어 있다.

첫째, 조직개발은 조직의 효율성을 향상시킨다. 여기서 효율성이란 조직의 목적과 목표를 성취하는 것이다.

둘째, 조직개발은 조직구성원의 복지를 향상시킨다. 복지라는 용어는 조직구성원들이 자신의 업무와 근무환경에 대한 인지된 전반적인 만족감을 말한다. 일반적으로 말하면 도전적이고 의미 있는 업무는 높은 직업 만족감을 유발하며, 조직에서 보상이 이루어진 다면, 보상과 함께 또한 더 높은 만족감을 유도한다. 이렇게 하여 조직개발은 개인적 만족감과 일에 대한 만족감을 향상시키고자 한다.

셋째, 조직개발은 계획적인 변화개입을 통해 조직의 효율성을 향상시킨다. 계획된 변화개입이란 변화가 필요한 조직단위들(목표 부서나 구성원)의 업무목표가 조직의 향상과 직접 또는 간접적으로 연관된 작업의 순서에 관계되는 일련의 구조화된 활동을 말한다. 그러므로 계획된 개입 또는 개입전략이란 조직에 향상된 변화가 일어나게 할 수 있는 1차적인 수단이 된다.[4]

❷ 조직개발이론의 전개과정

조직개발은 처음부터 학문적 영역을 확보한 것은 아니었다. 레윈(Lewin)에 의해 1946년 실시된 실험실훈련(추후 감수성훈련으로 발전)을 그 시초로 본다. 실험실훈련은 지역사회 리더훈련을 통해 참가자들이 어떤 행동을 보였는지를 연구자들이 피드백하고 참가자들이 행동을 변화시키는 과정이 학습에 효과적임을 발견하게 되었다. 이후 실험실훈련에 대한 관심이 높아짐에 따라 일부 조직에 적용된 프로그램을 민간기업으로까지 확대하게 되었다.

행동과학, 과학적관리법 등 종전의 성과향상을 위한 연구는 독립된 개인에 초점을 맞춘 반면, 조직개발은 연구의 영역을 집단 속의 개인에서 출발하여 집단단위, 조직전체 수준으로 그 영역을 확장하였다.

레윈의 연구를 시작으로 초창기에는 집단 내에서의 개인 변화를 이루기 위한 감수성 훈련, 서베이 피드백(suvey feedback) 등 행동과학을 기반으로 개인의 변화를 유도하는 측면의 기법이 많이 개발되었다. 이후 인간관계접근법이 조직을 관리하기 위한 최선의 방법이라는 규범적 신념하에 블레이크와 모튼(Blake & Mouton)의 격자모델, 리커드(Likert)의 시스템4 등의 기법이 발전되었으며, 다음으로 직무충실화, 자율경영팀, 전사적품질관리(TQM) 등과 같은 생산성과 근로자의 삶의 질(quality of working life)에 대한 관심으로 확대되었다.[5] 아울러 조직개발의 영역은 조직의 전략적 차원으로 확대되어 조직문화, 조직재설계 등으로 확대되었다.

조직개발과 관련된 다양한 연구결과와 실행이론들이 나타남에 따라 이들에 대한 체계적인 접근과 이론적 설명을 위하여 학자별로 다양한 분류체계를 제시하고 있다. 도입기에는 실행이론의 영역을 조직개발 이론의 시초가 된 개인과 개인들의 집합인 집단에 초점을 맞추어 구분하였다.

조직개발과 관련된 다양한 이론들이 개발되고 복잡해지면서 그 구분 체계를 개인 또는 집단, 과업 또는 과정에 맞추어 4가지로 구분하기도 하였다.[6] 커밍스 등 (Cummings & Worley, 2007)은 조직운영에 영향을 미치는 요인을 조직내 인간관계문제, 노동력 배분, 부서간의 연계 등 기술구조적 문제, 인적자원 문제, 환경변화와 관련된 전략적 문제로 파악하고 이에따른 조직개발의 영역을 인간관계과정개입(human process intervention), 기술구조적개입(techno-structural intervention), 인적자원관리개입, 전략적개입의 4가지 영역으로 구분하였다.[7] 드시몽 등(Desimone, Werner & Harris, 2002)은 개인변화개입, 기술구조적개입, 사회기술적개입, 조직변혁의 4가지 영역으로 구분하였다.[8] 맥린(McLean, 2003)은 조직개발 방법이 실행되는 대상을 중심으로 개인수준, 집단수준, 프로세스 수준, 조직수준의 4가지 영역으로 구분하였다.[9] 스완선(Swanson, 2010)도 조직개발을 조직, 업무프로세스, 집단, 개인의 4가지 하위 영역으로 구분하였다.[10]

이에 따라 본 서에서도 조직개발이론의 하위영역을 조직개발의 추진대상별로 나누어 개인변화개입, 집단변화개입, 프로세스변화개입, 조직변화개입으로 구분하여 살펴본다.

표 11-1 · 연구자별 조직개발의 하위영역 구분

연구자	영역구분	
커밍스 등(2007)	• 인간관계과정개입 • 인적자원관리개입	• 기술구조적개입 • 전략적 개입
드시몽 등(2002)	• 개인변화개입 • 사회기술적개입	• 기술구조적개입 • 조직변혁
맥린(2005)	• 개인수준 • 프로세스수준	• 집단수준 • 조직수준
스완선(2010)	• 조직 • 집단	• 업무프로세스 • 개인

개인변화개입전략은 조직의 행동변화를 통하여 조직의 성과를 제고하기 위해 개인을 대상으로 한 다양한 개발전략을 말한다. 훈련과 개발, 감수성훈련, 경력개발센터 등 많은 부분에 있어 개인개발 및 경력개발의 기법들이 포함된다.

집단변화개입전략은 개인의 집합체인 그룹과 팀을 대상으로 시행하는 조직개발기법이다. 대표적인 기법으로는 팀빌딩, 자율운영팀, 집단간 개입(갈등관리) 등이 있다. 프로세스변화개입전략은 조직구성원의 업무 만족도와 업무의 생산성 향상을 위하여 업무 프로세스를 재설계하는 전략이다. 대표적인 기법으로는 직무확대, 직무확충 등의 직무재설계와 업무 전체의 프로세스를 혁신하는 업무프로세스 재설계(BPR) 등이 있다.

조직변화개입전략은 조직의 내외부 환경변화 등으로 조직문화, 인수합병 등 사업구조 재설계, 전사적품질관리(TQM), 학습조직 등 조직전반에 걸쳐 새로운 혁신이 필요할 때 활용된다.

❸ 조직개발의 기본전제와 목적

지금까지 조직개발의 기본개념과 과정을 알아보았다. 조직개발에서 나타나는 기본성격을 종합해 볼 때, 조직개발은 몇 가지의 특성을 지니고 있다. 첫째는 조직체의 효율성을 높이기 위한 변화(change) 및 성과(performance)지향적이고, 둘째는 행동과학을 적용하는 실천적 종합학문성(interdisciplinary orientation)이며, 셋째는 인간의 가치를 중요시하는 인본주의적(humanistic) 가치중심성이다. 이러한 조직개발의 특징은 조직개발의 이론과 개념뿐만 아니라 조직개발을 실제로 적용하는 데 있어서 그 방법과 과정에 뚜렷이 나타나고 있다.

이들 특징과 더불어 조직개발은 또한 인간행동에 대하여 몇 가지의 기본전제를 토대로 하고 있다. 인간행동에 대한 전제를 개인과 집단 그리고 조직수준에서 간단히 살펴본다.

(1) 개인으로서의 인간행동

조직개발은 개인으로서의 인간행동에 대하여 기본적으로 두 가지를 전제한다. 첫째는, 개인의 성장에 관한 전제로서 개인은 적절한 환경과 여건이 주어진다면 자기 자신의 성장과 발전을 위하여 동기를 발휘한다는 것이다. 자기성장에 대한 의욕과 동기는 특히 1950년대 이래 행동과학에서 근대사회의 인간상으로 크게 강조되어 왔고, 맥그리거(McGregor)의 Y이론을 통하여 보편적으로 인식되어 왔다.[11]

두 번째로, 개인행동에 관한 전제인데 이는 자기 성장과도 관련된 개념으로서, 개인은 조직목적에 기여할 능력이 있고 또 실제로 기여하고 싶어 한다는 것이다. 더 나아가서 개인은 조직체의 여건이 허락하는 수준 이상의 조직목적을 달성할 수 있다는 것이다. 따라서 조직체가 이러한 개인행동에 대한 전제를 이해한다면 일반적으로 성과가 부진한 구성원으로부터 많은 성과를 올리게 할 수 있다는 것이다. 이러한 전제는 조직에서 개인의 능력이 충분히 활용되고 있지 않음은 물론 권한위임과 보상체계 등 구조적 요소가 개인의 능력발휘에 장애요인으로 작용하고 있음을 암시해 주기도 한다.

자기발전과 조직목적에 기여하려는 개인의 행동경향은 개인의 고정적 인간상(fixed entity)을 가정하는 전통적 견해를 부인하고 성장과 변화과정 속의 인간상을 강조함으로써 조직개발의 타당성을 명백히 해주고 있다.[12]

(2) 집단구성원으로서의 인간행동

조직개발은 집단구성원으로서의 인간의 행동에 대하여도 몇 가지의 전제를 강조한다. 첫째는 집단과 개인과의 관계에 대한 전제로서, 집단은 개인의 중요한 준거집단(reference group)으로서 개인의 직무만족과 능력향상에 큰 영향을 준다는 것이다. 그리고 개인은 집단에 소속되기를 원하고 다른 집단구성원과 협조적인 상호관계를 맺어 나가기를 원한다. 그러므로 개인은 집단의 문제해결능력을 향상시키고 집단의 효율성을 증대시키는 데 크게 기여할 수 있다. 따라서 조직개발은 집단구성원 간에 효율적인 협조관계가 이루어지지 않고 있다는 것을 가정하고 있다.

또 하나의 전제는 집단에서 공식리더의 역할은 효율적인 집단기능을 유지하는 데 있어서 한계가 있고, 따라서 집단구성원들의 비공식적인 역할이 효율적인 집단성과에 매우 중요하다는 것이다. 그러나 실제로 집단구성원들 간의 신뢰감과 협조심은 구성원 각자가 원하는 수준보다 낮은 것이 일반적인 현상이다. 따라서 조직개발은 집단구성원들 간의 상호협조관계를 형성함으로써 구성원 개개인의 단순한 총합보다도 더 큰 시너지 효과를 발휘할 수 있다는 것을 전제하고 있다.

(3) 조직구성원으로서의 인간행동

조직을 구성하고 있는 구성원으로서의 인간행동에 대하여 조직행동은 시스템상의 상호연계성(연결관계)을 전제한다. 즉, 조직체는 공식적인 부서와 작업집단뿐만 아니라 TF 조직(task force team)과 같은 임시조직기구 등 여러 집단으로 상호연계(overlap)되어 집단의 단순한 총합보다도 더 복잡한 시스템을 형성하고 있다. 따라서 조직개발은 이러한 집단 간의 복잡한 연결관계가 집단문화형성에 있어서 상호 간에 영향을 줄 수 있다는 것을 전제하고 있다.[13]

조직구성원으로서의 인간행동에 대한 또 하나의 기본전제는 조직체의 목적, 방침, 제도, 기술, 직무 등과 같은 구조적 요소는 구성원의 행동형성에 영향을 주는 동시에 구성원의 행동도 이들 구조적 요소에 영향을 준다는 것이다.

따라서 조직개발은 전체조직시스템(total system)은 하위조직시스템(subsystem)에 영향을 주는 동시에 하위조직시스템도 다른 하위시스템뿐만 아니라 전체시스템에 영향을 준다는 것을 전제하고 있다. 이와 관련하여 조직개발은 집단 간의 영합게임(zero-sum game) 또는 승패게임(win-lose)은 이상적인 문제해결이 아니라는 것을 전제한다. 따라서 집단 모두에게 만족스러운 승승(win-win)의 문제해결이 가능하다는 것이 조직개발의 전제이고 그러한 결과를 추구하는 것이 조직개발의 목적이다.

(4) 조직개발의 기본목적

근래에 와서 변화의 정도와 빈도가 심해지자 전통적인 인적자원관리 기능만으로는 변화를 계획하고 관리하기가 어려워졌다. 조직계획(organizational planning)과 인력개발(manpower development) 등 인적자원관리 기능을 통하여 변화계획과 집행과정을 강화시켜 왔음에도 변화관리에 대한 종합적이고 체계적인 접근이 어려웠다. 그뿐 아니라 조직구성원들은 이러한 전통적인 방법을 경영층의 조작수단(manipulative tactic)이나 통제수단으로 인식하는 경향이 커져서, 변화에 대한 구성원들의 협조를 기대하기가 점점 어려워짐으로써 전통적인 변화관리방법의 실질적인 효과가 의문시 되기 시작하였다. 따라서 변화에 대한 새로운 개념과 방법으로서 조직개발이 등장하게 되었고, 특히 근래의 조직문화 개념은 조직개발 발전에 크게 기여하였다.

조직개발은 작업집단을 중심으로 집단구성원의 인력개발을 통하여 구성원의 목적과 조직목적을 통합시키는 것을 궁극적인 목적으로 보고 있다. 따라서 조직개발은 다음과 같은 측면에 특별한 관심을 갖고 조직변화와 이에 필요한 조직구성원의 행동개발을 추구하고 있다.

① 집단의 과업성과 : 집단행동과 기능, 과업성취 과정, 의사결정 패턴 등
② 구성원 간의 상호작용 : 집단구성원들 사이의 상호관계, 성과에 미치는 영향 등
③ 집단 간의 상호작용 : 집단기능의 분화, 통합작용, 집단 사이의 상호관계 등
④ 전체시스템 성과 : 문제해결과 조직목적달성에 있어서의 시스템 효율성

위와 같은 측면을 대상으로 조직개발과 개입은 조직구성원들로 하여금 자신이 추구하는 목적과 구성원들과의 상호관계를 인식시키고, 나아가서는 집단 및 조직과의 관계도 인식시킴으로써 구성원들과 조직 사이의 상호 통합관계가 향상되도록 노력한다. 이와 같이 조직구성원, 집단 그리고 조직 사이의 상호 통합관계를 효율화시키는 것을 일상적이고 지속적인 과제로 보고, 이를 항상 추구함으로써 변화에 대한 구성원의 적응능력과 기본자질을 개발하여 전체조직의 효율성을 높이는 것이 조직개발과 개입의 기본목적이다.

변화관리의 이해

1. 레윈(Lewin)의 장(field)이론

변화과정에 대한 가장 고전적인 이론은 레윈(Lewin)의 장(field) 이론이다. 조직, 집단 또는 개인을 하나의 영역 개념인 장으로 보고 변화란 정해진 특정한 시점에서 장(field) 속에서 발생하는 심리적인 역학관계이다. 장속에서는 추진력과 억제력이 발생하며 추진력은 상황을 변화시키려고 하는 힘이며, 억제력은 변화를 저지하려는 힘이다. 레윈에 의하면 추진력과 억제력이 균형을 이루고 있을 때에는 변화가 발생하지 않지만 추진력이 억제력보다 강할 때 변화가 발생한다고 한다.[14]

장의 변화과정을 정리한 것이 레윈의 해빙, 변화, 재동결의 3단계 변화모형이다. 해빙단계는 사람들이 변화가 불가피하다는 것을 받아들이고 변화를 거부하는 것을 억제하는 과정이다(즉, 현재의 정책, 실천, 행동에 집착하는 것), 변화단계는 사람들이 새롭고, 희망하는 상태를 받아들이는 것이다(새로운 정책과 실행), 마지막 단계인 재동결은 항구적인 작용과 기대되는 역할로서 새로운 실천과 행동을 만들어내는 것이다. 레윈은 변화는 내부적 추진력과 외부적 추진력으로 유도된다고 보았다. 내부적 추진력은 구성원의 요구에 의해, 외부적 추진력은 환경적인 변화로부터 발생한다. 구성원들이 변화를 수용하기 위해서는 추진력이 억제력보다 커야함은 두 말할 나위가 없다.

레윈의 이론을 샤인(Schein, 1987)이 보다 구체화 시켰다. 샤인의 변화모델은 개인적인 변화의 과정에 중점을 두고 있으며, 변화추진자가 이러한 변화를 어떻게 관리하느냐가 중요하다.[15]

표 11-2 · 변화과정에 대한 Shein의 3단계 모델

단 계	내 용
1단계 : 해빙기	• 변화에 대한 동기가 생성되는 시기 　- 확인되지 않은 불확실성(확신부족) 　- 죄의식이나 불안감 발생 　- 심리적 안정추구
2단계 : 변화기	• 새로운 관점으로 지금까지와는 다르게 보고, 생각하고, 느끼고, 행동하도록 하는 시기 　- 새로운 역할모델, 멘토 등과의 동일화 　• 새로운 관련정보를 얻기 위해 주위환경을 꼼꼼히 관찰함
3단계 : 재동결기	• 새로운 관점을 다음(자신과 타인 등)에 적용하는 과정 　- 자기 자신의 전반적인 성격과 자아성 　- 중요한 관계(동료. 상사 등)

자료: E. H. Schein(1987), Process Consultation(vol.2), Reading, MA:Addison-Weslry. p. 93.

　레윈의 모델은 조직변화를 이해할 수 있는 일반적인 모델을 제공하고 있지만 다음과 같은 비판도 제기되고 있다. 첫째 립핏 등(Lippit, Watson & Westley)은 조직의 변화를 3단계로 단순화하여 설명하는 것은 복잡한 조직변화 과정을 포괄하기에는 한계가 있으므로 7단계로 나누어 탐색, 진입, 진단을 해동과정으로 계획, 실행을 변화과정으로 그리고 안정화, 평가, 종료를 재동결과정으로 제시하였다.[16] 둘째 덴트 등(Dent & Goldberg, 1999)은 구성원들이 변화에 저항한다는 개념에 의문을 제기하였다. 그들은 변화에 저항하는 레윈의 개념은 오해이며, 적절한 관점은 시스템차원이어야 한다고 주장한다. 즉, 작업은 역할, 태도 및 또 다른 요소들의 시스템 안에서 일어나며, 그러므로 변화에 대한 거부는 구성원 개개인에게 초점을 두기보다는 전체조직의 이슈나 문제로서 보아야만 한다는 것이다.[17]

❷ 변화압력과 저항요소

　조직개발은 구성원들의 조직행동 변화를 목적으로 하지만, 조직체에서 요구하는 변화가 자연적으로 일어나지 아니하고, 조직구성원들과 집단구성원들의 행동에는 변화에 저항하는 장애요소들이 오히려 작용하고 있는 것이 현실이다. 따라서 조직체에는 조직개발과정에서 변화과정을 거부하는 압력요소와 저항세력을 이해하고 이에 적절한 개입전략과 방법을 구상해야 한다. 먼저 변화를 요구하는 압력과 이에 저항하는 세력을 살펴본 후에 조직개발의 개입개념을 설명할 수 있다.

(1) 변화압력

어느 조직체를 막론하고 조직경영에서 절대적으로 피할 수 없는 문제가 변화이다. 변화는 모든 조직체가 당면하는 문제로서, 변화에 대한 조직체의 관리여하에 따라서 조직성과에 큰 영향을 준다. 그러나 변화과정에서 조직은 구성원의 많은 저항을 받을 수 있다. 따라서 변화는 일시적으로 집행될 수 있는 일이나 사건(event)이 아니라, 여러 가지의 복잡한 요소들로 구성된 과정(process)이라고 할 수 있다. 즉, 장이론(field theory)관점에서 볼 때, 변화는 시계열적인 과정을 통하여 변화를 요구하는 압력과 이에 저항하는 요소들 사이의 복잡한 균형(equilibrium)을 형성하고 있고,[18] 이 균형관계를 어떻게 변화의 방향으로 잘 유도하느냐에 따라서 변화의 효율성이 결정된다(그림 11-1). 따라서 이 변화과정을 효율적으로 계획하고 집행하려는 것이 조직개발의 목적이다. 변화과정에 작용하는 압력과 저항요소를 살펴보기로 한다.

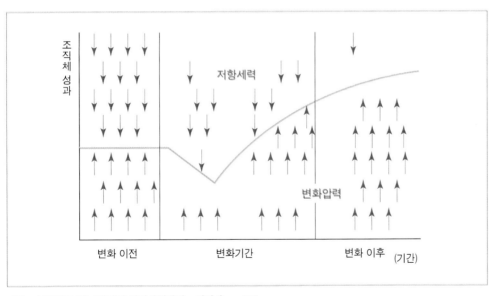

자료: 이학종(2001), 「전략적 인적자원관리」, 세경사, p. 662.

◈ 그림 11-1 · 변화압력과 저항의 균형

① 조직내외적 변화요인

조직의 변화요인은 여러 가지가 있다. 첫째는 환경적인 변화요인이다. 조직은 경제, 사회, 문화, 정치, 법률, 기술 등 일반적인 환경으로부터 많은 영향을 받고 있고, 따라서 이들 환경에서의 변화는 조직변화에 많은 압력을 가하게 된다. 특히 제2차 세계대전 이후부터 각국의 과학기술의 발전은 더욱 심화되어 가고 있고, 또 우리나라를 포함한 여러 나라도 과학기술의 발전이 급속히 이룩됨으로써, 조직의 다변화 환경에 매우 중요한 부분을 차지하고 있다. 그리고 과학기술의 발전은 사회, 경제, 문화발전에도 큰 자극을 줌으로써 전체적인 일반 환경변화에 매우 중요한 역할을 하고 있다.

드러커(Drucker)의 단절의 시대(Age of Discontinuity), 토플러(Toffler)의 제3의 물결(Third Wave), 베니스(Bennis)의 임시조직(Temporary Organization), 켄터(Kanter)의 변화주역(Change Master), 핸디(Handy)의 비합리성의 시대, 웰치의 무한계(Boundaryless) 환경 등은 모두 점점 심화되어 가는 환경적 변화와 조직체 변화를 강조하는 상징적인 용어들이다.[19]

이러한 환경적 변화는 조직 내부에 많은 변화를 요구한다. 새로운 과학기술을 활용하여 새로운 기술과 제품을 개발하는 것은 물론 작업의 기계화, 사무자동화와 경영정보화, 신축적이고 창의적인 경영조직의 설계와 관리 등 환경적 변화에 적절히 대응하고, 또 조직체의 효율성을 높이기 위한 기술, 구조, 제도, 인력관리 등 조직체 내부의 모든 경영분야에도 많은 변화를 요구한다.(그림 11-2 참조)

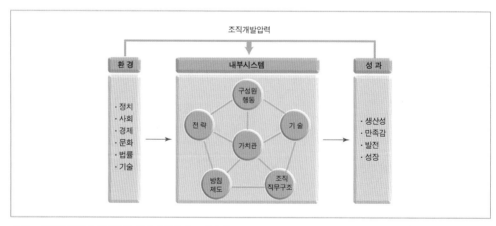

자료: 이학종(2001), 「전략적 인적자원관리」, 세경사, p. 644.

✸ 그림 11-2 · 조직개발압력과 변화요소

② 변화에 대한 압력요소

그러나 조직변화는 그 과정에서 많은 문제를 초래한다. 자동화·기계화는 생산직이나 사무직에 있어서 업무를 전문화·세분화·단순화·표준화시키고 직무를 일상적이고 반복적인 내용으로 변화시킴으로써, 조직구성원의 직무에 대한 보람을 감소시키고 직무소외감을 증대시키는 결과를 가져올 수 있다. 또한 전체적인 조직구도 역시 전문화된 직무구조 속에서 전문기능의 증가와 이에 따른 각종 기능의 구조화 및 권한의 집중화 등 조직구조상의 통제적이고 관료적인 경향이 커질 수 있다.

이러한 조직체의 구조화 경향은 조직구성원의 직무소외감과 사기저하를 한층 더 심화시키는 중요한 요인이 될 수 있다. 특히 사회·경제발전에 따라서 개인의 욕구수준과 기대수준이 점점 높아가고 있는 점에 비추어, 이러한 현대조직의 기계화 및 관료화 경향은 조직과 조직구성원 사이에 매우 심각한 갈등관계를 초래할 수도 있다. 그리고 급속한 과학기술의 발전은 조직의 시설·설비와 제품을 낙후시킬 뿐만 아니라, 조직구성원의 기술과 행동도 도태시키게 됨으로써 조직구성원들의 인력개발문제가 심각한 과제로 등장하게 된다.

이와 같이 조직의 환경변화는 조직에 많은 문제를 초래하고 이들 문제는 조직성과에 직접적인 영향을 미침으로써 조직 변화에 대한 압력요소로 작용하게 된다. 즉, 조직구성원의 사기저하, 무관심한 태도, 무사안일한 태도, 구성원들 간 또는 집단 간의 갈등, 조직방침에 대한 비협조적 태도, 나아가서는 경영층의 경영방침에 반한 행위, 고의적인 태업, 파업 등 여러 가지 문제가 발생할 수 있다. 이러한 문제는 결근율과 이직률, 사고율의 증가는 물론 생산성과 성장률, 이익률 등 조직성과에 직접 반영되어 조직의 효율성을 저하시키는 요인이 된다. 이러한 문제들은 오랜 기간을 통하여 점차적으로 악화되어가면서 여러 가지 증상을 통하여 조직변화와 조직개발의 필요성을 제시해 주는 압력요소로 작용한다.

(2) 변화에 대한 저항요소

조직변화는 일반환경의 발전적 요인에 의한 변화이거나 또는 상황의 악화로 인한 변화이거나를 불문하고 이를 집행하는 과정에서 조직구성원으로부터 많은 저항을 받을 수 있다. 따라서 조직에서 요구하는 변화가 계획한대로 효율적으로 집행되지 못하는 경우가 많이 있다. 일반적으로 변화는 조직구성원의 안정된 직무와 지위 및 환경을 위협하는 요소로 지각됨으로써 흔히 그들의 저항을 야기시킨다.[20] 따라서 조직구성원의 저항은 그들의 과거경험에 의한 자연적인 반응이라고도 볼 수 있다.[21] 변화에 대한 구성원의 저항행동에는 여러 가지의 요인이 작용하고 있는데, 중요한 몇 가지를 들면 다음과 같다.[22]

① 지위손실에 대한 위협감

조직구성원들은 조직구조의 변화, 직무내용의 변화 그리고 이로 인하여 그들의 안정된 지위나 대우 또는 정립된 위치에 손상이 있을 것이 예측되는 경우 이를 두려워하고 새로운 변화에 저항감을 갖게 된다. 그리고 그들은 변화로 인한 새로운 직무와 지위 그리고 역할이 그들 자신의 경력경로에 어떤 영향을 줄 것인지에 대하여 불안감을 느낀다. 그리하여 변화가 경력발전에 도움이 되지 않는다고 생각되는 경우에 위협을 느끼게 되고 변화에 대해 저항감을 갖게 된다.

② 업무수행상의 불편함

새로운 기술과 작업방식의 도입은 조직구성원들의 안정된 업무패턴에 많은 변화를 가져오게 된다. 그리하여 새로운 방법과 작업환경에 익숙하게 되려면 교육훈련을 포함한 여러 가지의 불편과 노력이 요구되고, 이것이 오랫동안 계속될 것이 예상될수록 구성원으로부터의 저항감이 강하게 나타난다.

③ 상호작용상의 불안감

집단이나 직무관계에 변화가 있는 경우에는 상사나 구성원의 교체 등 새로운 관계와 상호작용을 요구하게 된다. 따라서 기존 시스템에서의 안정감과 소속감을 희생하고 새로운 관계를 맺는 데 있어서 불확실성과 불안감을 느끼게 되고 변화에 저항감을 갖게 된다.

변화에 대한 이와 같은 저항감은 구성원의 태도와 행동에서 여러 형태로 나타난다. 변화의 필요성과 타당성을 의심하거나 사소한 이유로 실질적 효과에 대하여 의심을 보이는 등 변화에 대한 비협조적인 태도와 부정적인 반응을 보인다. 경영층에 대한 불신감과 적대심도 생기고 구성원들 간의 상호작용도 둔화되며, 나아가서는 구성원들의 사기저하와 성과저하 그리고 전직요구와 이직률도 증가한다.[23]

이러한 현상을 예방하고 변화에 대한 구성원의 협조를 얻기 위해 조직은 사전계획에 의하여 변화에 대한 필요성을 설득하고, 변화를 실제로 집행할 때에도 변화로부터 직접적으로 영향을 받는 구성원들을 변화과정에 참여시키는 등 여러 가지의 방법을 적용했으며, 구성원의 불안감과 공포감, 불확실한 느낌 등 변화로부터의 충격을 해소시키고 구성원들 자신이 변화에 잘 적응하도록 힘써왔다.

이러한 변화관리방법은 주로 인적자원관리 관점에서 구성원들과의 커뮤니케이션과 경영참여, 집단역학 등 전통적인 인적자원관리 기능과 인간관계 기법을 중심으로 변화의 효율적인 도입과 구성원을 포함한 조직전체의 효율적인 적응을 시도해 왔다.

❸ 계획적 변화 4단계 모델

보편적으로 받아들여질 수 있는 일반적인 모델이 없기 때문에 변화과정과 개입이론은 표준적으로 정리되어 있지 않다. 이 절의 목적은 통합된 조직이론, 연구 및 실행을 위한 틀을 제공하고자 하는 계획적 변화개입모델을 제시하고자 한 전문가들의 연구내용을 중심으로 살펴보고자 하는 것이다.

포라스 등(Porras & Silvers, 1991)이 제시한 계획적 변화개입모델은 조직 내에서 변화도입을 위한 유용한 틀을 제시한다(그림 11-3). 특히 특정 조직변수에 맞춰진 계획된 개입이 개별적 변화에 필요한 효과와 함께 긍정적인 조직적 산출과 관계되는지를 설명한다. 이 모델은 4단계로 설명하고 있다.

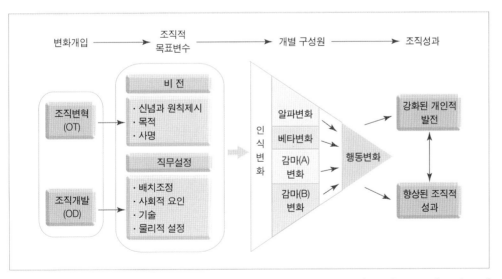

자료: J. I. Porras & R. C. Silvers(1991), Organization development and transformation, Anual Review of Psychology, p. 42.

 그림 11-3 · 계획적 변화개입모델

첫 번째 단계는, 두 가지 개입전략 유형, 즉 조직개발과 조직변화를 구별한다. 포라스 등은 조직변혁(organizational transformation : OT)의 근간을 이루는 이론과 개념은 OD만큼 잘 정의되어 있지 않기 때문에 완전히 분리되어야 한다고 주장한다.

모델의 두 번째 단계는 변화개입과 조직적 목표변수 사이의 관계를 보여준다. 우선 비전 변수로 조직의 목적과 사명을 위해 경영의사결정을 이끌고 기초를 제공하는 조직적 가치, 신념, 원칙이 근저를 이룬다. 목표변수의 다음 유형은 직무설정(work setting) 변수들로서 조직개발 개입과 비전 변수에 직접 연관되어 있고 영향을 받는다. 직무설정변수에는 정책, 과정, 작업규칙, 직무내용설명서, 공식보고체계, 사회적 요인, 의사소통 유형 등이다. 이러한 것들은 조직구조의 골격을 구성한다.

모델의 세 번째 단계는 개인의 인식변화유형에 초점을 둔다. 포라스 등은 인지변화를 몇몇 존재하는 조직적인 변수나 패러다임을 개인의 인지변화로 개념화한다. 조직적 패러다임은 명백하고 관찰되지 않은 추론에 기초한 일반적으로 받아들여지는 시각이나 신념으로 정의될 수 있다.

인식변화는 4가지 인식수준에서 일어날 수 있다.

① 알파변화는 구성원이 패러다임 안에서 조직구조의 변경(즉, 직무재설계 등)이 없는 수준(기술향상 느낌 등)에서 변화를 인식할 때 가능하다.
② 베타변화는 개인이 현존하는 패러다임 안에서 조직구조의 변경 없이 약간의 가치변화(작업표준이나 지침변화)를 인식할 때 가능하다.
③ 감마(A)변화는 개인이 새로운 변수를 비용축소는 물론 전체적인 질적인 면에 주안점을 두는 것으로써 산출물지향 패러다임의 중심가치가 변화되는 현행 패러다임 안에서 조직구조변화를 인식할 때 가능하다.(즉, 강화된 조직적 변화)
④ 감마(B)변화는 개인이 하나의 패러다임 안에서 새로운 가치를 담고 있는 다른 패러다임으로의 바꿈을 인식할 때 가능하다.(즉, 산출물 지향 패러다임을 고객지향 패러다임으로 대체하는 경우, 즉 강화된 개인적 변화)

위의 정의에서 알 수 있는 것처럼, 인식(인지)변화의 각 단계는 개인적 변화(알파변화 및 베타변화)에서 조직적인 변화(감마 A, B변화)까지 광범위한 영역에서 일어나는 변화로 나타난다.

예를 들면, 배송직원이 독해기술 향상을 위한 훈련프로그램에 참가한다고 가정해보자. 알파변화는 훈련의 마지막에 배송직원이 물류 이해기술이 향상되었다고 인식할 때 일어난다고 말할 수 있다. 더 나아가 배송부서 관리자가 효과적인 주문배송기간을 48시간에서 24시간으로 기준을 단축함으로써 생산성을 향상시키려고 한다는 가정을 하자. 배송직원이 새로운 기준을 정당하다고 받아들인다면 베타변화가 일어난다고 말할 수 있다. 이것은 근로자가 48시간 이내 배송이 부적절하여 24시간 이내 배송이 이루어질 때 성공적이라고 보기 때문이다.

감마(A)와 감마(B) 변화는 조직차원에서 일어나는 변화를 말한다. 감마(A)변화는 행동의 사명이나 철학이 성취되는 방법과 직결되어 있으나 핵심적인 임무는 그대로 남아있는 것이다. 예를 들면, 산출물 지향적 조직이 조직의 경영철학 변화없이 새로운 비용통제 절차만을 도입한다면, 감마(A)변화가 일어나는 것이다.

이와는 대조적으로 감마(B)변화는 핵심임무와 철학과 직결되어 있다. 예를 들면, 조직의 패러다임이 산출물지향에서 고객지향으로 재정립된다면 감마(B)변화가 일어난다. 감마(A)변화와 달리 감마(B)변화는 현존하는 행동을 바꾸고, 새로운 행동을 창조하고, 근로자에게 자신들의 업무를 전혀 새로운 시각으로 보게 해 준다.

마지막으로 모델의 네 번째 단계는 개개인의 행동변화가 어떻게 두 가지 가능한 결과(향상된 조직성과와 강화된 개인발전)를 이끄는지 초점을 둔다. 조직성과는 이러한 배경에서 나타난 효율성, 효과성, 생산성, 수익성 향상 결과를 말한다. 그리고 강화된 개개인의 발전은 행동, 기술 또는 이 두 가지 모두가 변경되는 것을 말하는데 향상된 업무습관, 업무성과 증가, 향상된 실행력과 같은 결과를 낳는다. 이러한 산출물들은 조직발전과 관련되는 계획된 개입을 통해 조직의 효율성 강화와 구성원의 행복을 강조한다.

4. 변화개입의 추진자

위에서 살펴본 계획된 변화모델은 조직개발에 관한 이론, 연구, 실행을 통합하기 위한 틀을 제공하려는 시도들 중 하나이다. 이 절에서는 조직개발 실행자들이 어떻게 특정조직의 변화를 목표로 하는 개입전략을 고안하는지 살펴보고자 하며, 우선 설계와 초기실천단계에서의 특정역할에 대해 알아보고 다음에 개입전략을 고안하는 단계를 고찰한 후 마지막으로 이 과정에서 HRD 담당자의 역할을 살펴보겠다.

(1) 변화개입의 개념과 변화전문가

변화개입(intervention)이란 일반적으로 개인, 집단 또는 그 이외의 어느 변화대상에 대하여 변화가 효과적으로 이루어지도록 변화과정에 간섭하는 행동을 의미한다.[24] 따라서 개입은 조직개발과정에서 조직이 요구하는 변혁과 변화를 계획하고 주도하며 이를 지원하는 활동으로서, 주로 변혁과 변화를 추진하는 관련부서의 변화전문가와 스탭 그리고 외부컨설턴트의 역할이 강조된다.[25]

현대조직의 경영혁신과 구조조정에서 조직에서 요구되는 변혁과 변화는 주로 최고경영자의 비전에서 제시된다. 조직개발을 위한 주요 개입활동은 조직변혁과 변화를 요구하는 현상의 분석과 상황진단, 변화방향과 전략의 구상, 변화분위기의 조성, 변화계획의 수립, 변화방법의 선정과 집행, 효과측정과 평가, 구성원들 간의 토의진행 및 정보피드백 등이 포함된다.

따라서 조직개발과정에서의 개입활동은 이와 같은 모든 변화를 전략적으로 그리고 체계적으로 계획, 추진, 지원하여 변화가 보다 효율적으로 이루어지도록 이를 촉진시키는 전문기능이다.

(2) 변화주체별 역할

변화개입전략을 고안하고 실행할 때 수행되어야만 하는 주체별 역할, 즉 변화관리자, 변화주도자, 변화하고 있는 시스템 내에서 개개인이 담당해야 하는 역할이 중요하다.

① 변화관리자의 역할

변화관리자는 변화개입전략의 설계를 감독한다. 변화관리자는 변화의 필요성을 평가하고, 적절한 개입활동을 결정하고, 전략을 실행에 옮기고, 결과를 분석하는 전반적인 책임을 진다. 변화도입을 위해 대부분의 조직들은 경영기능담당관리자가 변화관리자로 추가적인 임무를 맡는다. 이러한 접근방법을 사용할 때, 변화담당관리자로 선출되는 사람은 조직 내에서 적합한 서열에 있는 사람을 선택하는 것이 중요하다. 예를 들면, 개입전략의 대상이 단일 부서라면, 변화를 담당하는 부서의 책임자가 적합하다. 반대로 개입의 목표가 조직의 사명을 바꾸는 것이라면, 변화담당관리자로 적합한 사람은 최고경영자이다.

강요된 변화는 강제적 방법을 사용하게 되는데(규칙으로 위협하는 것 등) 즉각적인 결과는 가져오지만 이러한 행동변화는 영구적이 아닐 수도 있다. 개개인은 호의적이지 못할 결과를 피하기 위해 강요된 변화에 즉시 반응할지도 모른다. 그러나 이러한 결과를 낳게 하는 위협이 제거되면, 이전의 습관이나 행동으로 회귀할지도 모르므로 관리자들은 계획된 변화의 단기성과와 더 많은 장기적 혜택이 균형을 이룰 때까지 강요된 변화를 계속해야 한다.[26]

> 몇몇 조직은 이러한 필요성을 다루기 시작했다. 예를 들면, 코닝사는 변화관리 연습이라는 프로그램(tool kit)을 발전시켰는데, 관리자와 경영자들이 변화를 준비하고, 변화과정에 따라 움직이고, 변화와 함께 살도록 도와주는 정보, 활동, 유인물 및 관련자료를 제공하는 것이다. 이러한 프로그램은 변화관리자들이 그들의 역할을 이해하고, 계획된 변화전략을 발전시키고 실행하는 것을 도와주도록 다른 사람들에게 요구하고 스스로를 격려하도록 한다.

변화관리자의 역할을 수행하는 것은 어렵다. 변화관리자는 변화주도권에 충분한 주의를 기울여야 하며, 결론에 이를 때까지 지켜보아야만 한다. 전문가들에 따르면, 경영자들은 변화주도권 실패를 변화노력에 대한 그들 자신의 태만으로 돌린다. 더욱이, 관리자와 경영자들은 변화과정에 대한 지식과 개개인들이 받을 변화의 충격에 대한 지식이 결여되어 있고, 변화에 대한 인간적 요소를 관리하는 기술도 대부분 결여되어 있다. 이것은 경영자들과 관리자들은 변화관리 역할을 맡기 위해 더 많은 준비가 필요하다는 것을 말해주는 것이다.

② 변화주도자의 역할

변화주도자(추진자)는 변화관리자가 변화전략을 고안하고 실행하는 것을 도와준다. 무엇보다도 변화주도자는 전략을 고안하고 실행하는 데 필요한 모든 활동을 쉽게 추진할 책임이 있다. 주도자는 변화관리자에게 방안의 실행이나 다른 개입전략의 효율성에 대해 조언을 할 수 있도록 조직발전 이론, 개념, 실습, 연구결과 등에 대한 지식을 갖추어야 한다.

변화주도자는 내부 스탭이나(HRD업무수행자) 외부컨설턴트가 될 수 있다. 내부의 변화주도자는 일반적으로 조직의 사명, 구조적 요소, 기술, 내부정책, 사회적 요소에 대한 지식을 갖추어야 한다. 이러한 지식은 변화관리자와 변화를 겪게 되는 구성원과의 신뢰관계를 설정하는데 매우 중요하다. 그러나 구성원들은 내부의 변화주도자는 현존하는 상황에 너무 익숙해서 객관적이 될 수 없다고 느낀다. 더구나 내부의 변화주도자는 특별한 변화개입전략에 필요한 전문화된 지식을 소유하지 못했을 수도 있다. 만일 이런 경우라면, 조직은 전문화된 조직발전 지식과 기법을 갖춘 외부컨설턴트 활용을 고려할 수도 있다.

외부의 변화주도자는 특정기간동안 전문화된 기능이나 역할을 수행하도록 계약서에 수행되어야 할 업무의 내용, 추진일정, 기간, 급여액수와 방법, 변화주도자의 수행능력을 평가하는 방법 등을 명시하여 계약한다.

버크(Burke, 1987)는 변화주도자가 수행할 여덟 가지 역할을 제시했다[27](표 11-3 참조). 이러한 각각의 역할은 변화주도자와 변화관리자 또는 구성원 사이의 관계에 대한 서로 다른 면을 나타낸다. 예를 들면, 개입전략을 설계하는 초기단계에서는 변화관리와 구성원들이 계획된 변화에 대한 핵심개념의 이해가 결여될 수 있으므로 변화주도자는 이러한 개념의 이해를 확실히 하도록 트레이너나 교육자로서의 역할을 해야 한다. 변화관리자는 충분한 지식을 습득하면서 변화주도자가 추가적인 역할(즉, 실태조사나 진행과정 전문가)을 맡도록 지원한다.

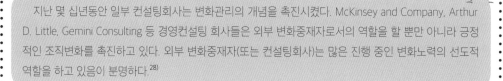

지난 몇 십년동안 일부 컨설팅회사는 변화관리의 개념을 촉진시켰다. McKinsey and Company, Arthur D. Little, Gemini Consulting 등 경영컨설팅 회사들은 외부 변화중재자로서의 역할을 할 뿐만 아니라 긍정적인 조직변화를 촉진하고 있다. 외부 변화중재자(또는 컨설팅회사)는 많은 진행 중인 변화노력의 선도적 역할을 하고 있음이 분명하다.[28]

역 할	정 의	적용시기
지지자	변화주도자는 고객이 어떠한 접근방식을 사용하도록 영향을 주려고 함	고객이 접근방법에 대한 확신이 없고 많은 지도를 필요로 할 때
기법전문가	특별한 문제에 대한 특정 기법과 지식 제공	고객이 특별한 문제에 대한 방향을 찾고자 할 때
트레이너 또는 교육자	조직발전이나 다른 개입전략에 대한 정보제공	고객이 조직발전의 몇몇 측면에 대한 트레이닝을 필요로 할 때
문제해결의 동반자	문제분석, 해결책 모색, 활동단계에 대한 조력	고객이 의사결정에 대한 도움을 필요로 할 때
대안식별자	위와 동일하나 협력하지는 않을 때	고객이 의사결정과정을 발전시키는 도움을 필요로 할 때
실태조사자	연구 또는 자료수집가 역할	고객의 요구가 매우 특별할 때
과정전문가	회의 및 그룹별 진행을 용이하게 함	고객의 요구가 진행과정 상담일 때
비판가	고객이 정보에 반응하는 상황에 대한 이해를 도움	고객이 자료에 대한 확신이 없고 명확성을 찾고자 할 때

자료: W. W. Burke(1987), "Organization development, Reading, MA : Addison-Wesley, pp. 146-148.

③ 변화시스템 내에서의 구성원의 역할

변화개입전략의 목표인 구성원의 역할은 변화관리자에 의해 결정된다. 대상은 작은 작업팀이나 전체조직이 될 수도 있다. 변화관리자는 시스템 내의 구성원에게 변화과정에서 변화관리자 및 변화주도자가 함께 일하는 위원회에서 특정역할을 하도록 요구할 수 있다. 위원회나 태스크포스는 자료를 수집하고, 팀기법을 발전시키고, 검토대상 사안이나 역할을 규정한다. 위원회들은 위원회 일에 별도의 노력을 배가하도록 스스로 동기부여를 하여 활기를 띠게 하여야 한다.[29]

(3) 조직개발설계에서 HRD담당자의 역할

HRD담당자에게는 조직개발을 위한 변화계획에 있어서 두 가지 중요한 역할이 주어진다. 첫째는 변화추진자의 역할을 담당할 수 있다. 조직개발능력은 HRD전문가의 여러 능력 중 한 부분이다. 사전에 계획된 변화 상황, 특히 변화개입기법(예, 행동양식 훈련)으로서의 HRD 프로그램이나 방법론과 관련된 상황에서 HRD종사자는 변화관리자가 HRD 프로그램과 방법론을 이해하고 여러 가지 조건 하에서 어떤 것이 가장 적절하게 쓰이는지 이해

조직개발 Chapter 11

하는데 도움을 주어야 한다. 이러한 역할에서 HRD종사자는 추진계획의 일부분인 변화활동(예, 인지과정)들을 촉진시킬 수도 있다.

두 번째 역할은 변화개입전략의 평가자로 일하는 것이다. HRD종사자가 변화전략과 직접적으로 관련되어 있지 않은 상황이라 할지라도 평가적 요소를 구성하는데 책임을 질 수도 있다. 즉, HRD종사자는 필요성 조사를 실시할 수 있는 능력을 소유해야 하고 변화프로그램의 효과들을 평가할 수 있는 적절한 방법론을 사용할 수 있어야 한다.

개인변화개입

앞에 소개된 대부분의 조직개발기법은 개인변화(개입)전략이었다. 이것은 조직과 집단 구성원으로서의 개인의 변화를 통하여 대인관계, 부서 간 및 조직간의 관계를 개선하는데 초점이 맞춰졌다. 조직 내 개인을 조직성과 향상에 기여할 수 있도록 변화시키는 전통적인 개인변화개입 방법으로는 감수성훈련, 코칭, 멘토링, 훈련 및 개발 등의 개인개발과 경력평가센터 등의 경력개발 프로그램이 있다. 앞서 개인개발과 경력개발에 대해서는 제9장 개인개발과 제10장 경력개발에서 설명 한 바 있어 본 절에서는 최초의 조직개발 프로그램인 감수성훈련과 최근 널리 활용되고 있는 다면평가에 대해 살펴보고자 한다.

1 감수성 훈련(sensitivity training)

감수성훈련의 목적은 자기와 타인의 행동패턴에 대한 인지와 감수성을 개발하고자 하는 것이다. 구체적인 목표는 다음과 같다. ① 대인관계에서의 솔직성의 증대, ② 타인에 대한 보다 많은 사려, ③ 개인차에 대한 관용도의 증가, ④ 편견의 축소, ⑤ 집단과정에 대한 이해, ⑥ 다른 사람의 의사존중기법 향상, ⑦ 신뢰와 지지의 증가 등이다.

내용지향적 훈련방법과는 달리 감수성훈련은 실험적 상황을 설정하고 혼자서 배워나가는 훈련방식이다. 이 방법은 1~2주일 동안 계속적으로 만나는 소집단에서 발생하는 행동을 대면학습하는 과정이 포함된다. 이 방법은 역할이 미리 잘 짜여져 있지 않다는 점에서 역할연기보다 덜 인공적이다.

감수성훈련 기법은 일반적으로 다음 사항을 포함한다. ① 비구조화, ② 훈련자에 의한 촉매적 작용, ③ 문화적 고립, ④ 모르는 사람들과의 팀구성, ⑤ 현실적인 대화, ⑥ 정직하고 지지적인 피드백의 강조 등이다.

이 훈련의 일반적 목표는 감수성과 신뢰의 향상, 타인의 공헌에 대한 존경을 통해서 조직분위기를 솔직한 것으로 만들어 나가고자 하는 것이다. 그러나 이 방법은 관리자훈련방식으로 널리 받아들여지고 있는 것은 아니다. 주요한 이유는 많은 행동과학자가 지적하는 바와 같이 솔직성과 지지 그리고 신뢰에 제한성이 있기 때문이다. 대부분의 관리자는 때로는 특정인의 감정의 손상을 가져올 불유쾌한 의사결정을 해야 한다.

높은 수준의 감정이입이나 공감이라 하더라도 그러한 결정에서 오는 영향을 번복할 수 없으며, 또한 관리자의 정서적 희생을 강요하게 될지 모른다.

어떤 전문가는 실험실 훈련(laboratory training)은 현실적으로 기업에 적용이 불가능하다고 비판한다.[30] 만약 한 사람의 경영자만이 이 훈련에 참가하고, 다른 사람은 여전히 과거의 행동을 계속한다면 그 경영자는 외로운 존재가 되어버릴 것이다. 이런 이유에서 많은 기업체는 개인의 감수성훈련보다 조직개발에 중점을 두는 경향이 있다.

② 360도 다면평가

두사람 이상의 평가자가 조직내 피평가자의 평가에 참여하는 것을 말하며 360도 피드백(360 degree feedback), 복수평가 피드백(multirater feedback) 등 다양한 명칭으로 불리고 있다. 1980년대부터 활용되기 시작하였으며 포춘지 선정 1000대 기업중 90%가 도입하고 있으며 우리나라에서는 1990년대 LG그룹이 최초로 도입하였고[31] 이후 국내 여러 기업으로 확산되었다.

기존의 개인평가제도는 상급자 1인에 의한 일방적 평가로서 평가자의 평가기준이나 평가역량에 따라 평가결과에 많은 차이가 있어 평가결과에 대한 수용도가 낮다.

다면평가는 1인평가의 문제점 해소를 위하여 동료나 부하직원도 평가에 참여한다, 다면평가의 장점은 단일평가자에 의한 평가의 편향을 줄일 수 있으며 성과평가와 관련된 분석자료를 보다 풍부하게 확보가 가능하다. 아울러 다양한 관점에서 피평가자에 대한 평가가 가능하다. 1인 평가자인 상사가 보지 못하는 장점과 단점을 여러 시각에서 발견할 수 있어 보다 입체적인 평가가 가능하다.

반면 다면평가의 단점으로는 평가자별로 평가결과에 대한 편차가 크게 발생할 수 있다. 이 경우 어떤 평가결과가 정확한지 판단하기 어려워진다. 아울러 피평가자의 역량과 업적에 대한 평가보다는 인간관계 등 인기투표로 흐를 가능성이 있다. 따라서 다면평가는 평가결과를 승진과 연봉에 반영하는 보상을 위한 평가보다는 피평가자의 부족한 역량을 파악하고 이에대한 피드백을 통하여 개인개발을 목적으로 할 때 더욱 효과적이다.[32]

다면평가가 효과적으로 실시되기 위해서는 평가과정과 결과에 대한 익명성이 보장되어야 한다. 둘째 여러 사람이 평가에 참여함으로써 통계적 방법 등을 활용해 평가오류를 예방할 수 있는 방안을 마련하여야 한다. 셋째 다면평가 도입에 따른 업무량이 증가되지 않도록 관련업무의 전산화가 필수적이다. 넷째 전체를 한 번에 시행하기 보다는 시험도입을 통하여 점진적 확대를 추진한다. 다섯째 도입후에는 문제점을 파악하고 지속적으로 개선 보완한다. 다면평가가 개인개발의 도구로서 유용한 점은 여러 평가자들의 객관적 평가를 통해서 피평가자의 부족한 점에 대해 피드백하기 때문이다.

PARAGRAPH
04

집단변화개입

조직에서는 전체적인 생산성 향상과 구성원의 만족도를 높이기 위한 하나의 방법으로 집단변화개입을 활용해왔다. 개인변화와 프로세스변화 방법은 대인관계와 직무설계에 초점을 맞추었다. 반면 집단변화개입전략은 조직의 운영단위가 되는 팀과 그룹의 요구사항을 반영하는 데 초점을 맞추었다.

1 집단내개입

(1) 팀빌딩

조직변화관리에서 집단(부서)의 성과향상 방향에서 시도되는 팀빌딩(team building)은 작업팀(부서)의 문제해결능력과 효율성을 개선하기 위해 사용하는 방법이다.[33] 개인과 마찬가지로 단위부서들도 팀의 구성원들이 해결할 수 없는 문제들을 경험하거나 외부적 변화(예 : 기술상의 변화 등)에 적응할 수 없는 경우 기능장애를 일으킨다. 집단이 기능장애를 일으키면 구성원간의 관계가 경직되고, 갈등이 증대되면 팀의 실적이 저하되며 구성원들이 이직하기 쉽다. 팀빌딩은 이러한 문제들을 바로잡는데 쓰일 수 있다.

집단문제해결에 있어서 집단의 효율성은 최소한 3가지 요인에 좌우된다.

① 집단의 생산적인 실적(상품 또는 서비스)이 그것을 산출하는 구성원의 수, 질, 시기적절성에 대한 기준과 맞아떨어지는 정도
② 업무수행절차가 구성원들이 서로 의지하며 함께 일할 수 있도록 구성원의 능력을 고취시킬수 있는지의 정도

③ 집단의 경험이 팀 구성원들의 성장과 개인적 복지에 공헌하는지의 정도

만일 이 요인들 중 하나라도 없다면, 팀빌딩을 통해 효율성을 증진시키도록 해야 한다. 팀빌딩을 시도하기 전에 다음과 같은 몇 가지 일들이 선행되어야 한다.

첫째, 팀빌딩에 대한 집단의 요구가 있는지 미리 진단해야 한다. 팀빌딩은 '조직목표 달성을 방해하는 몇 가지 기본적인 조건이나 절차들을 개선하고자 하는 강렬한 요구'가 있을 때에 가장 큰 효과를 나타낸다. 팀빌딩에 대한 집단의 요구를 진단하지 않으면 일부 구성원들이 변화를 일으키고자 하는 노력을 거부할지도 모른다.

둘째, 변화를 촉진시킬 수 있는 기법이나 다양한 조직개발기법을 사용할 수 있는 변화주도자를 선발해야 한다. 이것은 특히 조직개발방법으로 변화시키려는 대상이 사고방식, 고정관념, 관습 등일 경우 필요하다. 팀빌딩의 한 가지 기법은 변화과정 컨설팅인데 해당 집단과의 회의 및 만남을 촉진시키기 위해 변화주도자를 활용하는 방법이다. 변화주도자는 집단의 활동과 상태를 관찰하고 회의 마지막에 그러한 관찰내용을 근거로 피드백절차를 실시한다.

셋째, 변화관리자와 변화주도자는 팀빌딩 세션에 대한 일반적 접근법을 개발해야 한다. 다양한 팀빌딩활동을 누가 촉진시킬 것인가와 관련하여 이들의 역할이 명확하게 구체화되어야 한다. 또한 일반적 접근법은 팀빌딩주기(예 : 활동계획단계)를 구체화해야 한다.

넷째, 변화관리자와 변화주도자는 후속조치단계와 평가단계 등의 활동일정표를 작성해야 한다.

(2) 자율경영팀 활용

자율경영팀(self - managing teams : SMTs)은 공식적인 조직으로 구성원들이 상호의존적이며 팀의 활동에 권한을 가지고 있다고 정의하고 있다.[34] 대부분의 SMTs가 조직의 특화된 요구를 만족시키기 위해 운영되지만 몇 가지 공통적인 특징을 가지고 있다.

① 팀 구성원 간 상호의존적인 관계를 갖는다.
② 구성원들은 업무분담, 업무방법, 업무스케줄, 훈련 등과 같은 사안 및 외부고객과 공급자들을 다루는 일에 대해 재량권을 갖고 있다.
③ 팀 구성원들은 여러가지 작업을 수행할 수 있는 다양한 기술을 가지고 있다.
④ 팀은 업무피드백을 받는다.

이러한 특징들은 전통적인 관리자 중심의 업무조직에 상당한 변화가 있음을 나타낸다. 특히, 많은 조직들은 SMTs를 시행할 때 감독자와 중간관리자들의 숫자를 줄였다. 어떤 조직들은 감독자 직위를 팀 어드바이저나 팀 촉진자 또는 코치로 바꾸기도 한다. 이러한 구조에서, 각 개인의 역할은 팀 구성원들이 훈련받을 수 있도록 협력하고, 직원채용, 예산, 업무일정 잡기, 수행도 평가, 부진사항들에 대해 조언하는 것이다.

조직들은 대개 SMTs를 조직변혁전략의 하나로 사용하고 있으며, 이는 조직을 재구성하고, 근로자의 참여를 늘리며, 생산성을 늘리거나 비용을 절감하는 것에 초점을 맞추고 있다.

교육과 훈련은 SMTs를 실시하는데 있어 꼭 필요한 요소로서 훈련은 몇 가지 단계에서 일어나야 한다. 첫째, 인지훈련은 구성원들에게 STMs의 프로세스를 소개하고 그 혜택을 설명하기 위한 것이다. 둘째, 기술훈련은 팀 구성원들에게 자신들의 팀을 운영하는데 필요한 기법과 능력을 제공해 준다. 여기에는 예산짜기, 계획세우기, 문제해결방법, 커뮤니케이션기법 등이 포함된다. 셋째, 교차훈련(cross training)은 공통업무를 배정받은 다른 팀 구성원들을 대상으로 실시한다.

자율경영팀이 기대한 만큼의 생산성증가를 이루지 못하고 실패하는 이유는 효율적인 팀관리 또는 감독이 부족하기 때문이다. 이는 SMTs를 시행하는 조직들이 전통적인 계급구조로부터 변화하기를 거부하거나 또는 적절한 지원체제(예 : 인적자원 시스템, 훈련)를 개발하지 못했기 때문이다. 따라서 조직 내 여러 경영시스템이 팀구성과 팀행동을 도와주는 것이 중요하다.[35]

❷ 집단간개입(갈등관리)

집단간개입의 대표적인 사례는 갈등관리이다 조직 내에서는 다양한 유형의 갈등이 존재한다. 조직은 팀 등과 같은 세부적인 하위집단으로 구성되며, 팀 또는 집단은 조직 전체의 목적을 달성하기 위하여 존재한다. 그러나 공통의 목표를 가지고 있음에도 집단 간에는 자원획득, 업무의 우선순위, 업적경쟁 등으로 언제든지 갈등이 발생할 수 있다. 집단 간 갈등은 상황에 따라 긍정적인 효과와 부정적인 영향을 가져올 수 있다.[36] 상호의존성이 없는 생산부서간의 갈등은 경쟁을 부추겨 생산성을 높인다. 그러나 상호의존성이 높은 부서간의 갈등은 역기능을 발생시킨다. 자재구매부서와 생산부서의 갈등은 적절한 시기에 자재 공급이 어려워 생산에 차질을 가져온다.

집단 간 갈등이 발생하였을 경우 활용할 수 있는 집단변화개입 기법을 살펴보기로 한다. 집단간 갈등상황이 발생하였을 때 외부 또는 내부 컨설턴트를 활용하여 제3자의 상담에 의해 갈등에 대한 해결책을 모색한다. 갈등상황이 발생하였을 경우 불신에 따른 의사소통의 양과 질이 감소한다. 두 집단에 속하지 않는 제3자인 컨설턴트를 활용하여 커뮤니케이션을 증가시키고 문제점을 도출하여 상호 오해를 해소한다. 외부인일 경우에는 전문 컨설턴트를 활용하고 내부에서는 변화담당자를 활용하게 된다.

블레크(Blake et al. 1954) 등은 집단 간 관계를 개선시키기 위해서 다음과 같은 절차에 따라 회의를 진행한다고 제시하였다.[37] 첫째 두 집단이 일상적인 작업상황을 벗어난 곳에서 만남을 추진하고 둘째 컨설턴트는 두 집단의 관리자들과 함께 모임의 취지를 설명하고 진행한다. 셋째 두 집단이 자신들의 특성을 각각 어떻게 생각하고 다른 집단의 특성은 무엇이며, 다른 집단은 자신의 집단에 대해서 어떻게 생각하는지 답하도록 한다. 넷째 질문에 대한 답변을 상호 공유한다. 다섯째 두 집단간의 불일치점에 대해 분석하고 이에 대한 해결책을 모색한다. 여섯째 실행계획을 만들고 추가로 예상되는 문제점을 정리한다.

프로세스변화개입

프로세스변화개입 전략은 크게 두 가지로 구분할 수 있다 미시적으로는 구성원들의 직무만족도, 근무방법, 관계성 등을 개선하고, 또 비효율적인 재료, 방법, 도구, 업무흐름 설계도 및 고비용의 불필요한 작업들을 보다 효율적인 기법으로 대체함으로써 비용을 낮추기 위한 직무확대, 직무충실, 대안적 작업스케줄기법 등이 있다.[38] 이로써 근로자들의 능률성과 만족도 제고를 동시에 추구한다.

한편 거시적으로는 환경변화에 대응하기 위하여 비효율적인 업무프로세스를 혁신하는 업무 프로세스 재설계, 다른 기관의 우수사례를 분석하여 도입하는 벤치마킹 등이 있다. 본 절에서는 프로세스변화개입 전략중 조직 구성원의 행동변화와 관련된 직무확대, 직무충실화, 작업스케줄의 변화에 대해 먼저 알아보고, 업무프로세스 재설계에 대해서도 살펴본다.

1 직무확대

직무확대(job enlargement)는 업무의 단조로움을 없애고 '다양성을 제공하기 위해 근무집단의 수평적 작업기능들을 통합함으로써 만족도와 실행력을 높이기 위한 시도'이다.[39] 직무확대는 대부분의 조직에서 통상적인 관리적 관행으로 실시되고 있다. 즉, 관리자는 근로자의 지루함을 관찰하여 이 사람이 의욕이 없다는 것을 진단할 수 있다. 관리자가 이러한 상황에서 다른 주된 방해물이 없을 경우(예 : 단체교섭 합의서상의 규제) 이 사람에게 보다 도전적인 업무를 맡기는 것이다. 따라서, 일부 직무확대방법은 비공식적으로 행해진다.

캠피온 등(Campion & McClelland, 1991)이 수행한 연구에서 사무직 구성원에게 직무확대방법을 사용할 경우 업무성과(예 : 근로자 만족도)를 조사한 결과 직무확대가 근로자 만족도 및 고객서비스에서는 긍정적인 효과를 나타냈지만 정신적 부담을 완화시키는데는 거의 효과가 없는 것으로 결론지었다.[40]

❷ 직무충실화

직무충실화(job enrichment)는 근로자의 동기부여를 위한 잠재력을 증가시키기 위해 업무의 난이도 증가 등 여러 가지 면모를 다양화시키는 것이다. 아마도 직무충실화에 대한 가장 개발된 접근방법은 해크맨 등(Hackman & Oldham')의 직무특성화모델(job characterization model : JCM)일 것이다. JCM은 직무에는 다섯 가지 핵심적인 차원(예 : 기술적 다양성, 직무의 특성, 직무 중요도, 자율성, 피드백)이 있으며, 핵심적인 직무차원은 근로자가 경험하는 다음 사항의 정도를 결정함에 따라 직무만족도, 본질적 동기와 같은 작업결과에 영향을 미친다고 주장한다.

① 직무자체의 의미
② 직무와 그 결과에 대한 책임감
③ 직무의 실제결과에 대한 지식

❸ 작업스케줄의 변화

작업스케줄(alternative work schedules : AWS) 변화전략은 구성원들이 자신의 개인적 요구를 충족시키기 위해 업무요건을 변경할 수 있도록 한다. 대안적 작업스케줄 변화방법 중 가장 일반적인 두 가지는 집중근무제와 근무시간의 자유선택제이다.[41]

집중근무제(compressed workweek)는 주당 근무일수를 줄이는 것으로서, 예를 들면, 5일에서 4일로 줄인다. 통상적으로, 집중근무제는 4/40스케줄로 일컬어지는데 구성원들이 10시간씩 4일 근무할 수 있도록 하는 선택권을 주는 것이다. 4/40플랜에 대한 조사결과 근로자들의 태도에 긍정적인 영향을 미치는 것으로 보였으나 업무생산성에 대한 효과는 분분한 것으로 알려지고 있다.

미국의 521개 기업을 대상으로 한 조사결과에 따르면, 응답기업의 93%가 어떤 형태이든 대안적 작업 스케줄이 있다고 했다.

근무시간 자유선택제(flexitime work schedule)는 구성원들이 정해진 근무일 중에서 출근시간과 퇴근시간을 결정하는 것을 어느 정도 범위 내에서 허용하는 것이다. 특히, 육아 중인 여성근로자들의 경우 자신의 가족상황에 맞추어 근무시간을 변경할 수 있는 옵션을 가지는 것이 매력적이라고 느낄 수 있다.

우리나라에서 최근 부부가 모두 직업을 가지는 비율이 증가하고 있다. 2017년 통계에 따르면 전체 가정의 44.6%가 맞벌이 가정이라고 한다. 또한 한 부모 가정은 전체의 9.5%(2015년)이며 한 부모 중 23%가 남성이다. 이에따라 근로자의 상당수는 자녀 양육문제에 시간을 할애할 수 있는 다양한 형태의 탄력근무제가 필요할 것이다.

근무시간의 자유선택제를 실시해도 근로자들은 1일 표준근무시간(예 : 8시간)만큼은 일해야 하며, 모든 근로자들은 하루 중 핵심시간 동안에는 직장에 있어야 하고, 언제 출근해서 퇴근할지를 정할 수 있다. 근무시간의 자유선택제는 많은 요인들과 관련이 있는데 여기에는 조직에 대한 충성도, 출근, 업무성과, 스트레스, 휴일만족도 등과 관련되며 근무시간 자유선택제의 효과는 업무태도에 가장 크게 나타난다.(예 : 직무만족도, 직장에 대한 만족도, 상사에 대한 만족도)

4 업무 프로세스 재설계(BPR)

사업구조의 혁신적 개선을 위하여 해머와 챔피(Hammer & Champy)는 비즈니스 프로세스 리엔지니어링(business process reengineering)을 제안하였다. BPR은 기존의 업무 프로세스를 부정하고 제로베이스에서 업무를 재설계하는 방식이다. BPR의 도입 배경은 1980년대 정보기술이 발달하면서 기존의 업무 프로세스를 답습하면서 부분적인 업무 전산화가 추진되었다. 그러나 고객의 요구 수준이 급격하게 높아지고 국제화가 급속히 진행되는 외부 환경변화에는 미흡한 실정이었다.

외부환경의 변화에 대응하기 위해서 조직에서는 당시 급속히 발전하고 있던 IT기술을 활용하여 근본적인 혁신의 추진이 필요하였다. 이에따라 기존 업무 프로세스를 백지화하고 분업화와 전문화로 부서별로 나뉘어서 수행하던 체계를 고객중심으로 통합하여 재설계하였다. 당시 IBM은 PC판매에서 판매, 배송, 대금수납 부서 등이 구분되어 있었는데 이를 하나의 조직에서 담당하도록 하고 지역별 담당체제로 전환하였다. 이로써 고객이 PC를 구입하는데 소요되는 시간을 획기적으로 단축하였다.

그러나 BPR은 대규모 투자가 소요되는 반면 사전에 그 효과를 검증하기 어렵고 바뀐 업무 프로세스에 대한 직원들의 업무 범위가 종전의 분업화에 비해 확대되어 이를 대비하기 위해서는 전면적 교육훈련이 필요하였다. 이를 해소하기 위하여 기존의 업무프로세스를 일정부분 인정하면서 점진적이며 지속적으로 변화를 추구하는 프로세스 혁신(process innovation)이 나타났다.

PARAGRAPH 06 조직변화개입

일반적으로 조직변화 노력은 조직의 문화, 사명, 전략을 새롭게 설정하려는 목적으로 조직의 새로운 비전을 유기적으로 통합하는데 중점을 둔다. 조직변혁을 위한 네 가지 방법은 조직문화 변화, 전략적 변화, 학습조직, 고성과작업체제이다. 이들에 대해 살펴보기로 한다.

1 조직문화의 변화

조직문화란 조직구성원들이 공유하고 있고 그들의 행동과 전체 조직행동에 기본전제로 작용하고 있는 조직체 고유의 가치관, 신념, 규범이라고 볼 수 있다.[42] 조직문화는 사명선언서(mission statement)에서도 찾아볼 수 있고 [표 11-4]처럼 조직적 매커니즘을 통해 전달되고 강화된다.

🔅 표 11-4 · 조직문화를 유지하는 매커니즘

- 경영자가 보상(pay)에 주목하는 것
- 경영자가 중대한 사건에 대응하는 방법
- 역할모델링, 코칭, 훈련프로그램 등
- 보상과 지위를 배분하는 기준
- 사원모집, 채용, 승진, 해임의 기준

자료: R. W. Woodman(1989), Organization change and development : New areas for inquiry and action, Journal of Management, 15(2), p. 217.

조직문화 변화는 단순히 가치관, 신념, 규범과 커뮤니케이션을 바꿔 제시하여 구성원에게 전달하는 것 이상의 의미를 갖는다. 문화적 변화는 기존의 패러다임이나 사고방식을 바꾸는 복잡한 과정을 거친다. 예를 들어, 조직이 문화적 다양성(여러 문화의 다양한 면들을 조직구조 속으로 통합하는 것)을 갖기를 원한다면, 기존의 조직패러다임을 근본적으로 변화시켜야 한다(예 : 문화적 차이를 존중). 조직은 작업장 내에서나 밖에서 근로자 상호 간의 관계에 영향을 미치는(비전과 사명을 지지하는) 새로운 가치관을 받아들이는 것이다.

② 전략적 변화

전략적 변화(strategic change)는 시스템적 변화(예 : downsizing)를 요구하는 조직목표나 사명 내에서의 근본적인 변화라고 볼 수 있다.[43] 시스템적 변화는 크기(size), 깊이(depth), 파급(pervasiveness)의 세 가지 차원으로 파악된다. 변화의 크기는 변화에 의해 영향을 받은 구성원의 수를 의미하며, 제한적인 구조적 변화나 조직의 핵심가치에 도움이 되는 변화의 정도를 변화의 깊이라고 한다. 또 변화의 파급은 얼마나 많은 조직의 기능과 위계조직수준이 변화에 의해 직접적으로 영향을 받게 되는지를 의미한다. 조직이 이 세 가지 변화를 함께 진행할 때 변화과정은 더 복잡하게 된다.

전략적 변화는 조직이 경제적, 사회적, 법률적, 정치적 분야 등의 많은 요인으로부터 변화와 적응에 대한 외부적 압력에 직면할 때 필수적이다. [표 11-5]에 일반적인 외부적 압력에 대한 사례를 들었다. 조직의 다양한 변수와 환경에 의해 강요된 요구 사이에서 '역동적인 적응'을 할 수 없는 조직은 쇠퇴와 조직붕괴에 직면할 수밖에 없다.

예를 들어, 국방비지출 삭감은 많은 군수품 제조업체들의 규모나 계약량 감소에 직면한다. 이러한 변화에 대처하기 위해 조직들은 군수품이 아닌 새로운 제품을 주요 전략상품으로 채택하는 변화를 고려해야 한다.

표 11-5 · 조직에 대한 외부적 압력

외부적 압력	조직이 압력을 인지하는 방법
치열한 경쟁	시장의 요청
변화하는 투자자의 기대	새로운 기회
변화하는 노동자	문화적 압력
기술적 발전	과학기술의 요구
새로운 법률과 규칙	법률적 속박
금융시장의 변화	경제적 압력

자료: 미국 상무부·교육부·노동부·NIL 및 중소기업청 공동 보고서, "21s Century Skills for 21st Century Jobs", 1999, 한국직업능력개발원(역).

변화가 조직개편을 불가피하게 하고 그 결과는 구성원에게 영향을 미친다. 예를 들어, 1980년대에 근로자 500명이 넘는 대기업이 조직을 개편하였을 때, 인수·합병(M&A)의 결과로서 (일시적)해고와 전직을 초래했었다. 일자리의 감소 외에도, 합병(mergers)은 보고체계, 정책, 절차, 배분과정, 통제시스템의 재편성을 요구하기도 한다. 특히 관리자들에게는 조직합병의 규모에 따라 그 파장이 매우 파괴적일 수 있다.

> General Electric사는 1980년부터 1986년까지 338개의 회사를 사들이고 232개의 회사를 처분했으며 73개의 공장을 폐쇄했다. 이러한 변화로 수 만개의 일자리가 사라졌다.

인수(acquisition)는 합병(merger)보다는 덜 파괴적이다. 인수된 조직의 구성요소 중 많은 부분들을 그대로 유지할 수도 있다. 일부 인수과정에서는 합병 집행부가 지휘권을 갖고 감독한다. [표 11-6]과 같이 대부분의 인수과정에서는 근로자들은 직무수행능력에 영향을 줄 수 있는 업무와 관련된 많은 손실을 경험한다. 이러한 손실이 초래된 구성원의 감정들은 종합적인 변화전략의 중요부분으로 다뤄져야 한다.

전략적 변화개입의 한 방법으로 부서의 수, 경영관리수준, 전체근로자수를 감소시키는 고용조정(downsizing)이 있다.

표 11-6 · 합병에 대한 근로자들의 감정반응

감 정	원 인
1. 위계질서의 상실	인수하는 회사가 사장이 됨
2. 지식의 상실	업무절차와 사람들의 변화
3. 신임하는 부하직원 상실	자리이동
4. 네트워크 상실	새로운 관계 형성
5. 통제력 상실	인수하는 회사가 결정권을 가짐
6. 미래에 대한 기대 상실	미래에 일어날 일 예측 불가능
7. 직무에 대한 정체성 상실	대부분 일정기간동안 유동성을 가짐
8. 근무지 등 물리적인 위치 상실	합병에서 이동은 전형적인 현상
9. 친구나 동료의 상실	직원들이 사직, 해고, 자리이동을 함

❸ 조직재설계

조직에서 본연의 사업을 수행하기 위해서는 업무별로 어느 팀에서 담당할지, 누가 담당할 지를 결정하여야 한다. 일정규모 이상의 조직에서는 CEO가 모든 의사결정을 할 수 없으며, 필연적으로 하위단위로 분화하여 운영할 수 밖에 없다. 조직구조의 결정에 영향을 미치는 요인으로는 환경, 조직규모, 조직전략, 기술, 국제화 수준이 있다.[44] 조직에서는 어떠한 조직구조를 선택하는가에 따라 업무의 효율성이 좌우된다. 과거에는 수직적 분화관계에 따른 기능별 조직구조가 다수였으며 이외에도 사업부별 조직, 매트릭스 조직이 활용되었다. 최근에는 급격한 환경변화에 신속히 대응하기 위하여 프로세스 조직과 네트워크 조직도 나타나고 있다.

기능별 조직은 전통적 조직형태이며 가장 널리 활용되고 있다. 생산, 판매, 재무 등 기능별로 전문화한 하부 조직을 설치한다. 기능별 조직은 제한된 수의 제품과 서비스를 가진 조직과 작은 규모의 조직에서 잘 작동한다. 장점은 구성원과 자원을 최대한 활용하여 중복 서비스를 줄일 수 있다. 또한 구성원의 전문성을 제고하는 경력개발에 도움을 준다. 단점으로는 하위조직간 커뮤니케이션이 어렵고 하위조직은 전문화된 부분만을 책임지므로 전체 목표 달성에 대한 책임소재가 불명확하다.

사업부별 조직은 여러 제품과 서비스를 제공하는 대규모 조직에 적합하다. 제품과 서비스별로 독립된 책임을 부여 받은 하위조직을 구성한다. 사업부별 하위 조직내에는 제조, 판매, 연구 등 기능별 조직을 설치한다. 사업부별 조직은 전체 목표 달성에 대한 책임 소재가 분명하고 고객지향성 높다. 사업부별 조직내 하위조직간 상호의존성을 이해하고 협력체계 구축이 용이하다. 그러나 사업부별 중복적인 조직운영으로 비효율이 발생하기 쉽다. 전체의 목표보다는 사업부의 목표를 우선할 수 있다. 기능별 조직에 비해 덜 전문화 되고 다양화된 업무를 담당함으로써 전문가로서의 성장이 어려우며 스트레스가 유발된다.

메트릭스 조직은 기능별 조직과 사업부별 조직을 융합한 형태로서 두 구조의 문제점을 최소화하고 장점을 높이기 위해 도입되었다. 수직적으로는 기능별 조직의 형태를 취하고 수평적으로는 제품이나 서비스 책임자를 두는 형태를 구성한다. 메트릭스 조직은 모든 프로젝트에 구성원의 유연한 활용이 가능하여 자원을 효율적으로 활용할 수 있다. 구성원간의 커뮤니케이션이 촉진되고 환경변화에 대응이 용이하다. 반면 지휘체계가 이원화되어 조직통솔에 혼선이 있을 수 있으며 구성원 역할이 모호하다. 기능별 조직과 사업부별 조직의 이해가 충돌될 경우 갈등이 심화되고 구성원의 스트레스가 증가된다.

프로세스 조직은 급격한 환경 변화에 탄력적으로 대응하기 위하여 새롭게 제시되고 있는 조직형태이다 프로세스 조직은 업무 프로세스 별로 조직을 구성한다. 프로세스는 내부의 업무처리 절차가 아닌 고객의 관점을 3~5개의 핵심프로세스를 토대로 구분한다.[45] 예를 들면 프로세스를 제품개발-고객주문-A/S와 같은 형태로 구분하며 이를 하위조직으로 묶는다. 프로세스 조직은 많은 조직단계와 조직간 경계를 없애고 수평조직으로 운영한다. 이 결과 고객의 요구를 가장 신속하게 처리하고 대응할 수 있다. 반면 자원의 중복성이나 수평조직을 관리할 수 있는 관리자의 역량이 필요하다.

4. 전사적 조직혁신시스템

1) 전사적품질관리

극심한 경쟁에 맞서고 있는 기업들은 품질이 결정적인 경쟁요소라는 것을 알고 있다. 품질을 개선할 수 있는 방법으로 전사적품질관리(total quality management : TQM)전략을 계획하고 실행하는 것이다.

TQM은 '모든 구성원들이 소비자의 관점에서 지속적으로 개선점을 발견하는데 주력하도록 하는 방식 및 개념'으로 정의된다.[46] TQM은 모든 종업원들로 하여금 지속적인 품질개선에 책임을 지도록 만들려고 한다는 것이다. TQM은 대개 구성원들의 업무방식에 중요한 변화를 야기시킨다. 대부분의 TQM전략은 다섯 가지 기본적인 구성요소와 관계되어 있는데 ① 경영진의 전사적 책임, ② 품질관리 기준 및 방법, ③ 종업원 훈련, ④ 의사소통, ⑤ 보상(표창, 축하 등)이다. 경영진은 TQM을 실행할 수 있도록 지도해야 한다.

> 현대자동차는 1990년대 품질 위기를 겪었다. 1998년 IMF 당시 신차당 불량개수를 측정하는 신차초기품질(IQS:Initial Quality Study) 수준이 269개로 산업평균 대비 53%가 높았다. 이로 인하여 미국내 판매량이 급감하는 위기를 맞았다. 현대자동차에서는 2002년 회장 직속으로 품질총괄본부를 신설하고 전사적품질경영(TQM)을 추진하였다. 품질경영의 결과로 2007년 이후에는 신차초기품질 수준이 산업평균에 도달하는 성과를 보였고 미국에서의 판매량이 증가하였고 브랜드 가치도 향상되었다. 전사적 품질경영의 성공요인으로는 최고경영자의 리더십과 전사적 체제, 교육훈련을 통한 품질역량 강화이며 중요한 원동력은 현장 작업자에서부터 경영자까지의 모든 구성원들의 품질에 대한 의식과 태도였다.[47]

품질기준 및 품질관리 방법은 TQM의 벤치마크로 사용된다. 명확한 품질목표를 세운 조직은 지정된 기준에 따라 자사의 목표를 가늠할 수 있어야 한다. TQM은 특히 수행 기준의 편차에서 발생된 부적합비용(대부분 예산의 20%수준)을 줄이는데 각 담당자의 역할을 강조한다. 맥코맥(McCormack, 1992)에 의하면, 감독자는 다음 사항을 처리할 수 있어야 한다고 주장했다.[48]

① 현재 수행기준을 명시할 수 있어야 한다.
② 실적이 기준과 차이가 있는 곳이 어느 부분인지 규명할 수 있어야 한다.
③ 차이가 발생되는 원인이 무엇인지 결정할 수 있어야 한다.
④ 원인을 확인하고 정정하기 위해 행동을 개시할 수 있어야 한다.
⑤ 바람직한 성과를 명시할 수 있어야 한다.
⑥ 현재의 기준과 희망기준을 비교하여 그 차이를 규명할 수 있어야 한다.

⑦ 그 차이를 좁히기 위한 대안을 개발할 수 있어야 한다.

⑧ 새로운 기준을 규정할 수 있어야 한다.

품질훈련을 실시하는 것은 TQM의 성공에 있어 매우 중요하다. 그러므로 TQM을 시행하고자 하는 조직들은 훈련에 많은 투자를 해야만 한다. 모든 계층의 관리자들이 TQM의 사상과 원칙에 대해 민감해지는 것에서부터 훈련이 시작되어야 한다. 모든 관리자들은 TQM을 인지하고 TQM의 원칙들을 시행하는 방법에 대한 훈련을 받을 필요가 있다. 부가적으로, 구성원들은 통계적 공정관리(SPC) 기법에 대한 훈련을 받아야 한다. 또한, 문제해결팀을 활용하는 것은 거의 대부분 TQM 방법의 한 부분이므로 팀 구축 훈련이 품질훈련에 포함되어야 한다.

보상·표창·축하는 종업원들로 하여금 활기를 띠게 만들어주고 전사적 품질관리의 목표를 향해 일할 수 있도록 하는데 필요하다. 많은 조직들은 TQM의 참여와 성공을 아래 3가지의 보상방식과 관련지었다. ① 개인적 금전보상, ② 그룹(부서)의 금전적 보상, ③ 비금전적 보상이다. 전통적인 개념의 보상인 개인적 금전보상은 TQM을 관리자의 참여와 성공을 연결시키는 중요한 역할을 한다. 그러나, 개인적 보상시스템은 '개인의 업무수행에 큰 강조를 두기 때문에 거의 대부분 구성원들 사이에 경쟁적인 상황을 만들게 되므로' 어떤 조직들은 능률제 승급과 같은 개인적 보상제도를 이미 포기했다. 대신, 많은 조직들이 이익공유(gain sharing) 프로그램을 강조하고 있다.

조직이 개인이나 부서의 공헌도에 대해 보상할 수 있는 방법은 표창수여, 매주·월·년의 우수직원(또는 팀) 선정하기, 표창을 축하하는 회식 등이다. 조직 또한 성공적인 TQM프로그램을 시행함으로써 인정을 받을 수 있다.

가장 훌륭한 상은 Malcolm Baldrige National Quality Award로 TQM 개념을 활성화시키는데 일조해왔다. 인정을 받고 싶은 조직들은 자신들의 TQM프로그램을 평가하는데 있어 전국적으로 인증된 기준을 반드시 고수해야 한다. 공공부문에서는 NASA가 매년 자신들의 상품과 서비스의 품질을 꾸준히 개선하는 계약자, 하도급업자, 물품공급자들에게 Quality and Excellence Award를 주고 있다.

2) 학습조직화

초기 TQM과 연속적인 향상 프로그램의 성공은 학습조직(learning organization)으로의 변화를 유도하는 계기가 되었다. 성공적인 TQM기법의 주요 내용 중 하나는 업무과정에 관여하는 모든 직원에 대한 학습을 강조하는 것이다. 관리자나 근로자 모두 ① 향상을 위한 일반적인 의사소통능력 키우기, ② 새로운 수단과 기술 배우기, ③ 업무실적 향상을 위해 솔선하는 법 배우기가 요구된다. TQM은 특정한 과정과 업무들에 중점을 둔다. 또한 학습된 수업은 종종 학습한 특정한 분야 외엔 공유되거나 적용되지 않는다. 일부 조직은 지위, 영역, 시간에 구애받지 않는 전문적 기술과 정보의 협력과 공유를 통하여 조직에 지식을 전달하는 역량을 발전시킬 수 있어야 한다는 것을 깨달았다. 이러한 끊임없는 학습과 변화, 적응에 대한 강조는 1990년대에 학습조직으로 일컬어지는 새로운 OT 개입의 출현을 이끌었다.

(1) 학습조직의 정의와 학습수준

학습조직이란 '끊임없이 조직역량을 실험하여 향상시키고 증대시킬 수 있도록, 모든 구성원이 문제를 파악하고 해결하는 데 관여하는 조직'을 의미한다.[49) 이것은 근로자들에게 끊임없이 학습하도록 요구하기 때문에 조직적 패러다임의 변화 또는 감마 B 변화(강화된 개인적 변화, 감마 A 변화는 강화된 조직적 변화를 뜻함)를 필요로 한다. 학습은 최소 세 가지의 수준으로 일어날 수 있다.

① 단순반복학습(single-loop learning)은 문제의 파악과 올바른 대처에 대해 강조한다.
② 이중반복학습(double-loop learning)은 특정한 문제를 이끌었던 근본적 가정과 핵심가치들에 대한 이해와 그것을 변화시키려는 적극성에 대해 강조한다.
③ 제2차학습(deuterolearning)은 조직이 단순반복과 이중반복 학습법을 향상시킴으로써 학습과정에서 문제가 저절로 해결(directed)된다.

단순반복학습은 근로자가 문제를 확인하고 바로잡도록 배우기 때문에 연속적인 향상 프로그램이 필요하다. 이러한 형태의 학습은 학습조직의 일상의 업무수행에서 중요하다.
이중반복학습은 근로자의 업무방식에 대한 근본적 가정과 핵심가치를 변화시키는 것이 포함되므로, 근로자의 학습에서 근본적인 변화를 이끌게 된다.

아지리스(Chris Argyris)는 학습의 특징에 대해 다음과 같이 설명한다.

'만약 학습이 지속된다면, 관리자와 근로자는 내면적인 측면에 유의해야 한다. 특히 문제를 파악하고 해결하려고 노력하는 방법이 어떻게 본래 문제의 원인이 될 수 있는 것인지를 배워야 한다.'

중요한 특징을 포착하기 위해서 단순반복, 이중반복 학습이라는 용어를 만들었다. 비슷한 예를 들어 설명하자면, 자동온도조절장치가 방안의 온도가 20도 이하로 내려가면 자동적으로 난방을 가동하는 것은 단순반복 학습의 좋은 예이다. 자동온도조절장치가 "왜 20도에 고정되어 있을까?"라고 질문을 하고, 난방을 위한 더 경제적인 온도가 있는지에 대해 조사하는 것은 이중반복 학습에 해당된다.[50]

가장 높은 학습 단계인 제2차 학습은 본질적인 것을 학습하기 위한 학습이다. 앞의 예로 돌아가서, 제2차 학습은 새롭게 자극된 훈련자가 다른 담당자들에게 조직의 훈련프로그램을 진행 중인 업무로 간주하고 끊임없이 조직의 변화요구를 충족시키는 프로그램을 채택하는 태도를 가지도록 격려할 때 일어날 것이다.

제2차 학습 사례

기업에서 HRD담당자인 A는 이번 년도 신입사원 교육프로그램을 어떻게 실시할지 고민 중이다. 지난 년도 교육은 2개월간의 실무내용을 포함한 장기 교육훈련프로그램으로 실시하였다. 이것은 종전에는 신입사원 교육이 2주간 기업현황, 고객응대, 예절교육 등 기초적인 내용으로 배치후 업무에 대해서 상당기간의 오리엔테이션 기간이 필요하다는 평가가 있었기 때문이다. 그러나 교육기간을 확대하였음에도 교육에 대한 만족도는 크게 높아지지 않았다. 그 이유는, 사내강사에 의한 실무교육을 확대하였으나 실습 보다는 강의 중심으로 진행되어 교육에 대한 흥미와 참여가 낮았기 때문이다. 이 경우 HRD담당자의 1차 학습은 신입사원 교육이 단순한 오리엔테이션 보다는 실무교육의 확대가 필요하다는 것을 파악한 것이다. 제2차 학습은 교육방식을 강의식 보다는 프로젝트 학습 등을 도입한 참여형으로 전환시킬 필요가 있다는 것을 알게된 것이다.

(2) 학습조직을 촉진하는 조직의 특징

전문가들은 무엇이 조직 내의 학습을 촉진하는지에 대한 견해를 제시한다. 학습조직의 특징으로는 협력적인 구조, 지식정보시스템, HRM관행, 조직문화, 리더십의 다섯 가지가 일반적이라고 보고 있다.

① 협력적 구조

학습조직의 주요 특징 중의 하나는 관리자와 근로자를 분리하는 위계조직의 장벽을 축소하거나 제거하는 것이다. 이 장벽 대신에, 학습조직은 자율경영팀(self-managed team)과 사내부문교차팀(cross-functional team) 등을 운영하여 더 협력적인 구조를 만들어왔다. 이러한 팀들은 정보를 공유하고 보급하는 자연스러운 환경을 만든다. 이 팀들이 학습역량을 개발한다면 조직 내의 다른 팀을 위한 축소판이 된다. 한정된 규모와 촛점을 가진 이 팀들은 다른 큰 팀들보다 더 효율적으로 재능과 실험을 결집할 수 있기 때문에 새로운 아이디어를 배양하기에 알맞다. 팀학습을 통해 얻어진 새로운 지식은 다른 팀이나 개인에게 전파될 수도 있다.

② 지식 습득 · 공유 · 유지

개인과 팀이 학습하고, 문제를 해결하며, 새로운 아이디어를 창출할 수 있는 반면에, 조직에 현재나 미래에 이 새로운 지식이 습득되고 축적되어 조직구성원에게 이용될수 없다면 의미가 없을 것이다. '지식경영'에 대한 관심이 크게 증대되고 있으므로 학습조직을 만들기 위해서 경영자는 지식을 공유하고 유지하도록 촉진하는 구조와 업무를 만들어야 한다. 이것은 혁신적이며 최고수준의 지식시스템을 필요로 한다. 지식은 내부와 외부의 원천으로 부터 습득될 수 있다. 내부적 원천은 복잡한 문제에 대해 통찰력 있는 사고를 할 수 있고 잠재력을 지닌 구성원과 그룹사이의 상호작용을 포함한다.

③ HRM 관행

인적자원관리 업무는 학습조직을 유지하는데 필수적이다. 예를 들어, 수행능력평가와 보상시스템은 장기 업무수행능력을 향상시키고 신기술과 지식의 개발과 공유를 강화하는 역할을 함으로 특히 중요하다. 또한 학습조직에서 HRD의 역할은 꾸준한 학습을 강조하기 위해 근본적 변화를 가져와야 한다. 학습조직에서 근로자들은 지식을 습득하고 전달하는 책임이 있다. 기존에 개발되고 교육일정에 따라 실시되는 정규 훈련프로그램은 빠르게 변화하는 교육요구에 대처하고 적시에 정보를 공유하기엔 충분치 않다. HRD전문가들은 오히려 학습촉진자(facilitators)가 되어야 한다. 이들은 최고의 학습법에 대해 팀과 의논하며, 조언하고 돕는 역할을 해야 한다. 또한 팀구성원이 다양한 기능을 갖추도록 하는 새로운 훈련기법, 지식의 획득과 공유를 위한 새로운 시스템을 개발할 수 있어야 한다. 이를 위하여 HRD전문가들은 조직적으로 사고하고 부서내부와 조직전반에 학습을 촉진하는 방법에 정통해 있어야 한다.

④ 조직문화

한 조직의 문화는 조직의 정체성을 특징짓는 공동의 신념, 목표, 행동패턴들로 구성된다. 학습조직에서 조직문화는 조직전체에 학습과 지식공유를 활성화시키는 요소를 내포한다. 예를 들어, 학습은 종종 어느 정도의 모험을 요구한다. 학습조직 내에서 학습 기회를 갖는 모험을 받아들이는 것은 장려될 뿐만 아니라 요구되고 보상을 받는다. 실수를 실패로 생각하기 보다는 학습의 기회로서 간주되어지는 것이 필요하다. 학습조직이 되기 위한 조건 중 하나는 이 새로운 요구와 규범으로 개인과 그룹이 변화하느냐 하는 것이다.[51]

⑤ 리더십

학습조직에서 지도자의 역할은 매우 중요하다. 일부 전문가들과 실무자들은 학습조직의 지도자를 학습조직의 철학을 지원하기 위해 필요한 문화, 시스템, 업무지침으로 조직을 움직일 수 있는 사람으로 간주한다. 셍게(Peter Senge)는 이러한 리더십은 단지 학습조직의 상부에서 뿐만 아니라 모든 계층에서 필요하다고 주장하며 세 가지 필수적인 지도자 유형을 제시하고 있다.

- CEO 리더십 : 최고경영자로서 학습조직원리를 채택하고, 새로운 문화를 창조하며, 일선 관리자들을 지원하는 등의 비전을 세운다. 또한 조직의 비전을 가르치고 견인하고 계속적으로 강화하는 변혁적인 지도자이다.
- 일선관리자 또는 변화관리자 : 주요 부서장으로서 새로운 학습역량들을 실험함으로써 희망하는 결과로 이끄는 변화를 촉진시킨다. 부서전체에 새로운 정보를 제공하기 위해 연계학습을 적극적으로 발전시키는 것이 중요하다.
- 내부 네트워크 형성자, 공동체건설자 또는 변화중재자 : '씨앗 운반자(seed carrier)'로서 일선관리자가 새로운 아이디어를 실험하고 보급시키는 일을 돕는다. HRD실무자가 이 역할을 수행한다.

(3) 학습조직 모델

셍게(Senge)가 학습조직에 대한 정의를 제시한 이후에 학습조직에 대하여 많은 이론들이 제기 되었지만, 학습조직에 대한 명쾌한 정의는 내려지지 않고 있었다. 그간의 학습조직 이론에 대하여 다양한 정의나 분류가 있었다. 이들 이론을 종합하여 양, 와킨슨과 말식(Yang, Wakins & Marsick, 2004)은 학습조직의 이론을 시스템 사고(system thinking), 학습 관점(learning perspective), 전략 관점(strategic perspective), 통합 관점(integrative perspective)으로 구분하였다.[52]

① 시스템 사고(system thinking) 학습조직 모델

센게(Senge, 1990)는 조직을 환경과 교류하면서 성장하는 시스템으로 보았다. 학습조직을 적응적 학습(adaptive)뿐만 아니라 미래의 대안을 창출할 수 있는 생성적(generative) 학습을 하는 조직이라고 규정하였다. 센게는 학습조직이 가져야 하는 공유비전(shared vision), 사고모형(mental model), 개인적 숙련(personal mastery), 팀학습(team learning), 시스템 사고(system thinking) 등 5개의 요소를 제시하였다.[53]

표 11-7 · Senge의 학습조직 모델

구 분	내용
공유비전 (shared vision)	끊임없는 대화를 통해 얻어지는, 모든 구성원이 공감대를 형성할 수 있는 공동의 비전을 의미한다.
사고모형 (mental model)	인식과 사고의 내면에 놓여 있는 준거의 틀이나 전제 또는 마인드세트(mindset)를 의미한다.
개인적 숙련 (personal mastery)	개인이 진정으로 지향하는 근본적이면서도 본질적인 가치의 도출을 위하여 개인적 역량을 지속적으로 넓혀가고 심화시켜 나가는 행위를 의미한다.
팀학습 (team learning)	타인의 관점이나 의견을 존중하면서 자신의 의견을 밝히는 가운데 서로의 생각을 유연하게 교감할 수 있는 대화(dialogue)와 토론(discussion) 문화의 정착이 필요하다.
시스템적 사고 (system thinking)	전체를 인지하고 이에 포함된 부분들 사이의 순환적 인과관계 또는 역동적인 관계를 이해할 수 있게 하는 사고의 틀을 의미한다.

자료: Senge(1990). "The Fifth Discipline: The Art and Practice of the Learning Organization", New York: Doubleday/Currency. 백삼균(2009), 학습조직 본질의 이해, 에피스테메, 재인용

센게의 학습조직 모델은 학습조직이 학문적으로 논의되는 단초를 제공하였다는 점에서 높은 평가를 받았으며 학습조직 형성에 유용하였지만, 5가지 요소를 측정할 수 있는 특성은 명확하게 밝혀지지 않았다.[54]

② 학습 관점(learning perspective) 학습조직 모델

페들러 등(Pedler et al. 1991)은 학습기업(learning company)이라는 용어를 사용하였다. 학습기업은 학습조직에 비해 동태적이고 역동적인 의미를 강조하였다.[55] 전략, 조직내부, 학습기회, 조직외부, 구조의 5가지 요소를 포함하고 있는 학습조직 모델을 제시했다.[56] 전통적인 경영의 요소들이 어떻게 조직에서 학습을 지원하는 지에 중점을 두고 있다. 종합적인 관점은 제공하고 있지만, 학습조직을 측정하기 위한 틀을 제공하는 데에는 실패하였다. 이 모델은 연구의 틀이라기보다는 컨설팅의 도구로서 활용되었다.[57]

③ 전략 관점(strategic perspective) 학습조직 모델

가빈(Garvin, 2000)은 학습조직이 되기 위해서는 경영 전략적 구축 요소와 지원체계가 필요하다고 하였다. 핵심 전략적 구축요소는 비전과 미션의 명확성과 이에 대한 지원, 공유된 리더십과 참여, 실험을 격려하는 문화, 조직 전체에 지식을 전파하는 능력, 팀워크와 협조이다. 아울러 학습조직을 위한 두 가지 지원체제는 효과적인 조직 설계와 구성원들의 적절한 숙련기술과 역량이라고 하였다.[58]

양 등(Yang, et al, 2004)은 전략적 관점에 대하여 학습조직에 대한 실제 운영과 컨설팅에 기여하였으나 개인 또는 지속적 학습에 대한 점을 간과하였다고 하였다.[59]

④ 통합 관점(integrative perspective) 학습조직 모델

왓킨스와 말식(Watkins & Marsick, 1999)은 개인차원의 지속적인 학습기회의 창출, 탐구와 대화의 촉진, 팀 차원의 협동과 팀 학습 격려, 조직차원의 학습을 확인하고 공유하는 시스템, 집단 비전을 향한 권한위임, 외부환경 차원에서 조직과 환경의 연계, 리더십 등 7가지 요소로 구성된 학습조직 모델을 제안하였다.[60] 통합적 관점은 학습조직을 지속적인 학습과 변화를 이끌기 위하여 사람과 구조를 통합하는 능력을 가진 조직으로 인식한다.[61]

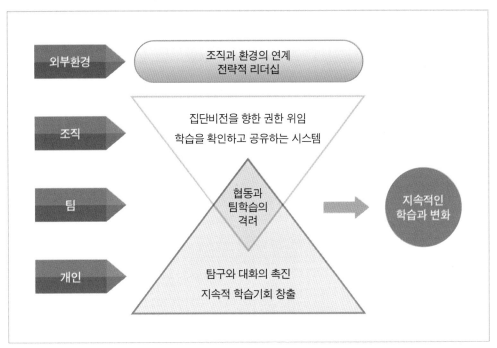

자료: Watkins & Marsick(1999). Facilitating learning organizations: Making learning count. Gower. Publishing Ltd. p.11.

그림 11-4 • Watkins와 Marsick의 학습모델

올텐발드(Örtenbald, 2002)는 여러형태의 학습조직 모델을 4가지 유형으로 분류하였다. '조직학습' 관점의 학습조직 개념은 조직 내에서 지식이 기억되고 축적되는 것을 중요하게 생각한다. '일에서의 학습조직'은 공식 학습이 아닌 업무를 통한 학습이 일어나는 조직을 의미한다. 전사적 품질관리(TQM: total quality management) 등을 통해 현장학습이 활성화된 조직을 의미한다. 이 관점에서는 공식적 학습의 포함여부가 문제된다. '학습문화' 관점은 구성원들이 학습에 적극적으로 참여하도록 촉진하는 시스템의 보유여부를 기준으로 삼는다. '학습구조' 관점은 조직구조가 관료적이지 않고 얼마나 유연하고 분권화되어 있는지를 보며, 학습자체를 목적이 아닌 문제해결을 위한 과정으로 인식한다. 올텐발드는 10개의 학습조직 이론을 분석하고 이중에 왓킨스와 말식(Watkins & Marsick, 1999)의 관점이 유일하게 4개의 관점을 모두 다 포함하고 있다고 주장하였다.[62]

표 11-8 · Örtenbald의 학습조직에 대한 이해

저자	구 조직학습 관점 (old organizational learning)	일에서의 학습 관점 (leaning at work)	학습문화 관점 (learning climate)	학습구조 관점 (learning structure)
Senge (1990)			△	●
Pedler et al. (1991)			●	△
Garvin (1993)	●			
Watkins & Marsick (1993)	●	●	●	●

※ ● : 주요소, △ : 하위요소

자료: A. Örtenbald(2002). A typoloy of he idea of learning organization. Management Learning, 33, pp, 213-230. 윤관식, 전화익(2014), 중소기업의 학습조직 수준이 인적자본, 혁신행동과 조직성과에 미치는 영향, 직업교육연구, 1-30, Vol.33, No.4, 2014, 재인용

3) 고성과작업시스템

고성과작업시스템(high performance work system : HPWS)은 세계화에 따른 경쟁의 격화에 대응하기 위하여 기업의 경쟁력을 강화하기 위한 차원에서 논의가 시작 되었다. 1980년대 경쟁력이 저하되고 있던 미국의 기업들은 먼저 당시 일본에서 활성화 되어 있던 전사적품질관리(TQM)를 도입하였으나 실패 사례가 많았다. 이러한 가운데 IBM, 텍사스 인스트루먼트와 같은 미국회사는 미국식 인적자원관리에 기반을 둔 새로운 모델을 모색하게 되었다.[63] 이것이 단초가 되어 성과가 높은 조직의 인적자원관리 체계와 특성 등을 고성과작업시스템라는 시스템모델로 발전시켜 갔다.

고성과작업체제에 대한 많은 논의와 연구가 있었지만 여전히 그 범위는 명확하게 정의되지 않고 있지만 게파트(Gepahart, 1995)에 따르면, HPWS는 '자율경영팀(self-managed teams), 품질관리분임조(QC), 수평화된 조직구조, 적응성 있는 신기술, 혁신적인 보상계획, 확대

된 훈련, 꾸준한 개선'을 포함하는 일반적인 특징을 가진다고 한다.[64]

한편, 게스트(Guest, 2000)는 이를 보다 구체화하여 고성과작업관행을 18가지로 제시하였다.[65] 이를 네가지 차원에서 정리해보면 첫째 종사자의 숙련이 발휘될 수 있는 기회를 구조화하는 것이다. 종사자의 기술적 능력뿐 아니라 팀작업과 의사결정에 참여가 가능한 자율적인 팀과 다기능화 등이다. 둘째는 지속적인 학습을 지원하기 위한 관행들이다. 멘토링과 코칭, 광범위한 훈련제공, 평가시스템 등이다. 세 번째는 개별성과급과 집단성과급과 같은 성과 보상과 동기부여 시스템이다. 네 번째는 종사자에게 의사결정과 작업과정 참여에 필요한 정보를 제공하고 종사자의 의견을 피드백하는 시스템이다.[66]

게스트(Guest)가 제시한 고성과작업관행

1. 현실적인 직무 사전검토 2. 선발을 위한 심리측정검사 3. 잘 개발된 연수훈련
4. 경력직원에 대한 광범위한 훈련 5. 다원적인 정기적인 평가 6. 정기적인 성과 피드백
7. 개별성과급 8. 수익과 연동된 보너스 9. 유연한 직무규정
10. 다기능 11. 작업개선팀의 존재 12. 문제해결집단의 존재
13. 사업계획 정보제공 14. 성과목표 정보제공 15. 강제적인 고용조정 미실시
16. 자발적 형태를 빌린 고용조정 회피 17. 지위차별 해소 노력 18. 조화로운 휴가자격

자료: D. Ashton & J. Sung, 2002, Supporting Workplace Learning for High Performance Working, ILO,
이호창, 안정화 공역, 한국노동교육원, p.35.

고성과작업시스템의 성과에 대해서는 많은 실증적인 연구가 진행되었으며 클링(Kling, 1995)[67] 베커와 휴즈리드(Becker & Huselid, 1998)[68], 애플바움 등(Applebaum et al. 2000)[69]의 연구들이 고성과작업체제와 생산성과 수익성 향상 등의 기업 성과향상과 연계성이 있다고 제시하였다. 아울러 고성과작업시스템이 조직에서 성공적으로 실행된다면 종사자들의 고용안정을 확보할 수 있다. 이렇듯 고성과작업시스템의 장점이 많음에도 모든 조직에서 활용하지 않는 것은 다음과 같은 도입의 어려움이 있기 때문이다. 우선 고성과작업관행을 도입하는 데에는 상당한 기간이 소요된다. 때로는 수개월에서 수년이 소요된다. 또한 조직전체의 노력을 필요로 한다. 앞서 살펴본 다양한 관행은 고립적으로 작동되지 않는다. 상호 연계되는 관행들이 함께 도입되어야 한다. 자율 팀운영과 지속적인 개선시스템은 성과보상과 연계되지 않으면 실패할 수도 있다.

미국의 대기업 중 하나인 Xerox는 HPWS 개념을 도입하였다. 1980년대 초기에 일본과의 경쟁이 심해질 때 조직변혁을 시작하였다. 이 회사는 1984년 「품질을 통한 리더십」으로 불리워지는 TQM의 도입과 1986년 자율경영팀을 도입하며 조직변혁을 시작하였다. 그 후 다른 조직시스템 또한 변하지 않는다면, 조직변혁은 성공하지 못할 것이라는 것을 깨달았을 때 전략은 주춤하기 시작했다. 특히 팀 구성원은 팀 단위로 행동할 것을 요구받고 있지만, 여전히 개인으로서 평가되고 보상받는다는 것을 불평했다. 이러한 문제는 사람, 업무, 정보, 기술 사이를 더 잘 조화시키기 위해 조직을 재설계하도록 만들었다.

HPWS가 여전히 자율경영팀에 집중한다고 할지라도, 회사는 ① 고객중심업무, ② 명확한 조직비전과 목표, ③ 지속적인 전체과정관리, ④ 접근하기 쉬운 정보, ⑤ 충실하고 의욕적인 업무, ⑥ 권한을 부여받은 인적자원업무, ⑦ 유연하고 적응가능한 시스템 등을 강조하였다.

이러한 시간과 에너지투자에 대한 대가로 성과에 의한 20개 이상의 상을 수여했고, 이 회사의 주가는 1990년 29달러에서 1996년 160달러까지 극적인 상승을 이뤄냈다.

Texas Instruments(TI)사에서 자율경영팀의 도입은 조직 효율성과 품질 향상에 기여를 했지만, 경영관리는 기대했던 것처럼 큰 성과를 이루지는 못했다. 1991년에 TI는 고성과 조직 개발팀을 구성하고, 시작단계에서 직무충실화, 다기능팀, 광범위한 교차훈련(extensive cross-training), 확대된 장려금제도를 실시하였다. TI의 예는 HPWS의 시스템이 구성요소 각각의 효율성을 증대시키는 방법을 보여준다.

조직개발실행에서의
HRD담당자 역할

조직개발 실행과정은 개인, 집단, 프로세스, 조직 전체 수준의 변화를 수반하는 과정이다. 변화과정에서 HRD담당자는 조직개발의 추진자로 역할을 담당한다. 변화과정을 설계하고 조직개발 프로그램이 잘 작동하는지 지원하고 관리하여야 한다.

먼저 조직개발 실행에 있어 HRD담당자의 공통적인 역할을 살펴보면 다음과 같다.

첫째 HRD담당자는 조직개발이 잘 작동하도록 돕기 위한 교육훈련프로그램을 설계할 책임이 있다. 둘째로는 HRD담당자는 구성원이 조직개발로 인하여 변화된 새로운 역할에 잘 적응할 수 있도록 하기 위한 요구를 파악하고 이를 충족시킨다. 조직개발의 목표가 되는 생산성과 품질향상의 강조로 인해 구성원은 변화에 대한 상당한 압박감을 느끼게 되므로 HRD실무자는 변화관리자가 시스템이 변화를 수용할 준비가 되었는지를 올바르게 진단하도록 돕고, 구성원의 적응을 촉진하는 적절한 변화전략을 설계하도록 지원할 수 있어야 한다. 셋째로 조직개발에 구성원들이 주도적으로 참여할 수 있도록 의견을 제시할 수 있는 기회를 제공하여야 한다. 구성원들이 자문위원회, 중역회의, 안전위원회 등에 참여하도록 지원한다. 구성원들의 대표로 선출된 위원이 구성원들의 요구사항이나 관심을 전달할 수 있도록 돕는 것이 변화관리자에게는 중요하다.

개별적인 조직개발 프로그램에서의 HRD담당자의 역할을 살펴보면 개인수준에서는 교육훈련프로그램, 코칭, 멘토링, 경력개발 등 다양한 프로그램을 제공하여야 한다.

집단수준에서는 HRD담당자는 팀빌딩 프로그램을 직접 진행하거나 집단간 개입에 제3자로서 중재하고 관련 프로그램을 진행할 수 있다. 프로세스 개선 수준에서는 직무 재설계나 업무 프로세스 재구축에 따라 구성원들의 역할 변화가 수반된다. HRD담당자는 프로세스변화에 있어 구성원들이 잘 적응할 수 있도록 교육훈련프로그램을 제공하고 역할변화에 적응할 수 있도록 상담지원 등의 역할을 수행하여야 한다.

끝으로 조직변화수준에서는 HRD담당자 스스로가 전략적 변화의 주도자로서 역할을 수행하여야 한다. 훈련과 개발에 대한 조언을 제공할 뿐만 아니라 전략추진자들이 다양한 대안을 수립시 그것들이 만들 영향에 대해 자세히 살펴 볼 수 있도록 지원하여야 한다. 특히 인수, 합병, 조직축소 등이 추진될 경우 구성원들에 미치는 영향이 매우 크다. HRD담당자는 계획단계부터 구성원에 대한 필요성을 이해시키는 등 이러한 문제에 대처하는 데 관여하여야 한다. 아울러 지속적인 조직의 혁신을 위한 학습조직, 고성과작업체제 구축을 위해서는 구성원들이 지속적인 학습과 업무혁신에 몰입할 수 있도록 CoP 등 학습활동과 혁신에 대한 의식 제고를 위한 HRD활동을 확대하여야 한다. 향후 HRD담당자의 역할은 과거 개별적 목표, 종업원 중심적인 한정된 HRD 기능의 전통적인 방식에서 HRD담당자의 역할은 조직변화 전체를 담당하고 조직 전체의 종합적인 변화를 이끌어가는 변화주도자로서 역할이 확대될 것이다.

표 11-9 · 조직개발전략과 HRD의 적용

변화전략	촛점	HRD 적용
개인변화	• 직업과 직무에 대한 만족 • 개인 차이 • 규범과 가치	• 훈련과 개발 • 코칭 • 멘토링 • 스트레스 관리 • 사회화 • 경력개발
집단변화	• 집단 효율성 • 자율운영 • 갈등관리	• 팀훈련 • 자율경영팀 • 집단간 개입
프로세스변화	• 직무재설계 • 업무 프로세스 재구축	• 기능과 기법훈련
조직변화	• 조직문화 • 조직재구축 • TQM • 학습조직 • 고성과작업체제	• 근로자지원 프로그램 • 지속적 학습 • 혁신활동 지원

포스코 학습 동아리를 통해 설비 국산화에 성공

포스코의 광양제철소 설비기술부가 최근 학습동아리활동을 통해 설비의 설계에서부터 시운전 테스트까지 자력으로 성공해 화제다.

설비기술부는 지난해 7월부터 기술연구소, 조업 · 정비부서 직원들로 구성된 TF팀을 구성하고 2열연공장 제로핀치롤 연구를 진행했다. 제로핀치롤은 열연코일이 권취기에서 둥글게 말릴 때, 코일이 흐트러지지 않고 잘 말릴 수 있도록 하는 설비다.

TF팀과 더불어 운영된 학습동아리도 현장의 요구사항과 분야별 기술노하우를 설비설계와 제작에 반영하는데 도움을 주었다. 이번 자력개발이 성공함으로써 포스코는 설비 준공기간 단축과 원가절감이 가능하게 됐다. 22일 만에 설치와 시운전 테스트를 완료해 공사기간을 1년 이상 앞당겼고, 외자설비에 비해 투자비만 절반 가까이 줄였다. 또 자력 엔지니어링 기술을 통해 철강설비 국산화에도 일조했다.

설비기술부는 이 롤의 설치를 1열연공장 등으로 확대해 나갈 계획이다.

자료: 중앙경제, 월간 뉴패러다임, 2007. 5.

대웅제약, 인재육성 프로그램 업계 최초 도입

대웅제약(대표 이종욱)이 제약업계 최초로 향남공장에 인재육성 프로그램을 도입하여 21세기 지식형공장으로 발전하고 있다. 대웅제약은 2006년 7월부터 뉴패러다임센터의 도움을 받아 2007년부터 4조 2교대제 근무로 전환한 후 본격적으로 인재육성 프로그램을 가동하기 시작했다. 4조 2교대 근무는 주4일 근무, 휴무 2일, 교육 2일 순으로 근무하는 형태이다.

새로운 근무형태를 통해서 근무일수가 연간 300일에서 170일로 줄어들었다. 반면, 직원들 간의 연간 교육일수는 7일에서 90일로, 휴무일수는 연간 65일에서 105일로 대폭 증가하였다. 이로써 충분히 휴식하고 집중적으로 학습할 수 있는 시간이 확보되어 직원이 창의력을 기반으로 하는 개선활동, 생산효율향상을 기대할 수 있게 됐다. 또한 외국어 전문강사를 직원으로 채용하여 영어와 중국어를 집중훈련을 하고 있으며, 6시그마 교육프로그램도 운영하고 있다. 나아가 공인 전문자격증 획득에 필요한 교육, 세미나 비용일체를 지원하여 경쟁력있는 글로벌 핵심인재를 양성하기 위해 노력하고 있다.

자료: 중앙경제, 월간 뉴패러다임, 2007. 5.

1) M. Herman(1971); "What is This Thing Called Organizational Development", Personnel Journal(August), pp. 595-603.

2) G. Bennis(1961); "Organization Development": It's Nature, Origins, and Prospects, Reading, MA: Addison-Wesley, p. 2.

3) L. French, L. Bell, Jr. and Zawacki, A. Robert(1984), "Organizational Development", revised ed., plano, TX : Business publications, pp. 17-18.

4) R. L. DeSimone et al.(2002), 앞의 책, pp. 566-567.

5) T. G. Cummings & C. G. Worley(2007), Organization Development, Thomson Corporation Korea Limited and Hankyungsa, 김민수 외 4인 공역, p. 22,

6) W. L. French & C. H. Bell. Jr.(1978) Organizational Development, 2nd ed., Englewood Cliffs, N. J. Prentice-Hall, p.110.

7) T. G. Cummings & C. G. Worley(2007), Organization Development, Thomson Corporation Korea Limited and Hankyungsa, 김민수 외 4인 공역, pp. 10-13.

8) R. L. Desimone, J. M. Werner & D. M. Harris(2002), Human Resource, Development, Harcourt, p. 565.

9) G. McLean(2005), Organization Development, Berrett-Koehler Publishers.

10) R. A. Swanson(2010), Foundation of Human Resources Development, Hakjisa Publisher, 오현석, 이현응 공역, pp. 408-421.

11) D. M. McGregor(1967), The Professional Manager(NY : McGraw-Hill Book Company).

12) G. W. Allport(1955), Becoming(New Haven, GT : Yale University Press).

13) R. L. Kahn et al(1964), Organizational Stress : Studies in Role Conflict and Ambiguity(NY:John Wiley &Sons. Inc.)

14) K. Lewin(1951), Field Theory in Social Science : Selected Theoretical Papers. New York: Harper.

15) E. H. Schein(1987), Process Consultation(vol.2), Reading. MA:Addison-Weslry. p. 93.

16) T. G. Cummings & C. G. Worley(2007), Organization Development, Thomson Corporation Korea Limited and Hankyungsa, 김민수 외 4인 공역, p. 43.

17) E. B. Dent., & S. G. Goldberg(1999), Challenging resistance to change. Journal of Applied Behavioral Science, 35(1), pp. 25-41.

18) K. Lewin(1947), "Frontiers in Group Dyanamics,"Human Relation, vol.1, pp. 5-41.

19) P. F. Druker(1969), The Age of Discontinuity : Guidelines to Our Changing Society(NY:Harper & Row) ; Alvin Toffler, The Third Wave(NY:William Morrow and Company, Inc.,1980);Warren G.Bennis,"Organizations of the Future," Personnel Administration(September-October 1967), pp. 6-19.

20) T. W. Costello and Sheldon S. Zalkind(1963), Psychology in Administration(Eglewood Cliffs, New Jersey : Prentice-Hall, Inc.,), Chap. 13.

21) H. J. Reitz(1977), Behavior in Organization(Homewood, IL : Richard D. Irwin Inc.,1977), p. 545.

22) R. A. Webber(1964) Management(Homewood, IL : Richard D, Irwin, Inc.,). pp. 697-700 ; Joseph Stanislao, "Dealing with Resistence to Change," Business Horizons(July-August 1983), pp. 74-78.

23) F. Luthans(1981), Organization Behavior, 3rd ed.(NY:McGraw-Hill Book Company), pp. 531-532.

24) C. Argyris(1970), : "Intervention Theory and Method", p. 15.

25) L. French, , L. Bell, Jr. and R. A. Zawacki(1984), "Organizational Development", revised ed., plano TX : Business publications, p. 117.

26) W.W. Burke, A.H. Church, and J. Waclawski(1993), What do OD prachtitioners know about managing change, Leadership and Organization Development Journal, 14(6), pp. 3-11.

27) W. W. Burke(1987), Organization Development, Reading MA:Addison-Wesley, p. 146.

28) G. Farias & H. Johnson(2000), Organizational Development and change management: setting the record straight, Journal of Applied Behavioral Science, 36(3), 376-379; though see the rejoinder by Worren, N.(2000). Response to Farias and Johnson's Commentary, Journal of Applied Behavioral Science, 36(3), pp. 380-381.

29) R. M. Kanter(1983), The change masters: Innovation for productivity in the American corporation, New York: Simon & Schuster.

30) H. A. Shepard & J. A. Hanley(1974), Life Planning : Personal and Organizational, National, Training and Development Service, Washington D. C.

31) 김기태(2003), LG주간경제, p. 25.

32) R. A. Noe(2010), Employee Training & Development, McGrow-Hill Irwin. pp. 113~122.

33) Nicholas(1982), 위의 자료. p. 17.

34) S. G. Cohen, & G. E. Ledford, Jr.(1994), The effectiveness of self-managing teams: A quasi-experiment, Human Relations, 47, pp. 13-43.

35) T. D. Wall, N. J. Kemp, P. R. Jackson, & C. W. Clegg(1986), Outcomes of autonomous workgroups:A long-term field experiment, Academy of Management Journal, 29,280-304; P. S. Goodman, R. Devadas & T. L. Hughson(1988), Groups and productivity: Analyzing the effectiveness of self-managing teams. In J.P.Campbell and R. J. Campbell(eds.), Productivity in organizations(295-325). San Francisco: Jossey-Bass; J. Schilder(1992). Work Teams boost productivity. Personnel journal, 71(2), 67-71; S. G. Cohen, G. E. Ledford, Jr. and G. M. Spreitzer(1996). A Predictive model of self-managing work teams effectiveness. Human Relations, 49, 643-676; Industry Report.(1996) Who's learning what? Training. 33(10), pp. 55-66.

36) T. G. Cummings & C. G. Worley(2007), Organization Development, Thomson Corporation Korea Limited and Hankyungsa, 김민수 외 4인 공역, p. 275.

37) R. Blake, H. Shepard, & Mouton(1954), Managing Intergroup Conflict In Industry, Houston, Tex.: Gulf.

38) Gerstein, M. S.(1987), The technology connection, Reading, MA:Addison-Wesley.

39) Nicholas(1982), 위의 자료. p. 17.

40) M. A. Campion & C. L. McClelland(1991), Interdisciplinary examination of the costs and benefits of enlarged jobs: A job design quasi-experiment. Journal of Applied Psychology, 76(2), p. 186.

41) G. A. Neuman J. E. Edwards and N. S. Raju(1989), Organiagtion development intervanttion: A meta-analysis of their effects on satisfaction and other attitude, Personeral psychology 42, pp. 461-489.

42) C. Geertz(1973), The interpretation of culture. New York: Basic Books; J. S. Ott(1989). The Organizational culture Perspective. Pacific Grove, CA:Brooks/cole.

43) G. E. Ledford, S. A. Mohrmans, A. M. Mohrman & E. E. Lawler(1989), The phenomenon of large scale Organizational change. In A.M.Mohrman, S. A. Mohrman, G. E. Ledford, T. G. Cummings, and E. E. Lawler(eds), Large scale Organizational change(1-32).

44) T. G. Cummings & C. G. Worley(2007), Organization Development, Thomson Corporation Korea Limited and Hankyungsa, 김민수 외 4인 공역, p.324.

45) T. G. Cummings & C. G. Worley(2007), Organization Development, Thomson Corporation Korea Limited and Hankyungsa, 김민수 외 4인 공역, p. 330,

46) R. J. Schonberger(1992), Total qualiy management cuts a broad swath through manufacturing and beyond, Organzational Dynamics, 20(4), pp. 16-28, p. 17.

47) 현영석, 정규석(2014), 현대와 도요타의 품질 위기와 극복, J Korean Soc Qual Manag Vol. 42. No. 1:91-110

48) S. P. McCormack(1992), TQM-GETTING IT RIGHT THE 1ST TIME. Training & Development, 46(6), pp. 43-46.

49) R. L. Daft(1997), Management(4th ed.) Fort Worth, TX:Dryden Press, p. 751.

50) C. Argyris(1994), The future of workplace learning and performance. Training and Development, 48(5), S36-S47; P. M. Senge(1990). The fifth discipline: The art and practice of the learning organization. New York: Doubleday.

51) 위의 자료.

52) B. Yang, K. E. Wakins, & V. J. Marsick(2004). The construct of the learning organization : dimension, measurement, and validation. Human Resource Development Quarterly, 15(1). pp. 31-55.

53) P. M. Senge(1990). The Fifth Discipline: The Art and Practice of the Learning Organization, New York: Doubleday/Currency.

54) B. Yang, K. E. Wakins, & V. J. Marsick(2004). 위의 책

55) 정규석, 김수원 (2006). 생산부문 학습조직 어떻게 구축할 것인가?, 한국학술정보(주).

56) Pedler, M., Burgoyne, J., & Boydell, T. (1991). The Learning Company: A Strategy for Sustainable Development. London: McGraw-Hill.

57) B. Yang, K. E. Wakins, & V. J. Marsick(2004). 위의 책

58) D. A. Garvin(2000). Learning in Action: A Guide to putting the learning organization to work. 유영만 역(2001), 살아있는 학습조직, Harvard Business School Press 경제·경영 총서, 세종서적.

59) B. Yang, K. E. Wakins, & V. J. Marsick(2004). 위의 책

60) K. E. Watkins, & V. J. Marsick(1999). Facilitating learning organizations: Making learning count. Gower. Publishing Ltd.

61) B. Yang, K. E. Wakins, & V. J. Marsick(2004). 위의 책

62) A. Örtenbald(2002). A typoloy of he idea of learning organization. Management Learning, 33, pp. 213-230.

63) D. Ashton & J. Sung(2002), Supporting Workplace Learning for High Performance Working. ILO, 이호창, 안정화 공역, 한국노동교육원, p.40

64) M. A. Gephart(1995), The road to high performance. Training and Development, 49(6), pp. 35-38, P. 30.

65) D. E. Guest(2000), HR and the bottom line : "Has the penny dropped?" People Management, 20 July 2000, pp. 26-31.

66) D. Ashton & J. Sung(2002), Supporting Workplace Learning for High Performance Working. ILO, 이호창, 안정화 공역, 한국노동교육원, p.35.

67) J. Kling(1995), High perfomance work system and firm performance, Monthly Labor Review, May, pp. 29-36.

68) B. E. Becker & M. A. Huselid(1998), High performance work system and firm performance : A synthesis of research and managerial implication, Research in Personnel and Human Resource Management, Vol. 16, Stamford, JAI Press, Stamford, CT, pp.53-101.

69) E. Applebaum, T. Bailey, P. Berg, A. L. Kalleberg(2000), Manufacturing advantage: Why high performance work systems pay off, London, Cornell University Press.

기업에서의 학습조직(Learning Organization)

개인이 아닌 조직차원에서 학습에 대한 논의는 오래전부터 있어 왔다. 학습곡선효과(learning curve effect)는 이러한 논의의 초기에 있었다고 볼 수 있다. 2차대전 중에 미국의 항공기 업체에서는 기체 제작에서 생산량이 두 배가 될 때 투입되는 노동력이 10~15% 감소한다는 것을 발견하였다. 직원들의 제조기술에 대한 숙련과 학습의 결과가 생산성 증가로 연결됨으로써 조직적 차원에서 학습에 대한 관심을 가지게 된 것이다.

그러나, 개인이 아닌 조직이 학습할 수 있는가에 대한 논쟁이 오래 전부터 있어왔다. 학습은 본래 개인이 주체가 되는 활동으로 인식되었다. 이러한 논쟁의 결과 아지리스와 쇤(Argyris & Schön, 1978)에 의해서 처음으로 조직학습의 개념이 체계적으로 도입되었다. 이들은 단순히 개별적으로 이루어지는 개인학습의 총합이 조직학습이 아니라 조직에 존재하는 공유된 행동인식을 구성원이 학습을 통하여 변화시킬 때 조직학습이 발생하였다고 보았다. 이에 따라 조직학습은 우선 개개인의 학습이 선행되어야 하고 이 결과 공통된 행동양식이 변화하여야 한다. 이외에도 조직적 차원에서 학습된 내용이 유지되고, 변환하며, 축적할 수 있는 구조적 요소가 필요하다.

한편, 학습조직에 대한 학문적 논의는 1990년대에 본격적으로 시작되었다. 피터 생게(Senge, 1990)에 의해 학습조직의 개념이 처음으로 체계적으로 정립되었다. 피터 생게는 학습조직이 공유비전, 사고모형, 개인적 숙련, 팀학습, 시스템적 사고의 5가지 요소로 구성된다고 하였다. 이후 가빈(Garvin, 2000) 등 많은 학자들이 학습조직의 개념을 발전시켰다.

학습조직 개념이 처음 도입되었을 때는 조직학습과 그 개념의 구분이 모호하였다. 그러나 점차 그 개념적 구분이 명확해졌다. 조직학습은 학습활동이 조직을 중심으로 이루어지고, 그 결과가 개인적 차원에 머무르지 않고 조직적 차원에서 의미를 지니는 학습을 말한다. 이에 반해 학습조직은 학습활동이 활성화되고 상시적으로 이루어지는 조직을 말한다. 즉, 조직학습은 하나의 학습형태라고 한다면 학습조직은 조직의 형태라고 할 수 있다(유영만 외, 2009). 이러한 의미에서 보면 조직학습(organizational learning)은 학습조직(learning organization)을 구성하는 요소로 볼 수 있다.

조직학습과 학습조직에 대한 개념이 도입된 이후 많은 기업에서 조직적 차원에서 학습을 활성화하여 조직의 성과를 높이고자 하였다. 우리나라에서도 학습조직이 1990년대 후반 대기업을 중심으로 도입되기 시작하였다. 학습조직 도입 초창기의 대표적인 기업으로 유한킴벌리를 들 수 있다. 당시 유한킴벌리는 국내외 대규모 경쟁사의 도입으로 매출감소와 공장 가동률이 급락하는 등 어려움에 처하였다. 이를 극복하기 위하여 1996년 기존 4조 3교대의 근무형태를 4조 2교대로 전환하여 16일 주기로 1일을 조직구성원들이 학습에 참여하도록 하였다. 16일을 주기로 조별로 먼저 주간 4일 근무 후 3일을 휴무하고 1일을 교육에 참여한다. 이후 야간 4일을 근무하고 4일을 휴무하는 4일단위 4단계 근무형태를 취하고 있다.

✵ 유한킴벌리 근무시스템

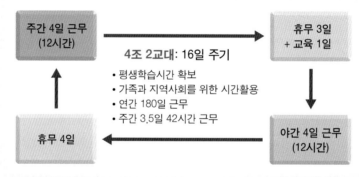

자료: 한국산업인력공단 충북지사, 2016, 중소기업HRD담당자 연수 자료집.

유한킴벌리에서는 학습조직을 계층별, 노경(勞經), 기능별로 나누어 운영하고 있다. 계층별 학습조직은 리더십과 부서 간 벽 허물기를 위하여 부서장, 팀장, 과/차장, 대리, 사원, 5개 계층으로 나누어 각각 회장, 조장, 팀원으로 구성하여 운영하고 있다. 노경학습조직은 안전, 품질, 존중문화, 후생복지, 봉사활동, 원가혁신에 대한 학습을 실시한다. 끝으로 기능별 학습조직은 무재해 사업장, 고객가치창조 극대화를 위하여 안전연구회, 품질연구회를 운영하고 있다. 특히 유한킴벌리에서는 이러한 학습조직 체계를 지속적으로 개선하기 위하여 제도개발팀, 급여, 직제 개발을 위한 직제TFT, 교육프로그램 개발을 위한 교육TFT 등 평생학습체계 연구조직을 운영하고 있다.

◉ 유한킴벌리 학습조직 유형

계층별	노경	기능별
• 리더십 • 부서 간 벽 허물기	• 노경 Win-Win • 경쟁력 제고	• 무재해 사업장 • 고객가치창조 극대화
• 부서장 • 팀장 • 과/차장 • 대리 • 사원	• 안전 • 품질 • 존중문화 • 후생복지 • 봉사활동 • 원가혁신	• 안전연구회 • 품질연구회

자료: 한국산업인력공단 충북지사, 2016, 중소기업HRD담당자 연수 자료집.

중소기업에서는 2000년대 중반 정부에서 학습조직 인프라 구축 등 중소기업의 학습조직화를 지원하면서 본격적으로 도입되기 시작하였다. 중소기업은 대기업과 달리 사외교육 참여에 한계를 가진다. 체계적인 인력관리가 어렵기 때문에 생산현장에서 교육참여를 위하여 자리를 비우게 되면 이는 곧 생산의 차질로 이어진다. 또한 교육체계를 마련하고 운영할 수 있는 인력이 부족한 실정이다. 조직 내에서 무형식, 비공식의 학습을 활성화시키는 학습조직은 중소기업에 있어 최고의 인력개발 수단이다. 특히 중소기업은 계층구조가 단순하고, 비관료직인 조직구조로 커뮤니케이션이 원활하는 등 학습조직을 운영하기에 적합한 조직구조를 가지고 있다.

한편, 중소기업인 A기업의 학습조직의 사례를 살펴보면 동 기업은 2011년 이후 매출, 부가가치의 상승은 없는 반면, 인력은 증가하는 어려움에 직면하였다. 이를 극복하기 위하여 2014년 인재상 등 HRD전략을 재정립하고 2015년부터 학습조직을 도입하였다. 학습조직을 도입한 목적은 피동적 교육을 탈피하고 개인역량을 강화하고, 사기앙양과 조직력을 강화하고, 업무성과를 제고하며, 미래의 인력양성을 목적으로 하였다. 이를 위해서 전략적인 교육제도 컨설팅을 진행하였으며, 사내강사제도, NCS 도입, 교육훈련 이수제 등의 교육훈련시스템을 정비하였다. 아울러 학습조 운영을 지원하기 위해서 자체 학습공간을 구축하고 사외 전문가 초빙교육을 실시하고 사내경진대회를 개최하여 우수 학습조를 포상하였다. 학습조 운영은 조별로 월 2회 이상 학습활동을 실시하고, 정보를 공유하고, 월 1회 네트워크 활동을 통하여 우수

사례를 벤치마킹토록 하였다. 특히 학습활동은 전산화하여 기업지원시스템에 등록하고 최고 경영자에게 보고하였다.

◉ A기업의 학습조직 활성화 체계도

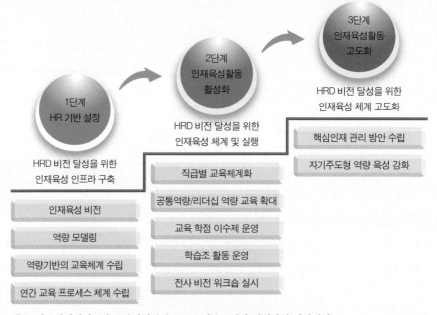

자료: 한국산업인력공단 중부지역본부, 2016, 학습조직화 지원사업 경진대회.

[참고자료]
- C. Agyris, & D. A., Schön(1978), Organizational Learning : A theory of Action Perspective. MA:Addison-Wesley
- P. M., Senge(1990), The Fifth Disipline : The Art and Practice of the Learning Organization, New York: Doubledday/Currency.
- D. A., Garvin(2000). Learning in Action: A Guide to putting the learning organization to work. 유영만 역(2001), 살아 있는 학습조직Harvard Business Press 경제·경영 총서, 세종서적
- 유영만, 김정이, 박재연, 손소영, 송미영, 이규영, 정태희, 조기순, 조현경, 최수진, (2009). 제4세대 HRD 즐거운 학습, 건강한 지식, 보람찬 성과, 행복한 일터, 학지사.
- 한국산업인력공단 충북지사, (2016). 중소기업HRD담당자 연수 자료집.
- 한국산업인력공단 중부지역본부, (2016). 학습조직화 지원사업 경진대회

핵심용어

- 개입활동
- 개인변화
- 프로세스변화
- 변화압력
- 변화저항요소
- 변화담당자
- 자율경영팀
- 전략적 변화
- 고성과 작업체제
- 변화과정이론
- 집단변화
- 조직변화
- 변화요인
- 계획적 변화개입모델
- 전사적 품질관리
- 조직문화 변화
- 학습조직화
- 조직변혁전략

연구문제

❶ 조직개발의 필요성과 특징을 설명하라.

❷ 레윈의 변화과정에 맞추어 구체적인 계획적 변화과정을 설명하라.

❸ 개인행동수준의 개입방법과 사례를 들어 설명하라.

❹ 집단수준의 개발방법과 사례를 들어 설명하라.

❺ 조직수준의 조직개발방법과 사례를 들어 설명하라.

PART

O4 인적자원개발의
촉진

CHAPTER

12

인적자원개발
트렌드와 전문가

학습목표

1. 조직의 인적자원개발이 보다 전략적이고 통합적으로 이루어져야 할 필요성을 설명할 수 있다.

2. HRD트렌드를 분석하고 HRD의 효율화를 위한 시사점을 제시할 수 있다.

3. HRD담당자의 역할과 책임이 더욱 강조되고 있는 이유를 설명할 수 있다.

기술과 사회시스템이 변화하고 조직의 전략이 바뀌면 인적자원개발의 방법도 유연하게 조정되어야 한다. 이 장에서는 최근 대두되고 있는 HRD를 둘러싼 환경변화와 대응자세를 공부하고, ASTD가 제시한 HRD트렌드와 새로운 관점 및 향후 관심사항을 살펴본다.

이어서 HRD담당자의 역할을 보다 폭 넓고 깊이 있게 확대해 나가야 하는 당위성과 이를 위한 HR 관계자의 자질향상 필요성을 논의한다.

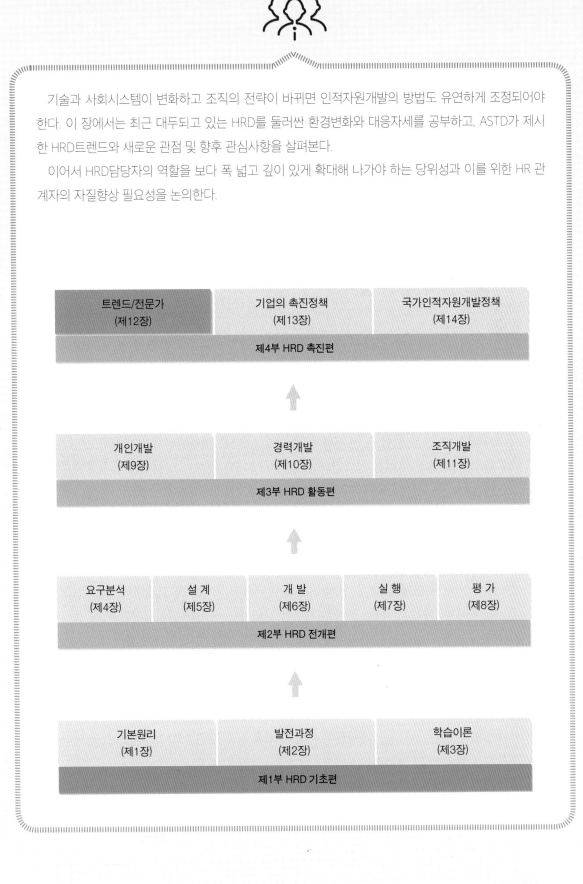

PARAGRAPH 01

HR의 새로운 요구와
전략적 통합

1 전략적 통합요구의 증대

전략적 경영이란 조직이 대외적 환경에서 경쟁우위를 차지할 수 있고, 장기적 성과향상을 가져오게 하는 경영상의 의사결정 및 활동들을 말한다.[1] 이것은 전략의 수립, 전략실행, 통제 등 차별화된 과정과 관련되는데, 전략수립단계에서 경영층이 우선적으로 현재의 임무, 목적, 전략, 규칙, 프로그램, 기술, 노동력 및 기타 자원들의 실현 가능성을 평가한다. 그 다음 위험 또는 기회가 될 수 있는 다른 외부환경을 모니터하고 평가해야 한다. 마지막으로 이러한 평가결과를 보면서 조직은 변화나 업데이트가 필요한 전략적 요인들(예를 들면, 사명, 기술, 제품믹스 등)을 파악해야 한다.

지난 수년동안은 전략적 인적자원관리에 대한 관심, 연구 및 활동들이 증가했으며,[2] HRM과 조직의 전략적 요구가 전체적으로 통합하는 것이 중요시 되었다. 이것을 위해서는, 두 가지 종류의 연계가 필요하다. 첫 번째로는 조직의 전략계획과 조직외부 환경사이의 외부적 연계이며, 두 번째로는 조직 내에서의 내부적 연계이다. 이것은 조직의 전략이 사명, 목표, 신뢰 등 조직의 특징을 나타내는 가치와 일치해야만 하는 것이다. 나아가, 조직을 구성하는 다음과 같은 여러 하위시스템들 간의 연계도 필요하다.

① 경영과정 : 직원들이 어떻게 대우받는가?(예: 의사결정에 있어서 직원들이 얼마나 참여하는가)

② 조직구조 : 조직이 어떻게 구성되어 있는가?(예: 조직의 관리체계가 얼마나 수평적인가)

③ 인적자원 시스템 : 직원들이 어떻게 고용되고, 훈련받고, 보상받으며 격려되는가?
(예: 급여는 개인·팀·조직의 성과기준에 얼마나 밀접하게 연관되어 있는가)

④ 업무추진 시스템 : 업무프로세스가 얼마나 효율적인가?(예: 관련기술과 교육시스템이 업무수행 과정을 얼마나 촉진시키는가)

페드럴익스프레스(Federal Express)는 성과를 올리기 위해 다양한 실험을 했었다. 대부분의 직원연수를 상호작용적인(interactive) 비디오 강의로 진행하였다. 비디오 연수를 수료하고 직무지식 시험에 합격한 직원들에게 지식에 대한 보상시스템(pay-for-knowledge)을 실시했다. 성과관리시스템(performance management)은 직원들로 하여금 배달경로를 추적 즉시 확인할 수 있게 하였고, 정밀한 정보시스템으로 페드럴익스프레스 시스템의 각 아이템 전과정을 모니터하는데 사용하였다.

설문조사를 통한 피드백과정에 의해 보완이 된 시스템은 직원들이 상급관리자의 리더십 기법, 작업상 당면한 문제에 대한 해결방법 제안 등에 대해 평가하고 의견을 제시하도록 장려했다.

이와 같은 모든 것이 함께 연계되어 시너지효과를 얻었다. 많은 전문가들이 이를 고성과 작업체제(high performance work system)라고 말한다.

조직을 하나의 전체적인 시스템으로 보면 이러한 접근전략의 가치를 발견할 수 있다. 조직의 모든 부분이 마치 하나처럼 합심하여 조직의 목적을 이룰 수 있도록 해야 한다. 고성과 작업체제(high performance work system)와 같이 추구하는 성과는 매출증대, 품질향상, 유연성, 설계 및 생산 사이클의 단축과 함께 고객과 종업원의 만족도와 업무의 질을 향상시켜 가야 한다.

❷ HRD전문가에 대한 요구의 증대

인적자원개발(HRD) 전문가들의 최근의 과제는 조직 내에서 더 전략적인 역할을 맡는 것이다.[3] '전략적으로 더욱 통합된 HRD'를 향해 노력해가는 가운데 발전이 이루어진다. 특히 HRD담당 임원들과 전문가들은 HRD의 전략적 역량으로 다음 세 가지 주요 방향을 제시하고 있다.[4]

① 조직의 전략적 경영과정에 직접적으로 참여
② 일선 구성원들에게 전략적 경영과 계획의 개념 및 방법에 대한 교육과 훈련 실시
③ 조직의 목표와 전략이 일치된 교육훈련을 모든 구성원들에게 제공

이것을 위해서는 첫 번째로, HRD담당 임원들은 전략을 수립하는데 필요한 정보, 아이디어, 조언 등의 도움을 주어야 하고, HRD 전략이 전체적인 조직의 전략과 일치되는지 확인해야 한다. HRD 전략은 다음과 같은 문제에 부합할 수 있어야 한다.

① 조직의 HRD 목적, 전략, 정책, 프로그램이 명확하게 설명되는가?
② 성과 또는 예산이 제시되었는가?
③ 모든 HRD활동들이 조직의 사명, 목적, 정책, 내·외적 환경과 일관되는가?
④ HRD 기능이 구성원 개개인과 직무일치성에 얼마나 기여하는가?
⑤ 기업성과를 향상시키기 위해 적합한 개념과 기법이 사용되고 있는가?

두 번째로, HRD전문가들은 효과적인 전략적 경영을 지원하는 교육훈련 프로그램을 운영해야 한다. 전략적 경영(strategic management) 개념과 방법에 대한 훈련은 오늘날 높은 경쟁적인 환경에서 반드시 필요한 일선 담당자들의 국제적 시각을 개발시키는데 도움을 줄 수 있다. 이러한 이슈들은 조직의 경영개발 프로그램의 일부로 실시되고 있다.

> 트레이닝(Training)지가 HRD전문가들을 대상으로 한 설문조사에 따르면 약 50%의 조직들이 전략적인 계획훈련을 실시하고 있었다.[6]
> 경영교육의 시도 또한 전략적 경영이슈에서 큰 비중을 차지했다. 각각의 강좌들(또는 강좌의 일부분들)이 전략적 HR 이슈를 강조하고, 이것이 조직의 전략과 성과에 어떻게 연계되는지에 대한 중요성이 점점 강조되고 있다.

세 번째로, HRD전문가들은 모든 교육훈련 프로그램들이 조직의 목표와 전략에 명확하게 연계되는지 확인해야 한다. 당연한 것처럼 보이지만, 교육훈련 프로그램과 조직전략과의 관계가 분명하게 연결되지 않은 경우가 흔하다.

위의 사례에서 볼 수 있듯이 HRD전문가들은 자신의 노력이 조직의 성장과 발전에 점진적으로 기여한다는 것을 보여줄 수 있다. 전략적 HRD의 높아지는 중요성은 HRD 프로그램과 활용에 중요한 역할을 하고 있다.[7]

두 가지 사례를 보면, 의료기계 제조회사인 벡톤-디킨슨(Becton-Dickinson)은 1983년 경기침체 때문에 대규모의 구조조정을 단행했다. 그 전에는 다수의 교육훈련 기회가 주로 관리자급들에게 제공되었다. 구조조정 이후, 이러한 프로그램들은 완전히 사라졌다.[8]

전문가들은 불황일 때 교육훈련 프로그램이 우선적으로 없어지거나 감축의 대상이 되는 이유는 최고경영자들이 교육훈련과 실리적인 손익계산의 관계를 못찾기 때문이라고 주장했다.

한편, IBM은 노스캐롤라이나주 라레이(Raleigh)지역에 『인적자원서비스센터(Human Resource Service Center)』를 세웠다. 이 센터의 목적은 현재 IBM에 재직 중이거나 IBM을 퇴직한 5만명이 넘는 직원들에게 정보와 고품질의 서비스를 제공하기 위해서였다. 지원센터는 직원들을 돕기 위해 일련의 기법들이 활용되었다. 여기에는 조직의 인트라넷 사이트이면서 HR INFO라고 불리는 로터스 스위트(Lotus Suite), 전화추적장치, 임직원들이 HR과 관련된 정보를 보고 검색할 수 있는 HR 정보시스템, 급여변화, 주소변경 등을 관리하는 HR 프로세스 등이 포함되었다. 이러한 노력의 성공요인은 바로 교육훈련이었다.

"고객서비스담당자들을 잘 훈련시키는 것은 센터의 성공에 매우 중요하다. 왜냐하면 그들은 고객을 접하는 최초의 IBM이기 때문이다."[9] 서비스담당자들은 신중하게 선정되어야 하고 강의, 역할연기(role playing), 경력자들과 파트너가 되어보는 연습 등 3주간의 집중 연수를 실시한다. 직원들이 경력을 쌓는 동안에도 재교육이 실시되고, 새로운 프로그램이 나오면 특별훈련이 주어진다(이 경우는 HR서비스센터의 중앙집중화를 보여줌).

이러한 예는 교육훈련이 전략적 목표와 조직전략과 얼마만큼 밀접한 관계가 있는지를 설명해 준다.

PARAGRAPH 02

거시적 환경변화와 대응

새로운 세기가 도래함에 따라 조직은 많은 과제들에 직면하고 있다. 힛 등(Hitt, Keats & Demarie, 1998)은 무한경쟁시대를 열게 하는 주요인으로 세계화와 기술혁신(특히 인터넷 분야)을 꼽는다.[10] 또 그들은 조직이 대외적 환경의 불확실성과 혼돈에 대처할 수 있도록 하기 위해서는 근로자의 능력개발, 효과적인 신기술 적용, 새로운 조직구조 개발, 학습을 통한 개인혁신이 필요하다는 것이다. 또한 HRD분야가 직면한 다섯 가지 당면과제는 ① 노동인구의 구성변화, ② 글로벌경제에서의 무한경쟁, ③ 근로자 기술부족 해결, ④ 평생교육의 필요성, ⑤ 학습조직의 활성화 등이라고 제시한다. 아울러 최근에는 4차산업혁명의 도래에 따른 산업구조 변화가 대두되고 있다. HRD 관계자들은 이러한 변화를 고려하여 항상 준비하고 노력해야 한다. 이에 대해 살펴 본다.

1 노동인구의 구성변화

우리나라의 노동력구조도 다른 나라와 다름없이 급변하고 있다. 인구증가율의 둔화와 이에 따른 노동력공급의 감소, 노동력구조의 중장년화, 청년층 노동력의 감소라는 중대한 변화와 특징을 갖는다. 인적자원의 총량지표로 사용되는 15세 이상 생산가능인구 중 청소년인구는 감소하나 중장년층 인구의 증가로 인해 연평균 1%의 증가율을 보일 전망이다. 65세 이상 인구비중이 2000년 7.2%로 우리나라는 고령화 사회에 진입하였다. 2014년에는 12.7%로 고령인구가 증가되었고, 2017년에는 14%에 이르러 고령사회로 진입한다. 더욱이 2026년에는 고령인구 비율이 20%를 넘어 초고령 사회가 될 것으로 예상된다.(연합뉴스, 2014.11.23) 고령사회로 진입됨으로써 고연령층의 경제활동참가율이 상승하고 노동력의 고령화가 심화될 것으로 보인다.

한편, 외국인근로자 신분의 합법화, 40여만 명으로 추정되는 외국인근로자들의 관리문제, 높은 실업률 속에서도 극심한 인력부족 현상을 겪고 있는 양극화 등도 당면한 문제들이다.

이러한 노동력구조의 변화는 인력관리방식과 임금구조의 변화를 초래하게 되고, 청년층 인력은 부족한 반면에 중장년층은 고용비중이 높아지게 되어 중장년층의 고용불안이 발생할 수 있다.

미국의 경우도 근로자의 구성은 점차 다양해지고 있다. 쥬디 등(Judy & D'Amico)이 발표한 「Workforce 2020」에 따르면 2020년까지 다음과 같은 변화가 일어날 것이라고 예상한다.[11]

민족 또는 인종구성변화는 미국 서부와 남부에서 현저하게 발생할 것으로 예상된다. 1995년 46%를 차지했던 여성근로자는 2020년 50%로 증가할 것으로 예측되고 있다. 가장 큰 변화는 근로자의 연령변화이다. 고령근로자가 전체 근로자 중에서 더 많은 비율을 차지하게 될 것이다. 약 10%를 차지하는 55세부터 64세의 근로자는 2019년에는 20%까지 증가하고 같은 시기동안 65세 이상의 근로자도 5% 이상 증가할 것으로 예상하고 있다.

국내외적으로 이러한 추세는 HRD전문가와 밀접한 관계가 있다. 첫째로 조직은 문화와 언어 차이뿐만 아니라 민족적·인종적 편견에 대처할 필요가 있다. 이것은 우리나라에서도 외국인근로자가 합법적인 신분으로 2004년 8월부터 입국하고 있으며, 수십만 명에 달하는 외국인근로자가 중소기업 등에서 불안한 신분으로 일하고 있는 현실적인 문제이기도 하다. 둘째는 여성근로자의 증가에 따라, 여성에게 능력을 개발할 기회를 제공하여 고위직 진출을 확대하고 직장 내 성차별에 대한 보호조치를 취해야 한다. 셋째로 고령층 근로자에게 필요한 교육요구를 파악하여 새로운 HRD 프로그램을 개발하는 것도 중요하다.

❷ 제4차 산업혁명과 글로벌경제 및 무한경쟁

4차 산업혁명(4th Industrial Revolution)은 사물인터넷(internet of things)을 통해 생산기기와 생산품 간 상호 소통 체계를 구축하고 전체 생산과정의 최적화를 구축하는 산업혁명을 말한다. 미국에서는 AMP(Advanced Manufacturing Initiative), 독일에서는 '인더스트리 4.0'이라고도 한다. 이전까지의 공장자동화는 미리 입력된 프로그램에 따라 생산시설이 수동적으로 움직이는 것을 의미했다. 하지만 4차 산업혁명에서 생산설비는 제품과 상황에 따라 능동적으로 작업방식을 결정하게 된다. 지금까지는 생산설비가 중앙집중화된 시스템의 통제를 받았지만 4차 산업혁명에서는 각 기기가 개별 공정에 알맞은 것을 판단해 실행하게 된다. 따라서 4차 산업혁명은 HRD역할이 중요해질 수 있다.

증기기관 발명(1차), 대량생산과 자동화(2차), 정보기술(IT)과 산업의 결합(3차)에 이어 네 번째 산업혁명을 일으킬 것이라는 의미에서 붙여진 말이다. 스마트폰과 태블릿 PC를 이용한 기기 간 인터넷의 발달과 개별 기기를 자율적으로 제어할 수 있는 사이버물리시스템(CPS)의 도입이 이를 가능하게 하고 있다. 모든 산업설비가 각각의 인터넷주소(IP)를 갖고 무선인터넷을 통해 서로 대화한다.

4차 산업혁명을 구현하기 위해선 스마트센서, 공장자동화, 로봇, 빅데이터처리, 스마트물류, 보안 등 수많은 요소가 필요하다. 또한 4차 산업혁명의 효율적인 추진을 위해선 표준화가 관건인데 독일과 미국은 표준통신에 잠정 합의해 이 분야를 선도할 채비를 갖추고 있다.

4차 산업혁명과 일자리에 관해서 살펴보면, 무인(無人)공장의 등장으로 4차 산업혁명이 몰고올 미래에 대한 논란도 뜨거워지고 있다. 생산성 혁신은 이론의 여지가 없다. 더 많은 물건을, 더 적은 인력으로, 더 빨리 만들어낼 수 있다. 소비자는 큰 혜택을 볼 수 있다. 하지만 이걸 단순히 축복이라고 보기만은 힘들다. 일자리 감소 우려 때문이다.

국제노동기구(ILO)는 2016년 7월 수작업을 대신하는 로봇의 확산으로 앞으로 20년간 아시아 근로자 1억3700만 명이 일자리를 잃을 수 있다고 경고했다. 태국, 캄보디아, 인도네시아, 필리핀, 베트남 등 5개국 임금근로자의 56%에 이르는 규모다. 그동안 개발도상국은 저임금을 바탕으로 공장을 유치해 돈을 벌었다. 이렇게 쌓인 자본을 투자해 경제규모를 키웠다. 뒤늦게 산업화에 뛰어든 한국, 대만, 중국 등이 그렇게 성장했다. 무인공장이 확산되면 이런 성장 공식이 작동하기 힘들다. 선진국도 일자리 안전지대가 아니다. 지난 1월 스위스 다보스포럼에선 4차 산업혁명으로 2020년까지 선진국에서 일자리 710만개가 사라질 것이란 예측이 나왔다. 저임금 근로자들이 타격을 받는다는 의미다.

클라우스 슈밥 다보스포럼 회장도 저서 ≪4차 산업혁명≫에서 "4차 산업혁명의 수혜자는 이노베이터(혁신가), 투자자, 주주와 같은 지적·물적 자본을 제공하는 사람들"이라며 "노동자와 자본가 사이 부의 격차는 갈수록 커지고 있다"고 지적했다. 물론 속단은 금물이다. 과거 1·2·3차 산업혁명 때도 '기계가 일자리를 없앤다'는 경고는 항상 나왔다. 하지만 사라진 일자리보다 많은 새로운 일자리가 생기면서 논란은 불식됐다. 4차 산업혁

명도 그럴 수 있다.(한국경제신문 경제용어사전 참조)

또한 글로벌경제 하에서의 무한경쟁 속에서 신기술을 도입한 기업들은 양질의 숙련근로자와 고급인력들을 필요로 하게 되었다. 성공적인 조직은 점점 복잡해지는 세계시장에서 경쟁할 지식을 갖춘 근로자를 확보해야 하며, 글로벌경제체제로 인한 치열한 경쟁은 새로운 도전에 맞서기 위한 고급인력을 더욱 필요로 하게 될 것이다. 또 근로자의 고용뿐만 아니라, 능력향상과정을 운영하고 조직변화를 위한 노력을 해야 할 것이다. 근로자는 다른 문화의 나라들과 비즈니스를 수행하고 원활한 의사소통을 위해 문화적 차이를 이해해야만 한다. 최근 십여년 동안 글로벌리더로 발전하기 위한 HRD의 당면과제들은 여전히 지속되고 있다.

❸ 근로자 기술부족 해결

우리나라의 최근 실업률은 3% 전반에 머물고 있으나 청년실업률이 7% 수준으로 높게 유지되고 있는 요인 중 하나는 구인·구직 측이 각각 요구하는 직무요건과 직무능력 간 임금수준 및 근로조건의 불일치를 주된 이유로 들 수 있다. 또한 기술혁신의 진전과 산업구조 변화는 고급기술인력에 대한 수요를 유발시켜 근로자에게 보다 수준 높은 직무능력을 요구하면서 계속교육의 중요성을 강조되게 될 것이다.

이에 따라 직무요건과 직무능력 간의 불일치(mismatch)현상이 더욱 확대될 것인 바, 예를 들면, 신산업 및 성장산업 분야에서 새로운 인재수요가 있더라도 이에 대응할 수 있는 인력공급이 충분치 못할 경우 실제 고용확대로 연결되지 않게 되며, 이 경우 직무능력 불일치가 신규산업의 성장을 저해할 수 도 있다. 이와 같은 인력수급 불균형의 원인으로는 기능 불일치(skill mismatch), 일자리 불일치(job mismatch), 지역 불일치를 들고 있다.[*]

미국의 경우도 경쟁 우위를 유지하기 위해 기업들은 고급인력 확보에 고민하고 있다. 미국이 세계에서 가장 잘사는 나라 중 하나임에도 불구하고, Upjohn 고용연구소(Upjohn

---

*) 기능불일치(skill mismatching)는 직무가 요구하는 기능과 근로자가 보유한 기능이 일치하지 않을 경우에 발생되고(IT분야의 소프트웨어, 과학기술인력, 기업지원서비스 분야의 인력 등), 일자리 불일치(job mismatching)는 구직자가 일자리를 받아들일 때 요구하는 근로조건과 같은 처우수준과 구인자가 제공하는 처우수준 간에 괴리가 있을 경우 발생되며(3D업종, 취업기피업종 등), 지역불일치는 도시와 농촌, 수도권과 비수도권 간에 또 빈번한 일자리 이동(turnover)으로 모집과 채용이 원활하지 않거나 구인·구직시장에서 일자리 알선체계가 산업구조 및 고용구조의 변화를 따라가지 못할 경우 발생된다.

Institute for Employment Research)는 시간급(hourly) 근로자의 25~40%가 기본기능조차 부족한 것으로 발표했다.

이러한 기능부족현상은 미국 회사들에게 심각한 결과를 야기한다. 예를 들어, 근로자가 새로운 기계의 사용설명서를 읽고 이해할 수 없다면 새 기계를 작동시킬 수 없다. 또한 신입사원이 기본적인 수학을 이해하지 못한다면 컴퓨터로 제어되는 기계를 다루는 방법을 습득하기 어렵다. 따라서 교육개혁에 큰 관심을 갖고 있다. 그러나 약간의 고무적인 조짐도 있다. 예를 들어, 로스엔젤레스의 공립학교는 졸업생이 컴퓨터 사용이나 작문 등의 기본적 기능이 부족하다면 고용주의 비용부담 없이 이들을 재교육을 시켜주고 있다.

이외의 나라들도 기능부족을 보완하기 위해 조직적인 변화를 추진하고 있다. 예를 들어, 일본과 독일은 고용주들이 필요로 하는 기본적인 기능들을 학생들에게 가르치는 교육체계를 갖추었다. 특히 독일은 취업 전에 학교 정규교과과정의 하나로 견습프로그램을 수강할 수 있도록 하거나 이원화제도(dual system)를 통해 직업교육을 강화하고 있다. 일본도 교육훈련 중에 현장실습을 의무화하는 '일본식 dual system'을 갖추고 있다.

4. 평생학습의 필요성

조직이 직면한 빠른 환경변화에 대응하기 위해, 근로자들은 철저한 경력관리를 위한 학습을 꾸준히 계속해야 한다. 이러한 평생학습(lifelong learning)의 필요성 때문에 조직은 HRD분야에 지속적으로 투자해야 한다. 평생학습의 의미는 근로자들의 입장에 따라 달리 인식된다. 반숙련근로자들의 경우에는 경쟁력을 키우기 위한 기초적인 기술훈련을 필요로 하고, 전문인력들에게는 평생학습이 계속교육의 기회가 되도록 하며, 자격면허를 유지하기 위해 일정한 교육과정을 계속 학습해야 하는 전문가에게 평생교육은 특히 중요하며, 관리자는 새로운 경영기법 도입을 위하여 경영관리세미나에 참석하는 등의 평생교육활동이 필요하다.

HRD전문가에게 당면한 요구는 모든 근로자에게 다양한 교육기회를 골고루 제공하는 것이다. 조직은 멀티미디어교육매체를 활용함으로써 폭넓은 교육기회를 제공할 수 있는데, 예를 들어, 멀티미디어교육센터는 교육생들에게 교육요구에 맞는 다양한 교수법을 제공할 수 있고, 개인평가를 통해 학문적 혹은 업무수행능력에서의 부족한 부분을 찾아내고, 학습자들이 선호하는 학습스타일에 따라 학습할 수 있도록 한다. 예를 들어, 자발성이 있는 근로자가 능력이 부족하다면 자신의 학습속도에 맞춰 공부할 수 있는 쌍방향의 영상프로그램으로 학습할 수 있게 한다. 또한 멀티미디어교육센터는 멀리 떨어져 있는 지역에서 열리는 세미나에 참여할 수 있도록 원격회의시설을 제공할 수도 있다. 조직은 멀티미디어와 같은 다양한 교육방법을 제공함으로써 근로자를 위한 평생교육의 기회를 넓히기 위해 노력해야 한다.

최근 기업들의 인력관리방식이 스스로 육성하기보다는 외부로부터 수시 채용하는 경향이 확대되고 있고, 노동유연성과 외부노동시장이 확대되고 있다. 이러한 환경은 폭넓은 업무에 대응할 수 있는 전문적인 능력과 기능, 지식뿐만 아니라 업무수행과정에서의 문제해결능력, 창의력, 사고력 등 실천적인 직무능력을 요구하고 있다. 따라서 이에 대응할 수 있는 직업능력을 개발하고 향상시키기는 것이 필요하다. 이와 관련하여 일본정부가 만든「재도전 추진위원회」는 '사회인 기초력'이란 이름으로 12개의 기본능력을 제시하고 기업과 개인들에게 권장하고 있다.(일본 후생노동성, 2001 및 2005)

기업 내에서 실시하는 직무능력개발도 계층별, 직능별로 일률적으로 실시하던 방식은 줄어들고, 훈련대상범위를 축소한 훈련이나 자기개발을 중시하는 방식으로 확대되고 있다. 또한 대기업과 중소기업 근로자 간에는 교육훈련 수혜기회의 격차가 커지고 있다. 여기에서도 평생학습 필요성이 커지고 있음을 알 수 있다.

고령화와 기술혁신의 진전은 직업생활의 장기화와 내·외부 노동시장의 유동화, 근로자들의 직무전환 등을 불가피하게 한다. 또한 청년층 근로자들의 취업의식은 '평생직장'보다는 '평생직업'의식과 전문직을 지향하고, 직장선택에서도 자신의 능력을 발휘할 수 있는가의 가능성을 중요시 하는 방향으로 바뀌고 있다. 또한 시간제 근로자, 재택근무자 등 근무형태의 다향화가 확대되고 있으나 이러한 비정규근로자들의 경력개발이나 직업능력개발은 충분히 이루어지지 못하고 있다. 여기에서도 평생학습의 필요성이 강조되고 있음을 알 수 있다.

5 학습조직의 활성화

최근 학습조직(learning organization)의 개념에 대해 큰 관심이 집중되었다. 많은 전문가들은 조직이 근본적인 변화를 하려면 학습하고, 적응하며, 변화를 할 수 있어야 한다고 주장한다. '학습조직'은 다음의 핵심요소들, 즉 시스템적 사고방식, 개인적인 숙달능력, 비전의 공유, 팀 학습을 갖추어야 한다.

오래전(1994년) 조사에서도 HRD관리자들 중 94%가 학습조직으로 변화하는 것이 중요하다고 응답하였다. HRD전문가들에게 주어진 과제는 전통적 교육프로그램에서 탈피하여 학습원칙과 전략, 학습을 성과증진으로 연계시키는 방법, 학습과 근본적인 변화와의 관계를 강조하는 교육프로그램으로의 변화를 유도하는 것이다. 이를 위하여 HRD전문가는 학습이론에 대한 확고한 이해를 확립하고 개인개발을 증진시키기 위한 학습방법을 고안해야 한다.

PARAGRAPH 03 인적자원개발 트렌드

1 ASTD의 HRD 뉴 트랜드

급격한 경영환경의 변화속에서 기업이 생존하고 계속 발전해 나가기 위해서는 우수한 인적자원의 확보와 육성이 필수적이다. 특히 선진기업일수록 인재육성을 기업의 경영전략차원에서 접근하고, 장기적으로는 미래성장의 원동력으로서 투자를 강화하고 있다.

여기서는 인재육성에 대한 변곡점이된 ASTD 컨퍼런스(2010~2012)에서 제안된 내용들을 중심으로 트렌드를 알아본다.(중앙공무원교육원, 2012)[12]

	2010 – 2012 ASTD	Key Findings
2012년	• Trend 1: 개인맞춤형 학습, Informal Learning 등 학습방식의 변화 • Trend 2: 디지털 모바일 기기 활용 학습 확대 • Trend 3: 지식공유, 협업 및 협력학습 등 소셜 미디어 활용 • Trend 4: 클라우드 컴퓨팅 등 혁신적 교육운영체계	• 전략적 HRD 역할 강화 • Informal Learning의 중요성 증대
2011년	• Trend 1: Informal Learning에 대한 실질적 관심증가 및 활용 사례 급증 • Trend 2: 교육 효과성 및 ROI, ROE관점의 학습성과 규명을 위한 지속적 노력 • Trend 3: 경영자적 시각에서 전략적 파트너 역할의 증대 • Trend 4: 리더의 실천, 신뢰 헌신 강조 • Trend 5: HR 담당자의 Performance Consultant 역할 강조	• 혁신적 교육운영과 학습방식의 변화 • 모바일 러닝 및 소셜 미디어 활용 확대
2010년	• Trend 1: 비전/미션/가치의 한 방향 정렬을 위한 전략적 리더십 역량 강화 요구 증대 • Trend 2: 경영마인드를 갖춘 프로페셔널 양성 필요 • Trend 3: 경영에 기여하는 전략적 HRD 역할 증대 • Trend 4: Social Media 등장으로 인한 Learning Technology의 변화	• 학습성과 규명 노력

자료: 중앙공무원교육원(2012), 중앙공무원교육원종합발전방안, 재구성.

 그림 12-1 • ASTD가 제안한 뉴 트랜트

첫 번째는 전략적 HRD 역할 강화이다. 종전의 HRD는 개인과 조직의 역량 강화에 초점이 맞추어져 왔다. 그러나 경영환경이 급변하는 상황에서 현재가 아닌 미래 경영환경에 필요한 역량강화의 중요성이 높아졌다. 전략적 HRD는 이제 선택이 아닌 필수적 요소로 전환되고 있다. 이는 경영전략과 연계된 학습을 의미하며 그러기 위해서는 CLO(Chief Learning Officer)의 역할이 중요하다.

두 번째는 비공식훈련의 중요성 증대이다. 조직 내에서 공식적인 학습을 통한 학습량은 20%이지만, 비공식 학습을 통한 학습량이 80%에 달한다고 한다. 반면, 비공식 학습에 대한 투자는 20%에 불과하다고 한다.(Cross, 2007)[13]

세 번째는 클라우드 컴퓨팅 활용 등 혁신적 교육운영과 학습방법의 활용이다. 3D, 증강현실 등의 혁신기술을 융합하여 가상학습(Virtual learning) 등 종전에는 생각할 수 없었던 새로운 형식의 학습방법이 도입되고 있다. 또한 공개된 학습자원(OER, Open Education Resource), 상호운영개방망(Interoperable data service) 등의 등장은 혁신적 교육과정 설계가 가능하도록 하고 있다.

네 번째는 모바일 기기 발달과 소셜 미디어 활용 증가로 인한 지식공유 및 협력학습이다. 디지털 모바일 기기가 종전 핸드폰에서 태블릿으로 확산되고 있으며, 이를 활용한 동영상 강의 및 디지털 교재 등으로 시간과 공간의 제약이 없이 학습이 가능하며 즉각적인 상호작용으로 협력학습이 도입되고 있다. 또한, 프레젠테이션 공유사이트인 Slideshare, 기업형 소셜네트워크서비스인 Yammer 등은 지식공유 등에 새로운 지평을 열고 있다.

다섯 번째는 학습성과 규명노력이다. 기업에서 인적자원개발에 대한 투자는 지속적으로 확대되고 있다. 미국의 경우 인적자원개발에 투자되는 비용이 연간 78조원에 달하며 매년 4%의 성장을 하고 있다. 또한 전 세계적으로는 매년 195조원에 달할 정도로 막대하다(Bersin, 2008).[14] 종전에는 인적자원개발 투자에 대한 효과는 장기적으로 구현되므로 조직내에서 그 성과를 즉각적으로 규명하기는 어려움이 있었다. 그러나, 최근 인적자원개발관련 여러 가지 학문적 성과와 측정도구의 발전에 따라 학습성과에 있어서도 투자대비이익률(ROI : Return on Investment), 자기자본이익률(ROE : Return on Equity) 등 보다 객관적인 측정방식으로 접근되고 있다.

❷ 인적자원개발의 향후 관심

HRD의 포커스는 과거 개인의 지식, 기술, 태도 등을 개선하는 데 중점을 두었다면, 최근에는 조직의 성과향상에 무게중심을 두고 있다. 또한 방법론에 있어서는 기존의 훈련중심에서 학습중심으로 전환되고 있다. 이러한 점 등을 감안하여 신범석(2015)은 HRD의 미래에 대하여 빅데이터 기반 개인맞춤형 교육 등 열가지로 전망을 하였으나,[15] 이를 다음과 같이 일곱 가지로 정리하였다.

첫 번째는 빅데이터 기반 개인맞춤형 교육의 활성화이다. 개인이 이전에 어떠한 교육을 받았는지 교육이력을 관리하고 아울러 개인의 역량을 분석해서 이전 교육에서 미흡한 교육내용을 추천하는 맞춤형 교육이 확대될 것이라고 예상한다. 또한 교육니즈 분석에 있어서도 직무와 직급 등과 관련된 다양한 데이터를 분석해서 정교화할 수 있다고 한다.

두 번째는 개인개발계획(IDP : Individual Development Plan)의 수립이다. 종전의 학습과 개발계획은 개인보다는 조직이나 개별 직무중심으로 이루어졌다. 또한 개인은 업무 등으로 교육훈련에 대한 관심과 참여가 미흡하였다. 필수교육시간을 부여함으로써 이를 보완하였다. 그러나. 경영환경의 변화가 가속화되는 상황에서 이러한 방법으로는 한계가 있다. 향후에는 역량진단을 통해서 부족한 내용을 알려주면, 개인이 개인계발계획을 수립하고 세미나 참여, 독서 등을 통해서 이를 보완하는 형태로 운영될 것이다. 이에 따라 전사교육체계도가 사라지고 개인과 부서중심으로 교육체계가 변화할 것이다.

세 번째는 HRD조직이 컨설팅 기능으로 전환할 것이다. 미래에는 환경변화에 대응하기 위하여 비즈니스 조직이 상시적인 학습조직으로 운영될 것이며, HRD조직은 현장조직과 일체가 되어 개인이나 조직이 당면하고 있는 문제에 대한 컨설팅 기능을 수행할 것이다.

네 번째는 비공식학습(Informal Learning)의 활성화이다. 현재에도 비공식학습은 전체 학습에 있어 중요한 역할을 하고 있다. 향후에도 OJT(On the Job Training), 학습공동체, 멘토링 등 이를 더욱 활성화할 것으로 예상된다.

다섯 번째는 디지털 기반 HRD의 발전이다. 클라우드 컴퓨팅, 소셜 미디어 및 모바일 기기 등 IT 기술의 발전은 종전에 예상하지 못했던 혁신적인 학습방법을 도입시키고 있다. 그 대표적인 것 중 하나가 코세라(Coursera), 유다시티(Udacity) 등 온라인 대중공개 강좌

(MOOCs : Masssive Open Online Course)이다. HRD 부서에는 이 중 학습자에게 적합한 과정을 추천하고 향후에는 개인특성을 감안한 SPOC(Small Private Online Course)로 발전할 것으로 예상한다.

또한 증강현실이나 가상현실을 활용하여 연수원의 형태로 가상연수원(Virtual Learning Center)으로 발전할 전망이다.

여섯 번째는 플립러닝(거꾸로 학습 : flipped learning)이다. 이는 사전에 모바일이나 사이버 과정을 통해서 학습하고 오프라인 공간에서 발표, 토론 등으로 재학습하는 방식이다. 현재에는 이러닝과정이 20시간 정도로 길며, 플립학습을 활성화하기 위해서는 기존의 이러닝 과정을 소규모 모듈단위로 분할할 필요가 있다고 한다.

일곱 번째는 강사의 역할이 러닝어드바이저(Learning Adviser)로 변화할 것이다. 교육의 개념이 훈련에서 학습으로 전환되면서, 학습자가 주도적으로 학습하는 데 있어서, 안내해주고, 코칭해주는 퍼실리테이터로서의 강사의 역할이 중요해 질 것이다.

표 12-1 · 향후 인적자원개발의 7대 트렌드

트렌드	내 용
빅데이터 기반 개인맞춤형 교육	데이터를 기반으로 개인의 교육이력을 관리하고 맞춤형 교육훈련을 제공
개인개발계획 수립	역량진단 등을 통해서 개인별 개인개발계획을 수립
HRD조직의 컨설팅 기능 전환	급변하는 경영환경에 대응하기 위하여 모든 조직에서 학습조직이 활성화되고 HRD조직은 현업부서에 컨설팅 제공
비공식 학습의 활성화	OJT, 학습공동체(CoP), 멘토링 등의 활성화
디지털 기반 HRD 발전	클라우드 컴퓨팅, 소셜 미디어 등 IT기술을 활용한 혁신적 학습방법 도입
플립러닝(Flipped Learning)	On-Line을 통해서 사전에 학습하고 오프라인 공간에서 발표, 토론 등으로 재학습
러닝어드바이저 (Learning Adviser)의 출현	학습자가 주도적으로 되면서 강사의 역할이 학습을 안내하고, 코칭해주는 퍼실리테이터로 전환

'ASTD 2013 ICE'와 ASTD에서 'ATD'로 전환

전 세계 인사교육담당자들의 축제 ASTD 2013 ICE가 70주년을 맞아 2013년 5월 9일부터 22일까지 미국 텍사스 주 달라스에서 열렸다. 9천여 명이 넘는 인사교육 담당자들의 뜨거운 관심 속에 성황리에 마무리된 이 행사는 'Contents, Community, Global perspective'라는 슬로건으로 진행됐다. ASTD 2013 ICE에서 논의된 약 300여 개의 세션과 Ken Robinson, John Seely Brown, Liz Wisean이 발표했던 3개의 기조 강연은 글로벌 HRD 트렌드가 '융합화'에 있다는 시사점을 제시했다.

HRD전문가 송지훈 University of North Texas 교수는 "올해의 ASTD 2013 ICE 주제를 글로벌화, 융합화 그리고 콘텐츠 세그먼트 등 단계적으로 나누어져 있는 것을 통합하는 것"이라 했다. 한국에서도 융합학문이 이슈가 되는 것처럼 사회 전반적인 모든 부분에서 초점이 맞추어져 있다는 것이다.

한편, 2015년에는 ASTD ICE라는 이름으로 매년 열리던 세계 최대의 인적자원개발 컨퍼런스가 ATD ICE라는 이름으로 바뀌었다. 전 세계 인사·교육 담당자들의 많은 참여 속에 미국 플로리다 주 올랜도에서 지난 5월 17일부터 20일까지 나흘간 진행되었다.

ATD는 ASTD의 새로운 이름이며, 이렇게 명칭이 바뀐 배경에는 단순히 명칭의 변화가 아니라 인적자원개발의 큰 흐름 및 변화와 맥을 같이 한다고 볼 수 있다. ASTD는 'American Society for Traming and Development'의 약자로서, 미국이라는 지역적 특성 및 훈련과 개발이라는 인적자원개발 방향의 특성을 보여주는 명칭이며, 2014년부터 명칭이 바뀐 ATD는 'Association for Talent Development'(인재개발협회)의 약자로, 미국이라는 지역적 한계를 넘어서 전 세계를 아우를 수 있는 지역적 통합성과 함께 단순히 훈련과 개발의 인적자원개발을 뛰어넘어 글로벌 역량개발에 더욱 중점을 두게 된 것이다.

자료: 한국인사관리협회, 인사관리, 2015년 7월호 p. 44.

한국 HRD협회, 월간 HRD, 2013년 12월호.

PARAGRAPH 04 인적자원개발 담당자의 역할

1. HRD담당자의 중요성

오래전에 대부분의 기업에서 HRM · HRD 분야 담당자의 역할은 주로 직원채용과 퇴직에 관련된 사무를 처리하고, 최고경영자의 오른팔로서 관료적 이익에 부합된 업무를 다루며, 의사결정 추진 여부의 조정 또는 감시자로서의 역할에 국한되기도 했었다. 그러나 그러한 시절은 이제 대부분의 조직에서 막을 내리고 있다.

기업 내에서 조직구성원은 집체교육훈련이 아닌 업무경험이나 다른 사람과의 교류를 통하여 비공식적으로 자신이 필요한 전문성의 80% 이상을 직무현장에서 습득하고 있다.[16] 이런 점을 고려할 때, 직무현장에서 이루어지는 인적자원개발을 체계적으로 지원하지 않는다면 조직구성원들은 시행착오를 거치거나 전문성보다는 편법을 습득하는 경우가 있을 수 있으며, 전문성 습득에 상당한 시간이 소요될 수도 있어서 개인이나 조직의 성과를 제고하는 데 문제가 발생할 수 있다. 이런 학습환경을 체계적으로 지원하기 위해서는 다양한 성과향상기법과 학습방법, 학습자료를 활용할 수 있는 역량을 갖춘 HRD담당자의 존재는 필수적이라고 볼 수 있다.[17]

선도적인 기업들이 지속적으로 경쟁우위를 갖고 성장할 수 있던 가장 중요한 이유는 기업의 HRM · HRD가 뛰어났기 때문이며,[18] 이를 가능하게 할 수 있는 원동력은 바로 기업내 HRD담당자들의 탁월한 역량이었다는 점에서 볼 때, HRD담당자는 조직성장에 핵심적 성공요인이 된다.

❷ HRD담당자별 역할과 변화

ASTD가 제시한 HRD담당자의 역할에 관한 연구결과에 따르면, 그들의 주요 업무는 교육훈련 프로그램의 설계와 개발, HRD 프로그램의 기획, 프로그램 운영과 평가, 조직개발과 종업원의 경력개발에 관한 컨설팅 등에 이르기까지 광범위하다.[19] HRD조직계층은 직위별로 크게 HRD담당 임원, 관리자, 실무자의 역할로 나눌 수 있다.

- IBM의 교육부문 관리자였던 Jack Bowsher에 따르면, HRD관리자가 조직재충전, 질적향상, 전략적 계획수립에 대해 깊이 연구할 때, 근로자들의 학습과 업무능력향상과의 상관관계 및 회사의 실적과 이윤과의 상관관계를 파악할 수 있게 된다고 했다.[20]
- HRD관리자는 오늘날의 격변하는 사업환경에 대처하기 위한 도구로써 HRD 프로그램에 대한 믿음을 확립할 수 있는 중요한 위치에 있다.

HRD담당 임원은 인적자원개발과 관련된 모든 업무활동에 대한 직접적인 책임을 진다. 조직의 목표와 전략에 맞도록 HRD 프로그램을 통합해야 하며, 만약 경영자개발 프로그램이 실시된다면 이 프로그램 내에서 지도자적 역할을 맡는다. 조직 내에 '인적자원관리부서'가 있을 경우 그 부서원들과 상호 협조해야 한다.

HRD담당자의 역할은 직위에 따라 약간의 차이가 있겠지만, 이것을 직위별로 구별하지 않고 HRD활동을 원만하게 수행하기 위하여 HRD담당자들이 전체적으로 수행해야 할 역할과 필수적인 자질에 관해 고찰하기로 한다.

이미 오래 전부터 내들러(Nadler, 1984)는 HRD핸드북에서 HRD담당자의 역할을 전문성을 반영하여 학습전문가, HRD관리자, 컨설턴트로 대별하고 세부적인 역할을 12가지로 제시해 왔다.[21]

① 학습전문가(learning specialist)의 역할

- 학습프로그램 설계 : 학습요구분석, 학습목표설정, 학습내용과 학습활동 계획수립
- 교수전략개발 : 교수방법 결정, 교수매체 개발
- 학습지도 : 학습자들과 직접적인 학습활동 - 강의, 토의진행, 시범, 실습지도

② HRD관리자(administrator)의 역할

- HRD정책개발 : 조직전체의 경영활동과 연계한 HRD정책의 개발, 조직의 성과에 기여할 수 있는 HRD체계 확립
- 학습프로그램 감독 : 학습프로그램 설계, 교수전략 개발, 학습활동계획 집행의 확인
- HRD부서의 관계유지 : HRD활동의 담당부서와 개인, 집단, 조직 간의 원활한 의사소통과 통로유지
- HRD전문요원 개발 : HRD담당부서의 전문요원 양성, 활용, 유지, 전문성 확보, 업무의 질적 향상
- 시설과 예산의 관리 : HRD활동에 필요한 시설의 확보, 유지, 예산의 확보, 조정, 정리

③ 컨설턴트(consultant)의 역할

- 전문가(expert)활동 : 조직의 문제해결에 관한 HRD 활용방안 등 대안제시, 발생가능한 문제예측과 예방활동, 경영자의 의사결정 조언
- 지지자(advocate)활동 : 조직의 특정상황에 대한 최적활동 제안
- 격려자(stimulator)활동 : 문제발생의 예방기능, 경영자에게 질문과 자극으로 문제확인, HRD 측면에서 능동적 대처 유인
- 변화촉진자(change agent)활동 : 조직의 변화요구, 변화방향, 예상결과와 변화방법 제시, 문제발생의 예방기능

전문가와 지지자는 확인된 문제의 해결을 위한 변화과정에 직접 참여하는 것이고, 격려자와 변화촉진자는 문제가 발생하지 않도록 사전에 대처하는 미래지향적 대응(proactive)을 하는 것이라고 볼 수 있다.

지금까지 논의한 HRD담당자의 역할은 조직에 속한 사람들을 중심으로 설명한 것이다. 조직외부의 전문가로서 ASTD(1990)가 발표한 HRD담당자의 역할을 추가하여 살펴보기로 한다.

① 조사연구(research) : 문제와 관련된 정보의 확인, 개발, 시험을 통해 개인이나 조직의 성과향상활동에 적용
② 요구분석(needs analysis) : 이상적인 성과와 현실적인 성과 간의 차이와 조건, 원인분석
③ 개인의 경력개발 조언(individual career development advise) : 조직의 목표와 개인의 목표 통합, 개인의 자질과 가치관, 목표평가, 진로과정의 설계와 실행 조언

조직이 환경변화에 적응하는 과정에서 HRD전문가의 역할도 변화되어 왔다. 오래전에

맥라건(McLagan, 1996)은 HRD전문가가 수행해야 할 아홉 가지 역할들에 대해 설명했었는데 지금도 크게 다르지 않다.[22]

① HRD전략 조언자(HR strategic adviser)는 조직의 전략과 성취목표를 유기적으로 통합하는 데 직접적으로 영향을 미치는 HRD 문제들에 대한 결정을 할 때 전략결정자에게 조언을 한다. 수행업무는 HR의 전략적 계획과 교육훈련 프로그램에 대한 계획수립 등이다.

② HR시스템 설계 및 개발자(HR systems designer and developer)는 조직의 성과에 영향을 주는 HR시스템의 설계와 개발에 관련된 HR관리를 지원한다. 수행업무는 HR프로그램 설계, 개입전략, HR프로그램 실시 등이다.

③ 조직변화 추진자(organization change agent)는 변화하는 조직에 필요한 변화된 전략의 설계와 추진을 위한 관리에 대해 조언한다. 업무성과는 더 효율적인 작업팀, 품질관리, 변화개입전략과 추진, 그리고 변화보고서 작성 등이다.

④ 조직설계 컨설턴트(organization design consultant)는 업무시스템설계와 인적자원의 효율적 활용을 위한 사항을 조언한다. 수행업무는 변화개입전략, 대안적 업무설계와 실시 등이다.

⑤ 학습프로그램 전문가(learning program specialist)는 필요한 교육을 조사분석하고, 적절한 교육프로그램을 개발하고 기획하며, 교재와 보조기구 등을 준비한다. 수행업무는 프로그램의 목표설정과 훈련계획 수립 등이다.

⑥ 교수자 및 촉진자(instructor & facilitator)는 수업교재를 이용하여 체계화된 강의경험으로 수업을 진행한다. 수행업무로는 적절한 교수방법 선정과 HRD 프로그램 운영 등이다.

⑦ 개인개발 및 경력상담자(individual development and career counselor)는 개인의 적성과 생애목표를 진단, 평가하여 현실적인 경력개발계획을 수립하도록 지원한다. 수행업무는 경력계획 평가회의, 워크숍 지원, 경력지도 등이 있다.

> 1999년 인기직업에 관한 기사 중에서 HRD전문가 중 수요가 많은 네 가지 직종이 발표됐다. 이 중 세 가지는 교수설계자(Arthur Andersen 컨설팅회사 근무), 조직변화관리자(캘리포니아 주의 Carlsbad市 소속), 간부지도자(간부에게 대인관계기법을 교육하는 컨설턴트 업무)이다. 네 번째는 멀티미디어전문가로서 버지니아 주 알링톤市에 있는 IT회사에서 온라인 교육과정을 설계하고 교수법과 그래픽 디자인을 담당했다.

⑧ 성과컨설턴트(performance consultant)는 구성원과 부서의 업무수행능력의 향상을 위해 일선 관리자에게 조언을 제공한다. 수행업무로는 변화개입전략, 감독계획 실행 등이다.

⑨ 연구자(researcher)는 적절한 통계기법을 통하여 HRD 프로그램의 총체적인 유효성을 결정하고 조직에 그 결과를 전달한다. 수행업무로는 연구조사 기획, 연구조사 결과 제시, 조언, 보고서 작성 등이다.

⊛ 표 12-2 · HRD전문가의 역할

역 할	내 용
인적자원전략 조언자	조직전략과 성과목표를 추진하는데 영향을 주는 HRD 이슈에 관하여 전략적 의사결정자에게 조언 제공
인적자원시스템 설계 및 개발자	조직의 성과에 영향을 주는 인적자원시스템의 설계와 개발에 대하여 인적자원관리를 지원
조직변화 추진자	조직혁신을 위한 변화전략의 설계와 실행에 관하여 관리자에게 조언
조직설계 컨설턴트	인적자원의 효율적 활용을 위한 업무시스템의 설계에 관하여 조언
학습프로그램 전문가	학습자의 요구를 파악하고, 적절한 학습프로그램을 설계·개발하고 학습교보재의 개발
교수자·촉진자	체계적으로 구조화된 학습경험과 교보재를 활용하여 학습을 리드하고 촉진
개인개발 및 경력상담자	체계적인 경력계획을 수립하기 위하여 개인의 역량과 목표를 평가하는데 지원 및 조언 제공
성과컨설턴트	개인과 그룹의 성과향상을 위하여 적절한 개입프로그램 설계에 관한 조언 제공
연구자	HRD활동의 효과성을 결정하기 위하여 적절한 통계절차를 활용하여 직업능력 개발활동과 프로그램을 평가하고 그 결과를 조직에 제공

자료: P. McLagan(1996), Great ideas revisited, Training & Development Journal, pp. 49-59.

한편 베른살 등(Bernthal, 2004)은 기존의 ASTD 역량모델 개발을 보완하기 위하여 2,000여 명을 대상으로 설문조사를 하였다. 그 결과 HRD담당자의 역할을 학습전략가, 비즈니스 파트너, 프로젝트 관리자, 직무 전문가 4가지로 구분하고 직장업무관련 학습과 수행 지원을 HRD담당자의 주요역할로 제시하였다. 학습전략가는 직장에서의 학습과 수행개선이 장기적인 사업성공과 조직의 요구에 맞추어 가치를 증가시키는데 기여하는 것이 가능하도록 한다. 비즈니스 파트너는 직장의 수행 개선 기회를 파악하는 데 있어 사업과 산업분야 지식을 적용함으로써 성과에 영향을 줄 수 있는 가능한 방법을 제안한다. 프로젝트 관리자는 효과적인 학습과 수행개선책을 마련하고 실행에 대한 계획 수립, 자원 조달 및 모니터링 하는 역할을 수행한다. 직무전문가는 경력관리, 인재관리, 코칭, 수행개선 등과 관련한 깊이 있는 지식을 활용하여 학습과 수행개선책을 설계, 개발, 실행 및 평가하는 역할을 수행한다.[23]

한편 맥라건(McLagan, 1989)의 역할분류 기준에 의거하여 우리나라 HRD담당자를 대상으로 역할을 조사한 김현수(1999)의 연구에 따르면, HRD담당자들은 현재 학습프로그램 전문가(프로그램 설계 및 개발)와 교수자의 역할을 주로 수행하고 있는 것으로 나타났다.[24] 그러나 조직변화 추진자로서의 역할은 중요하게 인식하면서도 가장 낮게 수행하고 있는 것으로 조사되었다.

아울러, 한국능률협회(2000)가 상위 1,200대 기업 중 응답한 350개사를 분석한 결과, HRD담당부서의 주요업무는 회사비전과 전략에 부응하는 교육계획의 수립(35.1%)과 능력개발계획 및 훈련체계 수립(28.6%)인 것으로 나타났다. 최근에 그 중요성이 강조되고 있는 종업원에 대한 성과컨설턴트로서의 역할은 5.1%에 그쳐서 아직까지 전문성이 뒷받침되지 못함을 알 수 있다. 이런 관점에서 볼 때, 우리나라 HRD담당자의 역할은 교육훈련 프로그램 기획자에서 전략적 파트너로서의 역할로 전이되고 있다는 점을 알 수 있다.

지금까지 논의된 HRD담당자의 역할을 정리해 보면 과거에는 개인개발에 관련된 학습프로그램 전문가, 교수자 및 촉진자 등에 중심을 두었으나 HRD담당자의 역할 확대에 따라 근래에는 HRD전략기획자, 성과컨설턴트, 변화촉진자, 수행공학자 등의 역할이 강조되고 있다.

기 존	역할 확대
• 학습프로그램 전문가 • 교수자 및 촉진자	• HRD전략 기획자 • 성과컨설턴트 • 변화촉진자

3 HRD담당자의 역량

앞에서 살펴보았던 HRD담당자의 전문적인 역할을 수행하려면, 그들은 어떤 역량을 구비해야 할 것인가? 그들은 어떤 지식, 기술, 태도, 습관을 어느 정도 갖추어야 충분할 것인가? 쉬운 문제는 아니지만 HRD담당자로서의 역할을 효과적으로 수행하기 위해서 필요한 역량을 살펴볼 필요가 있다.

맥라건(McLagan, 1989)은 기술역량, 경영관리역량, 대인관계역량, 지적역량 등 네가지 영역으로 구분하고 35개의 세부역량을 제시하였다. 이중 성인학습이해, 역량평가기술, 사업관리이해, 조직행동이해, 관계형성기술, 서류작성기술, 자료추출기술, 정보탐색기술, 측정기술 등 9가지를 HRD담당자의 핵심역량으로 규정하였다. 이후 베른살 등(Bernthal, et al. 2004)은 새로운 ASTD 역량모델을 제시하였다. HRD담당자가 학습전략가. 비즈니스 파트너, 프로젝트 관리자, 직무전문가 역할을 수행하면서 필요한 역량을 크게 전문영역에서 필요한 역량과 HRD담당자가 지녀야할 기본적인 역량으로 구분하였다. 기본역량은 사업 및관리역량, 대인관계역량, 개인역량 등 3가지로 구분하였고 전문 영역의 역량은 학습설계, 개인수행 개선 등 9개, 기본역량 중 대인관계역량은 신뢰구축, 효과적 커뮤니케이션 등 5개, 경영관리역량은 니즈분석과 해결책 제시 등 5개, 개인역량은 적응능력, 개인개발 설계 등 2개를 제시하였다. 기본역량 중 신뢰구축, 효과적 의사소통, 니즈분석과 해결책 제시, 개인개발 설계, 네트워킹과 파트너십 구축 6가지를 중요 역량으로 제시하였다.[25]

✦ **표 12-3** · 2004년 ASTD 역량모델

전문영역	기본역량		
	대인관계역량	경영관리역량	개인역량
• 학습설계 • 개인수행 개선 • 훈련 실시 • 측정 및 평가 • 조직변화 촉진 • 학습기능 관리 • 코칭 • 조직 지식 관리 • 경력개획 및 인재관리	• 신뢰구축 • 효과적 커뮤니케이션 • 이해관계자 영향력 • 다양성 제고 • 네트워킹 및 협조체계 구축	• 니즈분석과 해결책 제시 • 경영감각 적용 • 결과도출 • 과제 계획 및 실행 • 전략적 사고	• 적응능력 • 개인개발 모델링

자료: Bernthal, et al.(2004), ASTD 2004 Competency Study : Mapping the Future : New Workplace Learning and Performance Competences, p14.

한편, 알네손 등(Arneson, 2013)에 따르면 최근에 HRD담당자의 역할은 기존의 역할에 추가하여 퍼실리테이터, 큐레이터, 정보관리자, 학습커뮤니티 구축자로서의 역할로 확장되고 있다고 한다.[26] 그 이유는 최근 HRD에서 소셜 미디어를 활용해서 어떻게 지식을 확보하고 공유하는 문제가 가장 중요하기 때문이다. 이에따라 HRD담당자의 역할에 있어 특정한 상황에 부합하는 학습테크놀로지를 활용할 수 있는 능력이 필수적인 역량이 되었다.

많은 조직들은 조직을 개선하고 향상시키기 위해서 HRD에 관심을 보이고 있다. 이것은 조직의 역량과 경쟁력을 강화하기 위한 노력을 통하여 성취된다. 효과적인 조직학습과 변화활동은 설계와 개발, 촉진, 조정 역량을 가진 학습촉진자, 교수설계자, 비즈니스 파트너, 프로젝트 관리자, 직무전문가가 조직의 성공을 위해서 핵심적인 역할을 할 때 이루어진다.

HRD담당자 교육 사례

교육훈련 담당자 교육에 대한 안내

2○○년도는 회사의 경영지표를 "인재육성의 해"로 정하고 인재개발과 교육훈련의 중요성을 강조하고 예년에 없던 많은 교육을 실시해 왔습니다. 올해는 이의 내실화를 기하고 체계를 정립해서 보다 발전적인 교육이 되도록 해야 겠다는 필요성을 절감하고 금년 연수부의 최초 교육과정으로 교육훈련 담당자 과정을 개설하여 여러분을 이곳 ○○연수원으로 모시게 되었습니다. 이번 교육과정은 교육훈련에 대한 사내외의 요구와 우리 교육 담당자의 현실적 입장을 고려해서 '2003년 10월에 실시되었던 과정을 다소 보완하고 업무를 수행하는데 참고할 수 있는 지침 자료와 실무적인 면을 사례로 다루어 편성하였습니다.' 이번 교육의 참가대상은 사업부, 주요 staff부문, TQC교육담당자와 연수원, 연수부 직원 37명으로 관리자 10명, 사무기술직 27명으로 되어 있습니다. 참가하신 분들의 직무근속연한이 2년 미만인 분들이 대부분이어서 기본적이고 실무적인 면에 초점을 맞추어 진행될 것이고 서로의 공동관심사를 얘기하고 개념을 통일시키는 과정이 되었으면 합니다.

자료: 장수용, 21세기 기업교육훈련 전략, 전략기업컨설팅, 2011, p. 330.

4. HRD전문가 자격증

(1) 미 국

HRD분야의 성장에 따라 전문가 자격증 취득 열풍이 일고 있다. 이 결과는 확장되어가는 HRD분야에 대한 신뢰를 높이려는 시대적 요구에 기인하는 것으로 추측된다. 미국의 경우, 인적자원자격원(Human Resource Certification Institute)은 인적자원관리학회(Society for Human Resource Management)와 연계하여 인적자원관리에 관한 두 종류의 자격시험을 실시하고 있다. 자격증은 인적자원전문가(Professional in Human Resources : PHR)와 인적자원수석전문가(Senior Professional in Human Resources : SPHR)이다. 시험은 인적자원관리에 대한 다양한 논제들을 망라하는 175개의 복합적인 선택항목으로 구성되어 있다.[27]

표 12-4 · 미국 HRD관련 자격시험 출제범위 및 비율

시험출제범위 및 교육내용	출제비율	
	PHR	SPHR
Business Management and Strategy	11%	30%
Workforce Planning and Employment	24%	17%
Human Resource Development	18%	19%
Compensation and Benefits	19%	13%
Employee and Labor Relations	20%	14%
Risk Management	8%	7%
합계	100%	100%

자료: HR Certification Institute(2012), PHR and SPHR Exam Content Outline.

시험항목 구성은 인적자원전문가(PHR) 시험의 18%와 인적자원수석전문가(SPHR) 시험의 19%는 HRD분야에서 출제된다. 이 자격증을 취득하기 위해서는 시험에 합격해야 하고, 인적자원전문가는 학력에 따라 1~4년의 이상의 HR분야 근무경력을 가지고 있어야 하며, 인적자원수석전문가는 학력에 따라 4~7년 이상의 HR분야 근무경력을 가지고 있어야 한다. 2010년까지 인적자원전문가는 62,815명, 인적자원수석전문가는 46,395명이 넘는 HR 전문가들이 이 자격증을 취득했다.[28]

(2) 영 국

영국의 교육고용부 산하 국가훈련기구(National Training Organizations)에서 트레이너(trainer)를 대상으로 직무자격을 수준 3에서 수준 5까지 정의하는 기준들을 다음과 같이 발표하였다(Hargreaves & Jarvis, 2000, pp. 189-191). 여기서 수준 1과 수준 2에는 특정기준이 없고, 수준 3, 4, 5는 아래와 같다.[29]

① 훈련과 개발(자격수준 3) : 훈련과 개발프로그램을 시행하는 사람과 이를 설계하고 평가

하는 책임을 갖는 담당자(자격취득을 위한 세부과목으로 개인의 학습요구 파악, 훈련설계, 훈련교보재 준비, 프레젠테이션과 그룹활동을 통한 학습의 촉진, 교육훈련 프로그램의 평가, 자신의 실습평가: 관련 10학점)

② 인적자원개발(자격수준 4-1) : HRD훈련과 개발의 관리 책임을 맡은 사람들과 훈련과 개발의 필요조건을 파악하는 작업에 참여하여 훈련과 개발 필요성 들을 확인하고, 실행을 계획하는 담당자(조직성과향상을 위한 교육훈련의 요구파악, 요구를 달성하기 위한 해결방안 설계, 그룹 및 조직학습의 조정, 교육훈련 프로그램의 평가, 자신의 실습평가: 관련 12학점)

③ 학습개발(자격수준 4-2) : 학습프로그램 전달에 참여하며 자격수준 3에서 정의되었던 직접적인 강의식 훈련보다는 보다 광범위한 학습기회들을 용이하게 하는데 관심을 갖고 있는 담당자(필수과목으로 개인의 학습목표, 요구, 학습유형의 파악, 학습프로그램의 설계, 학습자와의 학습프로그램 동의, 학습자와 진척도 모니터링 및 검토, 교육훈련 프로그램의 평가, 자신의 실습평가와 선택과목으로 학습자와 그룹 활동에의 지지와 조언, 교보재설계, 교육훈련방법 검토 및 평가: 관련 12학점)

④ 훈련과 개발전략(자격수준 5) : 인적자원개발에 대한 전략적 책임을 갖고 있으며 조직에서 고위층에 속하거나 전략적 수준에서의 컨설턴트로 일하고 있는 담당자 (조직의 인적자원 역량 파악, 요구되는 인적자원의 역량수준 개발, 조직내 직업능력개발의 전략적 위치 확보, 전문능력과 윤리의 수행, 자신의 실행 개발과 평가: 관련 18학점)

(3) 일 본

일본에서는 1990년대의 장기불황에 따라 실업자가 증가하였고, 이 과정에서 특히 사무직근로자들의 고용불안이 심화되어 이들에 대한 직업능력개발을 지원하기 위해 직무능력개발과 직무능력 증명을 통한 이·전직을 용이하게 할 수 있도록 직업능력습득제도(Business Career)를 1993년에 도입하였다.

이 제도의 취지는 사무직근로자의 직무고도화와 기술혁신 등 노동환경의 변화에 대응하기 위해서 보다 고도화되고, 전문화된 직업능력의 습득이 중요함을 인식하고 화이트칼라의 전문적 지식의 습득을 지원하는 직업능력습득제도를 실시하게 되었다. 2006년까지는 직업능력을 객관적으로 증명하는 것을 목적으로 일본후생노동성이 인정한 강좌 수료자를 대상으로 한 수료인정시험으로 실시하였다. 또, 2007년부터는 제도를 개편하여 비즈니스경력검정시험으로 자격시험화하였다.(노무라, 2009)[30]

이 제도는 전문적 지식의 체계화를 위해 화이트칼라의 직무분야(예 : 인사· 노무· 능력개발 등)에서 그 직무에 필요한 전문적 지식의 영역(예 : 인사개요, 인사기초 등)과 수준을 등급화(1~3급)하여 체계화시켰으며, 각종 교육훈련기관 등이 행하는 교육훈련 중 그 기준에 합치하는 것

451

울 인정하여, 인정된 교육훈련의 수강자 등에 대해 중앙직업능력개발협회가 습득한 전문적 지식올 확인하기 위한 자격시험을 실시하는 것이다.

수료인정시험은 연 2회 47개 도도부현에서 실시한다. 2~3급은 객관식문제(50문항, 120분), 1급은 논술식 문제(3문항, 150분)이며, 합격점수는 60점 이상이다.

비즈니스커리어제도는 ① 인사, 인재개발, 노무관리 ② 기업법무, 총무 ③ 회계 및 재무관리 ④ 경영전략 ⑤ 경영정보시스템 ⑥ 영업 및 마케팅 ⑦ 물류 ⑧ 생산관리 등 8개의 직무분야로 구분된다. 각 분야는 1∼3급으로 구성되어 있다. 3급은 계장, 리더 등을 목표로 하는 사람. 2급은 과장을 목표로 하는 사람. 1급은 부장을 목표로 하는 사람을 대상으로 한다. 2∼3급은 시험 단위별 출제기준에 부합하는 표준교재가 판매되고 있으며, 대학이나 민간기관이 실시하는 중앙직업능력개발협회가 인증하는 교육훈련강좌가 있으며, 관련된 통신교육도 실시되고 있다. 수강료는 3급 4,200엔, 2급 5,250엔, 1급 7,850엔이다. 2007년도 응시자 수는 10,726명이며 합격자는 4,906명이다[노무라(2009), 2008년도 서비스 혁신창출 지원사업-직업능력평가제도에 관한 조사 보고서].

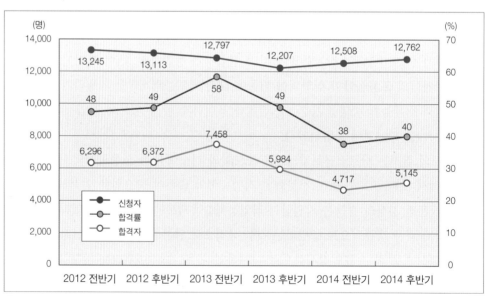

자료: http://www.javada.or.jp/jigyou/gino/business/shiken-kekka.html#kekka

그림 12-2 · 비즈니스커리어제도 수험신청자 수 및 합격자 수

표 12-5 • 인사·노무·능력개발/인사부문의 매트릭스

상급	인사기획(18h) • 인사전략 • 인사제도 및 기능면의 기획가능 국내외의 경영환경변화에 대응한 모든시책의 기획관리지도 가능	← 상급은 해당분야의 인정시험 대상이 되지 않음.		
			↓필요한 전문지식(표준학습시간)	
중급	인사기획(27h) • 인간(개인 및 집단)의 이해 • 도덕성향상과 의식개혁 • CDP와 인사정보시스템 • 조직개편·조직조사 등 도덕성, CDP, 인사정보시스템 등을 이해하고 주된 인사제도의 입안·추진·개폐가 가능함.	인원계획·채용·개발(24h) • 인원계획 • 인원구성분석 • 채용계획 • 직무개발 • 인재파견 • 고용조정 인원구성분석을 행하고 인원계획의 입안이 가능하며, 채용계획의 책정 운용이 가능함.	인사고과·승진 이동·퇴직(36h) • 인사고과 • 승진·승격제도 • 표창·징계 • 인사이동·배치관리 • 출향·전직 • 인사상담 • 퇴직과 해고 • 처우제도 인사처우제도의 제정 및 운용이 가능하고, 인사에 관한 상담에 대응할 수 있음.	급여·사회보험(24h) • 임금제도 • 사회보험 임금시책의 입안·추진이 가능하고, 사회보험의 실무에 능하게 됨.
초급	인 사 개 요(54h)			
	• 인사관리의 개요 • 인간과 조직에 대한 기초지식	• 인원계획의 개요 • 통계자료의 작성 • 채용활동 • 채용시험	• 인사고과의 기초지식 • 승진·승격제도의 기초지식	• 급여 개요 • 사회보장제도 개요
	인사전반에 대한 기초적사항을 이해하고 상사의 지시에 기초해 인사상의 사무처리가 가능			
영역	인사관리	인원계획·채용	인사고과·승진 인사이동·퇴직	급여·사회보험

자료: 일본 중앙직업능력개발협회, 비즈니스커리어제도, 2002.

(4) 한 국

우리나라에서는 아직 인적자원개발 및 관리분야의 자격증제도가 확립되지 않았다. 다만 사무관리직 근로자의 직업능력개발을 위한 기업교육훈련은 OJT를 통해서 활발하게 이루어지고 있고 기업연수원의 집체교육이나 전문교육훈련기관 및 연수원을 통해 이루어지지만, 우리나라의 3대 전문교육훈련기관이라고 할 수 있는 한국능률협회, 한국생산성본부, 한국표준협회에서 나름대로 교육훈련과정을 개발, 운영하고 그 과정이수자에게 이수증을 주고 있다.

1) T. L., Wheelen & J. D. Hunger(1986), Strategic management and business policy(2nd ed.).

2) R. S. Schuler(1992), Strategic human resources management : Linking the people with the strategic needs of the business.

3) J. W. Gilley & A. Maycunich(1998), Strategically inergrated HRD: Partnering to maximize organizational performance.

4) R. J. Torraco & R. A. Swanson(1995), The strategic roles of human resources development. Human Resource Planning, 18(4), pp. 10-29.

5) K., Eills & S. F. Gale(2001), A seat at the table. Training, 38(3), March, pp. 90-97.

6) Industry Report(1996), Who's learning what? Training, 33(10), pp. 55-66.

7) A. D. Willamson(1995), Becton-Dickinson(C) : Human resource function. Boston : Harvard Business School, Case 9-491-154.

8) B., Gonzales, Y. M., Ellis, P. J, Riffel, & D. Yager(1999), Training at IBM's human resource center.

9) J. J. Phillips(1996), How much is the training worth? Training and Development, 50(4), pp. 20-24.

10) M. A., Hitt, B. W., Keats & S. M. Demarie(1998), Navigating in the new competitive landscape.

11) R. W, Judy, & C. D'Amico(1997), Workforce 2020 : Work and Workers in the 21th Century. Indianpolis : Hudson Institute.

12) 중앙공무원교육원(2012), 중앙공무원교육원종합발전방안, 재구성

13) J. Cross(2007), Informal Learning: Rediscovering the Natural Pathways That Inspire Innovation and Performance. San Francisco: John Wiley & Sons, Inc.

14) J. Bersin(2008), The high-impact learning organization, Bersin & Associate. 오현석, ASTD 인적자원개발트랜드, 학지사, p. 3. 재인용

15) 신범석(2015), 미래의 HRD 전망 열 가지, HRD, VOL.301.2015.9

16) P. Hargreaves, & P. Jarvis (2000), The human resource development handbook(rev.ed,). London : Kogan Page.

17) J. Pfeffer(1998), Human equation, Boston, MA: Harvard Business School Press.

18) T. Valkeavaara(1998), Human resource development roles and competencies in five European countries. International Journal. of Training and Development 2(3), pp. 171-189.

19) E. G. Sorhan(1995), Basic skills traning on the rise Traning and Development, 49(5), pp. 12-13.

20) K. Dobbs(1999), Trainers salaries 1999. Training, 36(11), November, pp. 26-33.

21) L. Nadler(1984), The handbook of human resource development. John Wiley & Sons.

22) P. Mclagan(1996), Great ideas revistited, Training & Development 50(1), pp. 60-65.

23) P. R. Bernthal, K. Colteryahn, P. Davis, J. Naughton, W. J. Rothweel & R. Wellins(2004), ASTD 2004 Competency Study : Mapping the Future : New Workplace Learning and Performance Competences, pP29~30.

24) 김현수(1999) 인적자원개발 담당자의 직무능력과 역할 수행에 관한 연구, 서울대 박사학위논문

25) P. R. Bernthal, K. Colteryahn, P. Davis, J. Naughton, W. J. Rothweel, & R. Wellins(2004), ASTD 2004 Competency Study : Mapping the Future : New Workplace Learning and Performance Competences, p20.

26) J.Arneson, W.Rothwell, & J.Naughton(2013), ASTD Competency Study, 오현석, 김도연(2013) 공역, 교육과학사
27) https://www.hrci.org/our-programs/our-hr-certifications
28) http://www.phrsphressentials.com/phr-essentials.

29) P. Gargreaves & P. Jarvis (2000). The Human resource development handbook(rev.ed,). London : Kogan Page.
30) 노무라(2009), 2008년도 서비스 혁신창출 지원사업-직업능력평가제도에 관한 조사 보고서.

기타 참고자료
 - 장수용, 21세기 기업교육훈련 전략, 전략기업컨설팅, 2011.

전략적 인적자원개발이란?

　전략적 인적자원개발은 기존의 인적자원개발이 개인 또는 팀에 중심을 두고 개인이나 팀의 행동이나 개인의 직무역량 또는 조직역량을 제고하는 데 있었다면, 전략적 인적자원개발은 조직에 초점을 맞추어 경영전략과 연계하여 조직의 전략목표를 달성함으로써 종국적으로 조직의 경영성과와 핵심역량을 제고하는 데 그 목적이 있다.

　과거의 안정적인 경영환경에서는 현재의 외부적인 경영조건이 지속적으로 유지되거나 그 변화의 폭이 크지 않았다. 그러나 세계경제 환경이 지식·정보화 및 글로벌화 등으로 변화함에 따라 현재의 경영여건을 기준으로 실시하는 개인과 팀에 대한 HRD의 효용성이 저하되고 있다. 이에 따라 HRD도 조직의 비전과 미션에 따른 경영전략을 감안하여 기업의 현재와 미래에 필요한 인적자원을 전략적으로 육성하는 방향으로 전환하고 있다. 전략적 인적자원개발의 특징은 가라반(Garavan, 1991)이 제시한 특징을 맥크랙켄과 왈라스(McCracken & Wallace, 2000)가 수정 보완한 내용을 살펴보면, ① 조직 미션 및 목표의 구체화, ② 최고경영층의 리더십, ③ 인적자원개발 측면에서의 최고경영진에 의한 환경분석, ④ 인적자원개발 전략, 정책, 계획, ⑤ 일선 관리자와의 전략적 파트너십, ⑥ 인적자원 관리자와의 전략적 파트너십, ⑦ 조직변화 컨설턴트로서의 교육훈련 담당자, ⑧ 조직문화에 영향을 미칠수 있는 능력, ⑨ 비용 효과성 평가의 강조 등이다.

　맥크랙켄과 왈라스(McCracken & Wallace, 2000)의 전략적 인적자원개발 모델에서는 HRD가 기업의 미션과 전략과 연계하는 정도에 따라 교육훈련, HRD, 전략적 HRD 구분 3단계로 구분하고 있다. 1단계인 교육훈련 시기에는 기업전략과 교육훈련은 별도로 운영된다. 학습문화가 형성되어 있지 않고 행정과 관리 중심으로 교육훈련이 운영된다. 또한 조직은 HRD관점에서 전략적으로 미성숙되어 있고 임시적인 실행에 그친다. 2단계인 HRD 시기에서는 기업의 전략이 HRD운영에 일방적으로 반영된다. 학습문화는 약하게 형성되어 있고 학습에 대한 컨설팅에 HRD의 초점이 맞추어 있다. 또한 조직은 HRD관점에서 전략적으로 많이 성숙되어 있고 체계적인 실행이 이루어진다.

　3단계인 전략적 HRD 시기에서는 기업의 전략이 HRD에 반영되고, 또한 HRD가 기업의 전

략에 반영되는 쌍방향적으로 기업 전략과 HRD전략이 연계되는 단계이다. 학습문화는 강하게 형성되어 있고 전략적 변화에 HRD의 초점이 맞추어져 있다. HRD관점에서 전략은 매우 성숙되어 있고 형성적인 실행이 이루어진다.

⊙ 전략적 인적자원개발(SHRD) 모델

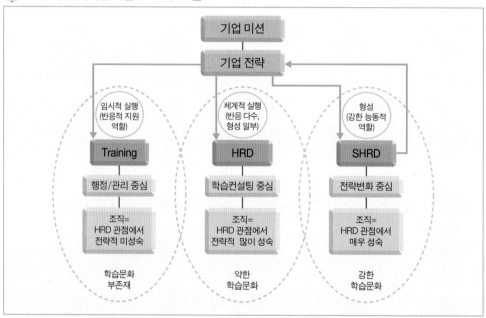

자료: M. McCracken & M. Wallace(2000). Towards a redefinition of strategic HRD. Journal of European Industrial Training, 24(5), pp. 281-290.

기업에서의 전략적 HRD가 적용되었을 경우 기존의 교육훈련과 HRD가 단기적인 개인과 조직에 대한 교육훈련 수요조사를 통하여 개인에 있어서는 현재의 직무에서 부족한 역량을 보완할 수 있는 교육훈련 프로그램을 제공하고, 조직적 차원에서는 현재의 사업을 수행함에 있어 부족한 역량을 체계적으로 분석하여 제공하게 된다. 반면, 전략적 HRD에서는 향후 기업의 전략에 따라 예상되는 신규 사업분야에 대한 인력의 육성까지 감안하게 된다. 또한 기업에서 보유하고 있는 인적자원의 핵심역량에 대한 강점을 감안하여 신규 사업에 진출을 고려하는 등 사업전략에 HRD전략을 반영할 수 있다.

전략적 인적자원개발과 관련한 GS칼텍스정유의 사례를 살펴보면, 기업의 비전, 미션과 SWOT 분석을 통해 전사적 전략을 마련하였다. 아울러 이와 정렬(Alignment)된 조직별 사업전략 과제에 따라 수행결과를 output(개인수준 : behavior result)과 outcome(조직수준 : business result)으로 나누어 지표화(key performance indicator)하고, 이를 업적평가 지표로 활용한다.

✻ 성과 및 역량관리시스템

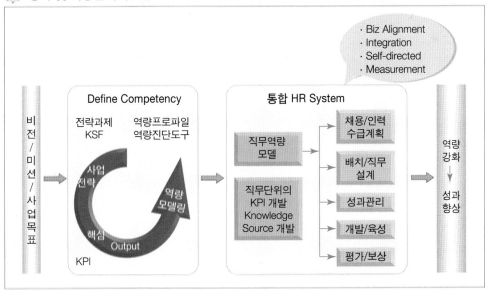

자료: GS칼텍스 하형호, 산업교육, 2003. 6.

이어 전략역량수행에 필요한 역량들을 단위조직별로 모델링하고 이를 역량고과 지표로 할용하고 있으며, 단위조직별 보유자산(유형, 무형 모두 포함)을 목록화하여 조직역량화하였다. 개발된 역량모델은 채용부터 보상까지 인사관리의 기준으로 활용한다. 아래 표의 역량기반 학습체계는 핵심직무역량에 따른 채용, 배치, 육성, 경력관리, 평가보상에 이르는 체계를 보여준다. 특히 이에 따른 학습체계 및 커리큘럼은 전사적, 단위조직, 개인수준으로 구분된다.

HRD의 성과제고를 위해서는 사업전략과 정렬된 HRD전략이 필수적이다. 전사적 우선순위에 맞추어 HRD분야의 장기전략을 마련하고, 교육대상자 선정과 교육프로그램이 운영될 때보다 효과적인 HRD가 수행된다.

◉ 역량기반 학습체계

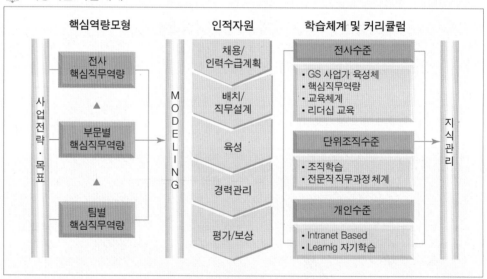

[참고자료]

• T. N. Garavan(1991). Strategic human resource development. Journal of European Industrial Training, 15(1).
• M. McCracken & M. Wallace(2000). Towards a redefinition of strategic HRD. Journal of European Industrial Training, 24(5), pp. 281-290.
• GS칼텍스 하형호, 산업교육, 2003. 6.

핵심용어

- 전략적 통합요구
- 노동력 구조
- 근로자 기술부족
- 학습조직
- 변화확산기점
- 인재육성전략
- 혼합학습
- 실천학습
- 학습전문가
- 컨설턴트
- HR시스템설계 및 개발자
- 교수자 및 촉진자
- HRD전문가 자격증
- HRD전문가
- 글로벌경제
- 평생학습
- HRD트렌드
- 사회적 힘
- 교육훈련 ROI
- 리더십훈련
- 성과컨설팅센터
- HRD관리자
- HR전략조언자
- 조직변화추진자
- 경력상담자
- 직업능력습득제도

연구문제

❶ 우리나라 기업의 경쟁력제고를 위한 학습조직의 활성화 방안을 사례를 들어 설명하라.

❷ ASTD 컨퍼런스에서 제안된 HRD뉴트렌드가 우리나라 HRD 발전방향에 미칠 영향을 분석하라.

❸ 우리나라의 HRD전문가 자격증제도 도입방향에 대해 제시해 보라.

인적자원개발 트렌드와 전문가 Chapter 12

CHAPTER 13

한국기업의 실태와 촉진정책

제1절 인적자원개발 실태와 촉진방안
제2절 인적자원개발 촉진정책의 확충
제3절 국내외 인적자원개발 촉진모델

학습목표

1. 기업에서 인적자원개발에 소극적인 이유와 한계점을 설명할 수 있다.

2. 영국의 IIP모델과 싱가폴의 PD모델의 개념을 설명할 수 있다.

3. 우리나라의 HRD촉진방안 중 하나인 「HRD우수기업 인증제」를 설명할 수 있다.

조직에서 인적자원개발 활동이 활발해야 경영성과도 향상될 수 있다. 그러한 관점에서 우리나라 기업들의 HRD투자 부진요인과 개인들의 학습동기 촉진을 위한 방법을 공부한다.

　기업의 교육훈련을 촉진하기 위한 제도의 확충현황을 살펴본 후, HRD촉진을 위한 영국의 IIP모델, 싱가포르의 PD모델의 구성내용을 검토하고, 우리나라에서 개발활용되고 있는 한국형 HRD촉진모델과 HRD우수기업 인증제도 등 지원정책을 살펴본다.

트렌드/전문가 (제12장)	기업의 촉진정책 (제13장)	국가인적자원개발정책 (제14장)
제4부 HRD 촉진편		

개인개발 (제9장)	경력개발 (제10장)	조직개발 (제11장)
제3부 HRD 활동편		

요구분석 (제4장)	설 계 (제5장)	개 발 (제6장)	실 행 (제7장)	평 가 (제8장)
제2부 HRD 전개편				

기본원리 (제1장)	발전과정 (제2장)	학습이론 (제3장)
제1부 HRD 기초편		

PARAGRAPH
01

인적자원개발 실태와 촉진방안

1 기업의 HRD 투자부진

(1) 부진요인

1997년 이른바 IMF 경제위기 이후 2011년까지 대기업에서는 고용이 감소된 반면, 중소기업의 사업체수는 56만개가 증가하였고 463만 명의 고용을 창출하였다(통계청, 2013).[1)] 또한 IMF 경제위기 이후 기업체의 교육훈련투자는 감소하고 있다. IMF 경제위기 이전 기업의 근로자 1인당 노동비용에서 교육훈련비가 차지하는 비중은 2% 내외에서 지속적으로 감소하여 2013년에는 0.57% 수준에 불과하였다.(한국직업능력개발원, 2014 한국의 인적자원개발 지표)

경기상황에 따라 교육훈련투자가 감소하는 것은 기본적으로 우리나라 기업들이 교육훈련을 투자가 아닌 비용으로 간주하는 시각을 반영하는 것이며, 이는 기존의 교육훈련이 기업전략과 연계되지 못한 채 비효율적으로 이루어짐으로써 경영자의 입장에서는 불요불급한 것으로 인식하는 경향이 어느 정도 존재하고 있기 때문이다. 한편, 기업규모별로 임금과 근로조건의 격차가 큰 우리나라의 상황에서 대기업에서는 그런대로 교육훈련투자가 이루어지고 있으나 중소기업 근로자에 대한 인력개발의 시장실패 가능성은 현저히 높다. 임금총액에서 차지하는 교육훈련비의 비중을 보더라도, 대기업과 중소기업의 격차가 지속적으로 확대되고, 중소기업의 교육훈련투자가 크게 뒤떨어져 인력의 질적인 격차 역시 지속적으로 확대되고 있다.

표 13-1 · 교육훈련의 저해요인

대기업	중소기업
경영전략과의 연계성 부족	교육훈련인원 결원에 따른 생산 차질
최고경영층의 관심 부족	물리적, 재정적 자원의 부족
인사 및 경력개발과의 연계부족	교육훈련 기획 및 집행기능의 취약
인적자원개발 전문인력의 부족	경영층의 관심 부족
교육내용과 실제업무와의 연관성 부족	교육훈련을 비용으로 인식
교육훈련을 비용으로 인식	교육훈련 후 근로자의 이직 가능성
인적자원개발 체계성 부족	인적자원개발 체계성 부족

자료: 한국노동연구원(2000), 「HRD체제에 대한 사업체조사」.

우리나라 기업들이 교육훈련투자가 미흡하고 그 효과가 낮게 나타나는 원인에 대해 노동연구원의 실태조사에 따르면, 인적자원개발에 대한 최고경영자의 관심 부족, 교육훈련요구(needs)의 파악 부재, 경영성과와의 연계 미흡, 교육담당자의 전문성 미흡 등으로 지적되고 있는바, 20년이 지났지만 인식은 아직도 크게 개선되지 않았다.[2] 4차 산업혁명은 매우 급진적으로 전개되고 있고 새로운 기술 개발과 혁신이 나타나는 주기도 빨라지고 있다. 더구나 포스트 코로나 시대를 맞아 산업구조와 환경 변화가 급변할 것 예상하고 있다. 따라서 기업수준에서 이러한 애로를 타개하고 인적자원개발의 효율성을 제고하기 위해서는 경영전략과 연계하면서 동시에 구성원의 참여를 제고할 수 있는 기업 내 HRD체제의 구축이 요구되고 있다.

(2) 취약분야의 지원 필요성

중소기업은 스스로 필요로 하는 훈련을 실시하기에는 재정과 인력 운용상의 어려움이 많을 수밖에 없으므로 초기업적인 공동 교육훈련 방법을 활성화할 필요가 있다. 교육훈련시설·장비, 교사 및 훈련프로그램 개발비용 등의 비용부담을 덜기 위하여 지역의 특성 및 생산의 속성별로 기업(단체) 및 교육훈련기관, 지방자치단체가 교육훈련 컨소시엄을 구성하도록 지원하는 것이 하나의 방안이 될 수 있다.

또한 대기업이 중소협력업체 근로자를 대상으로 교육훈련을 실시해줄 경우 교육훈련비용을 지원하는 제도를 활용하거나, 대기업의 하청 중소기업에 대한 교육훈련지원을 확대하는 등 대기업의 중소협력업체 훈련에 대한 지원을 활성화할 필요가 있다.

다른 한편, 기업중심의 지원체제 하에서 인력운용의 여유가 없는 중소기업에서는 근로자들의 능력개발기회 부여가 어려우므로, 재직근로자에게 직접 훈련휴가를 부여하고 휴가기간 동안 임금 및 훈련비를 지원하는 등의 개인주도적인 지원을 우대하여 활성화하는 방안도 필요하다.

② 자기주도적 학습의 촉진

4차 산업혁명과 포스트 코로나 시대 환경에 따라 직업구조의 변화, 고숙련지향적인 노동수요의 증대, 노동력의 유동화 심화 등 노동시장이 크게 변화하는 상황에서 근로자들은 근로생애에 걸쳐 지속적인 직업능력의 개발·향상을 요구받고 있다. 그러나 아직까지 근로생애와 연계한 평생직업능력개발 참여는 매우 미흡한 것으로 나타나고 있다. 특히 노동력의 유동화가 심화됨에 따라 평생학습의 책임이 개인에게로 이동하는 상황에 비추어, 근로자의 자율적인 학습지원제도를 확립함으로써 평생직업능력개발 기회의 확대 및 균등한 접근을 보장할 필요가 있다.

이미 선진국은 개인주도적인 학습지원을 통해 평생학습을 촉진하기 위한 다양한 지원제도를 마련하고 있다. 일본은 1998년 12월 고용보험 일반피보험자가 직업능력개발교육

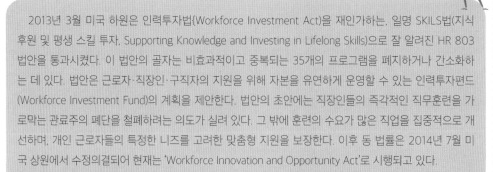

미국 하원 인력투자법 'SKILLS법' 통과

2013년 3월 미국 하원은 인력투자법(Workforce Investment Act)을 재인가하는, 일명 SKILS법(지식후원 및 평생 스킬 투자, Supporting Knowledge and Investing in Lifelong Skills)으로 잘 알려진 HR 803 법안을 통과시켰다. 이 법안의 골자는 비효과적이고 중복되는 35개의 프로그램을 폐지하거나 간소화하는 데 있다. 법안은 근로자·직장인·구직자의 지원을 위해 자본을 유연하게 운영할 수 있는 인력투자펀드(Workforce Investment Fund)의 계획을 제안한다. 법안의 초안에는 직장인들의 즉각적인 직무훈련을 가로막는 관료주의 폐단을 철폐하려는 의도가 실려 있다. 그 밖에 훈련의 수요가 많은 직업을 집중적으로 개선하며, 개인 근로자들의 특정한 니즈를 고려한 맞춤형 지원을 보장한다. 이후 동 법률은 2014년 7월 미국 상원에서 수정의결되어 현재는 'Workforce Innovation and Opportunity Act'로 시행되고 있다.

자료: ASTD(2013), T+D · korea 2013. 7. p. 15.
https://www.congress.gov/bill/113th-congress/house-bill/803

훈련과정을 수강한 경우, 교육훈련비의 80%를 근로자에게 직접 지원하는 교육훈련급부금제도를 신설하였다. 영국은 1998년 근로자들이 스스로 학습비용을 출자하고, 정부와 사용자가 매칭펀드로 분담출자하여 교육훈련비용을 지원하는 개인학습계좌제(individual learning account)를 도입하였다. 또한 유럽의 다수 국가들(프랑스, 벨기에, 스웨덴, 오스트리아, 핀란드, 룩셈부르크 등)은 법령을 통해 교육훈련에 대한 유급휴가(paid educational leave)의 부여를 기업에 의무화하거나 영국, 미국, 캐나다, 독일, 이탈리아, 네덜란드 등에서는 노사교섭을 통해 기업이 자율적으로 도입하고 있다.

❸ 기업교육훈련의 효율화 요인

기업교육훈련의 효과(역할)는 근로자의 숙련향상을 중심으로 하여 기업의 성과와 노동생활의 질을 동시에 향상시키는 것을 의미한다. 기업교육훈련의 효과를 근로자의 숙련향상 여부에 초점을 맞춰 과연 기업교육훈련이 어떤 조건에서 근로자의 숙련향상에 긍정적인 영향을 미치는가를 분석한 한 연구는 기업의 교육훈련투자가 숙련향상을 안정적으로 달성시키는 요인들로 다음 세 가지를 제시하고 있다.[3]

첫째, 교육훈련제도와 경력경로가 통합된 상태에서 교육훈련이 실시되어야 그 효과를 얻을 수 있다. 교육훈련투자의 효과분석에서 이 요인을 강조하는 연구들은 매우 많다. 대표적으로 일본의 숙련향상시스템을 일본경쟁력의 핵심요인으로 진단한 고이케(小池和男)를 비롯한 일본의 전문가들도 숙련을 향상하는데 있어서 교육훈련제도와 경력경로와의 체계적 결합과 통합은 매우 중요한 요소로 평가하고 있다.

교육훈련제도와 경력경로의 체계적 통합여부를 평가하기 위해서는 무엇보다 교육훈련을 총괄하는 조직의 존재유무와 교육훈련부서(제도)와 인사조직부서(제도) 간의 결합 여부가 중요하다. 기업의 교육훈련을 총괄적으로 기획, 운영, 평가하는 조직이 있고, 그 조직이 경력경로를 관리하는 인사조직부서와 밀접한 업무연계 하에서 교육훈련업무를 수행하고 있어야만 교육훈련투자의 성과를 얻을 수 있는 것이다.

둘째, 기업 내에서 교육훈련투자 자체가 활성화되어야 하고 체계화되어야 소기의 성과를 얻을 수 있다. 교육훈련투자의 활성화 및 체계화라는 이 요소는 공식적 교육훈련의 규모, 내용과 성격, OJT의 구조화, 그리고 구조화된 OJT와 Off-JT의 체계적 결합이라는 세부요소들에 의해 달성될 수 있다.

급격한 기술변화에 따라 작업내용 및 숙련수요의 변화도 빠르게 이루어지면서 Off-JT에 대한 요구 역시 크게 증대되고 있다. 이는 그동안 구조화된 OJT에 중점을 두었던 일본에서도 Off-JT의 증대에 대한 요구가 크게 높아지고 있다는 점에서도 알 수 있다. 이와 함께 시간이나 경비측면에서 유리한 방법인 OJT의 경우 비구조화되어 있을 경우 숙련향상과 기업의 최종성과에 미치는 영향이 적기 때문에 이를 구조화할 필요가 있다. 더나아가 구조화된 OJT는 Off-JT와 내용측면과 실시시기 측면에서 통합된 상태로 이루어져야 한다. OJT와 Off-JT의 통합이란 구조화된 OJT를 실시하는 과정에서 Off-JT가 요구되는 부분은 Off-JT를 통해 해결하고, 동시에 한 단계 숙련수준을 향상할 필요가 있을 경우 Off-JT를 통해 새로운 내용을 학습한 후 구조화된 OJT를 통해 자신의 것으로 습득하게 하는 '구조화된 OJT와 Off-JT 과정의 통합'을 의미한다.

셋째, 교육훈련의 역동성 및 현대화도 그 효과에 영향을 미치는 주요 요인이다. 교육훈련의 내용 및 실시방법은 시대와 상황의 변화에 따라 변하지 않으면 안된다. 교육훈련의 조직 및 내용이 경직성을 가져 현재 상황에서 요구되는 교육훈련의 내용을 실시하지 않고 기존의 내용을 그대로 운영한다면 그 성과는 낮을 수밖에 없을 것이다. 또한 역동성은 가지지만 현재에 요구되는 방향으로의 변화가 아니라 단기적이고 단편적인 혹은 일회적인 요구를 수용하는 형태로 변화하는 것이라면 그 역시 한계를 가질 것이다. 즉, 환경변화에 따른 교육훈련내용의 가변성, 교육훈련의 실시방법 현대화가 기업교육훈련의 효율화에 영향을 미친다는 것이다.

표 13-3 · 기업교육훈련의 효율화 요인

성공요인	세부요인
1. 교육훈련제도와 경력경로의 통합	• 교육훈련 총괄조직의 존재 유무 • 교육훈련부서(제도)와 인사조직부서(제도)와의 관련성
2. 교육훈련의 활성화 및 체계화	• 공식적 교육훈련 규모. 내용. 성격 • OJT의 구조화 여부 • OJT와 Off-JT의 결합 여부
3. 교육훈련의 역동성 및 현대화	• 환경변화와 교육훈련내용의 변화 여부 및 속도 • 교육훈련의 실시방법 현대화

자료: 유장수, 앞의 자료.

인적자원개발 촉진정책의 확충

1 촉진제도의 도입 필요성

기업의 인적자원개발은 단편적 접근으로 가능한 영역이 아니다. 교육훈련은 외부환경의 특성 때문에 시장에 방임할 경우 과소투자(under-investment)로 인한 '시장실패의 위험'이 있고, 반대로 정부의 과도한 개입은 '정부의 실패'를 초래할 가능성이 있다.

최근 한국은행 분석자료에 의하면 지난 1990년부터 2000년까지만 해도 10%가 넘었던 노동생산성의 증가가 2002년까지 6.1%로 하락한데 이어, 2003년 들어서는 3%로 급속히 둔화되었다. 이러한 환경 하에 주 40시간 근무제가 성공적으로 정착되기 위해서는 줄어든 노동시간을 생산성향상으로 극복하기 위한 인적자원개발이 필수적이라는 주장이 대세를 이룬다. 이렇듯이, 기업의 인적자원개발을 위한 촉진책이 필요하다.

또한 정부 주도적인 교육훈련체제만으로 효율적인 교육훈련 성과를 이룰 수 없다는 문제점도 있다. 이것은 인적자원개발에 있어 정부나 공공부문의 역할은 시장실패부문으로 국한하고 주요 수요자인 기업과 개인의 인적자원개발을 촉진, 지원, 조정하는 촉진자 혹은 조정자로서의 역할에 초점을 두어야 함을 시사하는 것이기도 한다.

4차 산업혁명이 진전됨에 따라 기업들은 핵심역량을 강화하기 위하여 더 많은 숙련과 지식을 필요로 하나, 노동시장의 변화와 유동화가 심화됨으로써 기업들의 숙련향상과 교육훈련에 대한 투자인센티브는 오히려 감소하는 HRD투자의 딜레마 문제가 제기되고 있다. 따라서 근로자의 능력개발에 대한 직접적인 책임이 기업과 근로자 자신에게 있다는 점에서 기업의 인적자원개발의 딜레마를 최소화할 수 있는 지원책이 마련될 필요가 있다.

이러한 배경 하에서 오래전에 등장한 정책적 대안의 하나는 더욱 기업주도의 인적자원개발을 촉진할 수 있는 제도적 장치를 만들어 제공하는 것으로서 기업이 체계적이고 효과적인 HRD체제를 갖출 수 있도록 「자체진단·평가준거」를 마련하여 제공하고 HRM 및 HRD 시스템을 적절히 갖춘 기업에는 '인증서'를 수여해 확산을 유도하고 있다.

이와 같은 제도적 장치는 기업의 HRD 과소투자라는 시장실패를 보완하여 HRD투자의 효율성을 제고하기 위한 공공재, 즉 사회적 인프라로서의 의미를 지닌다고 할 수 있다.[4]

❷ 능력개발 지원제도의 확대

우리나라는 1974년 직업훈련에 관한 특별조치법의 제정으로 일정규모 이상의 사업주에 대하여 훈련실시 의무가 부과되었다. 이후 1976년 직업훈련법과 특별조치법을 통합하여 직업훈련기본법이 제정되면서 직업훈련 의무제 및 분담금제를 중심으로 하는 직업훈련제도의 근간이 형성되게 된다.

이렇듯 우리나라의 경우 정부주도의 산업화과정에서 숙련인력의 수요가 급증함에 따라 정부가 직업훈련 의무제나 기타 각종 지원제도를 통하여 기업의 HRD투자를 촉진해 왔으며, 그 결과 기업의 인적자원개발은 경제성장에 상당한 공헌을 한 것으로 평가되어 왔다.

그러나 90년대에 접어들어 경제·사회환경의 변화를 맞아 이러한 정부 및 공급자 주도의 직업훈련체제의 유효성에 대한 비판이 제기되었고, 이를 반영하여 1995년 고용보험제가 도입되게 되고 직업훈련이 근로자의 평생능력개발 지원과 적극적 노동시장정책의 중심축으로 운영되었으며, 1999년 「근로자직업훈련촉진법」의 제정으로 직업훈련의무제가 폐지되고 직업훈련에 민간의 참여확대 등 자율성이 강화되어 현재의 틀을 유지하고 있다.

근로자의 능력개발을 위해 기업주에 대한 지원과 근로자에 대한 지원이라는 두 축을 유지하고 있다. 기업과 근로자들은 아래와 같은 확충된 공식적인 지원제도를 충분히 활용할 필요가 있다.

우리나라도 앞으로는 개인주도적인 학습을 촉진하고 평생학습기회의 균등한 보장을 지원하기 위해 평생교육법과 고용보험법에서의 지원강화 조치를 통해 학습휴가제의 실효성을 강화해 나갈 필요가 있다. 또한 근로소득의 교육비공제 대상범위를 정규교육기관의 교육비뿐만 아니라, 개인이 능력개발에 투자한 비용만큼 확대하여 개인주도적인 학습에 대한 유인을 제공하는 방안도 검토할 수 있을 것이다. 그리고 원격학습의 활성화를 통하여 시간적·공간적으로 교육훈련 수혜가 어려운 종업원들에게 학습혜택을 줄 수 있도록 하고 교육훈련기관에서의 평생학습기회의 제공 등을 장려해 나가는 방안도 필요할 것이다.

표 13-4 · 사업주 및 근로자 인적자원개발 지원제도

구분	지원조건		지원내용 및 지원수준
사업주 지원	사업주직업 능력개발훈련	고용보험 가입 사업주	• 1일 8시간(대기업 2일 16시간)이상이 훈련실시 - (우선지원 대상기업) 90~80%, (상시노동자 1,000인 미만) 60%, (1,000인 이상) 40%
	유급휴가 훈련	고용보험 가입 사업주	• 소속근로자 대상으로 5일(대기업 60일) 이상 유급휴가를 부여 하고 20시간(대기업 180시간) 이상 훈련실시 - (훈련생 인건비) 소정 훈련시간 × 시간급 최저임금액의 150% (대기업 100%)
근로자 지원	국민 내일 배움카드	국민누구나 신청가능*	• 지원과정: 고용노동부로부터 적합성을 인정받아 훈련비 지원 대상으로 공고된 훈련과정 • 지원한도: 1인당 300~500만원, 훈련비의 45~85% 지원 - 140시간 이상 과정 수강 시 훈련장려금(월 최대 116천원) 지원
	직업훈련 생계자대부	취약계층 (비정규직 노동자)	• 지원대상: 고용부가 지원 하는 직업훈련에 3주 이상 참여하고 있는 비정규직 근로자 및 전직실업자 중, 가구의 연간소득 금액이 가구별 기준 중위소득의 80% 이하인 자 • 지원내용: 월 단위 200만원(1인당 1,000만원 한도), 연리 1%, 최대3년 기치 최대5년 매월 균등 분할 상환

* 다만, 현직 공무원, 사립학교 교직자, 졸업예정자 이외 재학생. 연 매출 1억5천만원 이상의 자영업자, 월 임금 300 만원 이상인 대규모기업 종사자(45세 미만) 특수형태근로종사자 등은 제외

자료: 고용노동부(2020), 한권으로 통하는 고용노동정책

PARAGRAPH 03

국내외 인적자원개발 촉진모델

과거에는 조직구성원을 생산수단의 한 비용요소로 인식해왔으나 지금은 조직구성원 한 사람 한 사람을 지적 자산 또는 파트너로 여겨야 한다. 나아가 이러한 기업단위의 인적자원에 대한 투자여부는 거시적으로 국민전체의 삶의 질 향상과 국가경쟁력의 확보에 필요 불가결한 요소가 되고 있다.

결국 미시수준의 개별기업에서의 인적자원의 개발과 활용이 중요한 만큼 선진 주요국에서는 체계적이고 효과적인 HRD시스템의 구축 및 확산을 위해 정부가 다양한 방식으로 각종 지원정책을 전개하고 있다.

우리나라에서도 격화되는 경쟁과 불확실성이 커지고 있는 시장환경에 대응하기 위해 정부차원에서 체계적이고 효과적인 HRD시스템의 제시를 통해 기업이 핵심역량을 지속적으로 강화해 나갈 수 있도록 한다는 점을 인식하고 정부, 기업 등이 협조체제를 이루어 우리나라 실정에 적합한 「한국형 HRD시스템 모델」을 개발 및 확산시키고 있다.

우리보다 앞서서 영국과 싱가포르에서 개발, 활용하고 있는 공식적인 HRD 지원모델을 살펴보기로 한다.

1 영국의 IIP모델

영국은 1980년대에 경제전반에 걸친 생산성 및 임금수준의 저하문제를 인적자원투자의 미흡에서 기인하는 것으로 결론짓고, 인적자원의 질적 수준을 제고하기 위해 국가적으로 인증된 기준을 마련할 필요성을 인식하게 되었다. 이에 따라 1988년 BGT(Business Growth Training)를 발표하면서 실제 경영목표와 교육훈련을 연계시키고 이를 지원할 것을 제안하게 되었다. 영국의 인적자원투자인증제(Investors in People : IIP)는 일정기준을 달성한 조직에게 국가기관이 공식적으로 인증을 수여하도록 하였다. IIP기준은 조직 내 인적자원개발을 통하여 조직의 성과를 향상시킬 수 있는 표준을 개발하여 시범적용(pilot test)을 실시한 후 공식 발표하게 되었다. 2002년까지 유럽 각국의 26,393개 조직이 IIP기준을 적용하여 인증을 획득하는 성과를 거두고 있다.

영국의 IIP제도는 기업의 임금, 생산성 및 이윤창출의 제고와 함께 동기유발된 숙련근로자의 지속적인 업무의 점검으로 인해 비용감축 및 낭비축소 효과가 있었으며, 종업원들이 고객중심적으로 되도록 하는 역할을 수행하였다. 더불어 기업은 공적인 인증효과, 즉 인재의 유인과 함께 소비자들로부터의 신뢰를 획득할 수 있는 기회로 삼게 되었다.

IIP기준은 ① 투자의지(Commitment), ② 계획(Planning), ③ 실행(Action), ④ 평가(Evaluation)의 4가지 주요 원칙에 기초한 세부지표(indicators)와 측정 증거(evidence)로 측정하도록 구성되어 있다.

또한 IIP기준은 경영목표의 설정 및 전달, 설정된 목표실현을 위한 인적자원개발 등의 계획적인 접근을 통하여 경영성과 및 경쟁력을 향상시킬 수 있는 국가의 정책프레임을 제공하고 있다. [그림 13-1]은 IIP인증기준의 일부를 보여주는 것이다.[5]

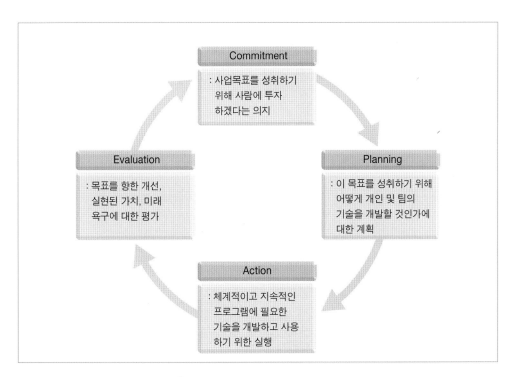

그림 13-2 · 영국의 IIP Model

❷ 싱가포르의 PD모델

싱가포르의 「인력개발인증제(People Developer : PD)」는 싱가포르 기업들이 보다 효과적인 HRD체계를 구축토록 촉진시키기 위해 도입된 'HRD조직의 인증제도'로서 기업의 인적자원개발을 체계화하는데 도움을 주고 있다.[6]

싱가포르 정부는 부존자원이 빈약하고, 토지와 인력이 제한되어 있는 상황에서 지식기반 경제화에 따른 고부가가치 창출분야의 육성 내지 발전을 위해서는 보다 체계적인 인적자원 투자가 절실히 요구됨을 인식하게 되었다. 이에 따라 1990년대 중반 인력개발의 내실을 강화하기 위한 구체적인 계획을 수립하였다. 정부 주도하에 기업체 대표들과 협의를 하거나 그들의 적극적 참여를 통해 기준 및 교육훈련 프로그램의 개발이 이루어졌다는 점에서 정부의 역할이 두드러진다.

싱가포르의 PD모델은 능력개발기금을 통해 PD인증에 대한 이해증진 교육과 컨설턴트 양성을 위한 각종 훈련프로그램 개발지원을 행함과 동시에 기업발전기금을 통해 기업이 필요로 하는 장비 및 기술지원 등 직·간접적으로 기업에 대한 지원을 강화하였다.

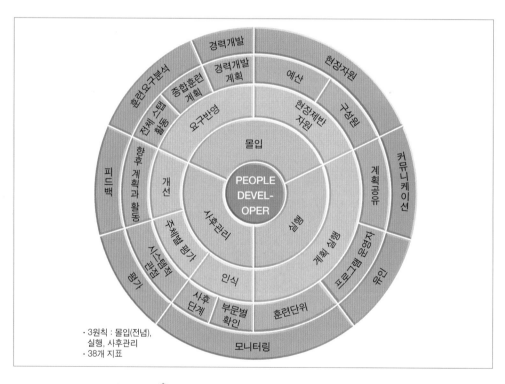

🌀 그림 13-3 · 싱가포르의 PD Model

PD 인력개발사무국 보고서에 의하면, 종업원 결근 및 이직률 격감, 훈련낭비요소의 절감, 생산성의 증대 및 보다 나은 사업성과, 향상된 품질 및 고객에 대한 관심, 노동시장에서 유망한 기업으로서의 명성 등으로 제도의 성과를 향상시켰다고 정리하고 있다.

이러한 기업측면에서의 혜택은 구체적인 성과지표(이직률, 결근율, 품질의 개선, 재고유지 감소, 생산성, 배달의 정확도 등)를 통해 기업의 경쟁력 향상에 PD가 도움을 주고 있다는 것을 직·간접적으로 정량화하여 신뢰성을 더하고 있다.[7]

❸ 외국사례의 시사점

영국과 싱가포르의 사례는 현 단계에서 정부가 나서 기업의 인적자원개발 참여를 유인하는 제도적인 환경을 조성하고 기업의 인적자원개발을 지원하는 방향으로 진행될 필요가 있음을 보여준다.

기존의 인증 또는 관점(award)의 초점이었던 총체적인 품질경영(total quality management) 차원에서의 접근도 나름대로 의미가 있지만, '인적자원개발투자'라는 미시적인 차원에서 기업전체의 이익을 가져오기 위한 체제변화를 추구하고 있으며, 이러한 HRD제도는 평생학습을 위해 정부와 기업과의 협력체제를 구축하는 계기로 작용하고 있다.

또한 기업의 전사적 차원에서의 전략적이며, 통합적인 HRD체제의 구축을 꾀하기 위한 노력을 정부가 서비스하고 있다. 이를 통해 기업과 국가의 경쟁력제고를 도모할 수 있음을 시사하고 있다.

❹ 한국의 기업 HRD 촉진모델개발과 활용

(1) 개 념

우리나라도 이와 유사한 모델을 개발하여 적용하고 있다. 정부 부처 중 고용노동부가 중심이 되어 2001년부터 기업의 인적자원개발지원을 위해 '한국형 HRD체제 모델(안)'을

한국기업의 실태와 촉진정책 Chapter 13

마련하고 2004년까지 시범적용(pilot test)을 진행했으며, 시범적용은 대기업, 중견기업, 소기업을 구분하여 51개 기업을 대상으로 적용하고 이를 토대로 제도화하였다.[8]

시범적용했던 '기업 내 HRD체제 모델'은 6개 범주, 19개 지표로 구성하였고, 총 74개 문항으로 구성되었으나 매년 조금씩 간단하게 개선해가고 있다. 이러한 지표와 문항을 '요구사항'에 의해 5점 척도로 객관적 수준을 판단하도록 되어 있다. '요구사항'은 판단 준거를 보다 객관화함과 동시에 HRD체제의 가이드 역할을 수행할 수 있도록 개발되었다.

이것은 그 후 교육인적자원부, 고용노동부, 산업자원부, 중소기업청이 공동으로 「인적자원개발 우수기관 인증제(BEST HRD)」를 도입하는 평가기준의 기초가 되었고, 이를 바탕으로 발전시킨 결과 2006년부터 우리나라에서도 '인증서'를 수여하게 되었다.

기업의 「한국형 HRD체제 모델」 보급을 통해 크게 두 가지 효과를 기대할 수 있다. 즉, 기업의 HRD투자 및 기업문화의 변화촉진과 함께 교육훈련의 제도적 유인 및 효율화를 꾀하는 촉진제 역할을 할 수 있다.

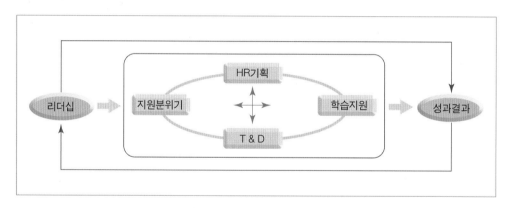

🌐 그림 13-4 · 한국형 초기 인적자원개발체제 모델

또 기업특성에 맞는 인적자원체제 정교화를 위한 컨설팅 비용지원, 교육훈련비 지원, 교육훈련과정개발비 지원 등의 방법론을 모색할 수 있으며, 간접적으로는 우수기업의 사례를 보급 및 벤치마킹, 사내 컨설턴트 활성화 등과 함께 인증(award)을 통한 선도기업 격려와 HRD 관심이 약한 기업에 대해 관심을 촉진하는 방안 등이 검토되고 있다.

한편, 「한국형 기업의 HRD체제 모델」을 기업에서 활용가능한 방안은 크게 네 가지로 나누어 볼 수 있다.

먼저 전략적·통합적 HRD전략의 도구로서 그 모델을 활용함으로써 효율적, 고성과적인 HRD투자를 행할 수 있을 것이다. 이는 검증된 도구를 적용함으로써 시행착오로 인한 비효율적 측면을 감소시키며, 구조적 측면에서의 고성과시스템 구축을 가능케 할 것으로 보인다.

둘째, 우수모델기업의 벤치마킹이 용이하다. 효율적 벤치마킹을 통한 기업경쟁력 강화를 꾀함과 동시에 기업의 정보공유를 통한 글로벌시장에서의 경쟁우위 확보가 용이할 것으로 보인다.

셋째, 고용보험제도의 적극적 활용이 가능하게 된다. 고용보험에서 종업원들의 능력개발에 소요되는 능력개발지원비율의 상향지원 등과 같은 교육훈련 투자비 부담이 감소하게 되며, 직간접적인 교육훈련비 지원, 교육훈련과정 개발비 지원 등이 확보될 시에는 HRD부서운영의 부담이 감소하게 된다.

넷째, 본 모델에 의해 해당기업의 HRD체제가 효과적인 것으로 공인받게 될 경우(인증서 수여) 우수인재의 유인효과와 함께 성과지향적인 조직문화 공유 등 효율적인 인사관리제도 운영이 가능하게 될 수 있다.

이와 같은 지원제도는 기업의 교육훈련 투자 기피, 특히 중소기업의 교육훈련 실시율 저조 등을 고려할 때, 기업의 성과제고와 근로자의 고용안정을 함께 추구하여 인적자원개발의 애로요인을 해소하고 체계적인 교육훈련에의 투자를 장려함으로써 기업주도적 교육훈련이 활성화되도록 유도하는 역할을 할 것으로 기대된다.

이는 기존의 공급자 중심의 일방적이고 분절화된 기업교육훈련에 대한 정책에서 탈피하여 수요자인 기업의 사업목표 및 전략과 부합하는 종업원에 대한 체계적인 훈련 및 인적자원 투자가 촉진될 수 있는 제도적 환경을 마련할 수 있게 될 것으로 기대된다.

(2) 한국형 모델의 구조

초기에 시범활용했던 HRD체제 모델은 모두 6개 범주에서 20개 지표였으나, 최근에는 6개 범주, 19개 항목, 74개 문항으로 구성했다. '요구사항'은 판단준거를 보다 객관화함과 동시에 HRD체제의 가이드 역할을 수행하도록 설계되어 있다(그림 13-4). 그러나 이러한 지표는 환경변화에 맞게 수정보완하고 개선시켜 나가면서 현재화하고 있다.

인증취득 기준은 총 1,000점(인적자원관리 : 400점, 인적자원개발 : 600점) 만점 중 700점 이상 취득한 기관을 인증심의 대상으로 선정하되 부문별로 인적자원관리 240점 미만, 인적자원개발 360점 미만 기관은 대상에서 제외한다.

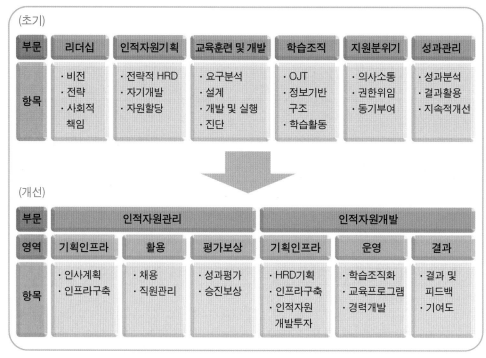

자료: http://www.hrdkorea.or.kr/3/1/1

그림 13-5 · 초기와 현재 진단평가 범주 및 항목

(3) 한국형 모델에 의한 평가결과

2006년도부터 2019년까지 인적자원개발 우수기관인증 현황을 살펴보면, 총 1,533개 기업이 신청하여 676개의 기업이 인증을 받았으며, 이 중 대기업은 154개 기업이 신청하여 124개 기업이 인증받아 인증률이 83.1%로 전체 인증률 48.0%에 비해 높고, 중소기업은 1,379개 기업이 신청하여 552개 기업이 인증받아 인증률이 43.7%로 대기업에 비해 절반 이하의 인증률을 보이고 있다.

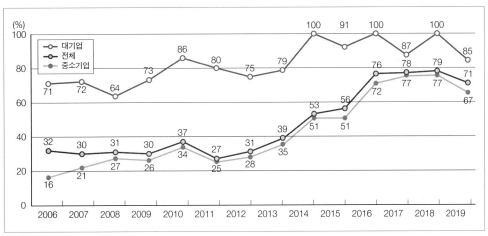

자료: 한국산업인력공단, 직업능력개발사업 통계연보.

그림 13-6 · 연도별 기업규모별 인증률

　이는 중소기업에서 인적자원개발에 대한 투자가 대기업에 비해 상대적으로 열악함을 보여준다. 중소기업은 CEO의 교육훈련에 대한 인식이 미흡하고, 인력부족 등으로 교육훈련에 따른 대체인력 확보가 어려워 교육훈련을 투자보다는 비용으로 여기는 경우가 많다.

　한편, 우리나라의 중소기업의 인적자원개발의 특징은 업종에 관계없이 대기업에 비하여 HRD투자가 거의 이루어지고 있지 않으며, 간혹 있다 할 경우에도 비체계적이어서 전략이나 교육훈련의 방향성, 계획성이 결여되어 있다는 점이다. 대부분의 중소기업에서는 체계적인 OJT는 물론이고 위탁교육 등이 거의 없으며, 있는 경우에도 신장비나 부품 도입과 관련한 필요 최소한의 운전조작교육, 협력 대기업에서는 주관하는 교육훈련 등 극히 일부 직원의 참여가 전부라고 볼 수 있으며, 대다수는 현장에서 일을 통하여 직무를 익히는 과정으로 숙련인력을 충원하고 있다.

표 13-5 · 규모별 근로자 1인당 월평균 노동비용 및 교육훈련비

(단위: 천원, %)

규모	노동비용총액	교육훈련비	구성비
전규모	5,341.4	22.2	0.4
300인 미만	4,428.6	6.6	0.1
10~29인	4,186.0	3.1	0.07
30~99인	4,389.7	6.4	0.1
100~299인	4,744.1	10.5	0.2
300인 이상	6,498.2	42.1	0.6
300~499인	4,868.3	14.7	0.3
500~999인	5,383.0	25.6	0.5
1,000인 이상	7,154.9	52.5	0.7

자료: 고용노동부(2019), 기업체노동비용 조사보고서

이러한 여건을 종합하여 볼 때, 중소기업의 인적자원개발은 성장가능성과 비전을 제시하여 주는 것이 우선되어야 할 것이며, 동시에 현재 여건 하에서 중소기업의 필요인력 및 숙련인력을 공급하여 주는 정책이 체계적으로 실시되어야 할 것이다. 중소기업에서의 인적자원개발과 관련한 요구사항은 인력운용에 애로가 없이 최소의 비용으로 직원들에게 필요한 교육훈련을 시킬 수 있는 방법이 강구되어야 한다는 것이다. 현장인력의 업무에 지장을 주는 교육훈련을 피하고, 훈련에 따른 비용발생이나 부담을 최소화하며, 중소기업에 꼭 필요한 과정의 교육훈련 프로그램을 제공하여야 한다.

특히, 중소기업에서 중요한 인력자원개발의 도구로서 제시되는 것이 학습조직화이다. 중소기업은 인력부족 등으로 사외에서 이루어지는 집체교육(Off-JT)은 실시하기에 애로가 있다. 그러나, 다품종 소량생산의 생산시스템 소규모 조직에 따른 구성원 간의 원활한 의사소통, 조직구조가 단순하고 비관료적이어서 직장 내에서의 현장교육(OJT)에 있어서는 오히려 유리한 여건을 가지고 있다.[9] 또한 최근 시행되고 있는 일학습병행제는 중소기업의 인적자원개발 여건을 감안한 적절한 정부의 정책적 프로그램이라고 볼 수 있다.

1) 통계청(2013), e-나라지표

2) 한국노동연구원(2000), 「인적자원개발체제에 대한 사업체조사」.

3) 유장수(2000), "국내기업의 교육훈련 투자실태와 과제", 한국직업능력개발원, 제9차 HRD 정책포럼, pp. 33-42.

4) 박양근(2004), 「인적자원개발을 위한 국가지원제도」, 한국능률협회 주최, '경영혁신컨퍼런스 2004' 발표자료 및 박양근·김정우(2004), 지식기반사회에서 국가인적자원개발지원 정책방향에 관한연구-기업 내 인적자원개발 모델 중심으로, 한국인적자원개발학회 2004년 전반기 학술연구발표회 자료, 2004. 6.

5) www.IIPuk.co.uk

6) http://www.enterpriseone.org.sg/pd/

7) http://www.enterpriseone.org.sg/pd/

8) 한국산업인력공단(2003, 2004), 「기업 내 인적자원개발체제 진단평가 모델개선」.

9) 윤관식, 전화익(2014), 중소기업의 학습조직 구축이 인적자본, 혁신행동과 조직성과에 미치는 영향, 직업교육연구, pp. 1-30. Vol.33, No.4, 2014.

HRD 패러다임 변화와 우리나라 HRD의 전개과정

미국에서 시작된 기업 내 HRD는 짧은 기간 많은 발전이 이루어졌으며, 이를 시기별로 나누어 보면 다음과 같다.

길리와 길리(Gilly & Gilly, 2003)는 HRD의 발전단계를 조직의 활용정도에 따라 6단계로 구분하였다. 1단계는 HRD에 대해서 기업이 무관심한 단계이다. 2단계는 교육훈련이 거의 중요하지 않으며 담당자 1인이 운영하는 시기이다. 3단계는 외부교육과정을 도입하지만 공급자 중심으로 교육훈련기관의 정형화된 프로그램 위주로 실시한다. 4단계는 맞춤형 프로그램이 도입되는 시기이다. 자체프로그램을 개발하고 외부기관에 위탁하지만, 기업별 여건에 맞게 보완하여 운영한다. 5단계는 교육훈련 실시 후 성과를 중시한다. 또한 조직차원에서 효과성을 제고하는 데 집중화하여 운영한다. 6단계는 HRD와 기업의 전략이 통합적으로 연계되어 기업의 전략의 일환으로써 HRD가 운영되는 단계를 말한다.

❂ HRD 발전단계

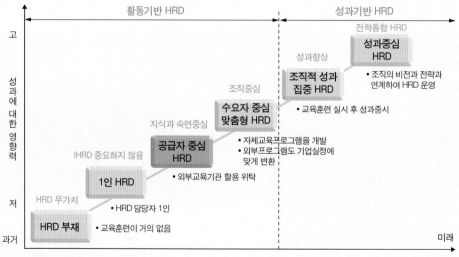

자료: J. W., Gilley & A. M., Gilley(2002). Strategically integrated HRD: Six transformational roles in creating results-driven programs. Basic Books.

이러한 길리와 길리(Gilly & Gilly, 2003)의 HRD 패러다임 변화 구분에 맞추어 우리나라의 HRD 발전단계를 구분하면 다음과 같다.

우리나라 기업에서의 인적자원개발은 1957년 생산성본부가 설립되고 경영자 세미나를 도입하면서 시작되었다고 볼 수 있다. 1962년 경제개발 5개년계획의 실시와 이를 뒷받침하기 위해 ILO Project로서 산업교육이 실시되었다. 이때, 감독자훈련코스, 생산관리과정, 마케팅 과정, 인사관리과정 등이 실시되었다(김주일 외, 2008). 아울러 같은 해, 한국능률협회가 설립되었다. 1970년대는 새마을 교육과 연계한 의식교육이 다수 실시되었고 조직개발(OD) 등의 프로그램도 대기업을 대상으로 보급되었다. HRD가 일부 기관에서만 시행되었던 1970년대까지를 HRD 발전단계상의 1~2단계로 볼 수 있다.

1980년대는 고도경제성장이 지속되면서 경영환경이 급변하던 시기였다. 계층별 교육, 직능별 교육, 과제별 교육 등이 도입되었다. 특히 이 시기에 삼성 등 대기업 그룹사에서 종합연수원을 설립하였다. 연수원 교육에 신입직원에 대한 조직원으로서의 필요한 소양교육 등 입문교육이 큰 비중을 차지하였다.

아울러 1980년대의 특징적인 모습으로는 1980년 후반의 대규모 노사분규는 기업 내에서 HRD에 대해서 재인식하는 계기가 되었다. 근로자에게 기업의 경영상황을 이해시키고, 비전에 대한 공감대를 이루기 위해 전직원에 대한 대규모 집체교육이 실시되었다. 당시 D조선에서 교육훈련을 실시한 주된 목적은 직무에 필요한 지식, 기술, 기능의 습득이 아니라, 노사관계 안정과 근로정신의 함양 등이었다(류장수, 2001). 1980년대 연수원체계가 도입되면서 기업별 교육체계와 자체 프로그램이 개발되면서 HRD 발전단계상 3~4단계를 지났다고 볼 수 있다. 그러나 이 시기에도 중소기업 등에서는 여전히 교육훈련이 미약한 단계에 있었다.

1990년대 중반 고용보험법이 제정되면서, 기업교육은 또 한 차례 도약의 계기를 맞는다. 고용보험제도의 한 분야로 직업능력개발사업을 포함하게 되었다. 직업훈련기본법에 의해 기존의 비진학청소년을 대상으로 하던 기능인력 양성위주의 직업훈련에서 재직근로자에 대한 향상교육으로 직업훈련의 패러다임이 전환되었다. 아울러 이를 뒷받침하기 위하여 고용보험내

에 직업능력개발기금 제도가 도입되었다. 법 제정 당시에는 70인 이상의 기업에 대해서 기금 납부의무를 부과하고 재직자에 대한 교육훈련을 실시하였을 경우 이에 대한 환급제도를 시행하였다. 이후 이를 확대하여 현재에는 5인 이상의 기업에서는 동 제도를 적용받는다. 이에 따라 기업의 HRD가 기존 대기업 중심에서 전체 기업으로 확대하는 계기로 작용하였다.

직업능력개발사업의 도입을 계기로 HRD에 대한 인식이 확대되면서 대기업뿐만 아니라 중소기업까지 기업별 특성에 부합하는 맞춤식 교육훈련 프로개발 개발단계로 본격적으로 접어들었다. 아울러 기업에서의 HRD관련 사업과 예산규모가 확대되는 등 기업 내 비중이 확대됨에 따라 교육훈련에 대한 평가와 성과에 대한 관심이 높아졌다. 대기업의 경우는 이 무렵부터 5단계로 진입하였다고 볼 수 있다.

2000년대부터는 전략적 HRD가 본격적으로 도입되면서 경영전략으로서의 HRD가 추진되었다. 인적자원개발 부서가 확대되고 성과중심, 과제중심으로 액션러닝(Action Learning) 등이 활성되었다(김주일 외, 2008). 또한 국가적 차원에서도 인적자원개발계획이 마련되는 등 NHRD에 대한 논의도 활성화되었다. 우리나라의 경우 미국에 비해 일천한 HRD 역사를 가지고 있지만, 짧은 기간 내에 HRD의 발전의 최고단계인 전략적 HRD단계에 이르렀다. 제4차 산업혁명시대의 도래에 따라 인적자본의 중요성이 더욱 강화되면서 기업 내 HRD는 앞으로도 더욱 발전할 것으로 예상된다.

[참고자료]

• J. W. Gilley & A. M. Gilley(2002). Strategically integrated HRD: Six transformational roles in creating results-driven programs. Basic Books.
• 김주일, 임세영, 유길상, 윤석천, 원상봉, 이제경(2008). 인적자원개발론, 한국기술교육대학교
• 류장수, (2001). 한국기업의 교육훈련투자 실태와 효율화 방안연구, 노동경제논집, 제24권(3)

- 자기주도적 학습
- 능력개발지원제도
- 영국 IIP모델
- 한국형 HRD체제 모델
- 기업교육훈련
- HRD인증서
- 싱가포르 PD모델

연구문제

❶ 한국중소기업의 HRD 투자부진 요인을 분석하고 HRD촉진방안에 대해 설명하라.

❷ 한국형 HRD체제 모델 시범적용결과와 발전방향에 대해 설명하라.

❸ HRD우수기업 및 공공기관에 대한 HRD인증서 수여현황과 발전방향에 대해 설명하라.

CHAPTER

14

국가인적자원개발
정책과 과제

제1절 국가인적자원개발의 개요
제2절 새로운 인적자원개발 지원제도의 도입

학습목표

1. 국가인적자원개발을 위해 정부가 취할 역할에 대해 설명할 수 있다.
2. 국가인적자원개발의 환경변화와 정책과제에 대해 설명할 수 있다.
3. 새로운 인적자원개발 지원제도에 대해 설명할 수 있다.

우리나라에서는 국가인적자원개발정책이 이론적으로 정립되기 전 이미 1960년대부터 경제발전계획과 인력육성정책을 연계해 오고 있다. 국가인적자원개발정책이 보다 체계적으로 통합된 테두리로 정립된 것은 2001년 「국가인적자원개발 1차계획(2001~2005)」이 시행되면서이다. 동 계획은 2006년 시행된 2차계획을 끝으로 마무리되었으나 인적자원개발정책은 그 외형만 달리할 뿐 지금도 여전히 국가적 차원에서 추진되고 있다. 국가적 차원의 인적자원개발의 필요성과 책무를 알아보고 그 간의 전개과정과 현재의 국가인적자원개발 환경과 정책과제를 공부한다.

트렌드/전문가 (제12장)	기업의 촉진정책 (제13장)	국가인적자원개발정책 (제14장)
제4부 HRD 촉진편		

개인개발 (제9장)	경력개발 (제10장)	조직개발 (제11장)
제3부 HRD 활동편		

요구분석 (제4장)	설 계 (제5장)	개 발 (제6장)	실 행 (제7장)	평 가 (제8장)
제2부 HRD 전개편				

기본원리 (제1장)	발전과정 (제2장)	학습이론 (제3장)
제1부 HRD 기초편		

국가인적자원개발의 개요

1 국가인적자원개발의 범위와 개념

인적자원개발은 당초 교육훈련을 통한 개인의 역량을 향상시키고 가치를 높이는 것에서 출발하였다. 이후 기업의 인적자원개발을 넘어 국가적 인적자원개발로까지 그 범위를 확대하게 되었다. 이에 따른 국가인적자원개발(National Human Resource Development)의 범위와 개념 대해서 경제학, 경영학, 교육학 등 다양한 학문적 차원에서 오랜 기간 동안 논의가 되어 왔다.

지금까지의 논의를 종합하여 보면 국가인적자원개발이란 국가적 관점에서 인적자원개발은 국가의 유지·발전을 위해 활용할 수 있는 인력의 총규모와 전체적인 질적 수준을 개발·향상시키는 것을 말한다. 또한 국가인적자원개발의 범위는 크게는 국가 전체적 차원에서 국가의 발전에 필요한 인력을 양성, 배출하는 형성(formation)부터, 그들을 적재적소에 배치하는 배분(distribution), 보상체계와 근무조건의 개선 등을 통해 인적자원의 역량을 최대한 발휘하게 하는 활용(utilization), 그들의 역량이 쇠퇴하지 않고 지속적으로 능력을 발휘하게 하는 보존(preservation)과 관련된 모든 활동을 포함한다.[1]

한편 학문적 이론적 차원에서 논의되던 국가 인적자원과 인적자원개발에 대한 정의가 인적자원개발기본법 제정과정에서 법률로서 정의하게 되었다. 인적자원개발법 제2조에 따르면 인적자원이라 함은 국민 개개인·사회 및 국가의 발전에 필요한 지식·기술·태도 등 인간이 지니는 능력과 품성을 말한다. 아울러 인적자원개발이라 함은 국가·지방자치단체·교육기관·연구기관·기업 등이 인적자원을 양성·배분·활용하고, 이와 관련되는 사회적 규범과 네트워크를 형성하기 위하여 행하는 제반활동을 말한다.

인적자원개발법에서는 인적자원개발의 범위를 양성, 배분, 활용과 사회적 규범과 네트워크 형성으로 정의함으로써 인적자원이 쇠퇴하지 않고 지속적으로 유지될 수 있도록 하는 인적자원의 보존과 관련된 영역은 제외하고 사회적 규범과 네트워크 형성은 추가되었다.

2 국가의 인적자원개발 책무

인적자원은 국가발전에 있어 매우 중요한 역할을 하고 있다. 인적자원은 다른 재화와는 다른 특징들을 가지고 있어 시장의 원리(market of principle)에만 의존할 수는 없다. 인적자원의 개발은 외부효과와 정보의 비대칭성을 가지고 있어 사회적으로 필요한 적정한 수준에 미달하거나 초과할 가능성이 높다. 먼저 인적자원은 공급하는 개인만 혜택을 보는 것이 아니라 직접적으로 기업, 산업 및 국가경제발전에 기여한다.

아울러 인적자원의 수준 향상은 간접적으로 사회적 신뢰수준을 향상시키고 사회적 자본을 높인다. 또한 개인과 기업에만 인력 수급을 맡길 경우, 개인은 노동시장에 대한 정보비대칭성으로 인하여 특정분야로 집중될 수 있으며 기업에서는 필요한 인력을 육성하기 보다는 타 기업에서 육성한 인력을 약탈(porching)하는 경향이 높다.

이에 따라 국가에서는 시장에 맡겨두기보다는 명시적이던 암묵적이던 인적자원개발을 위한 다양한 정책을 펼쳐왔다. 교육부에서 수행하고 있는 초중등교육과 고등교육, 고용노동부에서 수행하는 실업자, 재직자를 대상으로 한 직업능력개발사업, 이외에도 각 부처에서 수행하는 다양한 인적자원개발사업들이 이에 포함된다. 그러나 정부의 적극적인 인적자원개발정책의 추진은 외부효과에 따른 시장의 실패도 보완하고 있지만 정부의 비효율성, 관료주의 등에 따라 정부의 실패도 발생한다. 각 부처에서 대학에 대한 다양한 지원사업들을 추진하면서 상호 사업이 중복되고 있으며, 정부 지원 확대에 따라 직업능력개발사업은 민간교육훈련기관들이 정부지원 사업에 의존함에 따라 자체적으로 실시하는 교육훈련과정이 감소되고 정부지원과정 중심으로 운영된다. 이로써 시장의 수요에 맞는 과정보다는 정부지원 요건에 맞는 과정이 우선되고 있다. 시장의 실패와 정부의 실패를 감안하여 향후의 인적자원개발 정책은 중앙정부에서 정책기획기능을 중심으로 담당하고 지방단체, 노동계, 산업계 등 이해관계자 및 민간의 참여의 확대가 필요하다.

민간의 자율성이 확대될 수 있도록 인적자원개발과 관련된 지원제도도 개선해야 한다. 아울러 정부에서는 인적자원개발의 품질을 높이고 지향점을 제시할 수 있는 국가직무능력표준, 자격제도, 학점인정제도 등 인적자원개발과 관련된 인프라를 보강하고 투자를 확대할 필요가 있다. 특히 국민에게 노동시장과 교육훈련기관에 대한 정보제공을 확대하여 인적자원개발에 대한 정보비대칭성을 해소하여야 한다.

❸ 국가인적자원개발의 전개

국가적 차원의 인적자원개발에 대한 학문적 아이디어는 아담 스미스의 국부론으로 거슬러 올라간다. 아담 스미스는 개인이 보유한 유용한 능력이 수익이나 이익의 원천이라고 하였다.[2] 아울러 고정자본 개념에 사회의 모든 거주민이나 구성원들이 습득한 유용한 능력을 포함시켜다. 이후 1960년대 경제학에서 인적자본을 물리적 자본, 노동력, 토지 이외의 새로운 생산요소로 인식하면서 학문적 논의가 본격화 되었다. 할빈슨과 마이어스(Harbinson & Myers, 1964)는 '교육, 인력 그리고 경제성장: 인자원개발의 전략'에서 국가인적자원개발의 개념을 보다 명확히 하였다.[3] 또한 기업차원과 개인차원의 인적자원개발에 대한 연구로 확대되었다. 그러나 이후 2000년대 이전까지 국가인적자원개발에 대한 논의는 다소 소강상태를 보였다. 국제적으로 국가인적자원개발에 대한 논의가 부활한 것은 2004년도의 Advances in Developing Human Resource란 학술지에서 13건의 관련 논문을 게제하면서이다.[4] 이에따라 미국에서는 2004년에 발표된 국가혁신전략에 인적자원개발을 3대 국가혁신전략의 하나로 채택하였다. 유럽연합(EU) 역시 2005년 발표된 신 리스본전략(Renewed Lisbon Strategy)에서 교육 및 기술훈련 강화를 통한 인적자본 확충을 10대 과제로 제시하였다.[5] 또한 2000년대 들어 싱가폴, 대만 등의 아시아 국가도 인적자원개발을 국가의 중요한 정책과제로 제시하고 있다.

한편 학문적 논의를 떠나 국가정책 차원에서 인적자원개발 추진은 한국이 세계적으로 선도적 역할을 해왔다. 1960년대 경제개발계획이 추진되면서 이에 따른 부족한 인력을 공급할 수 있도록 1967년부터 1971년까지 시행된 과학기술진흥 5개년계획이 그 효시라고 할 수 있다. 당시 동 계획을 수립하기 위해서 선진국의 사례를 참조하기 위해서 미국 등 선진국의 유사사례를 조사하였으나 관련 자료가 없어 독자적으로 수립하였다. 이후 1970년대 경공업산업, 1980년대 중화학공업에 필요한 인적자원의 지속적인 양성을 위하여 실업교육분야에 대한 투자를 확대하고 기업에 대해서는 직업훈련의무를 부과하는 등으로 적극적으로 대처하여 왔다. 그러나 1990년대 경제가 일정부분 성숙단계로 발전하면서 그 간 추진되어오던 경제(사회)개발5개년계획이 1996년을 끝으로 중단되면서 국가적 차원의 인적자원개발에 대한 관심도 다소 줄어들었다. 그러던 중 2000년대 지식정보화 사회가 진전되면서 과거 경제성장의 동력이 토지, 자본, 노동 등 유형의 요소에서 지식, 정보, 창의력 등 무형적 요소로 그 중요성이 전환되었다. 또한 IMF경제 위기를 겪으면서 일자리 창출과 실업문제가 대두되었으며 1990년 대학설립 준칙주의에 따른 대학설립과 정원의 확대는 2000년대 고학력화로 인한 청년실업문제가 본격적으로 나타나게 되었다.

이에 따라 국가적 차원의 인적자원개발정책에 대한 관심이 다시 높아졌고 국가적 차원의 인적자원개발정책과 지원체계의 재정립이 논의되었다. 이 결과 2001년도에는 국가 인적자원개발기본계획이 수립되었고 2002년도에 인적자원개발기본법이 공포되었다. 그러나 교육인적자원부의 역할에 대한 한계 등으로 2차 국가인적자원개발기본계획 수립을 끝으로 더 이상 진전시키지 못하고 있다.

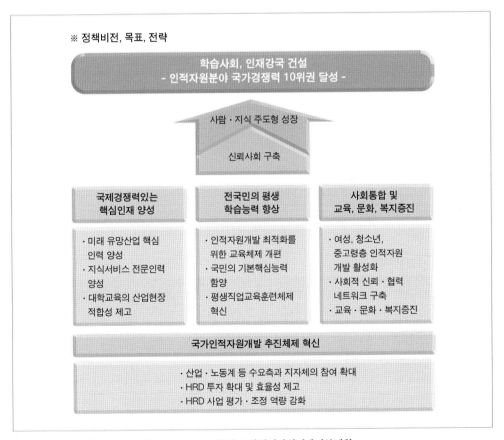

자료: 교육인적자원부 외 19개 정부부처, 2006, 제2차 국가인적자원개발기본계획

🔅 **그림 14-1** · 국가인적자원개발 비전, 목표, 전략

이후 이명박정부에서도 인적자원의 중요성을 재인식하고 인재대국을 국정지표로 제시하고 평생학습계좌제 도입 등 18개 과제를 추진하였다. 박근혜정부에서는 능력중심사회를 강조하면서 국가직무능력표준의 활용 확대 등 평생직업능력개발체제 구축을 추진하였다.[6] 2000년대 이후 국가인적자원개발에 대한 중요성이 재인식되면서 다양한 정책이 정부에 따라 수립되었지만 정부에 따라 인적자원정책이 변화함으로써 정책의 연속성이 저하되었다.

4 국가인적자원개발의 환경변화 및 정책과제

(1) 환경변화

4차 산업혁명시대를 맞아 우리 경제는 새로운 인적자원개발 환경을 맞이하고 있다. 이를 살펴보면 첫째 저출산 고령화 사회의 도래이다. 우리나라의 합계 출산율은 2010년 1.226명에서 2019년 0.92명으로 매년 감소하고 있으며전 세계적으로 가장 낮은 수준을 나타내고 있다. 국제연합에서는 65세 이상의 인구가 7%를 넘는 사화를 고령화 사회, 14%를 넘는 사회를 고령사회라고 한다(21세기 정치대사전). 우리나라의 65세 이상 고령인구의 비율은 2011년 11.0%에서 2019년 14.9%로 매년 증가되고 있다. 2018년도에 65세 인구비율이 14%를 넘어 이미 고령사회에 진입하였다. 이에따른 노동력 부족과 노인부양에 대한 사회적 문제가 제기되고 있다.

표 14-1 · 고령인구비율(65세이상) (단위: %)

2011	2012	2013	2014	2015	2016	2017	2018	2019	2020
11.0	11.5	11.9	12.4	12.8	13.2	13.8	14.3	14.9	15.7

자료: 통계청 장래인구 추이

둘째 경제성장률의 하락과 일자리 창출 저하이다. 우리나의 경제가 성숙기에 도달하면서 경제성장률이 매년 하락하고 있다. 2000년대 이전 IMF경제위기 시기를 제외하곤 매년 6%이상의 고성장을 달성하였다. 2000년에서 2010년까지는 평균 4.3%를 달성하였다. 그러나 2018년에 이르러서는 2.7%로 낮아졌으며 향후에도 경제성장율은 더 낮아질 것으로 예상하고 있다. 아울러 경제성장에 따른 고용탄성치도 매년 낮아지고 있다. 고용 없는 성장이 이루어지고 있는 것이다. 우리나라의 2017년도 고용탄성치는 0.38로 주요 선진국인 이탈리아 0.80, 영국 0.61, 미국 0.57에 비해서 낮다. 아울러 2019년부터 2023년 까지 5년간의 고용탄성치도 0.36으로 전망되어 더욱 낮아 질 것으로 예상된다.[7]

셋째 낮은 고용률과 여성인력 활용률이다. 우리나라의 2019년 고용율은 66.8%로 매년 소폭증가하고 있으나 OECD국가의 평균 고용율 68.7%에 비해 낮은 수준이다. 아울러 스위스 80.5%, 독일 76.7%, 영국75.2% 등에 비해 낮다. 이는 경제활동이 가능한 인구 중에서 미활용인력이 많다는 뜻이다.

표 14-2 · OECD 주요국가의 5개년 고용률 (단위: %)

구 분	2016	2017	2018	2019
스위스	79.6	79.8	80.1	80.5
독일	74.7	75.3	75.9	76.7
영국	73.5	74.1	74.7	75.2
미국	69.4	70.1	70.7	71.4
한국	66.1	66.6	66.6	66.8
OECD평균	66.9	67.7	68.3	68.7

자료: OECD. Stat, 2020

특히 여성 인력 활용률이 낮다. 여성의 경제활동참여율은 2019년 현재 60.0%로 2010년 54.5%에서 매년 소폭 증가되고 있다. 그러나 OECD 주요국가 여성경제활동참가율은 덴마크 76.6%, 프랑스 68.5%, 미국 68.2% 일본 71.3%에 비해 낮다. 여성의 경우 출산과 육아에 부족한 사회적 지원과 인프라로 인하여 노동시장에 참여하다 육아시기에 경제활동을 그만두는 비율이 높기 때문이다. 또한 청년층의 학교에서 일자리로의 연계가 원활하지 않아 청년층의 고용율도 2019년 42.7%로 전체 고용률에 비해 낮은 수준을 보이고 있다.

표 14-3 · 연도별 여성의 경제활동 참가율 (단위: %)

2010	2011	2012	2013	2014	2015	2016	2017	2018	2019
54.5	54.9	55.2	55.6	57.1	57.9	58.3	59.0	59.4	60.0

자료: 통계청, 2020, e-나라지표

넷째 고학력화로 인한 청년실업과 인력수급 미스매치 현상 발생이다. 2019년 현재 대학진학률이 70.4%에 이른다. 선취업 후진학 정책 등 그 간의 노력으로 2010년 75.4%에 비해서는 낮은 수치지만 여전히 주요 선진국에 비해서는 높은 수준을 보이고 있다. 급증한 대학졸업자는 그에 걸맞는 일자리를 찾는데 어려움을 겪고 있다.

표 14-4 · 연도별 대학 진학률 (단위: %)

2010	2012	2013	2014	2015	2016	2017	2018	2019
75.4	71.3	70.7	70.9	70.8	69.8	68.9	69.7	70.4

자료: 통계청, 2020, e-나라지표

청년층의 실업은 2020년 현재 9%로 전체 실업률 4.1.%에 비해 두 배 이상 높다. 특히 전체 실업자 가운데 25~29세가 차지하는 비중이 2018년도 현재 21.6%로 OECD 국가중 가장 높다. 또한 고학력화는 산업인력수급에 영향을 미치고 있다. 2018년 현재 산업기술인력 부족인원은 37,484명이며 그 부족률은 2.2%이다. 특히 숙련기술인력을 많이 활용하는 중소규모 사업체에서 대다수 발생하고 있으며 사업체 규모가 작을수록 부족률도 높다. 대규모 기업의 부족률이 0.4%인 반면 중소규모 사업체는 3.1%로 차이가 크다.[8]

다섯째 4차 산업혁명 시대에 따라 일자리 변화와 코로나 사태로 인한 비대면(untact) 사회의 도래이다. 2016년 세계경제포럼에서 클라우스 슈밥은 4차산업혁명으로 710만개의 일자리가 소멸하고 200만개의 일자리가 창출된다고 하였다. 또한 2017년 맥킨지컨설팅은 일자리의 60%가 자동화가 가능하고 활동의 30%가 인공지능과 함께 일할 것으로 예측하였다. 이로 인하여 저기술 저숙련 노동자의 실직이 가속화될 것으로 예측하였다.[9] 또한 코로나 사태로 인하여 면대면(face to face)의 사회에서 경제, 교육, 의료 등 모든 분야에서 비대면 방식의 확대될 것으로 예상되어 이에 대한 대응방안 마련이 필요하다.

(2) 국가인적자원개발의 정책과제

정치, 경제, 사회 등 시대적 변화에 따라 국가인적자원개발과 관련된 과제는 계속 변화하고 있다. 4차산업혁명 시대가 도래 중인 현재의 국가인적자원개발 과제를 살펴보면 다음과 같다.

먼저 사회의 유지를 위한 인적자원 확보가 필요하다. 저출산 고령화의 지속에 따라 향후 적정한 국가 유지에 필요한 인구의 확보도 어려울 것으로 예상된다. 이를 극복하기 위해서는 출산에 대한 부담을 대폭 경감할 수 있는 사회적 지원이 필요하다. 또한 정년제도 개선 등을 통해서 고령자가 경제활동에 적극적으로 참여할 수 있도록 지원하여야 한다. 아울러 선진국에 비해 경제활동 참여율이 낮은 여성의 고용률 제고가 필요하다. 여성의 경우, 육아문제 등 고용장벽의 개선이외에 다양한 인적자원개발기회의 부여가 필요 하다. 여성 적합직종에 대한 교육훈련기회를 확대하고 특히, 출산 후 노동시장의 복귀가 용이할 수 있도록 적합한 직업능력개발 기회를 부여하여 한다.

둘째, 교육과 노동제도의 연계 강화가 필요하다. 교육 따로, 취업 따로로 인하여 청년층의 심각한 고학력 실업문제가 발생하고 있다. 학교에서 직장으로의(school to work) 원활한 전환을 위하여 또한 청소년들이 자신의 진로를 자유롭게 탐색하고 선택할 수 있도록 다양한 직업진로프로그램을 지원하여야 한다. 또, 직업교육을 활성화하고 이를 위한 전문계 고교와 전문대학의 역할을 재정립할 필요가 있다. 특히 교육부의 직업교육시스템과 고용노동부의 직업능력개발시스템이 상호 연계 및 보완하여 운영될 수 있도록 하여야 한다. 이를 위한 선취업 후진학 과정 및 일학습병행 시스템 확대 등을 추진하여야 한다.

셋째 4차산업혁명 및 비대면(untact) 시대를 대비한 교육훈련체계의 보완이 필요하다. 과거 투입중심의 경제개발 단계에서는 인력의 공급이 문제가 되었다고 하면 4차산업혁명 시대에서는 창조형 인재의 확보가 중요하다. 교육훈련을 통하여 획일화된 인력을 육성하기 보다는 자발성, 다양성에 토대를 둔 교수·학습으로 창의력을 가진 인재를 확보하여야 한다. 또한 4차산업혁명으로 일자리 감소가 예상되는 저숙련기술자들이 새로운 노동시장으로 진입할 수 있도록 직업능력개발 과정을 제공하여야 한다. 이를 위해서 평생학습계좌제 활성화, 평생내일배움카드 지원 확대 등 평생학습과 관련된 지원을 강화하여야 한다. 또한 코로나 등 감염병 우려로 비대면 교육훈련시스템 확대를 위하여 화상교육, 스마트학습, 인공지능 및 로봇 활용 확대 등 다양한 형태의 교육시스템을 도입하여야 한다.

넷째, 국가인적자원개발에 다양한 이해관계자가 참여할 수 있는 체계의 마련이 필요하다. 국가인적자원개발에 있어 국가, 지방자치단체, 교육계, 산업계, 노동계, 학계 등 다양한 이해관계자가 존재하며 국가인적자원개발의 활성화를 위해서는 이들의 적극적인 참여가 필수적이다. 지역별인적자원개발위원회, 산업별인적자원개발위원회 등이 운영되고 있으나 미흡한 역할을 보강하여야 한다.

다섯째 인적자원의 배분과 관련하여 인적자원이 적재적소에 배치될 수 있도록 취약계층에 대한 진로 및 직업상담, 고용서비스를 제공하여야 한다. 인적자원의 활용에 있어서는 근로조건과 관련된 보상체계와 근로조건을 개선하고 인사노무관리 시스템을 합리화하여야 한다. 여성의 노동시장 참여활성화를 위해 보육시설 및 육아휴직제도 등을 강화하여야 한다. 아울러 코로나 사태 등 비대면 사회에 대비하여 재택근무, 유연근무 제도 등도 활성화하여야 한다. 인적자원의 보존을 위해서는 개발된 인적자원이 손상되지 않도록 높은 산업현장에서의 안전사고 예방을 위한 제도 보완도 필요로 한다. 특히 경기순환과 신기술도입으로 인한 사업구조조정 등에 따라 근로자가 실업에 취하더라도 실업급여 등 사회적 안정망을 통해 근로능력이 보존될 수 있도록 하여야 한다.

새로운 인적자원개발
지원제도의 도입

1 국가직무능력표준의 활용 · 확산

글로벌화, 정보화의 진전으로 세계는 국경없는 경쟁체제로 전환되었다. 이 과정에서 국가 간 이동이 용이한 자본에 비해 인적자원의 경쟁력이 그 나라의 국가경쟁력의 핵심이 되고 있다. 각국에서는 인적자원의 경쟁력 제고를 위하여 교육훈련체제를 적극적으로 개편하고 있으며, 교육의 중심을 무엇을 알고 있느냐(what to know)에서 무엇을 할 수 있느냐(what to do)로 전환시키고 있다. 이를 위해서 영국에서는 국가직업표준(NOS: national occupational standard)을 호주에서는 국가직무능력표준(NCS : national competency standard)을 개발하여 산업현장의 직무를 분석하여 교육훈련 프로그램개발과 자격 부여 등에 활용하고 있다.

우리나라에서도 이러한 세계적인 추세에 부응하여 고용노동부와 교육부가 중심이 되어 국가직무능력표준을 도입하게 되었다. 이의 일환으로 2001년도에 노사정위원회에서 일 · 교육훈련 · 자격을 연계할 수 있도록 직무능력표준개발 등을 권고하였다. 이에 따라 한국산업인력공단과 한국직업능력개발원에서 역할을 분담하여 2002년부터 직무능력표준개발을 시작하였다. 이후 2013년부터 한국산업인력공단으로 국가직무능력표준개발이 일원화되어 전 산업에 걸쳐 직무를 재분류하고 개발이 누락된 표준을 2014년까지 개발하고, 기존의 표준도 보완하였다. 이는 과거 시범 운영차원에서 운영되던 직무능력표준을 교육훈련 프로그램 개발과 기업의 채용, 인력관리, 인력개발 활동에 적극적으로 활용하려는 정책의 일환이다.

2020년 현재 국가직무능력표준은 대분류 24개, 중분류 80개, 소분류 257개, 세분류 1,022개로 구성되어 있다. 산업기술변화에 부응하기 위하여 향후에도 신직종에 대해 매년 표준을 신규개발할 예정이다.

표 14-5 • NCS 분류체계

대분류	중분류	소분류	세분류	대분류	중분류	소분류	세분류
계	80	257	1,022				
사업관리	1	1	5	음식서비스	1	3	10
경영·회계·사무	4	11	27	건설	8	28	132
금융·보험	2	9	36	기계	11	34	135
교육·자연과학·사회과학	2	3	8	재료	2	8	39
법률·경찰·소방·교도·국방	2	4	16	화학	4	13	42
보건·의료	1	2	11	섬유·의복	2	8	26
사회·복지·종교	3	6	17	전기·전자	3	33	108
문화·예술·디자인·방송	3	9	61	정보통신	3	15	95
운전·운송	4	8	31	식품가공	2	4	21
영업·판매	3	8	18	인쇄·목재·가구·공예	2	4	23
경비·청소	2	2	4	환경·에너지·안전	6	18	57
이용·숙박·여행·오락·스포츠	4	12	46	농림어업	4	13	54

자료: www.NCS.go.kr(2020)

직무능력표준의 수준체계는 1수준부터 8수준으로 구분된다. 1수준은 가장 기초적인 단계로서 지식·기술에 있어서는 문자이해, 계산능력 등 기초적인 일반지식을 사용할 수 있는 수준이고, 역량에 있어서는 구체적인 지시 및 철저한 감독 하에 과업을 수행하는 수준으로 정의된다. 반면 8수준은 지식·기술에 있어서는 해당 분야의 최고도의 이론 및 지식을 활용하여 새로운 이론을 창조할 수 있는 수준이고, 역량에 있어서는 조직 및 업무 전반에 대한 권한과 책임이 부여된 수준으로 정의된다.

각 직무별 직무능력표준의 구성은 직무에서 필요로 하는 필수능력, 선택능력, 산업공통능력, 직업기초능력으로 구성된다. 필수능력 등은 세부적으로 능력단위(Competency Unit)로 구성되고, 능력단위는 능력단위코드, 능력단위명, 능력단위 정의, 능력단위요소, 수행준거, 작업상황, 평가지침으로 구성된다.

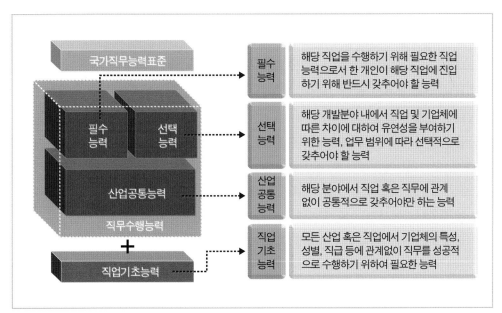

자료: 한국산업인력공단(2015), 국가직무능력표준 개발 및 활용 이해,

그림 14-2 · 직무능력표준의 구성

개발된 국가직무능력표준은 기업, 교육훈련기관, 자격검정기관에서 활용된다. 기업에서는 현장수요에 기반한 인력채용, 근로자 경력개발경로 설계 등에, 교육훈련기관은 교육훈련과정 개발 등에, 자격검정기관은 자격종목의 신설, 출제기준 개발 등에 활용할 수 있다.

직무능력표준의 적극적인 활용·확산을 위하여 교육훈련기관인 전문대학 등에 대해서는 교육부 및 고용노동부에서 각종 지원사업에 있어 우대하고 있다. 또한 기업에 대해서는 스펙을 초월한 직무중심의 채용, 인적자원관리 계획 마련 등 인력운영과 개발에 활용할 수 있도록 컨설팅 지원을 실시하고 있다.

2 산업별 및 지역별 인력육성의 추진

노동시장과 교육훈련간의 불일치(mismatch)는 기업체에서 신입사원에 대한 재교육 비용소요 등 많은 문제점을 야기하고 있다. 이를 해소하기 위해서 국가직무능력표준의 개발과 더불어 HRD지원 체제에서 있어서도 정부에서는 개편을 추진하고 있다.

먼저, 산업계의 교육훈련 수요를 적극적으로 대변할 수 있도록 산업별로 인적자원개발위원회(ISC : industrial sector councils)를 구성하였다. 2015년 현재 국가직무능력표준 분류체계 기준으로 27개 중분류 해당 산업을 포괄하는 정보기술·사업관리 ISC 등 11개의 ISC가 구성되어 출발하였다.

산업별 인적자원개발위원회의 역할은 해당 산업분야에 대한 기술변화 및 교육훈련실태 조사, 국가직무능력표준 및 신자격 개발·보완, 기업체에서의 국가직무능력표준의 채용, 보상 및 인력개발 컨설팅 등의 지원을 한다.

또한 지역단위에서 지자체, 교육훈련기관, 기업체 등 인적자원개발과 관련된 기관들이 유기적으로 참여하여, 지역내에서 필요로 하는 인력을 양성할 수 있도록 정부에서는 각종 인프라 구축을 지원하고 있다. 이를 위해서 2014년도부터 지역별 인적자원개발위원회(RC : regional Councils)가 광역자치단체에 설립되었다.

지역별 인적자원개발위원회의 역할은 지역 내 교육훈련 수요를 조사하고 그 결과를 토대로 공동훈련기관을 활용하여 필요인력을 육성하고 수요기업을 매칭하여 공동채용을 실시하며, 지역 내 기업에 대한 HRD 종합서비스를 지원한다.

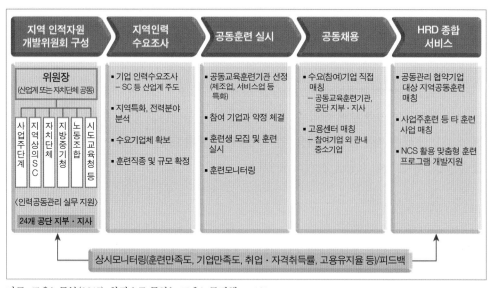

자료: 고용노동부(2015), 한권으로 통하는 고용노동정책, p. 131.

그림 14-3 · 지역·산업 맞춤형 인력양성 체계

❸ 일학습병행제의 도입

중소기업에서는 인력난을 겪고 있는 반면, 청년 실업자는 증가하는 우리나라는 과거부터 지속적인 인력 수요공급의 불일치(mismatch)현상을 경험하고 있다. 또한, 기업체는 교육훈련기관에서 육성한 인력을 활용함으로써 그에 따른 이익을 얻고 있지만, 인력육성에서 그에 걸맞는 역할을 하지 못하고 있었다. 일찍이 독일에서는 이원화제도(dual system)를 통하여 기업이 산업인력양성에 있어 주요한 역할을 수행하였다. 우리나라의 고등학교에 해당하는 직업학교에 입학하는 동시에 기업체와의 도제훈련 계약을 체결하고 기업에서 현장훈련(on the job training)을 받게 된다. 독일은 다른 선진국에 비해 청년실업률이 낮으며, 이원화제도가 이에 큰 기여를 하고 있다고 한다.

우리나라 정부에서도 청년실업 해소와 중소기업의 인력난 해소를 위하여 기업현장에서 맞춤형 훈련을 실시하기 위하여 일학습병행제를 2013년부터 시범적으로 도입하였고 2014년부터 본격적으로 운영하게 되었다.

일학습병행제에 참여하는 기업은 먼저 컨설팅을 통하여 교육훈련 프로그램을 개발하고, 학습근로자를 선발하며, 학습근로계약을 체결한 후 정해진 교육훈련기간 동안 현장훈련과 집체훈련을 실시한다. 정부에서는 참여하는 기업체에 대해서는 훈련프로그램 개발 등 실시 준비를 위한 인프라 구축 비용과 훈련을 실시할 경우에는 훈련비용을 지원한다.

❖ 표 14-6 · 일학습병행제 지원대상 및 정부지원내용(사례)

구 분		세부내용
지원대상	공통사항	학습근로자를 채용한 기업
	규모	상시근로자 50인(공동훈련센터형은 20인) 이상의 기업
	직무	1년 이상(연간 300~1,000시간 이내)의 일학습병행제 이수를 통해 숙련이 필요한 직무
	기업현장교사	현장에서 훈련을 담당할 고숙련 전문가를 보유한 기업
정부지원	재정적 지원	학습기업에서 소요되는 훈련비(S-OJT, Off-JT), 훈련교사 및 HRD담당자 수당 및 학습근로자 지원금 등 지원
	교육훈련인정	정부·산업계가 인정하는 도제자격(수료증명) 부여 *대학과 연계된 과정은 해당 대학의 규정 또는 학점인정 규정(학점은행제)을 따라 학위 취득 가능

1) 김주일 외, 2008, 인적자원개발론, pp. 271∼272.

2) Polyhart, R. E. & Moliterno, T. P. (2011), Emergence of the capital resource: A Multilevel Moded, Academy of Management Review, Vol. 36, No, 1, pp. 127-150.

3) F. H. Harbison & C. A. Myers, (1964). Education, manpower, and economic growth: Strategies of human resources development. New York: McGraw-Hill.

4) 임경수, (2013), 국가인적자원개발 정책의 전개과정 연구, 중앙대 박사논문, pp. 19∼20.

5) 채창균, 백성준, (2006), 국가인적자원개발론, 한국직업능력개발원, p. 12.

6) 강일규, 2017, 인적자원개발 정책의 회고와 전망, The HRD REVIEW, 2017년 1월, pp. 35∼37.

7) 국회예산정책처, (2019), 2020년 및 중기 경제전망 p. 96.

8) 통상산업부, (2020), 2019년 산업기술인력 수급 실태조사, p. 15.

9) 대한민국 정부, 2020, 4차 산업혁명 사람중심의 정부대응방안.

NCS와 학습모듈, 훈련기준, 출제기준

국가직무능력표준(NCS)은 산업현장의 직무를 기술하고, 직무를 수행하는 데 필요한 능력을 제시한 것이다. NCS가 표준으로서의 의미를 가지기 위해서는 기업, 교육훈련기관, 자격시행기관에서 이를 토대로 인사관리, 교육훈련 프로그램 및 자격시험이 이루어져야 한다. 따라서 교육훈련기관과 자격시험기관에서 NCS를 보다 용이하게 활용할 수 있도록 교육훈련기관을 위한 학습모듈 및 훈련기준, 자격시험기관을 위한 출제기준 등이 개발되고 있다.

교육훈련기관은 자신이 운영할 교육훈련 프로그램의 내용에 따라 학습모듈 또는 훈련기준을 참조하여 교육훈련 프로그램을 개발한다. 학습모듈은 특성화고등학교 및 전문대학 등 정규교육과정에서의 활용을 주요 목표로 하고 있다. 기존의 학교교육은 학문적 이론을 기반으로 교과과정과 과목이 편재되어 산업현장 실무 반영에 미흡하였다. 이에 반하여 훈련기준은 직업능력개발훈련기관이 정부에서 지원하는 기준훈련의 운영과 각종 직업능력개발프로그램에 활용이 가능하도록 구성되어 있다. 기업체에서 재직자를 위한 교육훈련과정을 개발할 경우에는 프로그램의 특성에 따라 두 가지 모두 참조 가능하다.

◉ NCS, 학습모듈, 교육훈련과정 간의 관계

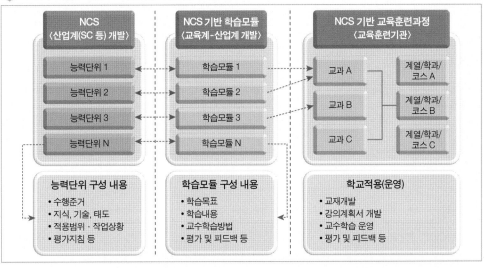

자료: http://www.ncs.go.kr/ncs

인적자원개발론 **돋보기**

2016년 현재, NCS는 847개 직무, 학습모듈은 총 547개가 개발되어 있다. 학습모듈의 구성 내용은 학습목표, 학습내용, 교수학습방법과 평가 및 피드백 등으로 구성되어 있으며, 훈련기준은 직종정의, 과정/과목별 훈련시간, 훈련시설, 장비, 재료 등이 제시되고, 아울러 권장훈련방법 등이 포함된다(고용노동부, 2016). 교육훈련기관에서는 이를 토대로 교재개발, 강의계획서 개발, 교수학습운영, 평가 및 피드백 등에 활용할 수 있다.

출제기준은 자격시험기관에서 자격종목을 개발하거나 시험문제를 출제할 때 참고할 수 있도록 작성된 것이다. 출제기준의 내용은 직무내용, 수행준거, 평가방법, 시험시간, 과목명, 세부평가내용으로 구성되어 있다.

◉ NCS, 학습모듈, 훈련기준, 출제기준의 비교

구 분	NCS	학습모듈	훈련기준	출제기준
주관기관	고용노동부	교육부	고용노동부	개별 자격시험기관
개발직무 (2016)	847개 직종 (능력단위 8,304개)	547개	-	-
구성내용	• 수행준거 • 지식,기술,태도 • 적용범위 및 작업 상황 • 평가지침	• 학습목표 • 학습내용 • 교수학습방법 • 평가 및 피드백 등	• 직종정의 • 훈련목표 • 훈련방법 • 훈련시간 • 훈련시설 • 훈련장비 • 평가방법	• 직무내용 • 수행준거 • 평가방법 • 시험시간 • 과목명 • 세부평가내용
활용기관	기업체, 교육훈련기관, 자격시험기관	교육훈련기관	직업능력개발훈련기관	자격시험기관
활용내용	• 기업 내 채용 등 인력관리 • 학습모듈, 훈련기준, 출제기준개발 등	특성화고, 전문대학 등 정규교육과정 개발 및 운영	직업능력개발훈련 등 비정규교육과정 개발 및 훈련	• 자격종목 신설, 통폐합 • 시험문제 출제

[참고자료]
• http://www.ncs.go.kr/ncs
• 고용노동부(2016). 국가직무능력표준 기반 훈련기준 활용 훈련과정 편성 매뉴얼.

핵심용어

- 시장의 원리
- 외부효과
- 국가인적자원개발
- 국가인적자원개발 4단계
- 국가직무능력표준(NCS)
- 국가인적자원개발 기본계획
- 일학습병행제

연구문제

❶ 국가인적자원개발의 중요성과 정부의 책무에 대해 설명하라.

❷ 그 간의 국가인적자원개발 정책의 전개과정에 대해 설명하라.

❸ 최근의 국가인적자원개발 환경변화와 정책과제에 대해 설명하라.

찾아보기

찾아보기

찾아보기

찾아보기

519

찾아보기

❋ 기타

❋ A~Y

저자소개

● 노남섭 ●

현, (사)한국다문화가족협회 총재, (사)세종로포럼 다문화가족위원장
전, 한국산업인력공단 인력개발이사, 성남기능대학 학장, 명지대학교 객원교수
조선대학교 초빙객원교수, 한국기술교육대학교 객원교수, 국방대학원 교수
육군사관학교(이학사), 명지대(경영학박사)
대표적인 연구로 세계화시대의 기업문화, 중국인적자원개발론, 국가동원론 등의 저서와 군지휘관
의 리더십에 관한 연구, 물자동원 중심으로 국가동원체제에 관한 연구, 전략적 의사결정에 대한
교차문화적 접근 등의 논문발표

● 박양근 ●

현, 용인시정연구원 비상임연구위원
전, 국립한국교통대학교 사회과학대학 교수, 한국폴리텍대학 학장, 연수원 원장
한국산업인력공단 원격훈련부장, 국가인적자원개발정책 평가위원
동국대(경영학사), 호서대(경영학박사)
대표적인 연구로 경력개발과 취업전략, 창업과 기업가정신 등 9권의 저서와 3D직업의 본질규명과
중소기업인력부족 해소대책, NCS의 4년제대학 도입가능성 연구, 진로목표설정을 위한 브랜디드
러닝 프로그램개발 및 운영사례연구 등 다수의 논문발표

인적자원개발론

2004년 8월 25일 초판1쇄 발행
2021년 2월 10일 5판1쇄 발행

저   자 노남섭 · 박양근
펴 낸 이 임 순 재
펴 낸 곳 (주)한올출판사
등   록 제11-403호
주   소 서울시 마포구 모래내로 83(성산동, 한올빌딩 3층)
전   화 (02)376-4298(대표)
팩   스 (02)302-8073
홈 페 이 지 www.hanol.co.kr
e - 메 일 hanol@hanol.co.kr
I S B N 979-11-6647-024-0